ULLSTEIN

Das Buch

Am 28. April 1947 stach Thor Heyerdahl mit seinem Balsa-Floß »Kon-Tiki« in See. 7000 Kilometer weit ließ er sich von Wind und Wellen über den Pazifik treiben. Diese 101 Tage dauernde Tour von Peru nach Polynesien prägte sein Leben: »Die Landung auf dem Raroia-Atoll, nachdem wir kurz zuvor am Riff zu zerschellen drohten, war mein glücklichstes Erlebnis.« Thor Heyerdahl bewies damit, dass die Besiedlung der Südsee von Südamerika aus möglich gewesen ist. Er wurde über Nacht weltberühmt. Doch die Fachwelt stempelte ihn als Spinner ab. Erst als er mit seinen Schilfbooten Ra I und Ra II demonstrierte, dass die Menschen vor über 5000 Jahren von Afrika nach Amerika reisen konnten, erntete Thor Heyerdahl endlich Anerkennung. Die Erinnerungen des letzten großen Entdeckers, der stets bereit war, unkonventionelle Wege zu gehen und Grenzen zu überschreiten.

Der Autor

Thor Heyerdahl wurde 1914 in der norwegischen Hafenstadt Larvik geboren. Er studierte Zoologie, Geographie und pazifische Ethnographie. Ab 1937 unternahm er zahlreiche spektakuläre Reisen, darunter 1947 die berühmte *Kon-Tiki*-Expedition. Seit 1990 lebt Thor Heyerdahl zusammen mit seiner Frau auf den Kanarischen Inseln, wo er einst die Stufenpyramiden von Güimar entdeckte.

In unserem Hause ist von Thor Heyerdahl bereits erschienen:

Kon-Tiki

Thor Heyerdahl

Auf Adams Spuren

Das Abenteuer meines Lebens

Aus dem Norwegischen
von Heinz Kulas und Jette Mez

Ullstein

Der Ullstein Taschenbuchverlag ist ein Unternehmen der Econ Ullstein List
Verlag GmbH & Co. KG, München
1. Auflage 2001

Titel der norwegischen Originalausgabe: I ADAMS FOTSPOR: En Erindringsreise
(J. M. Stenersens Forlag A. S., Oslo)
Übersetzung: Heinz Kulas und Jette Mez
Umschlagkonzept: Lohmüller Werbeagentur GmbH & Co. KG, Berlin
Umschlaggestaltung: Morian & Bayer-Eynck, Coesfeld
Titelabbildung: dpa, Fotoagentur Zentralbild
Satz: MPM, Wasserburg
Druck und Bindearbeiten: Clausen & Bosse, Leck
Printed in Germany
ISBN 3-548-36276-1

Inhalt

Der Anfang

Schöpfung oder Entwicklung?
Adam oder Affen?
Glaubst du an Gott oder an Darwin?
Ich gebe die Fragen weiter. Sie sind mir so oft gestellt worden. Unter anderem von meinem schweigsamen *Aku-aku* in einsamen Gesprächen mit mir selbst.

Weiter kam ich nicht bei dem Versuch, mich bei einem neuen Manuskript zu entspannen, denn meine zukünftige Braut kam eben, für die Kirche zurechtgemacht, aus dem Bad, worauf ich schon ungeduldig gewartet hatte.

Kirche? War das noch ich? Ich, der ich in meiner Jugend geschworen hätte, eine Ehe würde ein ganzes Leben dauern.

Ich hatte nicht nach meinen Idealen von damals leben können. Jetzt saß ich in einem Hotelzimmer in einer Wüstenstadt in Westsahara, bereit, zum dritten Mal zu heiraten. Diesmal in einer katholischen Kathedrale in der ehemals umkämpften Hauptstadt El Aaiún, wo heute alle außer dem Priester Muslime waren.

Das erste Mal hatte ich in Norwegen geheiratet im Elternhaus der Braut in Brevik, wo ein junger protestantischer Pfarrer der Staatskirche uns im Beisein von zwei Studienfreunden und unseren Eltern traute. Am nächsten Tag verließen wir sie und reisten nach Fatu Hiva im Stillen Ozean, um ein Jahr ohne jedes Hilfsmittel der Zivilisation wie Adam und Eva im Urwald zu leben. Damals war es Liv. Ein einmaliger Mensch. Niemand außer ihr, dem ich je begegnet bin, hätte den Mut und die Kraft gehabt, mit mir den Kampf ums Dasein mit den bloßen Händen durchzustehen – von allem und allen in der übrigen Welt abgeschnitten, ohne Radio, Medizin oder Streichhölzer.

Das zweite Mal heiratete ich in New Mexico, wo der Sheriff von Santa Fé uns traute, den Revolver gut sichtbar auf der Ablage, und Bill, der aus dem Nebenzimmer hereingerufen wurde, um den Trauzeugen zu spielen. Und dann Yvonne. Sie war unvergleichlich. Ich kenne niemanden, der die Nerven und Tapferkeit gehabt hätte, fest an meiner Seite zu stehen in den langen Jahren des Kampfes gegen gnadenlose Angreifer aus aller Herren Länder in einer akademischen Welt aus neuem Wissen und alten Dogmen.

Und nun ein weiteres Mal. Ich hatte kaum die ersten Zeilen für die Einleitung zu einem neuen Buch geschrieben, als Jacqueline aus dem Bad des Hotelzimmers gestürmt kam und ich Papier und Bleistift hinwarf, um mit ihr zusammen die Treppe hinunterzustürzen. In der Hosentasche hatte ich die Schachtel mit den beiden Holzringen, die ich aus einem verdorrten Zweig im Garten geschnitzt hatte. Ich mag bei Männern keinen Schmuck, und eigentlich auch bei Frauen nicht, und ich habe nie einen Ring besessen, aber dieses Mal gehörte es einfach dazu. Es mussten auch protestantische Tauf-, Sterbe- und Scheidungsurkunden vorgelegt werden, aus Norwegen und den USA, ins Spanische übersetzt und vom Pfarrer und dem Bischof der Kanarischen Inseln beglaubigt, ehe ich als geborener norwegischer Protestant in einer Kathedrale im muslimischen, ehemalig spanischen Westsahara mit einer Frau getraut werden konnte, die in Paris geboren und französische Katholikin war.

Wir stürmten die Treppe hinunter, denn die Priester warteten bereits. Draußen gab es nur Wüstensand, Berber in knöchellangem Weiß und UN-Soldaten aus sechzig Nationen mit blauen Baretts und Flaggen am Ärmel. Dies war das Land, in das König Hassan II. von Marokko mit 250 000 Landsleuten einmarschiert war, bewaffnet mit roten Fahnen auf dem so genannten grünen Friedensmarsch, um eine Volksabstimmung über die Unabhängigkeit von Westsahara zu verhindern. Die Situation war die gleiche wie damals vor fünf Jahren, als Jacqueline und ich ins Land gekommen waren, um vorgeschichtliche Felszeichnungen in der Wüste zu studieren. Die einzige offensichtliche Veränderung lag darin, dass die UN ihre Truppen einfach auf fünfhundert Mann reduziert hatten.

Draußen brannte die Vormittagssonne.

»Der Brautstrauß«, sagte Jacqueline und sah sich in einer Welt um, wo es weder Blumengeschäfte noch grünes Gras gab. Im Nu war sie im Garten hinter dem Hotel, wo eine Gruppe Dattelpalmen und ein einzelner Hibiskusstrauch mit einer einzigen großen roten Blüte standen. Dann rannten wir los, zwischen Muslimen und Militär hindurch in Richtung der großen katholischen Kathedrale, die von den Spaniern in dieser islamischen Wüstenstadt zurückgelassen worden war, als sie sich nach dem Zweiten Weltkrieg aus dem Land zurückzogen. Jacqueline mit der großen roten Blüte und ich die Holzringe in der Hosentasche.

Wie wird das werden, dachte ich, und sah absichtlich nicht auf die Uhr, als die Kathedrale auftauchte, wo uns zwei katholische Priester in Weiß erwarteten, einer vor der Tür und einer drinnen. Ich war kein Mann der Kirche, deshalb war die Situation für mich ungewohnt. Aber ich hatte keine Vorurteile gegen die jeweiligen Rituale anderer auf ihrer Suche nach Gott.

Wie in diesem Teil der Welt, den der Islam zurückerobert hatte, nicht anders zu erwarten, war die Kathedrale leer. Aber zwei persönliche Freunde der Priester waren als Trauzeugen erschienen. Nur einer war Christ: Don Enrique, der einzige verbliebene Vertreter spanischer Interessen in Westsahara, nachdem die Botschaft geschlossen worden war und die UN vergeblich versucht hatten, freie Wahlen über einen Anschluss an Marokko oder die Gründung eines eigenen Staates durchzusetzen. Wie es der Zufall wollte, war er auf den Kanarischen Inseln, wo wir heute wohnen, geboren und aufgewachsen, noch dazu in Galdar auf Gran Canaria, wo spanische Archäologen kurz zuvor jahrtausendealte Wohnplätze ausgegraben hatten, vom selben Typ wie die in Island zur Wikingerzeit, und außerdem die Überreste eines Schwerts vom nordischen Typ. Der andere Trauzeuge war ein intellektuell aussehender arabischer Arzt. Abdel Hafid erklärte lächelnd, er sei während seines Studiums zum Christentum gekommen, aus persönlicher Überzeugung aber zum Islam zurückgekehrt.

Ich sah mich um. Die Bankreihen waren ebenso leer wie die nackten weißen Mauern, an denen jegliches Heiligenbild fehlte. Wo war Jesus, den die Christen gewöhnlich am Kreuz hängend darstellten? Hatten sie ihn etwa aus Rücksicht auf Juden nicht über dem Altar aufgehängt, die hier vielleicht in Ruhe verweilen wollten, weil es keine Synagoge gab und diese Kirche immerhin dem Gott Abrahams geweiht war? War das auch der Grund, weshalb keine christlichen Heiligenfiguren an den Seitenwänden aufgestellt waren? Es stand nur eine kleine schokoladenfarbene Statue der Heiligen Jungfrau da, die Hände in demütigem Gebet gefaltet, ganz nahe am Chor.

Auf dem Altarbild gab es weder Gold noch sonstigen Prunk, aber man konnte einige stark vereinfachte Konturen des mächtigen Schöpfers erahnen, wie er am siebten Tag, dem Ruhetag, symbolisch auf seinem Thron sitzt: barfüßig auf einem einfachen Stuhl, hoch über den Köpfen von ebenso einfachen Skizzen der vier ehrfürchtigen Evangelisten, und nur eine Friedenstaube krönte die Symbolik.

Niemand konnte an solch neutralen Motiven Anstoß nehmen, wo nur der Allmächtige selbst alles überragte. Der Gott dort an der Wand war drei Religionen gemeinsam, die sich im Zeitalter der Mondlandungen immer noch bis aufs Blut bekämpfen.

Was ist es, wofür sie kämpfen?

Ich wurde aus meinen irreligiösen oder religionsübergreifenden Betrachtungen gerissen, als in der Sakristei eine Stimme zu singen anhub. Dann kamen beide Priester wie in einer kleinen

Prozession herein, in ihre schönen weißen Gewänder gekleidet, und wir vier, die die Gemeinde bildeten, erhoben uns. Die beiden Trauzeugen an der Längswand und wir, das Brautpaar, vor dem Altar, mit den beiden katholischen Priestern zwischen uns und dem Herrgott an der Wand. Erst jetzt bemerkte ich, dass er kein Gesicht hatte. Das haben sie absichtlich getan, dachte ich, um die Muslime nicht zu verletzen, die die Darstellung des Gesichts verbieten, besonders das des Schöpfers, den Bibel und Koran als unsichtbar beschreiben. Dann entdeckte ich, dass sein Gesicht vom Regen, der durch eine undichte Stelle im Dach kam, zerstört worden war. Die Farbe war abgeblättert, aber nur genau dort, wo das Gesicht hätte sein sollen. Ich brannte darauf, die Priester zu fragen, ob hier jemand Hand angelegt hatte. Später wurde mir bestätigt, dass es sich um eine undichte Stelle im Dach handelte. Ein Zufall. Manchmal kommt man ins Grübeln, ob es Zufälle gibt.

Ich musste mich jetzt auf das konzentrieren, was die Priester auf Französisch und Spanisch sagten, und auf das Echo über den leeren Bankreihen hinter uns. Ich ahnte, dass sie von Adam und Eva sprechen würden, denn der kleine, magere französische Priester Père Loig hatte mich, als wir am Vortag mit derselben Maschine von den Kanarischen Inseln kamen, nach der Schöpfung gefragt. Père Loig interessierte sich für vieles, sein größtes Interesse aber galt der Archäologie. Er war es, der mit Jacqueline korrespondiert und uns, als wir vor fünf Jahren nach El Aaiún fuhren, mit Felszeichnungen in die Sahara gelockt hatte. Jetzt hatte Jacqueline ihn den ganzen Weg von Nouadhibou in Mauretanien, wohin er inzwischen versetzt worden war, hergelockt, und weil es keine Straßenverbindung gab, war er über die Kanarischen Inseln gekommen. Er sah aus, als freue er sich genauso wie wir über das, worauf er freiwillig verzichtet hatte, als er sich mit seinem Vorgesetzten, Padre Acacio, an seiner Seite, zwei Stufen über uns und mit dem Kopf genau unter die großen nackten Füße an der Wand hinstellte. Die Stimmung mit dem Echo in der Kathedrale war mit Händen zu greifen. Was würden die beiden sagen und was sollten wir auf ihr Bitten hin tun? Beide lächelten freundlich und mit der Friedenstaube über ihnen rückte der Unfriede in Afrika in weite Ferne. Wie verloren in seinem knöchellangen weißen Priesterrock glich unser französischer Freund neben dem großen und anscheinend viel förmlicheren spanischen Kollegen, der beschützend wie ein riesiger Teddybär an seiner Seite stand, eher einem Täufling. Wir wussten wenig über ihn, abgesehen davon, dass er für diese Kathedrale zuständig war, die letzte Hochburg des Christentums im UN-kontrollierten Westsahara, mit extremistischen muslimischen Terroristen gleich hinter der Grenze zu Algerien. Padre Acacio war sich über die brenzlige Situation in diesem Teil der Sahara im Klaren, denn er hatte soeben mit seinem Freund, dem Erzbischof von Oran, von dem wir bald mehr erfahren sollten, in Marokko an einer Bischofskonferenz teilgenommen.

Aber der Hass zwischen den Anbetern des Gottes der Liebe schien vergessen, als sich die beiden in Weiß vor uns stellten, die Friedenstaube an der Wand über ihnen. Das Gesicht von Père Loig erhellte sich und es war, als würde es an die Stelle des zerfallenen Gesichts an der Wand treten, als er über die Liebe zu sprechen begann. Über den Anfang der Liebe. Die Erschaffung der Welt.

»Die Welt wurde erschaffen, als der Urknall, *The Big Bang*, das ganze Universum in Bewegung setzte«, sagte er und blickte lächelnd zu mir herunter.

Ich sah verstohlen zu dem anderen Priester hinüber. Er stand genauso mild und ungerührt mit gefalteten Händen da.

»Den Bericht über Adam und Eva und die Erschaffung der Welt in sechs Tagen darf man nicht wörtlich nehmen«, erfuhren wir. Es heißt ja auch, dass für Gott tausend Jahre wie ein Tag und ein Tag wie tausend Jahre sind. Die ganze Bibel ist mit Gleichnissen gespickt. Jesus selbst sprach fast immer in Bildern. Adam und Eva sind Symbole der Liebe, das Selbstbildnis des unsichtbaren Gottes. Es brauchte einen Adam und eine Eva, um ein sichtbares Bild vom Gott der Liebe zu geben.

Ja, hätte ich beinahe mehrere Male laut gesagt. Ich war derart einverstanden mit dem, was er sagte, dass es mir schwer fiel, so lange zu warten, bis er schließlich fragte, ob ich Jacqueline haben wollte. Wir hatten tatsächlich über den Big Bang gesprochen, als wir uns am Vortag in der Maschine von den Kanarischen Inseln trafen. Da hatte ich zugegeben, dass übermenschliche und übernatürliche Kräfte erforderlich wären, um einen so geglückten Knall zu erzeugen und obendrein noch Ordnung in das anschließende Chaos zu bringen, obwohl das Universum durch eine gewaltige Explosion entstanden war, wie die Wissenschaft herausgefunden hatte.

»Der Bräutigam, der Biologe ist«, fuhr er fort, »hat außerdem gesagt, die Hitze vom Urknall sei so gewaltig gewesen, dass es eine Schöpfung brauchte, um danach auf der Erde Leben hervorzubringen.«

Das hatte ich tatsächlich gesagt. Und im Stillen dachte ich, wenn die Wissenschaft den schöpferischen Kräften den Kosenamen The Big Bang geben konnte, dann könnten die Naturvölker mit dem gleichen Recht den Namen Großer Geist für das benutzen, was die Religionsstifter des Altertums Allah und Gott nannten. Ich musste mir selbst eingestehen, dass es eher zur Philosophie des Atomzeitalters passte, zu glauben, The Big Bang hätte das Sternengewimmel erschaffen, als die Vorstellung, es wäre ein heiliger Geist gewesen, der still über den Wassern schwebte. Das sagte der Priester nicht, aber ich dachte es. Und ich wunderte mich, dass er, der so sanftmütig in weißem Gewand umherging und im Zölibat lebte, so innig über die Liebe sprechen konnte. Bei ihm saß sie nicht im Fleische, sie musste frei wie der Vogel in ihm leben. Ein großer Knall kann bei lebenden Menschen Hass erzeugen, aber keine Liebe bei toten Atomen und Sternengewimmel. Wir können sie weder mit dem Mikroskop noch mit einem Skalpell entfernen, aber wir können sie in uns haben, ob wir Striptease tanzen oder einen Priesterrock tragen.

Mit einem Seitenblick auf den einen unserer Trauzeugen an

der Wand hatte Père Loig einige Stellen aus dem Koran zitiert, die zeigten, dass der Prophet Mohammed ebenfalls das alte Gleichnis von Adam und Eva benutzt hatte. Der unsichtbare Allah erschuf die Welt innerhalb von sechs *Yawm*, und »Yawm« bedeutet nicht nur Tag, sondern auch eine Periode von unbestimmter Dauer. Christen begannen im Mittelalter, Bilder vom Schöpfergott an die Kirchenwände zu malen. Das aber war den Muslimen in ihren Moscheen verboten. Das Bild, das beide Priester uns vermittelten, hielt sich an die alten Texte, der eine in Französisch und der andere in Spanisch. Da war keine Rede von einem alten Mann mit Falten und Bart, überhaupt von keinem Mann, nicht einmal von einer Jungfrau. Das symbolische Selbstbildnis unseres Gottes war Mann und Frau zusammen, wie ein Ehepaar, das sichtbare Symbol der schöpferischen Liebe. Es war die Urkraft hinter jeder Materie, hinter Zeit und Raum, die das Universum in Bewegung setzte und sechs seiner Tage brauchte, um Menschen auf einen unfruchtbaren Planeten zu bringen, und ihnen die Fähigkeit gab, im Laufe von neun Monaten eine neue Generation zu erschaffen.

In mir verspürte ich einen Druck, ich wollte zu allem ja sagen, und als ich schließlich gefragt wurde, ob ich Jacqueline heiraten wollte, antwortete ich so laut Ja!, dass es in der leeren Kathedrale wie ein Echo klang, als die Braut anschließend antwortete. Dann umarmten wir sechs uns nacheinander und als Jacqueline und ich hinausgingen, unsere großen provisorischen Holzringe an den Fingern, hatten wir das Gefühl, als gäbe es noch Hoffnung auf Frieden und Verständnis zwischen uns allen, die Adams Spuren folgten, wenn auch der Friede in Westsahara zurzeit von UN-Soldaten bewacht werden musste.

Am selben Tag, nur ein paar Stunden später, gab es in Algerien, direkt an der Grenze zu Marokko, eine Explosion. Der Erzbischof von Oran, Padre Acacios Freund, wurde von der Bombe extremistischer muslimischer Terroristen getötet.

Kleine Terroristen und große Militärmächte glauben an Gott und an den Satan. Und an den großen Knall.

Die Wissenschaft blickt mit dem Teleskop nach oben in den Sternennebel und mit dem Mikroskop nach unten in die Atome und findet nirgendwo Himmel und Hölle verborgen. Darum kann nicht die Wissenschaft uns helfen, zwischen Gut und Böse zu unterscheiden.

Zeit für Gedankenflüge

Gott musste am nächsten Tag nicht wie wir in Westsahara auf die Zeitungen warten, um die Nachricht über den Mord am Erzbischof von Oran zu erfahren. Einer seiner eifrigsten Diener hatte ihm seinen letzten Gruß geschickt, als er unter dem Zeichen des Kreuzes tot umfiel, während ein anderer sich gen Mekka verbeugte und ihm dankte, dass die Tat geglückt war. Beide teilten den Glauben an den Gott der Liebe, der ihrem gemeinsamen Stammvater Adam Leben eingehaucht hatte.

Diesmal hatte ein Muslim einen Christen in Afrika getötet. Derselben Zeitung zufolge ging es auch in Europa schlimm zu. Im ehemaligen Jugoslawien, wo Tito für Religionsfrieden gesorgt hatte, brachten sich jetzt Christen und Muslime gegenseitig zu Tausenden um. Auf der Grünen Insel am anderen Ende Europas gab es nur wenige oder gar keine Muslime, so töteten sich die Christen gegenseitig, weil die einen ihr Abendgebet direkt an Gott richteten, die anderen dagegen mit einem Umweg über die Jungfrau Maria. Christen, Muslime und Juden waren sich einig, dass wir vieles gemeinsam hatten. Adam und Eva hatten zwei Söhne, Kain und Abel, und kaum waren sie zu zweit, als der eine den anderen erschlug, weil der Rauch seines Opferfeuers für Gott nicht senkrecht in die Luft stieg.

Wir im hohen Norden sehen Glaubensfragen längst viel gelassener. Wir haben das Schlimmste schon hinter uns und uns in der Wikingerzeit ausgetobt. Als das Evangelium sich um das Jahr 1000 vom Mittleren Osten bis zu uns hin ausbreitete, stiegen wir in die Wikingerschiffe, um nach Jerusalem zu fahren und die Muslime einen Kopf kürzer zu machen. Als braver Norweger hatte ich während der Schulzeit voller Bewunderung Snorris Königssagas gehört und gelesen, wie unsere Vorfahren im 11. und 12. Jahrhundert auf Kreuzfahrt ins Heilige Land zogen und unterwegs ungläubige Muslime an den Küsten Portugals, Spaniens und Nordafrikas töteten. Vielleicht hatten einige von ihnen einen so großartigen Hafen wie Oran in Algerien aufgesucht und sich schon mal ein bisschen für das gerächt, was geschah, während wir hinter geschlossenen Türen in der Kathedrale von Adam und Eva hörten. Unter dem Zeichen des Kreuzes zog Sigurd der Kreuzfahrer auf Wikingerfahrt ins Heilige Land und plünderte die Städte an der afrikanischen Küste, ehe er den christlichen Kreuzfahrern den Weg nach Jerusalem ebnete. Alles Gold, das die Männer des Königs den Dienern Allahs raubten, schenkte er dem Patriarchen in der Heiligen Stadt und dem Heiligen Stuhl in Konstantinopel. Seine ganze Wikingerflotte und einen Großteil seiner Krieger ließ der König im Mittelmeerraum zurück, um auf Seiten des Papstes gegen die Anhänger Mohammeds zu kämpfen, während er selbst mit dem Rest seines Gefolges zu Pferde durch Europa heimritt. Sein Vorgänger auf dem norwegischen Thron, Olav der Heilige, war vom Papst schon heilig gesprochen worden, weil er in ganz Norwegen den christlichen Glauben einführte, indem er alle Landsleute einen Kopf kürzer machen ließ, die nicht an Christus glauben wollten. Die Geschichte zeigt, dass Christenmenschen es nicht immer für so wichtig halten, nach den Vorschriften des Glaubens zu leben, solange sie nur an diese glauben.

Am Tag nach der Trauung wollten Jacqueline und ich zurück zu unserem neuen Zuhause auf den Kanarischen Inseln, und auch Père Loig wollte mit derselben Maschine zurück zu seinem Amt weiter südlich in Afrika. Durch ein Missverständnis, so teilte man uns mit, habe die Maschine aus Casablanca nur noch einen freien Platz, so dass Jacqueline schließlich die beiden Priester zum Flugplatz begleitete, um wenigstens einen von ihnen sicher an Bord gehen zu sehen. Als die Nachricht von dem Mord in Oran El Aaiún erreichte, saß Père Loig schon im Flugzeug. Wir erfuhren es erst abends von Padre Acacio. Seine Gemütsruhe war unverändert, und er zeigte keinerlei Anzeichen von Hass oder Rachegelüsten, geschweige denn Angst um sich selber. Er saß ganz allein in der Kathedrale in einem Land, wo er als Einziger zu Gott betete und alle anderen zu Allah. Die Kirche hatte zu jeder Zeit ihre Märtyrer, sagte er. Es hat nicht erst mit dem Araber Mohammed angefangen, der geboren wurde, als das Christentum schon über fünfhundert Jahre um sein Überleben gekämpft hatte. Fast zweitausend Jahre lang hatte die Kirche Märtyrer gehabt. Und ein anderer Christ war schon bereit, an die Stelle seines Freundes, des Erzbischofs Claverie, in Oran zu treten.

Nichts trübte die Freude, als Jacqueline zum Flugplatz in der Wüste aufbrach, während die Morgensonne die ewig jungen Dünen der Sahara segnete, die so viel Geschichte und zweckloses Nachdenken der Menschen bedeckten. Auf einmal wurde mir klar, dass ich ohne Arbeit und frei wie ein Vogel war. Keine Pflichten und kein Programm. Dies war nicht geplant, aber ein ebenso unerwartetes wie grenzenloses Vergnügen und herbeigesehnt.

Auf der Dachterrasse des Hotels, wohin ich vor dem allgegenwärtigen Lärm der Transistorradios geflohen war, entdeckte ich einen Liegestuhl und konnte die seltene Ruhe unter blauem Himmel genießen. Nur die obersten Fransen der Dattelpalmen im Garten bewegten sich im Wind und die Himmelsvögel zogen lautlos so weit oben vorüber, dass sie gerade noch im Blickfeld waren. Die Zeit verrann wie auf einem Floß im Ozean. Keine Post, kein Telefon, nur vollkommene Stille, die dazu einlud, die Gedanken fliegen zu lassen.

»Jetzt kannst du endlich einmal entspannen«, hatte Jacqueline gesagt, als sie mich im Hotel zurückließ. Sie behauptete, es hätte in den fünf Jahren unserer Bekanntschaft nicht eine einzige Woche gegeben, ohne dass ich nicht irgendein Projekt auf dem Programm gehabt hätte. Das stimmte schon. Aber es lag daran, dass mein Programm gleichzeitig Hobby und Arbeit war.

Vielleicht halten die meisten Leute mich für einen echten Abenteurer und komischen Kauz, der von einem Floß aufs andere, von einem akademischen Streit zum nächsten springt. Dabei bin ich ein ganz friedlicher Mensch und in erster Linie daran interessiert, Probleme zu lösen und offenen Fragen auf den Grund zu gehen. Und je mehr ich tue, je mehr ich sehe, um so klarer wird mir, welche erschreckende Unwissenheit unter Gelehrten herrscht, die sich Autoritäten nennen und so tun, als hätten sie das Monopol auf Wissen. Hier muss aufgeräumt werden.

Ich muss aber gestehen, hätte ich mir jedes Mal die Finger verbrannt, wenn ich alles auf eine neue Expedition, eine neue Untersuchung setzte, hätte ich wahrscheinlich mit der Zeit aufgegeben und mir etwas anderes gesucht. Aber immer, wenn ich etwas entdecke, von dem ich von vornherein vermutet hatte, ich müsste und könnte es finden, reizt es mich sehr, weiterzumachen, weil es dann nur noch Spaß war. Dann geht es nicht nur um Wissbegierde, sondern ist reines Vergnügen.

Trotzdem hatte Jacqueline Recht. Kaum hatte ich eine Expedition oder ein Buch abgeschlossen, fing ich wieder von vorn an. Nie gab es eine Pause zwischen Reisen, Post und Manuskripten. Verrückt, dachte ich.

Verrückt!

Ich meinte plötzlich ein Echo in mir zu vernehmen. Vielleicht ist es mein *Aku-aku*, sagte ich im Spaß zu mir selbst. Schläfrig erinnerte ich mich daran, dass die Bevölkerung auf der Osterinsel mir erzählt hatte, ich hätte einen *Aku-aku*. Alle ihre Vorfahren und viele, die noch lebten, hatten einen *Aku-aku*, diesen unsichtbaren, kleinen Begleiter, der gute Ratschläge gab, wenn es nötig war. Nur ein tüchtiger *Aku-aku* hätte mir raten können, zu ihnen auf ihre einsame Insel zu kommen und an den richtigen Stellen zu graben, um Statuen zu finden, von denen niemand etwas wusste.

Mit Freude dachte ich an die heiteren Monate, als wir auf der Osterinsel, die damals weder Hafen noch Flugplatz besaß, die ersten archäologischen Grabungen machten. Die einsamste Insel der Welt mit einer Bevölkerung, die zu dieser Zeit gerade aus tausend Einwohnern bestand und nur einmal im Jahr Besuch erhielt, wenn um Weihnachten ein chilenisches Kriegsschiff für zwei bis drei Tage zu Besuch kam und Vorräte für die Nachkommen derjenigen brachte, die Hunderte von gigantischen Steinfiguren überall im Gelände errichtet hatten. Jetzt gab es auf der Osterinsel sowohl Hafen als auch Flugplatz, aber als wir in den fünfziger Jahren ankamen und mit dem Expeditionsschiff vor der Anakena-Bucht ankerten, lebten alle Familien nur von Süßkartoffeln, die sie aus der Erde ziehen konnten, und Fischen, die das Meer zu bieten hatte.

Damals hatte ich Zeit, den Gedanken ihren Lauf zu lassen, so wie ich jetzt überraschend Gelegenheit dazu bekam. Ich hatte mich entspannen und an die Seefahrer und Kulturboten des Altertums denken können, als wir ihre Kunstwerke ausgruben oder in den Ruhepausen oben im Steinbruch vor uns hindösten. Zeitlose Tage und Nächte. In Gedanken schwebte ich dorthin zurück, den gleichen blauen Himmel über mir. Bald war ich weder hier noch dort und gestattete mir zu fabulieren. Ich meinte, die Stimme des *Aku-aku* zu hören.

Ia-ora-na. Kaoha-nui. Guten Tag. Es ist lange her.

Ich musste schmunzeln. Offensichtlich waren wir beide guter Laune und zum Scherzen aufgelegt. Es ist lange her, dass ich Verbindung zu dir hatte, dachte ich. War es schwer für dich, auf dem Laufenden zu bleiben, nachdem ich die friedliche Osterinsel verlassen hatte?

Ich bin immer bei dir gewesen, du warst es, der abwesend war. Erst hast du mich von Polynesien in die südamerikanischen Urwälder mitgenommen, danach auf Baumstämmen und Schilfbündeln über drei Weltmeere gebracht, und jetzt hast du mich auf einem Dach in einer Wüstenstadt in der Sahara abgesetzt? Was hat das alles zu bedeuten? Bist du Abenteurer oder Wissenschaftler?

Abgesehen von vier Jahren als Freiwilliger im Kampf gegen die Nationalsozialisten während des Krieges, habe ich mich mein ganzes Leben mit nichts anderem als wissenschaftlicher Forschung beschäftigt, seit ich als Achtzehnjähriger anfing, Biologie zu studieren. Das Abenteuer war eine Zugabe. Ich habe das Abenteuer nie gesucht, nehme es aber gern als einen Extraspaß mit, wenn ich mit den Mitteln des Altertums experimentiere oder unbekannte Kulturen suche, indem ich alte Dogmen über vorgeschichtliche Schiffstypen widerlege.

Die Leute sagen, du hast Glück gehabt.

Es ist nicht so sehr eine Frage von Glück, als die, dem Pech aus dem Weg zu gehen.

In diesem Augenblick kam Jacqueline zurück. O doch, ich hatte Glück gehabt. Das Glück, ihr zu begegnen.

Wir lagen im Halbschlaf in unseren Liegestühlen auf dem Dach über der Sahara, und der *Aku-aku* war nicht zu halten.

Ist dies nicht ein bisschen zu viel des Guten? Erst gehst du auf Hochzeitsreise nach Fatu Hiva, dann kommst du mit einer anderen auf die Osterinsel, und jetzt machst du Hochzeit in der Sahara – als wärst du Muslim geworden. Das dritte Mal! Jetzt reicht's wohl.

Ja, jetzt musste es wirklich reichen. Neun Leben und drei Ehen – alles hat seine Grenzen. Und nein, ich war nicht Muslim geworden. Aber gerade hier hatten Jacqueline und ich uns durch den Priester, der von den Felszeichnungen wusste, näher kennen gelernt.

Glaubst du an Allah?

Allah hat verschiedene Namen in den verschiedenen Sprachen. Ich glaube, dass der Gott der Christen der Jehova der Juden ist und der Allah der Muslime.

Es geht nicht darum, an die Bibel oder an den Koran zu glauben. Es geht um den Glauben an den Gott, an den die

Verfasser des Inhalts dieser Bücher glaubten, und es handelt sich in beiden Büchern um genau denselben Gott. Von meinem Vater habe ich gelernt, das Abendgebet zu sprechen. Er war Norweger und sprach nicht von Allah, benutzte aber auch das Wort »Gott« nicht. Es hieß ganz einfach »Vater unser«.

In der Schule war der Pfarrer mein Religionslehrer. Ich war von Adam und Eva fasziniert und von Noah mit all den Tieren. Und ich hörte auch bei Jesus aufmerksam zu, der Sinn für die Natur hatte und so etwas Ähnliches sagte wie: Siehe die Vögel auf dem Felde, kein Fürst ist prächtiger gekleidet als sie. Aber als der Pfarrer zu erzählen begann, wie Jesus auf einer Hochzeit war und Wasser zu Wein verwandelte, da meinte ich, er müsse sich irren, und hob meine Hand.

»Thor«, sagte er sanft, »was möchtest du sagen?«

Mein Vater war Direktor der Brauerei der Stadt, deshalb brannte ich darauf, eine Korrektur anzubringen.

»Ich glaube nicht, dass es Wein war«, sagte ich. »Ich glaube, es war Bier, denn das ist besser und gesünder!«

Das gefiel dem Pfarrer nicht. Er wurde fuchsteufelswild und schickte mich auf den Flur, wo ich allein in der winterlichen Kälte stehen musste, während die anderen von alldem Merkwürdigen erzählen hörten, das Jesus getan hatte.

Seit dem Altertum schon verehren wir denselben Gott, den Abraham aus Ur mitbrachte. Und dass wir nicht lügen, stehlen und töten sollen, das hören wir, seit Moses mit den Tafeln vom Berg herabgestiegen ist. Aber wir streiten uns darüber, ob wir zu Abrahams Gott unter dem Davidstern beten sollen, unter dem Zeichen des Kreuzes oder unter dem Halbmond Mohammeds, ob wir die Schöpfung des Herrn am Freitag, Sonnabend oder Sonntag heiligen sollen, ob es Sünde ist, Schweinefleisch zu essen und Alkohol zu trinken, und richtig oder falsch, sich Jesu Fleisch und Blut einzuverleiben. Über solche Dinge, von denen bei Mose nichts geschrieben stand, streiten wir uns und protestieren dagegen. Und damit pfeifen wir auf alles, für das Moses und Jesus und Abraham standen.

Wenn man bei Floßfahrten gleichsam unbeweglich in einem Kreis aus blauem Himmel und blauem Meer schwebt, ohne Fernsehen und ohne Fluglärm, hat man Zeit zum Nachdenken wie in alten Tagen. Als wir 1947 das Balsafloß *Kon-Tiki* vom Stapel ließen, um unsere Fahrt über den Stillen Ozean nach Polynesien anzutreten, nahm ich eine Bibel mit an Bord, ein Geschenk des amerikanischen Botschafters in Peru, woraufhin sein ebenso wohlmeinender Militärattaché eine Kiste Whisky darauf wettete, dass wir nie zurückkommen würden. Gott half uns 101 Tage später lebend an Land des Raroia-Atolls, obwohl die Bibel in einer Kiste unter mir gelegen hatte. Der Attaché wurde versetzt, deshalb haben wir den Whisky nie gesehen, die Bibel aber hatten wir auch später wieder dabei.

Auf der *Kon-Tiki* waren wir fünf Norweger und ein Schwede, alle Protestanten. Als wir dann auf das Riff aufliefen und das Meer über uns hereinbrach, hörte ich, wie Torstein Knut zurief: »Wer an Gott glaubt, der soll jetzt beten.« Ich glaube, die Hälfte von uns tat es.

Als wir zweiundzwanzig Jahre später in Marokko das Papyrusboot *Ra* vom Stapel ließen, um zu versuchen, den Atlantik zu überqueren, waren wir sieben Mann an Bord, jeder mit einem ganz anderen Hintergrund. Ich wollte zeigen, dass es möglich sei, auf engstem Raum und unter Stress einträchtig zusammenzuleben, obwohl wir weder die gleiche Hautfarbe noch die gleichen politischen Ansichten oder denselben Glauben hatten. Fast zwei Monate lang lagen Araber und Jude in der engen Bambushütte Schulter an Schulter und der Steuermann aus den USA Fuß gegen Fuß mit dem Arzt aus der Sowjetunion. Der Araber aus Ägypten war kein Muslim, sondern Kopte, aus der ältesten christlichen Kirche der Welt. Abdullah aus Zentralafrika war ein kohlrabenschwarzer Buduma und kein Araber, aber er war Muslim. Ihm zu Ehren nahmen wir dieses Mal einen Koran mit, ein Geschenk des Paschas in Safi. Abdullah konnte aber nicht lesen, so dass der Koran in der Kiste bei meiner Bibel landete, wo wir sie wieder mit auf unsere nächste Reise nahmen.

Und dieses Mal war ein Muslim dabei, der lesen konnte, ein Berber aus Marokko, und er las täglich im Koran.

Bibel und Koran, die uns übers Meer begleitet hatten, waren friedlich Seite an Seite im Bücherregal hinter meinem Arbeitstisch gelandet, mit anderer Quellenliteratur zur Entwicklung der Weltzivilisation. Ich bin mit keinem von beiden fertig.

Viele wunderten sich, dass meine Wahl auf Abdullah aus dem Inneren Afrika fiel, uns auf der ersten Fahrt mit einem vorgeschichtlichen Schilfboot über den Atlantik zu begleiten. Man sucht nicht so weit von der Küste entfernt nach Seeleuten und Abdullah war dem Meer noch nie näher gekommen als bis dorthin, wo Sahara und Dschungel mitten im Herzen des Kontinents aufeinander treffen. Aber in Ägypten war das Papyrusschilf ausgestorben, bis das Papyrus-Institut in Kairo es nach den Fahrten der *Ra* wieder einführte, und Leute, die Boote aus Papyrusschilf bauten, gab es nur an den Binnenseen in Äthiopien und im Tschad.

Ich habe oft gedacht, dass die Vorbereitungen für eine Expedition problematischer sind als die Fahrt selbst. Manchmal sind sie auch gefährlicher. Im Tschad gab es politische Unruhen, als ich zusammen mit einem französischen Fotografen hinfuhr, um nach Schilfbootsbauern zu suchen. In der Hauptstadt Fort Lamy mietete ich einen Jeep, um der langen Karawanenstraße zum Tschadsee zu folgen, wo die Buduma lebten, viele auf schwimmenden Schilfinseln auf dem See. Man warnte uns vor der Fahrt und erzählte, kürzlich hätte man die abgeschnittenen Köpfe von Krankenschwestern am Straßenrand gefunden. Es war schon halb dunkel, als wir das Dorf Bol am Ufer des Tschadsees erreichten. Das Dorf bestand aus hübschen, kuppelförmigen Hütten aus Papyrusschilf, und am Ende des Weges stand ein Schuppen, in dem Reisende umsonst übernachten konnten. Drei Wände, Boden und Dach aus Beton.

Wir schliefen auf dem Beton. Als ich plötzlich aufwachte, hörte ich in der Ferne leise Musik, rhythmisches Trommeln und die Klänge eines Blasinstruments. Sonst wirkte das Dorf wie leblos und ausgestorben und ich wurde neugierig und schlich in die dunkle Nacht hinaus. Ich stolperte über ein Kamel, das einen heiseren Schrei ausstieß, und stand lange regungslos, bis ich mich wieder sicher fühlte und mich zwischen den Wänden der Hütten vorwärts tastete.

Als ich um eine Ecke bog und Ausblick auf einen freien Platz bekam, wurden die Trommelrhythmen stärker. Vor mir zeichneten sich undeutlich die Schatten von Gestalten in flatternden Gewändern ab, die um eine einsame Paraffinlampe tanzten. Sie bewegten sich im Stakkatorhythmus zur Musik. Als sich meine Augen an die Dunkelheit gewöhnt hatten, konnte ich auch die beiden Musikanten erkennen. Ich selbst stand in stockfinsterer afrikanischer Nacht, gegen eine Hüttenwand gelehnt, überzeugt, in der Dunkelheit unsichtbar zu sein.

Verwundert sah ich, wie sich eine der Gestalten langsam aus dem Kreis löste und sich tanzend in meine Richtung bewegte. Ich hoffte, er käme nicht so nahe, dass er mich entdeckte, als ich sah, wie er ein kurzes Schwert zog und fechtend direkt auf mich zu hielt, ohne aus dem Rhythmus zu kommen. Es durchfuhr mich eiskalt, als mir klar wurde, dass er mich entdeckt hatte und mein weißer Körper das Ziel war, auf das er zu tanzte.

Die anderen setzten unbeirrt den Tanz um die Paraffinlampe fort. Die bedrohliche Gestalt war jetzt so nahe, dass die Schwertspitze meine Brust fast berührte, offenbar bereit, zuzustoßen. Ich war unbewaffnet und konnte nicht fliehen. Ich sah keinen Ausweg, aber instinktiv begann ich, die Beine im Takt der Trommeln zu bewegen, und ehe ich mich versah, tanzte ich mit dem Mann, der die Schwertspitze immer noch auf meine Brust gerichtet hielt. Er schien unter dem Einfluss von Drogen zu stehen. Langsam begann er, sich tanzend zurückzuziehen, während ich ihm folgte, den Körper dicht vor seinem Schwert. Als wir die Tanzenden erreichten, öffnete sich der Kreis und machte uns Platz. Das Schwert wurde wieder in die Scheide gesteckt, und wir tanzten hintereinander mit den anderen weiter.

Im Schein der Paraffinlampe entdeckte ich eine üppige Frauengestalt, die bei den Musikanten stand. Zu meiner Verwunderung sah ich, dass die Tänzer allmählich erschöpft wirkten. Einer nach dem anderen zog sich schwitzend und keuchend aus dem Kreis heraus und legte dabei ein kleines Geldstück hin. Schließlich waren nur noch wir beide übrig, und am Ende tanzte ich ganz allein. Ich hatte offensichtlich eine Art Wettstreit gewonnen, und um ganz sicher zu sein, legte ich einen Geldschein in die Schale, wo die anderen ihre Münzen hineingetan hatten. Der Siegespokal war die üppige Schönheit, und alle wunderten sich, warum ich sie nicht mitnahm, als ich mich zu unserem Nachtlager auf dem Betonboden zurücktastete.

Am nächsten Morgen war es offenkundig, dass ich im Dorf jetzt hoch angesehen wurde, und unter meinen neuen Freunden war auch der Schilfbootsbauer Abdullah.

Abdullah hatte auf seiner ersten Reise aus dem Inneren Afrika heraus viel zu lernen, und wir wiederum konnten viel von ihm lernen. Er hatte als Einziger schon Papyrus gesehen und wusste, wie man ein Schilfboot baute, mit hochgeschwungenem Bug und Heck, um auf und zwischen den Wellen zu tanzen. Doch Abdullah hatte kein anderes Gewässer und auch keine höheren Wellen als die des Tschadsees im südlichen Teil der Sahara gesehen. Wohlbehalten an Bord, vertraute Abdullah dann auch mehr auf Allah als auf uns, die noch nie ein Papyrusboot gesehen hatten. Für alle Fälle trug er einen kleinen Leinenbeutel mit magischen Steinen und Leopardenkrallen um den Leib gebunden. Er versetzte uns in Angst und Schrecken, wenn er leichtsinnig und furchtlos ohne Leine auf dem glitschigen Rand des Schilfboots entlangbalancierte und sich, rutschte er ab, einfach lachend an die Schilfbündel klammerte und sich wieder an Bord zog.

Allah hatte Abdullah in einem Teil von Afrika in die Welt gesetzt, der schon bessere Tage gesehen hatte. Die Sahara bewegte sich mit einer Geschwindigkeit von jährlich einigen Kilometern nach Süden. Vor fünftausend Jahren malte die Urbevölkerung weiter nördlich in der Wüste Schilfboote mit Menschen bei der Flusspferdjagd an die Felswände im Tassiligebirge und vor zweitausend Jahren war Nordafrika immer noch die Kornkammer des Römischen Reiches. Als Abdullah zur Welt kam, hatten endlose Sanddünen aus dem Norden den Tschadsee in Zentralafrika schon hinter sich gelassen und waren langsam auf dem Weg in den tropischen Dschungel. Nirgendwo am See war ein Strauch zu sehen. Nur Sand und üppiger, grüner Papyrus am Ufer und auf schwimmenden Inseln, die mit Mensch und Vieh als Passagiere umhertrieben.

Während wir anderen in einer Welt von Wolkenkratzern und Raumfahrern leben, waren Abdullah und seine beiden Landsleute, die ich nach Ägypten brachte, damit sie ein vorgeschichtliches Fahrzeug bauten, noch nie eine Treppe hochgestiegen, bis ich sie in der Hauptstadt Fort Lamy ins Flugzeug schaffte. Sie waren in schönen kuppelförmigen Schilfhütten mit Lehmboden aufgewachsen, und als wir in einem Hotel in Khartoum die Treppe hinauf in die dritte Etage stiegen, hoben sie ihre Beine, als müssten sie einen Berghang erklimmen. Einer Welt entflogen, in der eine Matte auf dem Boden das einzige Inventar war, steckte einer den Kopf unters Bett, als Abdullah, der Französisch sprach, erklärte, dass sie hier schlafen würden. Und als sie das WC mit sauberem Wasser sahen, hörten sie sich die Ausführungen über seine Benutzung mit unverhohlenem Misstrauen an. Abdullah nahm alles mit stoischer Ruhe hin, und noch ehe wir Kairo erreichten, konnte niemand meinen drei pechschwarzen Buduma mehr ansehen, dass sie innerhalb einer knappen Woche den Sprung ins Atomzeitalter gemacht hatten. Nicht mehr und nicht weniger. Aber in allen drei Gesichtern leuchteten Zähne und Augen im Mondschein, als wir nachts die Cheopspyramide erreichten, wo ich ein Zeltlager aufgeschlagen hatte, um das Papyrusschiff nach alten ägyptischen Abbildungen zu bauen. Sie starrten gebannt auf die Pyramide.

»Wer wohnt dort?« fragte Abdullah, der die unterschiedliche Größe zu den Zelten daneben bemerkte, wo wir wohnen sollten.

»Niemand«, erklärte ich, »es ist ein Grab.«

»Wie viele liegen darin?«

»Ein einziger.«

Das war Abdullah zu viel. »Diese Ägypter«, sagte er misstrauisch und änderte seine Meinung auch nicht, als er erfuhr, dass die Ägypter die Pyramide vor mehr als 3500 Jahren vor Mohammeds Geburt gebaut hatten.

Dem Koran nach hatte Abdullah als Moslem das Recht auf vier Frauen. Die finanzielle Verantwortung für die schöne Schwarze, die er am Tschadsee zurückließ, fiel mir zu. Aber wir waren erst wenige Tage im Lager in Ägypten, als Abdullah uns alle nach Kairo zu einer arabischen Hochzeit mit Bauchtanz und allerlei Blas- und Saiteninstrumenten einlud. Ich wurde damit betraut, Geldscheine zwischen die Brüste der Braut zu stecken, und nun hatte ich für Abdullah bereits zwei Frauen in verschiedenen Teilen Afrikas zu versorgen, noch ehe wir den Ort in Marokko erreichten, von wo wir auslaufen wollten. Abdullah steuerte schon mit voller Kraft die dritte Ehe mit einer verschleierten Berberfrau in der Hafenstadt Safi an, als wir ihn an Bord des Schilfbootes brachten und die Hochzeit verschoben, bis die Reise überstanden war.

Das geschah im Frühjahr 1969, zur gleichen Zeit, als amerikanische Astronauten an der Startrampe darauf warteten, auf den Mond geschossen zu werden. Die NASA hatte angeboten, Geräte an Bord unseres Papyrusbootes zu installieren, damit wir direkt mit den Astronauten sprechen könnten, wenn sie oben gelandet wären und wir immer noch hier unten unterwegs sein würden. Es hatte etwas von einer Parodie für mich, mit einem Papyrusschiff zu experimentieren, das nach dem Sonnengott Ra benannt war, und es über und über mit Antennen bestückt zu Wasser zu lassen, um mit Menschen auf dem Mond zu sprechen, und ich lehnte dankend, aber bestimmt ab. Zu meiner Überraschung erwartete uns am Tag vor unserem Auslaufen auf der Brücke in Safi dennoch ein Vertreter der NASA mit einer Kiste »Mondausrüstung«. Sie hatten meine Ablehnung nicht ernst genommen. Doch ich blieb dabei und wir verließen den freundlichen Mann mit der Kiste, der mit ihr über den Atlantik wieder nach Hause fliegen musste, während wir mit unserem Schilfboot in dasselbe Meer ausliefen.

Wohlbehalten an Bord angelangt, erwies sich Abdullah als genauso gescheit wie die meisten und von noch schnellerer Auffassungsgabe. Kaum waren wir aus Safi ausgelaufen, als er schon wusste, wie man den Kompass benutzt, damit er in Richtung Mekka beten konnte. Wind und Strömung gaben uns denselben steten Kurs nach Westen wie einst Kolumbus, so dass Mekka die ganze Zeit ungefähr an derselben Stelle blieb. Dafür tauchte schon am ersten Morgen bei Sonnenaufgang im Atlantik ein unerwartetes Problem auf: Abdullah meldete, jemand habe in das Wasser um uns herum Salz geschüttet. Er lag über Bord gebeugt und wusch sich vorschriftsmäßig Allah zu Ehren Gesicht und Arme bis hoch zu den Ellbogen. Da ertönte ein Geschrei, denn das Wasser war nicht nur salzig, sondern auch dreckig! Schwarze Teerklumpen schwammen in einem dünnen Ölfilm auf der Meeresoberfläche, auf dem Wasser deutlicher zu sehen als jetzt, in Abdullahs pechschwarzes Gesicht geschmiert. Abdullahs religiöse Reinigungszeremonie schrieb sauberes Wasser vor. Das Problem wurde zunächst so gelöst, dass wir alle Abdullah aus Respekt vor Allah eine kleine Extraration Trinkwasser aus unseren Tonkrügen überließen. Auf Reisen erlaubt es der Koran, sich mit Sand zu waschen, aber die Sahara lag schon weit hinter uns und entschwand rasch unseren Augen.

Wir versicherten Abdullah, wir würden bald in das gleiche kristallklare Wasser kommen, das ich auf der Fahrt mit der *Kon-Tiki* vor zweiundzwanzig Jahren gesehen hatte. Damals durchkreuzten wir 8000 Kilometer des Stillen Ozeans, ohne einen einzigen Ölklumpen oder ein weiteres Anzeichen dafür zu sehen, dass es auf diesem Planeten noch andere Menschen gab als uns sechs auf dem Floß.

Abdullah stieß als Erster den furchtbaren Warnruf aus: Das Meer wird immer schmutziger! Und es gibt nur ein einziges

Meer, denn der Atlantik ist mit allen anderen verbunden; die Kontinente liegen wie Inseln in einem zusammenhängenden Weltmeer. Tag für Tag fischten Abdullah und jetzt auch wir anderen Ölklumpen heraus. Manche nicht größer als Reiskörner oder Erbsen, andere so groß wie Kartoffeln und Apfelsinen. Oft mit Entenmuscheln bewachsen oder mit winzigen pelagischen Krabben als Passagiere. Und ich hatte mich so darauf gefreut, meinen neuen Freunden das wunderbare kristallklare Weltmeer zu zeigen, das wir auf dem Balsafloß aus nächster Nähe kennen gelernt hatten, und jetzt war ich so entsetzt, dass ich den ersten Bericht über die zunehmende Verschmutzung des Weltmeeres an den UN-Generalsekretär U-Thant schickte. Er hatte uns gestattet, unter UN-Flagge zu fahren, weil wir im Taschenformat etwas von dem demonstrieren wollten, für das die UN eintrat: eine Welt in einem Meer.

Sonst beklagte Abdullah sich nicht bei seiner ersten Begegnung mit dem Ozean. Im Gegenteil, er jauchzte wieder erkennend, als er den ersten Wal entdeckte, und rief: »Flusspferd achtern!«

Mit dem ersten Papyrusboot, das wir bauten, schafften wir es nicht ganz hinüber. Wir waren ja die reinsten Amateure. Die einzigen Experten der Welt im 20. Jahrhundert waren Wissenschaftler in Kairo, die uns die alten ägyptischen Reliefs und Wandmalereien von Schilfbooten mit detailliertem Rigg gezeigt hatten, und die Buduma vom Tschadsee, die Papyrusboote wie im Altertum bauten, nicht aber Boote, die Meereswellen standhielten.

Keiner von ihnen verstand, warum die Pharaonen sichelförmige Schiffe benutzten, häufig mit einem hohen und nach innen gebogenen Achtersteven. Alle waren davon überzeugt, dass der elegante, nach innen geschwungene Kringel am Heck der Schiffe nur aus ästhetischen Gründen da war, und da der Kringel von allein stand, nahmen die Bootsbauer aus dem Tschad ein wichtiges Tau weg, das wie ein Bogenstrang am Deck befestigt war. Da ahnten wir noch nicht, dass dies die Achillesferse des Schilfbootes *Ra* werden würde. Das Schiff verlor seine Elastizität, ritt die Meereswellen nicht ab, und die Schilfbündel rissen sich allmählich los. Als wir uns Barbados näherten, war es nicht länger möglich, die Papyrusbündel zusammenzuhalten.

Genau ein Jahr nachdem die *Ra* in Safi vom Stapel gelaufen war, lag die *Ra II* in demselben Hafen in Marokko bereit, um noch einmal die Fahrt über den Atlantik zu wagen.

Alle, die bei der ersten *Ra*-Reise dabei gewesen waren, traten wieder an: Abdullah aus dem Tschad, Norman aus den USA, Juri aus der Sowjetunion, Carlo aus Italien, Georges aus Ägypten, Santiago aus Mexiko und ich selbst aus Norwegen. Aber diesmal hatte ich unsere Zahl auf acht erhöht, indem ich noch Kei aus Japan in die kleine Bambushütte auf dem Schilfdeck quetschte.

Abdullah hatte das ganze vergangene Jahr bei seiner Braut in Ägypten gewartet und wollte nun unbedingt die Berberfrau heiraten, die er das letzte Mal am Kai zurückgelassen hatte. Doch dann kam wie ein Blitz aus heiterem Himmel ein Telegramm von der norwegischen Botschaft in Kairo mit der Nachricht, dass Abdullah einen Sohn bekommen hatte. Einen Sohn! Allah hatte ihm ein Geschenk gemacht, mit dem keine neue Amerikareise mithalten konnte. Es blieb nicht einmal Zeit für eine neue Heirat. Abdullah war schneller wieder in Kairo als eine amerikanische Rakete auf dem Mond. Als wir auf dem Schilfdeck standen und ihm zum Abschied winkten, war ein Berber aus dem Atlasgebirge bei uns. Am Tag zuvor war dieser angehende Seefahrer noch Portier in unserem Hotel in Safi gewesen. Er hatte das Meer noch nie gesehen, bis er aus dem Atlasgebirge heruntergekommen war, aber auch er war Muslim und seine Haut von Wüstenwind und der Sonne im Hochgebirge fast genauso schwarz wie die Abdullahs.

Madani konnte lesen und hatte Badehose, Gebetsteppich und den Koran auf Arabisch im Seesack. Abdullah hatte als Erster wegen der Verschmutzung des Meeres Alarm geschlagen, jetzt wurde Madani beauftragt, täglich einen Bericht über die Verschmutzung, die wir beobachteten, zu schreiben, und bekam einen Kescher, um Teerklumpen aus dem Wasser zu fischen. Wir fuhren wieder unter UN-Flagge und dieses Mal hatte der UN-Generalsekretär uns um einen Bericht über die Verschmutzung des Wassers sowie Proben der schwarzen Klumpen gebeten, die wir beim ersten Mal entdeckt hatten. Beides bekam er. An dreiundvierzig der siebenundfünfzig Tage währenden Fahrt über den Atlantik sammelten wir große und kleine Ölklumpen ein. Dieses Mal schafften wir es ganz bis Barbados. Generalsekretär U-Thant nahm unseren Rapport als Anhang A in seine Darstellung über den Zustand des Meeres auf der ersten UN-Versammlung zum Umweltschutz in Stockholm im selben Jahr auf.

Ich kam auch ohne NASA-Antennen in engen Kontakt mit Neil Armstrong, als wir uns später in London trafen, um auf einem Kongress des World-Wildlife Funds zu bestätigen, dass die Menschen auf einem sehr kleinen Planeten wohnen, den wir leicht zerstören können. Es gab auf der Erdkugel so wenig Land und so viel Meer, dass Neil sie vom Mond aus als einen winzigen, blauen Planeten gesehen hatte. Und das Weltmeer war im Grunde so klein, dass man es auf einem Schilfboot ohne Motor in wenigen Wochen überqueren konnte. Geringfügig schneller als die Ölklumpen.

Wasser überm Kopf

Als ich schlaftrunken auf dem Dach des Hotels aufwachte und über die Wüste blickte, stand Jacqueline da und machte mir Vorwürfe, dass ich in der Sonne geschlafen hatte.

»Denk an das Ozonloch«, sagte sie. »Es ist alles nicht mehr so wie in deiner Kindheit.«

Als wir zum Lunch hinuntergingen, erzählte ich ihr, dass ich einmal in meiner frühesten Jugend eine Karikatur darüber gezeichnet hatte, wie das Badeleben aussehen würde, wenn die Menschen die dünne Atmosphäre des Planeten zerstört hätten. Damals gab es noch keine grüne Bewegung, aber irgendein Forscher hatte auf etwas aufmerksam gemacht, das mich auf den Gedanken brachte, der Kampf der Menschen gegen die Natur könnte das perfekte Gleichgewicht in der Zusammensetzung der Luftschicht zerstören, das Pflanzenplankton im Meer und Urwälder auf dem Land vorbereitet hatten, ehe die Menschheit entstand.

»Wie kamst du darauf, dir darüber den Kopf zu zerbrechen, und nicht darüber, wer norwegischer Fußballmeister wird?« fragte Jacqueline. Eigentlich hatte sie in den fünf Jahren, die sie mich kannte, einen halbwegs vernünftigen Eindruck von mir gehabt.

Wie war ich darauf gekommen, in solchen Bahnen zu denken? Keine leichte Frage. Als wir wieder auf dem Hoteldach waren, stellten wir die Stühle so, dass wir mit dem Kopf im Schatten saßen. Und Jacqueline schlief ein, ehe sie eine Antwort bekam.

Ich selbst war so ausgeruht, dass ich kein Verlangen nach meiner üblichen Zehn-Minuten-Siesta verspürte. Stattdessen lag ich hellwach da und beobachtete die Vögel bei ihrem Flug unter der blauen Himmelswölbung, wie in meiner Kindheit, als die Welt noch ewig und grenzenlos war. Damals hatten wir unendlich viel Zeit. Ich sah niemanden sich beeilen, abgesehen vielleicht von mir selbst manchmal, um nicht zu spät zur Schule zu kommen. Und ich musste fast rennen, um mit meinem Vater Tritt zu halten, wenn ich ihn gelegentlich in das Büro der Brauerei begleiten durfte. Aber er schritt rasch und aufrecht aus und schwenkte den Spazierstock, weil er sich Bewegung verschaffen und auf alle, vor denen er im Vorbeigehen den Hut lüftete, einen sportlichen Eindruck machen wollte. Nicht weil etwas eilig war.

Umweltverschmutzung? Nicht in der kleinen Stadt Larvik, die mit ihren weiß gestrichenen Holzhäusern an den steilen Hängen lag, mit sauberer Luft aus den Wäldern hinter der Stadt und freiem Blick aus Tausenden kleiner Sprossenfenster auf den Fjord, der sich zum Ozean hin öffnete. Die Stadt lebte vom Meer und vom Wald, ausgedehnter Schifffahrt auf allen Weltenmeeren hinterm Horizont und Walfang in der Antarktis. Hinter der Stadt lagen der einzige Buchenwald Norwegens und endlose Nadelwälder, die sich am Farrisvann entlang bis weit in das norwegische Zentralgebirge erstreckten. Die einzige Industrie bestand aus Treschows großer Sägemühle und Alfred Andersens Maschinenwerkstatt, außerdem gab es die Brauerei, die rauchfrei und wohlriechend am Markt lag. Die Straßen der Stadt wurden mit Besen gekehrt, und ein pechschwarzer Schornsteinfeger hielt die Kamine sauber. In meiner frühesten Kindheit kehrte man in den Straßen noch den Pferdemist auf und man ärgerte sich über weggeworfene Apfelsinenschalen, Papierabfall oder eine rostige Konservenbüchse auf Waldwegen. Wir Jungen konnten aus jedem x-beliebigen fließenden Bach trinken.

Das war die ideale Umgebung, um aufzuwachsen. Fast alle

hatten wir einen Hof als Spielplatz hinter dem Haus und einen Obstgarten mit Bretterzaun zum Klettern. Dazu unbegrenzte Tummelplätze im Wald und am Strand, wo die gepflasterten Straßen der Stadt endeten.

Meine Eltern waren aus zwei verschiedenen Städten hierher gezogen, die sie für die Großstädte des Landes hielten: Mein Vater kam aus der Hauptstadt Oslo, das damals noch Kristiania hieß, und meine Mutter aus Trondheim. In einer Kleinstadt wie Larvik müssen sie, zu einer Zeit, als Ehescheidungen fast ausschließlich ein Privileg der Welt der Schauspieler waren, ein gewisses Aufsehen erregt haben. Meine freisinnige Mutter hatte zwei Scheidungen hinter sich, als mein konservativer Vater sich von seiner ersten Frau trennte, um sie zu heiraten.

Als tüchtiger Geschäftsmann hatte mein Vater seine eigene Brauerei gegründet und von König Haakon die Erlaubnis erhalten, die Mineralwasserquelle der Stadt nach ihm zu benennen, als er begann, das Quellwasser in Flaschen abzufüllen. Später tat er sich mit einem Kollegen zusammen und sie betrieben die einzige Brauerei der Stadt. Die alte Brauerei wurde nicht mehr genutzt und war für uns Jungen ein aufregender Ort: mit ihren geräumigen, dunklen Hallen und Kellergewölben, leeren Ställen und einem großen Hofplatz, der hinter hohen Bretterzäunen bis an unseren eigenen Hinterhof heranreichte.

Hier erwachte ich in einer Herbstnacht zu Beginn des Ersten Weltkriegs als eigenständiges Individuum zum Leben, getrennt vom warmen Körper meiner Mutter. Ich bilde mir ein, mich erinnern zu können, wie die Herbststürme heulten, begleitet vom Klatschen der Leinen gegen den hohen Fahnenmast im Garten. Ich fürchtete mich vor der Dunkelheit und war als Junge überhaupt ein ziemlicher Angsthase.

Du, der du so verhätschelt wurdest?

Vielleicht gerade deshalb. Ich hatte alte Eltern. Sie hatten solche Angst, ihrem einzigen gemeinsamen Kind könnte etwas zustoßen, dass ich bald selbst meinte, alles sei gefährlich. Andere Kinder in der Nachbarschaft durften allein zum Hafen gehen und nach Anbruch der Dunkelheit draußen spielen. Ich nicht. Andere Jungen durften sich mit der Axt ein Schlagholz machen und mit einem scharfen Messer Pfeil und Bogen schnitzen. Ich nicht.

Wenn sich meine Eltern über etwas einig waren – abgesehen davon, mich in die Welt zu setzen und zu verwöhnen –, dann darüber, dass sie beide an den Fortschritt glaubten. Mein Vater, weil sein Vater und sein Onkel in Norwegen Vorreiter für die Einführung von Elektrizität und landwirtschaftlichen Maschinen gewesen waren, und meine Mutter, weil sie Darwinistin war und glaubte, durch die Entwicklung würde alles noch besser werden. Mein Vater hatte mir unseren Familienstammbaum gezeigt, aus dem hervorging, dass seine Vorfahren aus den großen Wäldern an der schwedischen Grenze kamen, wo man sie bis auf zwölf Generationen aus Grundbesitzern zurückverfolgen konnte, bis sein Vater und sein Onkel in die Hauptstadt gezogen und die Firma Heyerdahl & Co. gegründet hatten. Zwischen ihren Büros und Speichern verlegten sie die erste Fernsprechanlage des Landes. Mein Vater hatte einen Ausschnitt aus einer Hauptstadtzeitung von 1880 aufgehoben, in dem berichtet wurde, wie sie den Bürgern der Stadt zum ersten Mal eine elektrische Glühlampe vorführten:

»Und auf der Karl Johans gate bis hoch zur Feuerwache konnte man das Licht wie einen strahlenden Stern sehen, gegen das die Gaslaternen rötlich gedämpft schienen, wie eine Tranlampe verglichen mit einer Gasflamme.«

Zwei Jahre später krönten sie ihr Werk damit, dass mein Großvater als Major der »Bürgerwehr« vor einer königlichen Prozession zum Schloss ritt, während sein Bruder vor dem Gebäude zwei Glühbirnen einschaltete. *Aftenposten* schrieb: »Wie durch einen Zauberschlag trat die Schlossfassade aus der Dunkelheit hervor und erstrahlte im blendenden Licht, als würden die Sonnenstrahlen darauf fallen. Die Zuschauer begrüßten auch diese plötzliche und unerwartete Offenbarung aus der Welt des Lichtes mit Beifallsrufen.«

Und dann kommst du zwei Generationen später und willst ohne Streichhölzer zurück zur Natur?

Ich schlage wohl auch ein bisschen nach meiner Mutter. Von ihr kommt die Tendenz in die entgegengesetzte Richtung: weg von der Stadt. Ihr ältester Bruder studierte Theologie und wollte Pfarrer auf dem Lande werden. Er war sehr zerstreut und als er einmal die Hände faltete, um zu seiner ersten Predigt anzuheben, sagte er: »Vater unser, der du in Schweden bist ...« Eine derartige Behauptung fiel in der Zeit der Union mit Schweden, in der er lebte, bei den norwegischen Bauern nicht auf fruchtbaren Boden und so brachte ihn sein Vater in die Stadt zurück. Zwei andere Brüder meiner Mutter studierten in Deutschland Philosophie. Als sie nach Norwegen zurückkamen, waren sie von Rousseau beeinflusst und kauften sich Boden, um jeder seinen eigenen Berghof in der Wildnis unter den Sylen zu bewirtschaften. Der eine gab auf, aber der andere nicht. Meine Mutter erzählte, wie sie von ihm einen Brief bekam, in dem stand, er sitze auf einer Fuhre Mist und lese Schopenhauer. Seine Kinder bauten Autostraßen, um die Zivilisation ins Tydal zu bringen.

Ich selbst zerbrach mir schon früh den Kopf, ob das Wort »Fortschritt« uns nicht auf die falsche Fährte lockte. Erst benutzte man es als Bezeichnung für etwas, das Verbesserungen brachte. Aber kaum war das Wort dem Mund unserer Vorfahren entschlüpft, als es sie an der Nase herumführte und auf einmal alles einschloss, womit wir uns einige Schritte von der Natur entfernten. Wir gehen so weit zu vergessen, dass wir selbst dank der Natur auf die Welt gekommen sind. Wir sind ein Teil von ihr, wir haben sie in uns und um uns herum, ob wir nun glauben, wir seien in sie hineingeboren oder wir seien ihre ureigene Schöpfung.

Es ist nicht einfach zu erklären, warum in mir so früh der Verdacht keimte, wir müssten auf der Hut sein, uns nicht selbst zu schaden, indem wir der Natur schadeten. Vielleicht weil ich es von Kindesbeinen an gewohnt war, die Welt um mich herum als etwas Instabiles zu sehen. Etwas, das sich immerzu wandelte. Meine Mutter redete ständig von Darwin, von der Entwicklung vom Tier zum Menschen. Für mich gab es nichts Unveränderliches.

Meine Mutter hatte Probleme mit Jesus, nachdem er ihr die Mutter genommen hatte, als sie noch ein kleines Mädchen war. Ihre Mutter hatte gekränkelt und ständig davon geredet, sie sehne sich danach, zu Jesus zu kommen. Meine Mutter war als kleines Mädchen zur Ausbildung nach England geschickt worden und kam von Darwins Lehre beeinflusst zurück: Alles, auch die Menschen, wurde immer besser und effektiver, davon war sie überzeugt. Aber mein Vater war kein Freidenker wie meine Mutter. Er wurde nach Deutschland in die Brauerlehre geschickt und kam zurück mit Martin Luthers Glauben an den Herrn, der die Welt geschaffen hatte, und dass der Mensch sie unmöglich besser machen konnte. Er genoss das Leben, wie es war, und zerbrach sich nicht unnötig den Kopf über Probleme, die er nicht lösen konnte. Er gebrauchte nie Wörter wie »Gott« und »Jesus«, aber er betete das Vaterunser zu der rechten Person im Himmel und schien zu beiden ein gutes Verhältnis zu haben.

»Seht, es geht doch vorwärts«, sagte meine Mutter und zeigte auf den Staubsauger und den elektrischen Herd. Für ihre Generation war es noch immer ein Wunder, dass jemand ohne eine Flamme von Brennholz oder Gas, nur mit Hilfe einiger Leitungen Teewasser zubereiten konnte. Mein Vater war sich nicht so sicher, ob alles immer besser wurde. Die Zeitungen berichteten von Erfindungen neuer Mordwaffen, Unruhen und Aufrüstung in vielen Ländern, obwohl gerade erst ein schrecklicher Weltkrieg mit Gas und Dynamit in den Schützengräben, mit Minen und U-Booten im Meer überstanden war. Norwegen hatte sich seine Neutralität bewahrt, aber viele unschuldige norwegische Seeleute waren mit den Schiffen untergegangen. Das Meer war zum Friedhof geworden und erschien mir unheimlich.

Eine meiner ersten Erinnerungen ist, wie ich einmal eine alte und abgetretene Steintreppe auf einem kleinen Felsen draußen in der Natur hochkrabbelte. Es war das erste Mal, dass ich mich in etwas vertiefte, das sich in meiner Erinnerung festgesetzt hat. Ich war von einer Decke und meinem Kindermädchen weggekrochen und wollte auf eine Stufe klettern, die aber so hoch war, dass ich lieber einen Bogen um sie machte. Und dort im Gras entdeckte ich kleine Ameisen, die sich ebenso abmühten wie ich. Eine von ihnen versuchte, an einem Halm hochzuklettern. Etwas, das noch kleiner war, bewegte sich wie ein roter Punkt auf einem Blatt und machte aus einem grünen Wurm einen großen Drachen, der sich auf dem Hinterteil aufrichtete und in seiner ganzen Länge hin- und herschwankte, um die Landschaft überblicken zu können. Aber dann war plötzlich Laura da und hob mich hoch in die Luft und weg von meiner neu entdeckten Welt.

Etwas größer war ich, als man mich an einem kleinen Haufen goldenen Meeressandes vorbeiführte. Ich riss mich los, um die Finger in den feinen, losen Sand zu stecken, und sah, dass aus der Nähe der Haufen selbst verschwand und sich mir eine wunderbare Welt aus winzig kleinen Spielsachen offenbarte. So klein, dass die Erwachsenen sie nicht sehen konnten und meine Finger viel zu groß waren, um sie zu greifen. Manche erinnerten an Puppenteller, manche an Trompeten und andere lustige Dinge, und wieder andere hatte die Form richtiger Muscheln und Schneckenhäuser, nur dass sie sehr viel kleiner waren. Ich weinte verzweifelt, als man mich wegzog. Wie sollte ich den Erwachsenen, die so groß waren, dass sie die kleinen, phantastischen Dinge nicht sehen konnten, die sich in einem gewöhnlichen Sandhaufen verbargen, meine Entdeckung erklären? Zum ersten Mal im Leben begriff ich, dass es Dinge in der Welt gab, die weder die Größten noch die Klügsten sehen konnten.

Dann aber bekam ich Gelegenheit, die Welt unter der Wasseroberfläche zu erleben. Ich war fünf und es war mitten im Winter. Meine Mutter hatte mir Wintersachen angezogen, eine warme Pudelmütze über beide Ohren und kräftige Schnürstiefel. Ich stand auf dickem Eis, das so fest war, dass mein Vater meiner Mutter versichert hatte, es würde Elefanten tragen. Jedenfalls hielt es das Gewicht eines großen Brauereipferds mit Schlitten aus, das neben mir wartete, während zwei Männer in Winterkleidung am äußersten Rand des weißen Eises standen und eine große Säge in das schwarze Eisloch hineinschoben und wieder herauszogen. Sie sägten große, glasklare Eisblöcke heraus und luden sie auf den Schlitten.

Mein Vater hatte diesen Teich gekauft, der innerhalb der Stadtgrenzen lag, weil er in der Dänenzeit zum oberen Teil des Parks von Graf Gyldenløve gehört hatte. Jetzt war der Gutshof Stadtmuseum und meine Mutter Leiterin des Museumsvereins, mein Vater aber war mehr am Teich interessiert, von dem er für die Brauerei Eis bekam.

Ich stand nur da und wartete, dass die Erwachsenen wegfahren würden. Und am Maschendrahtzaun hingen große wie kleine Jungen und warteten wie ich. Die beiden mit der Säge waren Brauereiarbeiter und sollten die Ladung zum Eiskeller bringen. Die Eisblöcke wurden das ganze Jahr über an Kunden geliefert, zusammen mit Bier und Limonade von der Fabrik. Damals gab es weder Tiefkühltruhen noch elektrische Kühlschränke. Wer aber einen Eisschrank besaß, wurde jede Woche mit einem großen Block von einem riesigen Lager in der Brauerei beliefert, wo man das Eis unter einer dicken Schicht Sägespäne hervorholen musste.

Mit klingenden Glöckchen fuhren die beiden mit dem Schlitten durch die Stadt davon, und als wir die Glöckchen nicht mehr hören konnten, lief ich mit dem Schlüssel zur Pforte.

Ich erinnere mich, dass ich selbst eine Weile als bewundernder Zuschauer dastand, während die größten Jungen Anlauf nahmen und der Reihe nach vom Eisrand auf eine lose Eisscholle und gleich wieder aufs feste Eis zurücksprangen. Sie waren so geschickt, dass sie wieder zurück waren, ehe die lose Scholle kenterte.

Das sah lustig aus und auch ich wollte meine Künste zeigen. Ich machte einen Satz und sprang auf die Eisscholle, konnte aber nicht rechtzeitig zurückspringen, bevor die Unterlage kenterte und umschlug. Damit war ich in einer ganz fremden Welt.

Ich kämpfte wie ein Rasender, um wieder hochzukommen, aber das Loch, durch das ich gefallen war, war verschwunden. Ich stieß mit Kopf und Nase nur gegen ein festes, dunkles Dach, dort, wo ich den schwarzen Spalt vermutete. Mir war nicht klar, dass er nur von oben gesehen dunkel und das Eis hell war, es von unten gesehen jedoch umgekehrt war. Von hier aus kommt das Licht durch die Öffnung im Eis, während die Eisschicht selbst dunkel ist. Ich wurde ganz benommen und fand mich nicht mehr zurecht und hier bricht meine Erinnerung ab. Einer der Jungen muss einen strampelnden Schnürstiefel zu fassen bekommen und mich rückwärts herausgezogen haben. Ich erwachte von meinem eigenen Geschrei, das ich anfing, als ich hörte, wie jemand bemerkte, ich sei sicher tot. Das erschreckte mich so sehr, dass ich es schaffte, die anderen umgehend von ihrem Irrtum zu überzeugen. Eiskalt und bis auf die Haut durchnässt, lief ich schnurstracks nach Hause zu einem warmen Bett und mütterlicher Fürsorge, die mich davon überzeugte, dass ich überlebt hatte.

Ganz sicher war ich mir dessen jedoch erst, als mein Vater aus dem Büro nach Hause kam und mich bat, mich im Bett aufzusetzen und das Vaterunser aufzusagen. Dies war ein Geheimnis zwischen uns und es gab mir immer in eine angenehme Ruhe und Wärme. Meine Mutter nahm nie daran teil. Bei solchen Gelegenheiten geschah es, dass wir es unten an der Treppe knarren hörten, woraufhin ich mich schnell hinlegte und Vater still das Schlafzimmer verließ. Einmal begegneten sich meine Eltern genau vor meiner Tür, und ich hörte meine Mutter mit freundlich-vorwurfsvoller Stimme sagen: »Was *bringst* du dem Jungen nur bei?«

Doch in die Kirche ging mein Vater mit mir nie. Er besuchte sie auch selbst nie, denn er war nicht auf diese Weise christlich.

Er teilte den Glauben nicht mit fremden Leuten. Nur mit mir. Für uns beide waren Glaube und Moralgesetze eine Sache zwischen uns und dem Herrgott. Und er hatte wohl auch für sich selbst eine kleine Nebenabsprache mit dem da oben getroffen, dass er sich über schöne Frauen freuen durfte, wenn er sich sonst tadellos benahm.

Mutter, die Atheistin war und viel mehr an Darwin glaubte als an Jesus, hielt sich streng an die christliche Moral. Als sie in jungen Jahren mit moderner Seidenunterwäsche und einem Satz Spielkarten im Gepäck aus England zurückgekommen war, hatten ihre lutherischen Tanten sowohl die Unterwäsche als auch die Spielkarten in den Kachelofen gestopft. Das Wort »Unterhosen« durfte man nicht sagen, sie hießen »die Unaussprechlichen«.

Dass zwei so verschiedene Menschen es zusammen aushielten?

Sicher meinetwegen. Aber ich hörte sie nie streiten. Ich versuchte, durch den Fußboden in dem alten Holzhaus zu lauschen, wenn sie hinuntergegangen waren, nachdem sie gute Nacht gesagt hatten, da aber hörte ich nur das Grammophon, das klassische Musik spielte.

Ich selbst dachte nach dem Erlebnis unter dem Eis viel über Leben und Tod nach. Aber mich interessierten Tiere und Pflanzen mehr als die Frage, wer die Natur geschaffen hatte und alles am Leben hielt, was sich regte. Dass es jenseits der sichtbaren Welt noch etwas anderes gab, daran habe ich wohl nie gezweifelt und da war ich mit meinem Vater auf einer Wellenlänge. Ich befasste mich aber mehr damit, was ich auf der Erde sehen konnte, als mit den unsichtbaren Engeln in einer gedachten Welt hinter dem Himmelsgewölbe, auf die der Pfarrer ohne sonderliche Überzeugung in der Religionsstunde anspielte.

Mein kleines schmächtiges Kindermädchen Laura hatte Bilder von rundlichen kleinen Engeln hinter Glas und Rahmen über dem Bett in ihrem Zimmer hängen, und die rundliche Köchin Helga sang von Engeln, wenn sie Freundinnen mit Saiteninstrumenten zum Kaffee in ihre Mädchenkammer einlud. Einmal aber bekam ich einen Schock, als ich noch ganz klein war und aus dem Bett krabbelte, um durch das Schlüsselloch zu schauen. Da sah ich die dralle Helga, wie sie versuchte, sich in unsere Badewanne zu zwängen; an einem Abend, als meine Eltern zu einer Gesellschaft ausgegangen waren. Entsetzt stürzte ich in mein Bett zurück und zog die Bettdecke übers Gesicht. Ich kannte noch nicht einmal meine Mutter in Unterwäsche, und jetzt hatte ich eine Offenbarung gesehen. Es war unglaublich spannend und lehrreich, aber um nichts in der Welt hätte ich es gewagt, noch einmal genauer hinzusehen. Sie war genauso nackt wie die Engel, aber es fiel ihr schwer, ihren Körper in die Wanne hineinzuzwängen. Wie würde es nur sein, wenn sie, die so schön sang, in den Himmel kam und mit Flügeln umherflog?

Helga weckte nicht gerade mein Interesse für das andere Geschlecht, aber das Wasser, das über den Boden im Badezimmer strömte, regte mich zu einer neuen Variante meiner Tagträume an, die ein fester Teil meines privaten Programms waren, wenn ich mich abends allein im Zimmer befand. War es Sommer, so schlich ich lautlos aus meinem Bett und setzte mich in das große, offene Fenster mit Aussicht über den Larviksfjord. Das Haus lag an einem steilen Hang und zur Seeseite hin im dritten Stock konnte ich über die roten Ziegeldächer bis zu der langen Mole blicken und noch weiter bis zum Horizont. Wenn ich wieder im Bett war, ging die Reise von dort nach Süden. Hatte ich Glück, träumte ich auch im Schlaf weiter, von dunkelhäutigen Menschen und seltsamen Tieren in Afrika. Jetzt aber war es Winter und auch im Zimmer viel zu kalt, um aus dem Bett zu klettern, denn meine Mutter bestand darauf, dass ich bei offenem Fenster schlief, bei jedem Wetter. Da war ich in Gedanken im Badezimmer ohne Helga, drehte beide Hähne auf, bis das Wasser über den Boden ins Schlafzimmer floss, wo es das Bett mit mir darin davontrug, den Berg hinunter und zum Fjord hinaus, bis ich im Land der Palmen aus dem Bett steigen konnte, wo es viel interessantere Spielkameraden gab als hier in der Nachbarschaft.

Manchmal brauchte ich auch nicht einmal in die Ferne zu reisen. Ich baute einfach eine riesige Glaskuppel über den alten, stillgelegten Brauereihof, so dass er zu einem Treibhaus wurde, in das ich tropische Gewächse pflanzen und Indianerkinder hineinbringen konnte, und afrikanische und arabische Kinder, je zwei, genau wie Noah in seine Arche. Und die Tiere, selbstverständlich.

Ein ziemlich weltfremder Junge?

Schüchtern wurde ich erst in der Pubertät, denn da kam ich auf eine neue Schule, an der ich die Klassenkameraden nicht kannte. Die Nachbarskinder besuchten nur die Volksschule und waren nach sieben Jahren damit fertig. Bis dahin war ich in dem Viertel, wo ich wohnte, der Mittelpunkt einer Jungenschar gewesen. Ich hatte den Schlüssel zum Gutshofteich, hatte jede Menge Apfelsinen- und Himbeerlimonade im Eisschrank und außerdem machte es allen Spaß, mit mir auf Expedition zu gehen.

Sicherlich hatte mich die Bibliothek meiner Mutter mit Büchern über Entdeckungsreisen, wilde Tiere und fremde Völker inspiriert. Vielleicht die über fremde Völker am stärksten. Die aber waren damals in Larvik und Umgebung nicht zu finden. Ich erinnere mich, wie ein Zirkus in die Stadt kam und alle hinliefen, um einen echten Schwarzen zu sehen. Die Enttäuschung war groß, als ein Junge entdeckte, dass er weiße Handflächen hatte, und wir waren uns einig, dass alles nur Schwindel war.

Aber im Wald, der bis dicht an die Stadt heranreichte, gab es ein reiches Tierleben. Nadelwald gemischt mit allerlei Laubbäumen im Osten, und Buchenwald am Farrisvann nach Westen. Wir legten Zündplättchenpistole und Pfeil und Bogen beiseite und zogen mit Botanisiertrommel und Kescher auf Expedition, um wilde Tiere zu fangen. Von den großen Säugetieren abgesehen, war keine Tierart bedroht. Es gab keine Pestizide. Keine Verschmutzung in unserem Teil der Welt. Und in allen Gewässern waren Fische.

In Tümpeln und kleinen Bergseen fingen wir Kaulquappen, farbenprächtige Salamander und große, schwarze Wasserkäfer, am Boden Igel, Spitzmaus, Käfer, Grashüpfer und Schlangen und in der Luft einfach alles, angefangen von der Fledermaus bis zum Schmetterling. Und wenn in einem Vogelnest genügend Eier lagen, so dass wir es uns erlauben konnten, eins wegzunehmen, wurde auch dies der Sammlung einverleibt. Mein Vater hatte mir einen eigenen frisch renovierten Raum in dem alten Brauereistall gegeben, an dessen Tür wir das Schild »Zoologisches Museum« anbrachten.

Im Alltag war ich ein rechter Angsthase, aber ich nahm mich zusammen, wenn es um eine neue Spezies für die Sammlung ging. Meine Mutter fiel beinahe in Ohnmacht, als ich einmal, die ganze Jungenschar auf den Fersen, mit einer lebenden Kreuzotter, die ich mit ausgestrecktem Arm an der Schwanzspitze hielt, in der Tür stand. Die Otter wand sich tückisch, um nach mir zu stoßen, aber jedes Mal, wenn sie sich hochkrümmte, schüttelte ich sie, bis ihr Kopf hinuntersank. Meine Mutter stürzte ins Haus, um ein Einweckglas mit Alkohol zu holen, und die Schlange zischte, als sie mit dem Kopf zuerst hineingesteckt wurde. Dann entspannte sie sich und schlief wie ein unversehrtes Kleinod zusammengerollt auf dem Boden ein. Es war mir gelungen, sie mit einem y-förmigen Stock zu fangen, mit dem ich ihren Nacken einklemmte, ohne den Kopf zu zerquetschen.

Du, der schüchterne und stillste Junge der Klasse?

Das hat jedenfalls Arnold Jacoby geschrieben. Er war mein bester Freund, seit wir zusammen auf der neuen Schule waren. Ohne ihn hätte man mich womöglich für einen ziemlichen Trottel gehalten, denn so sehe ich mich selbst, wenn ich zurückblicke. Kein Interesse an Sport wie die anderen in der Klasse und immer der Letzte, den man nahm, wenn in der Sportstunde die Fußballmannschaft zusammengestellt wurde. Vom Sprungbrett über einen hohen Bock, das war auch nichts für mich. Ich saß lieber mit der Nase über kleine Insekten gebeugt, die hinter Glas und Rahmen auf eine Nadel aufgespießt waren.

Mein Vater war verzweifelt. Er schaffte es auch nicht, mich dazu zu bringen, schwimmen zu lernen. Ich entfernte mich immer nur so weit vom sandigen Ufer, dass ich gerade noch stehen konnte. Als letzten Ausweg verfiel er auf einen Trick. Er erschien mit einer hübschen jungen Dame, die eine lange Stange mit einer Leine daran mitbrachte. An sie sollte ich mich anhängen und wie ein Frosch im tiefen Wasser vor der Mole schwimmen. Nie habe ich mich so erniedrigt gefühlt wie damals, verabschiedete mich schleunigst und überließ es meinem Vater, mit der jungen Dame schwimmen zu gehen. Eine solche Demütigung hätte ich kein zweites Mal ertragen.

Zu dieser Zeit hatte ich einige Schulfreunde, die sportbesessen waren und auf die Sekunde genau wussten, wie schnell Nurmi 1500 Meter lief, und auf den Zentimeter, wie weit Rustadstuen vom Holmenkollen sprang. Als sie dann selbst mit Geländelauf im Stadtwald begannen, lief ich mit, obwohl ich immer als Letzter ans Ziel kam. Sah ich unterwegs im Wald etwas Schönes, blieb ich stehen und untersuchte es. Einmal aber kamen drei süße kleine Mädchen an den Start, um uns zuzusehen, und da dachte ich an die Dame mit der Angelrute und lief so schnell, dass ich alle anderen überholte und als Erster ans Ziel kam.

Dass ich selbst eines Tages unter vierzigtausend Sportbegeisterten sitzen und zusammen mit einer Filmschauspielerin die Winterolympiade in meinem Vaterland begrüßen würde, war mir ebenso fern wie die Chance, einem gewöhnlichen Menschen zu begegnen, der mir erzählte, er hätte gerade auf dem Mond einen Spaziergang gemacht.

Mit den Waldläufen schöpfte mein Vater wieder neue Hoffnung, obwohl es ihm nie gelang, mich ins tiefe Wasser zu locken. Er hatte bemerkt, dass ich Jungenbücher über Tarzan, den König der Affen, verschlang, und da kam ihm eine Idee. Er beauftragte den Tischler der Brauerei, hinten im Hof zwei haushohe Pfosten aufzustellen, oben durch einen Querbalken verbunden, der ein Klettertau und zwei Turnringe hielt, so dass ich

Tarzan spielen und mich hoch über dem Boden an den Lianen durch den Dschungel schwingen konnte. Jeden Nachmittag machte ich eine Runde zum Klettertau und den Turnringen und übte, bis meine Arme so stark wurden, dass ich eine Hand loslassen und an einem Finger der anderen hängen konnte, den Ellbogen im rechten Winkel.

In der Schule aber war es noch genauso hoffnungslos, vom Sprungbrett über den Bock zu springen, und das Interesse an Fußball schwand noch mehr, als mein Vater mich zu einer norwegischen Landesmeisterschaft überredete. Er versprach mir eine neue Angelrute, wenn Larvik Turn gewann. Sie verloren.

Geländelauf, Tauklettern und mit den Pfadfindern mit Zelt und Schlafsack in Wald und Flur gaben mir dennoch etwas von der gesunden Konstitution zurück, für die meine Mutter in den ersten Lebensjahren gesorgt hatte. Sie war wirklich großartig, was gesundes Essen und frische Luft anging. Ihr Hausmädchen musste lernen, unsere beiden Ziegen zu melken, die wir in einem Hinterhof mitten in der Stadt hielten, damit ich mit Ziegenmilch aufgezogen werden konnte, und ich musste an der frischen Luft spielen, auch bei Regen. Morgens durfte ich nicht die Treppe hinunter, ehe ich nicht beweisen konnte, dass meine Verdauung funktionierte. Das war so erniedrigend, dass ich eines Tages Schal und Mütze in den Nachttopf packte, ihn ins WC leerte und die Schnur zog.

Eine bleibende Erinnerung aus dieser Zeit war die Reaktion der Familie, als das Postamt unten am Hang plötzlich in Flammen stand. Damals bestand die ganze Stadt aus weiß gestrichenen Holzhäusern, und bevor ich geboren wurde, war halb Larvik bei einem Brand vernichtet worden. Eines Nachts, als wir schliefen, schlugen ganz unten am Fjord die Flammen hoch und der Funkenregen stob bis zu uns herauf. Vater schärfte uns ein, wenn das Feuer sich ausbreitete, sollten wir alle im Kellergewölbe der alten Brauerei Schutz suchen. Da befahl mir meine Mutter, auf den Topf zu gehen, damit *das* erledigt war, ehe wir uns unter der Erde einschlossen. Aber der Löschwagen kam mit Glocken und

Pferdegespann, ehe ich meine Aufgabe erledigen konnte, und ich kam durch die Kinderjahre, ohne eine Furcht vor Bränden zurückzubehalten.

Dagegen war ich nahe dran, ein zweites Mal meinem Leben mit dem Kopf unter Wasser ein Ende zu setzen.

Vor dem Friedhof führte eine tiefe und breite Spalte in den Berg, die eine felsige Insel mit ein paar Badehäusern vom Festland trennte. Ein Wasserstrudel schoss direkt vom Larviksfjord in die Kluft hinein und zog sich im Takt mit der Dünung vom Meer wieder zurück. Hier war der Sohn vom Hausmeister der Brauerei ertrunken. Es wurde noch unheimlicher, als das Gerücht umging, eine unverheiratete Frau hätte ihr tot geborenes Kind in die Kluft hineingeworfen. Die Badehäuser lagen im Herbst verlassen da und ein schmaler Holzsteg ohne Geländer verleitete mich dazu, mit einer Gruppe Jungen auf der Insel Fangen zu spielen. Stolz über meine Geschicklichkeit beim Laufen, versuchte ich einem Verfolger zu entkommen, indem ich diagonal auf die Holzbrücke sprang, aber den Halt verlor und in den tiefen Abgrund stürzte. Selbst ein guter Schwimmer kam nicht an den steilen Wänden hoch, die vom Seegras glitschig waren. Ich wirbelte mit dem Wasserstrudel herum, strampelte wild und hilflos mit Armen und Beinen in den reißenden Wassermassen und kann mich nur noch erinnern, dass ich zweimal unterging – und dann war die Welt verschwunden. Da war ein ängstlicher kleiner Knirps mit dem Spitznamen der Am'rikaner zu den Badehäusern gerannt und hatte sich einen Rettungsring mit Leine gegriffen, den er in den Hexenkessel hinunterwarf. Wie ich den Ring zu fassen bekam, bleibt ein Rätsel, aber die Jungen schafften es, mich mit vereinten Kräften herauszuziehen. Mein Vater sorgte dafür, dass der ängstliche Am'rikaner danach der Held der Klasse wurde, denn von nun an kam er immer mit einem silbernen Messer am Gürtel zur Schule.

Seitdem gelang es niemandem mehr, mich davon zu überzeugen, dass auch ich schwimmen konnte, nur indem ich Arme und Beine rhythmisch bewegte. Ich hatte es versucht und würde es nie wieder tun. Mein Vater musste sich damit abfinden, dass ich mit Angst vor Wasser aufwuchs. Bis er mir viele Jahre später, nach der *Kon-Tiki*-Expedition, die Hand reichte. Da konnte ich schwimmen.

Den Kopf über Wasser

Die Tage, in denen ich in Gedanken die Welt meiner frühesten Kindheit durchflog, lösten sich plötzlich in einer Flut blendenden Sonnenlichts auf.

»Letzter Tag. Wir müssen hinunter und packen! Heute geht das Flugzeug.«

Ich erwachte und mein *Aku-aku* fiel in Schlaf, als Jacqueline sich im Stuhl neben mir zu rühren begann.

Danke und auf Wiedersehen für dieses Mal, flüsterte ich lautlos zu mir selbst. Vorbei die Ruhe und das Faulenzen. Ich sah Stapel unsortierter Post vor mir, die auf mich warteten. Meterweise unbeantwortete Faxe über dem Fußboden in meinem neuen Zuhause auf den Kanarischen Inseln.

Aber ich war gut gewappnet. Hatte für größtmögliche Arbeitsruhe fern aller Touristenpfade gesorgt, in einem alten, abgelegenen und verlassenen Besitz, den ich entdeckt hatte. Der Garten, mit großen Bäumen und den Resten der einstigen Avocadoplantage der Finca, lag ungenutzt da, und die Häuser standen ihres hohen Alters und eines bekannten hiesigen Poeten wegen, der sich hier einst hinter riesige Bäume und hohe Mauern zurückgezogen hatte, unter Denkmalschutz.

Für mich hieß es immer noch, um sechs Uhr morgens aufstehen, damit die Zeit hinreichte. Ein jäher Einschnitt in Jacquelines Leben, die wegen ihres Ehemannes viele Stunden eher frühstücken musste. Dafür bekam sie den Sonnenaufgang vom Meer als symbolische Brautgabe. Im Laufe ihrer Jahre vor der

Kamera in Hollywood hatte sie wahrscheinlich nie den Sonnenaufgang erlebt. Aber ihr Interesse für Malerei und Archäologie war sehr groß, und jetzt konnte sie die Sonne von ihrem eigenen Fenster aus sehen – den ersten bildenden Künstler –, wie sie das Tageslicht entzündete und Meer und Himmel und die hohen Berge hinter uns in harmonischen Farben auftrug, die wechselten und eine lautlose Musik spielten. Hätte sie nicht neben mir gestanden, hätte der *Aku-aku* sich wahrscheinlich gemeldet; er stand sicher ohnehin bei uns, mucksmäuschenstill, genauso ergriffen wie wir.

An anderen Ecken der Insel hatte man zur Freude der modernen Sonnenanbeter, die für einige Tage unter offenem blauem Himmel viel Geld zahlten, ganze Wolkenkratzerstädte gebaut. Aber nicht sie, sondern die Sonnenanbeter des Altertums hatten Jacqueline und mich auf dieser Insel und in diesem Tal zusammengeführt. Und über unseren Köpfen zog dieses lautere und unbestechliche Symbol ihres Gottes seine tägliche Bahn westlich von Afrika hin zu den amerikanischen Dschungelgebieten.

Tiefer im Innern des Tales standen seit undenklichen Zeiten einige uralte Stufenpyramiden, die so alt waren, dass keiner wusste, wer sie gebaut hatte. Alte Leute hatten von ihren Großeltern gehört, sie hätten schon immer dort gestanden. Die Jüngeren mit mehr Blut der Zuwanderer in ihren Adern interessierte das nicht. Für sie waren es nur schöne, aber nichtssagende Steinhaufen, Überbleibsel der ersten spanischen Eroberer, die den Boden gerodet hatten. Bislang hatten die Einheimischen das ganze Pyramidengebiet achtungsvoll behandelt, und die Stadtbebauung war um die alten mystischen Bauwerke herum gewachsen. Dichte Häuserreihen hatten einen Schutzwall gegen die Straßen gebildet, die um das Gebiet herumgeführt wurden. Schulkinder waren auf Pfaden und Abkürzungen quer durch das Gelände gelaufen, ohne einen einzigen Stein aus den perfekt gebauten Pyramidenwänden zu reißen. Bewusst oder unbewusst, die Mauern waren respektvoll bewahrt worden, und die einzigen, die ihnen besondere Aufmerksamkeit schenkten, waren Gruppen von esoterisch interessierten Leuten, die hierher kamen, um über Atlantis und Besucher von anderen Planeten zu meditieren. Jetzt hatte die Verwaltung beschlossen, kurzen Prozess zu machen: Das Gelände war zur Bebauung freigegeben worden, mit Straßen kreuz und quer, die Aberglauben und Wissenschaft ein Ende machen würden.

Ich war im letzten Augenblick gekommen, um die Pyramiden zu retten. Ein weißer Flecken auf der Gemeindekarte der Stadt Güimar trug die Bezeichnung »Las Pirámides de Chacona«. Aber die Pyramiden, von denen keiner wusste, wer sie erbaut hatte, standen nicht unter Denkmalschutz. Kein Gesetz schützte die Pyramiden draußen im Atlantik. Schutz genossen nur die Mauern eines alten spanischen Gebäudes auf dem höchsten Punkt, mitten zwischen den Pyramiden. Mit seinen vielen kleinen Räumen hielt man es für ein altes Kloster, und es war als nationales Erbe geschützt, genauso wie das Haus, das ich gekauft hatte.

Eigentlich war es reiner Zufall, dass gerade ich von den Pyramiden erfuhr. Einer jener Zufälle, die mir das Gefühl gaben, eine Figur in einem Marionettentheater zu sein, mit einer Schnur im Nacken – hierher und dorthin zu Inseln in allen Weltmeeren gehoben, um Dinge zu »entdecken«, die der einheimischen Bevölkerung bekannt waren.

Was man von Geburt an dicht vor der Nase hat, das sieht man nicht. Es war einem norwegischen Touristen namens Sørvik eingefallen, mir den Ausschnitt einer hiesigen Zeitung mit dem Foto von einer der Pyramiden zu schicken. Der Text deutete an, es müsse sich um die Arbeit außerirdischer Wesen handeln, das Foto aber verriet, dass hier ganz gewöhnliche Erdenmenschen am Werk gewesen waren. Menschen, die auf dem Seeweg zu den Kanarischen Inseln gekommen waren, Menschen mit dem Wissen über Stufenpyramiden, wie sie im Morgengrauen der Weltgeschichte auf beiden Seiten des Atlantiks gebaut wurden.

Ich war selbst zweimal auf den Kanarischen Inseln gewesen, in der Hoffnung, etwas über die Urbevölkerung zu erfahren, jene Bewohner, die die Portugiesen und Spanier hier bei ihrer Landung empfingen. Unter den Guanchen auf Teneriffa sahen viele wie Nordeuropäer aus: hochgewachsen, blond und mit heller Haut. So sahen aber auch viele Berber in Nordafrika aus, wie auch die legendären Seefahrer, die den Azteken und Inka zufolge ihren Vorvätern die Zivilisation gebracht und ihnen gezeigt hatten, wie man Pyramiden baut. Eben darum hatte ich schon vor langer Zeit diese Inseln besucht. Um etwas über diese Seefahrer zu erfahren, die uns Europäern ähnelten, aber lange vor Kolumbus und Leif Eiriksson mit Frauen und Ziegen und Hunden an Bord den offenen Atlantik überquert hatten. Darüber hinaus verstanden sie sich wie im alten Ägypten auf Mumifizierung und die Kunst, einen Schädel zu trepanieren.

Ich war noch damit beschäftigt, den großen Pyramidenkomplex in Tucumé an der peruanischen Küste auszugraben, befand mich aber gerade auf einer Stippvisite in Oslo, als der Ausschnitt mit dem Foto der Pyramide eintraf. Als Einziger meiner Bekannten kannte sich mein Freund Fred. Olsen auf den Kanarischen Insel wie in seiner Westentasche aus. Dort hatte ihm sein Vater Thomas, der während des Krieges Liv und unsere Jungen außerhalb von New York aufgenommen hatte, als ich mich in Nordeuropa zwischen den Fronten hin- und herbewegte, eine Reederei und Immobilien vererbt.

Fred. hatte nie etwas von Pyramiden auf Teneriffa gehört, war aber zufällig auf der Nachbarinsel Gomera, von der aus Kolumbus seine erste Amerikareise antrat. Fred.s Tochter Kristine, eine hervorragende Fotografin, setzte mit ihrer Mutter Kristin mit der Fähre nach Teneriffa über. Auf dieser Insel, auf der jährlich vier Millionen Bleichgesichter begrüßt werden, um sich zu sonnen, hatten weiße und bärtige Guanchen den europäischen Eroberern widerstanden, während Kolumbus seine erste Reise unternahm, denselben Eroberern, die von den bartlosen Indianern auf der anderen Seite des Meeres als die heimgekehrten Götter empfangen wurden.

Es gehörte für zwei nordische Damen Mut dazu, mit der

Kamera in dem Touristengewimmel auf Teneriffa zu landen und nach Pyramiden zu fragen. Aber sie machten die Stadt Güimar ausfindig, die völlig abseits lag, ganz ohne Touristen und ohne ein einziges Hotel, die Pyramiden in ihrer Mitte versteckt.

Als der Stapel Fotografien von Kristine ankam, nahm ich die erste Maschine nach Teneriffa. Sofort als ich in Güimar hinter den dichten Reihen langweiliger Betonhäuser stand und die gut erhaltenen Terrassenpyramiden sah, ergriff mich ein heiliges Gefühl, der Vergangenheit von Angesicht zu Angesicht gegenüberzustehen. So wie drei Jahre zuvor in Peru, als ich um die Ecke der Hüttenwände bog und Walters Alva mir dort die viel größeren, aber ebenso unerforschten und vergessenen Pyramiden zeigte. An beiden Orten war die einheimische Bevölkerung herzlich wenig beeindruckt.

»Habt ihr denn in Norwegen keine Pyramiden?« fragten sie in Peru.

»Ausgeschlossen, dass das Pyramiden sind, sie stehen doch schon immer hier«, versicherte man mir auf Teneriffa.

Am selben Abend verließ ich die Fremdenführer und suchte allein den Weg zu den Pyramiden. Ich stand einsam zwischen den alten Mauern und musste mich selbst davon überzeugen, dass ich mich auf einer Touristeninsel befand und hellwach war.

Ich fuhr zusammen. Plötzlich stand ein großer blond gelockter Bursche hinter mir auf der Tempelplattform.

»Bist du Thor Heyerdahl?« fragte er.

»Ja, und wer bist du?« fragte ich.

»Ich bin Guanche«, kam es ruhig.

»Alle sagen, dass heute auf der Insel niemand mehr Guanchenblut hat«, erwiderte ich prüfend.

»Ich bin Guanche, von Vaters und von Mutters Seite.«

Jetzt besann ich mich langsam.

»Wenn du Guanche bist, dann kannst du mir vielleicht erzählen, was das hier ist«, sagte ich und zeigte auf die größte Pyramide.

»Die Leute sagen, es sind Steine von einer Rodung.«

»Glaubst du das?«

Der Riese lächelte.

»Vielleicht ist es besser, dass sie es glauben.«

Oben am Hang, hoch über dem Güimar-Tal machte ich die Bekanntschaft mit der Mutter und den Geschwistern meines neuen Freundes. Carlos Campos war früher Polizist in Güimar gewesen und seine ganze Familie war genauso blond und hatte die gleichen blauen Augen wie er. Sie behaupteten, oben am Hang auf dieser Seite von Güimar hätten fast alle Guanchenblut, hier hatten die Gegner am längsten mit ihren Schleudern gegen die Hakenbüchsen der Spanier standgehalten. Während des Franco-Regimes war es unter Todesstrafe verboten gewesen zu sagen, dass man Guanche war oder nur ein einziges Wort ihrer Sprache konnte. Die Parole lautete, die primitive Urbevölkerung sei von den Eroberern ausgerottet worden. Doch jetzt war die Diktatur vorbei und Carlos und seine Gleichgesinnten konnten offen reden.

Ehe die Stadtverwaltung ihre Bagger auf das Pyramidengebiet loslassen konnte, hatte Fred. als Mann der Tat und mit kräftiger Unterstützung der Pyramidenfotografin Kristine den ganzen großen weißen Flecken auf dem Stadtplan aufgekauft. Und ehe jemand richtig begriff, was da geschah, waren die Chacona-Pyramiden eingezäunt und es gab Pläne, das geschützte Chacona-Haus für die Ausstellung voreuropäischer Kulturparallelen auf beiden Seiten des Atlantiks zu restaurieren und einzurichten. Fred., der das Projekt finanzierte, wollte, dass die Einnahmen aus künftigen Touristenbesuchen wissenschaftlichen Zwecken zugeführt würden. Ich sollte ein internationales Komitee von Archäologen bestimmen, das für die Ausstellungen und die Verteilung der Mittel verantwortlich wäre. Kristine stellte meine jüngste Tochter Bettina als Leiterin für den praktischen Aufbau des Projekts an, während ich zwischen den Pyramiden in Peru und auf den Kanarischen Inseln zu pendeln begann. Meine zweite Tochter, Marian, die Keramikerin war, bekam den Auftrag, Reproduktionen von Parallelen auf beiden Seiten des Atlantiks herzustellen.

So wurde die FERCO gegründet: Foundation for Exploration and Research on Cultural Origins.

Oben auf der größten dieser Stufenpyramiden hatte ich Jacqueline zum ersten Mal getroffen. Eine Zeitungsnotiz hatte verraten, dass ich auf der Insel war, um zu versuchen, die Pyramiden zu retten, die, wie ich behauptete, vom selben Typ wie die in Mexiko und Peru waren. Das reizte Jacqueline, und sie kam als Erste von der andern Seite der Insel herüber, um es sich anzusehen. Und mit ihrem Besuch trat in unserem Leben eine Veränderung ein. Das Pyramidental wurde unser gemeinsames Heim.

Dahin wollten wir zurück, als Jacqueline mein Gespräch mit dem *Aku-aku* auf dem Dach in El Aaiún unterbrach. Wir hatten gemeinsam beschlossen, alles zu tun, um den Pyramidenkomplex mit dem niedergebrannten, klosterähnlichen Haus zu retten, das sich gut als Museum oder Ausstellungsraum eignen würde. Und die alte Finca in dem großen Garten konnten wir zu unserer eigenen Wohnung restaurieren. Ich hatte meinen alten Freund Fred. Olsen schon längst dazu gebracht, das ganze Pyramidengebiet aufzukaufen. Er hatte von frühester Jugend an ein festes Standbein auf den Kanarischen Inseln. Jacqueline hatte mich umgehend zu den zuständigen Behörden mitgenommen, die auch schon dabei waren, die Pyramiden unter Denkmalschutz zu stellen und das ganze Gebiet zum Kulturpark umzuwidmen. »Las Pirámides de Chacona« sollten ein Forschungscenter mit Internetanschluss werden, das sich Studien über den Ursprung der Kulturen und voreuropäischen Seewegskontakten widmete.

Der Hochzeitsabstecher nach Westsahara war nur als Stippvisite gedacht, wurde aber wegen Platzproblemen im Flugzeug verlängert. Jetzt saßen wir wohlbehalten an Bord. Jacqueline war eingenickt, ich dagegen genoss den Anblick von Afrikas goldenem Küstenstreifen und der Wüste Sahara, die hinter uns zurückblieben, als wir über den blauen Atlantik dahin glitten. Ich war auch fast eingenickt, als sich mein unsichtbarer Begleiter regte.

Erkennst du die Stelle wieder?

Ich blickte hinaus und sah nur den blauen Atlantischen Ozean. Wir mussten schon ungefähr auf halbem Wege zwischen Afrika und den Kanarischen Inseln sein. Gewiss, ganz tief unten waren wir mit der *Ra* und der *Ra II* entlanggefahren, auf dem Weg zwischen dem Festland und den Inseln, um in den großen Ozean zu gelangen. Von hier oben war das lebendige Meer auf eine unbewegliche blaue Ansichtskarte reduziert. Wir konnten noch nicht einmal die weißen Schaumkronen auf den Wellenkämmen erkennen, die sich in Richtung des Passatwindes nach Amerika brachen. Will man sich ein genaues Bild von unserem Planeten machen, muss man ihn entweder ganz von nahem sehen oder vom Mond aus.

Glaubst du an das untergegangene Atlantis?

In diesem Augenblick setzten die Flugzeugräder auf den Boden auf und in dem anschließenden Lärm und Durcheinander vergaß ich die Frage. Zu Hause im Pyramidental wartete das Faxgerät und die Vorbereitungen für das neue Projekt FERCO liefen bereits auf Hochtouren. So viele Gedanken gingen mir durch den Kopf, dass ich meinen *Aku-aku*, wenn er denn versuchte, zu Wort zu kommen, nicht hörte.

»Du musst zum Friseur«, sagte Jacqueline eines Tages, als ich mit Schaum im Gesicht dastand, um mich anständig zu rasieren, auf altmodische Art und Weise. Ich habe nicht viel Haar auf dem Kopf, abgesehen vom Nacken, wo es unglaublich schnell wächst. Am Nachmittag fuhr sie mich zur Hauptstadt der Insel, wo ich es mir im Stuhl des Friseurs bequem machte. Und auf einmal war mein Begleiter wieder da.

Du hast meine Frage nicht beantwortet. Hast du Angst vor der Wissenschaft oder hast du Angst, dass man dich mit denen in einen Topf wirft, die die Pyramiden erforschten, um über den Besuch übernatürlicher Wesen aus dem Weltraum oder vom Meeresgrund zu meditieren?

Ich habe vor beidem Angst. Am meisten aber vor solchen

Autoritäten, die Leuten einreden, Pyramiden seien nur Steinhaufen. Die anderen nimmt man kaum ernst. Was mich betrifft, so glaube ich, dass die Pyramiden von gewöhnlichen Menschen gebaut wurden, die aus Afrika kamen und Ziegen und Saatkorn an Bord einfacher Fahrzeuge mit sich führten, lange vor irgendwelchen Europäern. Die Legende von Atlantis sollte weder von der Wissenschaft verworfen noch von esoterischen Schwärmern missbraucht werden. Es ist viel zu einfach, die Brille auf die Nase zu setzen und zu glauben, wir könnten alles über die Vergangenheit herausfinden, indem wir nur erforschen, was in unseren Büchern steht, und uns gleichzeitig einreden, was die Erzähler des Altertums uns zu sagen versuchten, wären nur Mythen und reine Phantasie.

Wie der Bericht von Noah und der Sintflut?

Jetzt wurde es allmählich kompliziert. Der Friseur wollte wissen, ob er die Haare in der Nase abschneiden sollte, und der *Aku-aku* wollte mich auf Noah und die Sintflut festlegen.

»In Ohren und Nase«, antwortete ich. Das Thema Sintflut und Atlantis war für Gläubige und Ungläubige so delikat, dass es warten musste, bis bei uns mehr Ruhe einkehrte.

Am folgenden Nachmittag wunderte Jacqueline sich, dass ich mich nicht wie sonst auf zehn Minuten für eine Siesta nach dem Lunch zu ihr legte. Stattdessen machte ich es mir draußen im Garten mit Block und Bleistift in der Hängematte bequem, gut hinter dem dichten Laubwerk der Avocadobäume verborgen.

Der *Aku-aku* ließ nicht lange auf sich warten.

Wie kommt es, dass du, der du in der Jugend Angst vor Wasser hattest, als Erwachsener aufs Meer gingst, mit unzeitgemäßen Fahrzeugen, von denen keiner etwas hielt?

Ich gab zu, dass hier ein Widerspruch lag. Was hatte in der Jugend allmählich mein Selbstvertrauen gestärkt? Worte, die ich vor langer Zeit zu mir selbst gesagt hatte, stiegen plötzlich wieder in mir hoch.

Als frisch gebackener Abiturient war ich einmal ins Hochgebirge gegangen, zielbewusst geradewegs in einen Schneesturm hinein. Allein mit einem Polarhund. Ich kämpfte gegen das Unwetter an, das mir den Schnee wie Sand ins Gesicht peitschte, und sagte die ganze Zeit zu mir selbst: Dies macht den Jungen zum Mann!

Ich ärgerte mich über mich selbst. Ärgerte mich, allzu bescheiden zu sein und schüchtern, linkisch gegenüber Mädchen, ein Verlierer in Kampf und Spiel. Ich wollte mich selbst finden. Mich aus einem inneren Versteck herausjagen. Ich tat bewusst alles, um mich von meinen inneren Fesseln zu befreien, und ich hatte tatsächlich das Gefühl, als würde der Schneesturm mich aus meiner eigenen Haut herauspeitschen.

Als ich damals zum zweiten Mal vor dem Tod durch Ertrinken gerettet wurde, entwickelte ich dieselben Gefühle für tiefes Wasser wie für Friedhöfe und Zahnärzte. Alle meine Freunde wurden meisterhafte Schwimmer, die sich den ganzen Sommer über im Larviksfjord tummelten, denn ihre Eltern besaßen entweder ein Motorboot oder ein Segelschiff. So etwas hatten wir glücklicherweise nicht und ich dankte dem Schicksal, dass meine Eltern zugezogen waren und jeder seine eigene Hütte in den Bergen besaß. Mein Vater bevorzugte seine Hütte oberhalb der Baumgrenze auf Ustaoset mit einem Bahnhof, Hüttensiedlung und allerlei Abwechslung. Meine Mutter kaufte eine andere Hütte auf Østlandet, ebenso weit vom Meer entfernt und oberhalb der Baumgrenze zwischen Gudbrandsdalen und Østerdalen gelegen. Damals gab es keine Autostraße nach Hornsjø, wo ein primitives, rot bemaltes kleines Hotel lag, das selten Gäste hatte und von einem Dutzend niedriger Blockhäuser mit Gras auf dem Dach umkränzt war. Im Winter lag alles halb unter Schnee begraben. Die Hälfte der Gebäude waren Almhütten mit Kuh- und Ziegenstall, wo es im Sommer vor Leben nur so wimmelte, und in den übrigen Hütten wohnten die Stadtbewohner in den Sommerferien. Sie ließen sich gegenseitig in Frieden und angelten in den Bergseen Forellen, jeder mit seinem eigenen kleinen Ruderboot, oder machten jeder für sich lange Wanderungen in der wilden Natur direkt an und oft weit oberhalb der Baumgrenze.

Hornsjø wurde mein zweites Zuhause. Hier versammelte meine Mutter in den Ferien meine erwachsenen Halbgeschwister und ihre eigene engste Familie. An diesen Ort brachte kein Golfstrom warmes Wasser zum Baden, wie in den Larviksfjord, so dass hier alle anderen genauso schnell wieder aus dem Wasser heraussprangen wie ich, nachdem sie in Reichweite von Weidengestrüpp und Bergblumen mutig hineingesprungen waren.

Vielleicht ohne dass es ihr selbst ganz klar war, erreichte doch meine Mutter bei mir, was meinem Vater misslang, als er damals die Dame mit Angelrute mitbrachte. Von den Übungen mit den Turnringen und vom Rudern auf Forellenfang in den Bergseen hatte ich kräftige Oberarme bekommen.

Dann aber geschah einen Sommer etwas ganz Unerwartetes. Direkt aus dem unbewohnten Trollwald hinter dem Hornsjøvann tauchte eine einsame Gestalt auf, die am ehesten an Tölpel-Hans im Märchen erinnerte. Mit einer altmodischen und abgenutzten Jägertracht angetan, klopfte er an unsere Hüttentür, trug einen Ranzen auf dem Rücken und bot die größte Bergforelle feil, die wir je gesehen hatten. Meine Mutter ahnte, dass diese Märchengestalt vielleicht hungrig wäre, und bat ihn zu einem Happen in die Küche herein. Und dieser Kerl konnte erzählen. Er kannte die lustigsten Tiergeschichten, die ich je gehört oder gelesen hatte, Tiere, von denen wir anderen selbst an glücklichen Tagen unten im Tannenwald oder oben auf der Ebene kaum jemals welche zu Gesicht bekamen: Elch, Rentier, Vielfraß, Waldmarder, Fuchs, Hase – ja, Hermelin, Lemming, Schneemaus, Auerhahn, Kranich und alles, was da im Wald spielt und tanzt, ohne dass wir es je erblicken, war Teil von Ola Bjørnebys Welt. Unter ihnen lebte er Tag und Nacht, was sich in seiner frohen Natur und seiner ausgelassenen Laune widerspiegelte.

Der Mann verdiente sich ein Zubrot, indem er für uns Brennholz hackte. Meine Mutter protestierte nicht einmal, als er mir zeigte, wie ich mir mein eigenes Schlagholz schnitzen konnte. Und dann geschah das Unglaubliche: Als er einmal aus dem Tal mit Waren kam, die er auf die Hochebene bringen wollte, wo er allein in einem kleinen, einsamen Bergtal wohnte, durfte ich ihn begleiten und tragen helfen. Erschöpft kam ich wie verabredet wieder nach Hause, aber ich war so beeindruckt von allem, was ich gesehen und erlebt hatte, dass mir meine Mutter eines Tages zu meiner unfassbaren Freude erlaubte, Ola einige Tage in Åstadalen zur Hand zu gehen. Das Tal war von der Umwelt isoliert, nur ein Pfad führte von Hornsjø zu einigen verlassenen und verfallenen Almhütten, die Hynna hießen.

Eine neue Märchenwelt offenbarte sich mir, als wir von Stein zu Stein über die Bachmündung am Hornsjøvann sprangen und es über Stock und Stein durch den Tannenwald ging, der sich auf dem Weg zu Olas eigenem Tal dicht um uns schloss. Dort wohnte er in einer kleinen Schafshütte ohne Fußboden, mit alten, grauen Bretterwänden, die nur so weit auf den Boden reichten, dass ein Schaf unten durchkrauchen konnte. Das Essen kochte er auf einer steinernen Feuerstelle unter einem Loch im Dach, wo der ärgste Qualm abziehen konnte. Die Möbel waren drinnen und draußen die gleichen: Baumstümpfe, Steine und Tannenzweige. Das Ende des längsten Baumstamms reichte ganz in die Feuerstelle hinein und wurde jeden Tag kürzer und ich brauchte kein anderes Brennholz zu hacken als Reisig zum Feueranzünden.

In Olas Welt wurde mir zum ersten Mal klar, wie einfach das Leben in Wirklichkeit war. Erst wir Menschen haben es komplizierter gemacht, als uns bewusst ist, weil wir uns daran gewöhnt haben. Von dem Moment an, da wir Sitzen und Stehen lernen, meinen wir, ein Bett zum Schlafen zu brauchen und Stuhl und Tisch, um essen zu können. Und nun entdeckte ich nach dem ersten Tag in Olas Welt, dass ich noch immer am Leben war, ohne ein einziges Möbelstück gebraucht zu haben.

Ola redete gern, aber nie über sich. Auf Umwegen fand meine Mutter heraus, dass er das gesehen hatte, was man »bessere Tage«

nennt. Er war Sohn einer reichen Familie von Waldbesitzern, mit der es bergab gegangen war, weil der Vater sein Vermögen mit Alkohol durchgebracht hatte. Ola sträubte sich, die Demütigung in Form irgendeiner Unterstützung zu akzeptieren, und zog mit der Jagdausrüstung seines Vaters und einer Angelrute in die Berge. Und dann fand er einen Schafstall auf Hynna und dort blieb er.

An den Vorschriften der Gemeinde gemessen, stand Ola beim Angeln und Jagen mit einem Bein auf jeder Seite des Gesetzes. Aber er war im Ort ein beliebter Mann, selbst bei der Jagd- und Fischereiaufsicht, und der lange Arm des Gesetzes reichte selten bis Åstadalen. So konnte Bjørneby sich in Frieden auf seine Weise ernähren, wie ein Robinson Crusoe, ohne zu irgendeiner Form von Unterstützung Zuflucht nehmen zu müssen.

Einmal aber war er mit einer so großen und fetten Bergforelle beim Kaufmann im Tal erschienen, dass neidische Seelen die Fischereiaufseher zu einer langen Wanderung zum Lyngsjø ganz oben in den Østerdalsbergen veranlassten. Dort lag der Gesetzeshüter mit einem Fernglas hinter Weidengebüsch und Wacholdersträuchern verborgen, als Ola und ich weithin sichtbar über die Ebene trabten. Wir ließen eine kleine Jolle zu Wasser und Ola griff die Ruder, damit ich zum ersten Mal im Leben mit einem *Oter* fischen konnte, einem parallel zum Boot geführten Brett an einer Angelschnur. An dem Brett waren viele Fliegenhaken befestigt und wenn wir kräftig ruderten, scherte es seitlich aus und die Haken baumelten lose nebeneinander, so dass wir viele Fische auf einmal fangen konnten. Diese sinnreiche Methode war nur der Bevölkerung der Ortschaft vorbehalten und Leuten aus der Stadt und von außerhalb streng verboten.

Olas Adlerblick spähte in alle Richtungen, während er ruderte, und plötzlich sah er in der Ferne das Fernglas des Fischereiaufsehers. Im Nu ließ er die Ruder fahren und setzte das Fangbrett aus, während ich seinen Platz an den Rudern einnehmen musste. Keiner konnte mir das Rudern verbieten, aber obwohl Ola mit Recht behaupten konnte, seinen festen Wohnsitz in der

Ortschaft zu haben, würde man ihn einsperren, wenn er mir gestattete, die Angelschnur zu halten. Ich wollte mich wichtig tun und ruderte, als ginge es um mein Leben. »Nein«, antwortete ich jedes Mal, wenn Ola fragte, ob ich nicht bald müde wäre. Am Ende war ich so erschöpft, dass ich nur noch mit dem Kopf schütteln konnte, wenn er fragte. Dieser verdammte Bursche, der es sich mit seinem Fernglas gemütlich machte! Blasen bildeten sich an meinen Händen und platzten schließlich auf. Der Kontakt mit der harten Ruderbank, auf der ich saß, wurde so intim, dass ich mir Kissen aus Rentierflechte und Heidekraut machen musste, da ich allmählich auf immer weniger Haut und immer mehr Nerven zu sitzen kam. Erst gegen Abend, als wir an Land ruderten, erhob sich der Fischereiaufseher und wir verließen den Lyngsjø in der entgegengesetzten Richtung. Der Mann des Gesetzes beeilte sich, um vor Einbruch der Dunkelheit unten im Ort in Gudbrandsdalen zu sein, während wir versuchten, den Schafstall auf Hynna zu erreichen.

Die Schlacht auf dem See hatten wir zwar gewonnen, aber als ich aus dem Boot kletterte und die ersten Schritte machte, wurde es kein Siegesmarsch auf festem Boden. Der Hintern schmerzte bei jedem Schritt wie nach Peitschenhieben und mit einem kleinen Teil von Olas 50 Kilo Fisch auf dem Rücken musste ich mich anstrengen, um mitzuhalten.

»Überhaupt kein Problem; wir schlafen hier und stehen morgen früh auf«, sagte Ola, legte sich auf den Rücken in die Heide und schlief ein. Wenn wir im Wald schliefen, krochen wir gewöhnlich unter die Zweige einer Tanne; es ist schön, zwischen den Fransen der Zweige die Sterne blitzen zu sehen. Und doch ist es überhaupt nicht damit zu vergleichen, wenn man bei klarem Himmel in der offenen Ebene auf dem Rücken liegt, und jedes Mal, wenn man aufwacht und die Augen einen Spalt weit öffnet, das ganze sternenübersäte Universum über sich sieht. Dieses Mal aber war mir dieser Anblick versagt. Ich musste auf dem Bauch liegen und schlief auf einem großen flachen Stein ein.

Die Sommerferien, die ich mit Ola erlebte, gaben mir vieles, was ein Teil von mir selbst wurde. Vielleicht aber am deutlichsten die Erkenntnis, dass ich Teil der Natur bin, egal, wie ich gekleidet bin. Wenn einem das klar ist, wird man sich überall zu Hause fühlen, mag man noch so weit vom nächsten Haus entfernt sein, ob im Wald, in den Bergen, in einer Wüste oder auf dem Meer. Im Wald mit Ola ging es nicht nur darum, die Tiere zu sehen, sondern auch zu sehen, wo sie gewesen waren und was sie gemacht hatten. Dort hatte ein Elchbulle sein Geweih gefegt, da war eine Färse mit ihrem Kalb gegangen, hatte der Hase Streifen aus der saftigen Rinde gerissen, oder dort der Fuchs einen Auerhahn geschlagen. Doch viel von der Natur blieb mir nicht, als ich wieder in die Schule zurückkam und büffeln musste, was in den Lehrbüchern stand.

Als es auf den Herbst zuging und die Berghimbeeren reif wurden, verließ ich das Hochgebirge mit schweren Gedanken, um in Larvik auf die Mittelschule zu gehen.

Ich war jetzt fünfzehn und im Konfirmationsalter. Aber ich wollte mich nicht konfirmieren lassen. Die anderen in der Schule waren nur wegen der Geschenke hingegangen. Ich hingegen mochte den Pfarrer nicht und wollte nicht, dass er mir die Hand auf den Kopf legte.

Wenn Arnold und ich zusammen philosophierten, dann meist darüber, welches Mädchen aus der Klasse wir am meisten mochten, und über das Mysterium der Liebe. Wie interessant die Klassenkameradinnen auch immer waren, so blieben sie für uns doch – soweit wir es mit unserer fehlenden Erfahrung beurteilen konnten – unerreichbar. Aufklärungsunterricht war damals in der Schule unbekannt und in den Familien fast undenkbar. Unser Wissen beschränkte sich im Wesentlichen auf das, was wir in der Tierwelt gesehen hatten und was die älteren Jungen in den öffentlichen Toiletten gekritzelt und gezeichnet hatten. Ich erinnere mich, wie einmal, als ich klein war, ein etwas größerer Lümmel versuchte, mir eine erste Einführung in die Hieroglyphen des Sexuallebens zu geben. Er zeichnete mit Kreide einen runden Kreis und einen Spalt in der Mitte, umgeben von Strahlen, und dann fragte er: »Was ist das?«

»Eine Sonne«, antwortete ich einfältig.

Er prustete nur verächtlich.

»Es ist was Unanständiges«, tuschelte er mir ins Ohr.

»Der Teufel?« flüsterte ich vorsichtig.

Ich war auf diesem Gebiet so weltfremd, dass ich Mädchen und erwachsene Damen als eine andere Art Wesen ansah als wir gewöhnlichen Menschen. So rätselhaft, dass man kaum wusste, was man zu ihnen sagen sollte. So setzte sich ein Schulkamerad, als er eines Abends eine Verabredung mit einem Mädchen hatte, hin und las die Sportzeitung, um mit ihr über irgendetwas sprechen zu können.

Arnold und ich waren überzeugt, dass die Liebe göttlich ist. Das war zu der Zeit, als meine Eltern beschlossen, sich zu trennen. Sie ließen sich nie scheiden – mein Vater verkaufte nur seinen Anteil an der Brauerei und allen anderen Geschäften und wohnte in einer Pension in Oslo, bis meine Mutter und ich aus Larvik wegzogen, als ich 1933 in der Hauptstadt die Universität besuchte. Ich schwor mir, ich würde mich nie von der trennen, die ich zur Ehefrau nehmen würde.

Und dann wurdest du zweimal geschieden, aber nie konfirmiert?

Ich wurde geschieden, aber der Glaube an die Liebe ist mir geblieben. Als ich klein war, wurde ich getauft, wollte aber durch die Konfirmation nie bestätigen, dass ich an den rachsüchtigen Weltuntergangsgott glaubte, an den auch der Pfarrer in Larvik glaubte. Ich glaubte, der Gott der Liebe würde sich, im Gegensatz zu dem des Pfarrers, der armen unverheirateten Mutter erbarmen, die ihr tot geborenes Kind in den Wasserstrudel bei Kirkebukta warf, wo ich beinahe ertrunken wäre, weil sie es nicht in geweihter Erde begraben durfte.

Arnold und ich sprachen viel über Religion und Moral, wenn wir nachdenklich in den stillen Kleinstadtstraßen spazieren gingen, wo kaum ein Mensch zu sehen war, wenn es Abend wurde.

Die Kirche hatte ihren Einfluss auf die Jugend verloren und man besuchte sie nur, wenn man zur Konfirmation ging und eine Uhr, Manschettenknöpfe und die erste lange Hose bekam. Arnold war wie alle anderen konfirmiert und stand außerdem mit dem Pfarrer auf gutem Fuß, weil er einen tiefen Bass und eine gute Singstimme hatte, und noch dazu konnte er Klavier spielen. Wir mochten beide Musik, obwohl ich keinen reinen Ton hervorbrachte und nur auf unserem großen aufziehbaren Grammophon zu Hause spielen konnte.

Meine Religion nahm allmählich die Form eines Glaubens an eine allumfassende Schöpferkraft an, die hinter der Entwicklung der Natur stand und hinter allem, was wuchs und sich auf der Erde regte. Als Gärtnersohn mochte Arnold Blumen und er hörte sich meine Theorien an, dass die Zivilisation auf Abwege geriet. Andere hielten mich für einen Idioten, wenn ich etwas »Dummes« sagte wie, dass ich gegen Maschinen und Motoren sei und glaubte, diese Form von Fortschritt würde das Leben der Menschen auf die Dauer nicht verbessern.

Wie bist du zu dieser Meinung gekommen?

Vielleicht war es ein instinktiver Glaube an die Natur als Urmutter und Lehrmeisterin der Menschen. Wenn es einen Gott gibt, dessen unsichtbare Kraft alles durchdringt, was aus dem Meer und aus der Erde kommt, warum hatte er dann nicht auch die Maschinen selbst erfunden, über die sich die Menschen freuen konnten? Ich hatte Angst, die Maschinen könnten irgendwann einmal die Oberhand über uns gewinnen und die Natur verdrängen, die Gott uns gegeben hatte.

Hast du nicht an den Fortschritt geglaubt?

Doch. Aber ich glaubte nicht, man sollte jeden Schritt, der uns weiter von der Natur wegführt, auch Fortschritt nennen. Ich begann zu fühlen, dass wir Menschen mit unserer eigenen Lebensweise experimentieren. Wir roden die Wälder und nehmen es als gegeben hin, dass es Fortschritt sei, vom Bauernhof in eine Fabrik umzuziehen. Früher war Malen mit Buntstiften mein Hobby und als Motiv diente mir häufig eine gelbe Sonne über runden Strohhütten mit Palmen und Affen. Jetzt wurden die Farben durch Bleistift, Radiergummi und Tuschfeder ersetzt und heraus kamen Strichzeichnungen, die die Schwächen der Zivilisation aufs Korn nahmen. Ich war nicht konsequent. Ich verreiste gern mit dem Zug und war genauso beeindruckt wie alle anderen, als ein Klassenkamerad zum ersten Mal etwas in die Schule mitbrachte, was er Rundfunkempfänger nannte. Wir steckten uns Stöpsel in die Ohren, von denen Drähte zu einer Art Batterie führten, und dann bestätigten wir alle nacheinander mit verwundertem Blick, dass wir ferne Musik hörten.

Es wuchs auch mein Interesse, mich in Form zu halten, nachdem ich zusammen mit Ola Bjørneby Geschmack an der Wildnis gefunden hatte. Unter den Jungen, mit denen ich um die Wette durch das Gelände lief, stand mir besonders ein riesiger Kerl nahe, der Erik hieß. Er war ein lustiger Geselle, ganz anders als Arnold. Die beiden wurden nie enge Freunde, denn Erik wollte zur See fahren und er ging nicht mit uns aufs Gymnasium. Beide waren ziemliche Riesen, aber Arnold interessierte sich nur für Musik und Poesie, mit ihm konnte ich also nur philosophieren, Erik dagegen war ein Naturbursche und praktisch veranlagt, und nachdem ich bei Ola Bjørneby die Gesellenprüfung in der Wildnis bestanden hatte, schleppte ich Erik mit, als ich in den letzten Jahren auf dem Gymnasium anfing, alle Ferien im Freien in den wildesten norwegischen Bergen zu verbringen.

Als wir uns das erste Mal trafen, war die Zeit noch nicht reif dafür. Ich war mit meinen eigenen Freunden unterwegs, mit Botanisiertrommel und Kescher versehen, um im Buchenwald Salamander zu fangen, und da begegneten wir Erik als Anführer einer Jungenbande mit Zündplättchenpistolen und Holzschwertern. Sie hatten sich zwischen den Bäumen ein Seeräuberschiff gebaut. Später, als wir dann gemeinsam durchs Gelände liefen, ging ich mit ihm nach Hause. Erst erschrak ich beim Anblick eines furchtbaren Seeräubers, der von einer großen Zeichnung an der Wand seines Zimmers auf mich zeigte, später aber amüsierte ich mich köstlich über seine vielen humoristischen Zeichnungen.

Dann brach die Verbindung zu Erik Hesselberg ab, als er zur See fuhr, aber viele Jahre später lud ich ihn dann ein, mit mir als Navigator an der *Kon-Tiki*-Expedition teilzunehmen.

Arnold zog genau wie ich nach dem Abitur nach Oslo und während ich naturwissenschaftliche Fächer und Geographie auf der Universität belegte, ging er auf die Zeichenschule und wurde professioneller Zeichner und Schriftsteller. Sein Buch *Det angår også deg* (Das geht auch dich an) war sehr erfolgreich. Es handelt von der einzigen jüdischen Familie Larviks. Sie hatte zwölf Kinder, und alle, außer dem jüngsten starben während der nationalsozialistischen Besetzung Norwegens in der Gaskammer. Wir, die mit Samuel in eine Klasse gegangen waren, wussten nicht einmal, dass er Jude war; nur, dass er am Samstag vom Unterricht befreit war. Es braucht nicht viel, dass der Glaube an den Gott der Liebe Hass gebiert. Freund und Feind können an denselben Schöpfergott glauben, aber darüber uneins sein, an welchem Tag er Ruhe hält.

Ich war mir ganz sicher, dass unsere so genannte Zivilisation einen gefährlichen Weg eingeschlagen hatte. Dass die Kriegsmaschinerie, die überall auf der Welt auf Hochtouren lief, alle zivilisierten Gesellschaften in einen neuen, fürchterlichen Krieg hineinziehen würde. Alfred Nobel hatte an Fortschritt und ewigen Frieden geglaubt, als er das Dynamit erfand. Es kostete mehr Menschenleben als die Gasmasken im Ersten Weltkrieg retteten, und als wir aufs Gymnasium gingen, erzählte man uns, jetzt hätte man eine gigantische Kriegsmaschine erfunden, die ohne Räder durch jedes Gelände fahren konnte und einen neuen Krieg unmöglich machen würde. Erik und ich wollten weg von Europa, ehe all die neuen schrecklichen Kriegserfindungen eingesetzt würden. Eriks Traum war es, im Inneren Afrika eine ideale Gesellschaft jenseits der Gefahren der Zivilisation aufzubauen. Damals gab es noch viele weiße Flecken auf der Weltkarte.

Ich bin oft gefragt worden, was große Entdecker wie Roald Amundsen und Fridtjof Nansen in der Jugend für mich bedeuteten. Dies zu beantworten fällt mir nicht leicht. Beide waren selbstverständlich die großen Helden aller Jungen und sie lebten immer noch, als ich klein war. Amundsen hatte den Südpol erreicht, ehe meine Generation geboren wurde, und lag im Wettlauf, wer als Erster den Nordpol erreichte, weit vorn. Ich werde nie vergessen, wie ich 1928 in einem Pfadfinderlager in Åndalsnes war, als der Italiener Nobile mit seinem Luftschiff über dem Polargebiet abgestürzt und Amundsen bei dem mutigen Versuch, seinen Konkurrenten zu retten, mit einem kleinen Flugzeug irgendwo oben im Eismeer verschollen war. Da erreichte die falsche Nachricht das Lager, Amundsen wäre lebend gefunden worden, und alles stürzte aus den Zelten und tanzte jubelnd im Kreis. Die Trauer war um so größer, als sich herausstellte, dass die Nachricht nicht stimmte.

Ich war erst acht, als Nansen den Friedensnobelpreis für seinen großen Einsatz für die Flüchtlinge nach dem Ersten Weltkrieg erhielt. Ihn bewunderten wir Jungen am meisten, denn wir hatten gehört, er hätte sich einmal mit dem Polarschiff *Fram* im Treibeis einschließen lassen und wäre dem Pol näher gekommen als jeder andere Mensch, mit Ausnahme von Johansen, der ihn begleitete. Alle hatten wir gehört, dass er 1888 Grönland auf Skiern durchquert hatte. In meiner Jugendzeit hatte sich noch immer kein anderer Mensch weit genug auf das grönländische Inlandeis gewagt, so dass die Geographen keine Vorstellung davon hatten, ob diese riesige Polarinsel voller wilder Gebirgsketten war oder aus einem einzigen flachen Eisgletscher bestand. Da geschah etwas, was auch in mein Leben eingreifen sollte. 1931 hatten zwei wagemutige norwegische Studenten auf Skiern und mit Hundegespann Grönland an der breitesten Stelle überquert und ein Buch darüber geschrieben. Der eine, Martin Mehren, hatte ein paar dieser Polarhunde nach Oslo mitgebracht.

Damals lebte ich mit meiner Mutter bereits in Oslo. Sie war

eine Hundenärrin und hatte einmal in einer früheren Ehe zwanzig weiße Samojedenspitze gehabt, die etwas intelligenteren Verwandten dieser Muskelpakete, wie die grönländischen Eskimos sie vor ihre Schlitten spannten. Und auch ich hatte früh mit Hunden zu tun gehabt: Seit der Zeit, als ich die Milch von den einzigen Hinterhofziegen in Larvik bekam, war ich mit einem friedlichen Chow-Chow aufgewachsen, der mir die Einsamkeit in einem Haus mit zwei recht alten Eltern vertreiben sollte. Nach der Schule zog ich dann mit meiner Mutter nach Oslo, und der Hund blieb zurück. Ich war furchtbar einsam in unserer großen Neubauwohnung, die mein Vater meiner Mutter für ihre alten Stilmöbel im obersten Stockwerk auf Camilla Colletts vei besorgt hatte, mit einem Wohnzimmer, das von einem Ende des Hauses zum anderen reichte und in einem schmalen Balkon auf jeder Seite endete. Hierher, mitten in der Stadt, brachte meine Mutter eines Tages einen halbausgewachsenen Polarwelpen, den sie von Martin Mehren gekauft hatte. Ich war stumm vor Glück. Aber kaum hatte sie den Hund losgelassen und die Eingangstür hinter sich geschlossen, als unser neuer Hausgenosse wie eine Bestie ins Zimmer schoss und wie ein Leopard über Sofa und Tische sprang, hin und her und auf beide Balkone, dort hochsprang, sich aber rechtzeitig besann und verwundert sechs Stockwerke hinunterschaute, die Vorderpfoten auf dem Gesims.

Mein Leben war nicht mehr dasselbe, seit Kazan zu uns gekommen war. Drei Tage schwänzte ich die Universität und brauchte meine ganze Kraft, um Kazan jedes Mal, wenn ich »Platz« sagte, auf den Teppich hinunterzudrücken, und dann hielt ich ihn mit aller Macht unten, bis ich »auf« sagte. Meine Mutter entschuldigte das Untier damit, dass seine Mutter, Mehren zufolge, mit einem Wolf gekreuzt worden war. Doch das Wunder geschah: Kazan wurde der besterzogene Hund, den ich je gesehen hatte, stubenrein und friedlich und imstande, alles zu verstehen, was ich ihm beizubringen suchte, und noch einiges mehr.

Solange er mit mir zusammen war, war Kazan so friedlich,

dass er zu den Vorlesungen mit in die Universität durfte, und die wenigen Male, die ich in ein Restaurant ging, lag er so still unter dem Tisch, dass niemand ihn bemerkte. Er lernte, im Winter einen mit 50 Kilo beladenen Schlitten durch unwegsames Gelände zu ziehen, und trug im Sommer 15 Kilo in der Satteltasche auf dem Rücken. Solange ich in Oslo studierte, wurde er in der Stadt und auf den Streifzügen durch Wald und Flur fast ein Teil meiner Bekleidung. Am wohlsten fühlten wir uns, wenn wir so weit weg von der Stadt wie möglich waren und ganz oben in den Bergen alle Bande abwerfen konnten. Er hatte meinen Rucksack und meine dicken Schnürstiefel so sehr ins Herz geschlossen, dass er deutlich Einspruch erhob, wenn jemand sie berühren wollte, ohne dass ich zugegen war. Und half die Warnung nicht, dann musste ich schon mal mit Pflaster und Verbandszeug kommen.

Erik begleitete mich häufiger auf Bergtouren als sonst jemand. Alte Freundschaft hat mir immer viel bedeutet. Ich wollte immer härtere Gebirgstouren versuchen und so scherten Erik und ich uns nicht um die Suche nach einer Unterkunft vor Einbruch der Dunkelheit, zu einer Zeit, als so gut wie niemand außerhalb der Hütte schlief, wenn man im Winter ins Gebirge ging. Von Nansen und Mehren inspiriert, machten Erik und ich uns davon unabhängig. Wir hatten gelernt, uns in einer Schneewehe, um die der Sturm tobte, eine Schneehöhle zu graben, und wurden zu Experten darin, den geeigneten, festgebackenen Schnee zu finden.

Meine Tourbegleiter glaubten, ich würde meine Kräfte erproben, um Polarfahrer zu werden, und ich sprach mit niemandem außer Arnold und Erik über die Pläne, andere Erdteile zu erkunden, die langsam in mir Form anzunehmen begannen. Meine Ferienreisen finanzierte ich, indem ich sie in Zeitungen und Zeitschriften schilderte, illustriert mit Fotografien und humoristischen Zeichnungen. Draußen im Schnee zu schlafen war in den dreißiger Jahren innerhalb der Landesgrenzen so ungewöhnlich, dass sich die Leser dafür interessierten, wie man Blöcke zurechtschnitt, um einen Iglu zu bauen, und eben das taten wir an den auserlesensten Stellen.

Es war unvergleichlich, an einem Wintermorgen hoch oben in Stor-Ronden aufzuwachen und zu fühlen, dass überall dort unten das ganze winterliche Norwegen in Sichtweite lag, wenn wir aus dem Iglu krochen. Draußen konnte der Wintersturm toben, selbst lag man aber geschützt und gemütlich in einem Iglu oder einer einfachen Schneehöhle, wenn man nur durch ein kleines Loch im Dach und einen Eingang, der tiefer lag als der Fußboden, für die richtige Luftzirkulation gesorgt hatte. Eine Kerze verschaffte uns im Innern Plusgrade, wenn draußen Minusgrade herrschten, denn dann gefroren die Innenwände zu solidem Eis, und man kam auf eine angenehme Zimmertemperatur.

Ich habe immer das Gefühl gemocht, irgendeinen Ausweg in Reserve zu haben, für den Fall, dass etwas schief gehen könnte. Ich kann mich nur an ein einziges Mal erinnern, dass ich gegen meine Spielregeln verstieß. Auf Floßfahrten könnte man immer auf einem Stück Holz oder einem Schilfbündel weitertreiben, wenn das Tauwerk riss. Aber einmal gingen Erik und ich auf der Spitze des Glittertind ein wahnsinniges Risiko ein, was ich danach wirklich bereute, obwohl wir Glück hatten. Wenn wir die permanente riesige Schneekappe mitrechnen, die die Spitze bedeckt, so überragte Glittertind damals seinen Nachbarn Galdhøpiggen und war damit der höchste Berg Norwegens. Deshalb quälten Erik und ich uns die ganze steile Schneewand auf Skiern nach oben, und Kazan kämpfte sich hinter uns mit dem Schlitten vorwärts. Wir wollten oben auf der Spitze einen Iglu bauen. Da überraschte uns ein Schneesturm, noch ehe wir oben waren, und bald konnten wir nicht mehr die Spitzen unserer eigenen Skier sehen. Wir sahen auch die seitlichen Abgründe nicht und die einzige Möglichkeit, ihnen zu entgehen, war, sich immer höher zu quälen.

Als wir endlich an dem Steinhaufen standen, der die Spitze des Glittertinds markiert, war der Sturm so heftig, dass wir nicht aufrecht auf den Skiern stehen konnten und sie abschnallen mussten. Außer dem Steinhaufen, der zur Orientierung diente, sahen wir nichts, und das Schneetreiben war so dicht, dass wir kaum atmen und die Augen offen halten konnten. Die knochenharte Unterlage war völlig ungeeignet, um zu graben oder Blöcke für einen Iglu herauszuschneiden. Krampfhaft hielten wir die Skier fest, damit sie nicht in den Abgrund verschwanden, hatten aber keine Zeit, nachzudenken und auch keine Alternative. Wir spannten Kazan aus dem Schlitten, peilten mit dem Kompass den richtigen Kurs für denselben Weg nach unten an, den wir hochgekommen waren, setzten uns auf die Ladung und ließen uns einfach hinunterrutschen. Wir bremsten so gut es ging, und mehrere Male gelang es uns, anzuhalten, um auf Kazan zu warten, dann wurde die Geschwindigkeit so groß, dass wir einfach nicht mehr bremsen konnten. Eine ähnliche Schlittenfahrt in immer wilderem Tempo habe ich nie erlebt. Sie endete damit, dass wir in tiefem Schnee am Fuße des Berges umherkullerten. Wir glaubten, wir würden Kazan nie wieder sehen, aber nachdem wir eine Ewigkeit gewartet hatten, kam er heruntergestolpert und kämpfte sich durch den tiefen Schnee zu uns herüber. Wir hatten nur Augen für uns, den Schlitten und den Hund und hatten nichts von der wilden Landschaft gesehen, die uns, wie wir wussten, umgab. Die Welt verschwand in einem weißen leeren Raum ohne Schatten, ohne Konturen, ohne sichtbaren Unterschied zwischen oben und unten, vorne und hinten.

Karte und Kompass helfen bei unbekanntem Ausgangspunkt in kaum auszumachender Umgebung nur wenig, aber wir ahnten in etwa, wo wir gelandet waren, und nahmen Kurs ungefähr in Richtung auf einen Pass zum Nachbartal. Wie erwartet, kamen wir zu einer Steigung, die aber kein Ende nahm, bis wir schließlich nicht einmal mehr die Skier wenden konnten und seitlich immer höher steigen mussten, immer der Nase nach, in der Hoffnung, dass die Schneedecke nicht mit uns hinunterrutschen würde. Kazan, der Arme, konnte den Schlitten nicht im

Gleichgewicht halten und so hatten wir alle drei kaum noch Kraft, als wir mit vereinten Anstrengungen über den Kamm und auf der anderen Seite wieder hinunter kamen. Der Sturm hatte sich gelegt und war einem dichten Nebel gewichen und alles war weiß wie zuvor, bis eine scheinbare Sinnestäuschung in der Ferne ein riesiges Haus aus dem Nebelmeer hervorschweben ließ. Wie auf einen Zauberschlag hin wurde es direkt vor unserer Nase zu einer kleinen Hütte, und aus dem Nebel vor uns wuchs die Berghütte des Spiterstulen hervor. Viele Jahre später erfuhren wir, dass noch niemand den Kamm, über den wir geklettert waren, mit Skiern überquert hatte.

Hat dich das zu einem vorsichtigen Mann gemacht?

Etwas vorsichtiger. Später war ich allein mit Kazan auf einer anderen Tour, die noch verrückter erscheinen mag. Doch es gab dafür einen ganz bestimmten Grund.

Mitte der dreißiger Jahre, als Ostern einmal früh fiel, war für das Hochgebirge ein Schneesturm angekündigt. Ich begleitete einen Vetter zu einer Bahnstation an der Dovrebahn, nachdem wir in Trollheimen in einem Schneeloch kampiert und bei der Tour zur Snøhetta Kazan dabeigehabt hatten. Mein Vetter wollte nach Trondheim zurück, während ich mit Kazan über die Dovrevidda nach Gudbrandsdalen hinuntergehen wollte. Ich kam nur bis Hjerkinn, als der Schneesturm einsetzte und das Schneegestöber gegen die weiß gestrichene Holzwand der Berghütte peitschte, in die ich mich zu Kaminwärme, Waffeln mit Berghimbeercreme und warmer Schokolade gerettet hatte. Kazan lag regungslos unter dem Tisch und wartete, bis er dran kam. Ein Hund muss immer gewiss sein, dass er anständiges Futter bekommt, und darf niemals betteln und Kazan wusste, dass es mich auch freute, wenn ihm schmeckte, was er gleich anstelle des Trockenfischs vom Schlitten bekommen würde.

Als wir fertig waren, war der Sturm draußen zu voller Stärke angewachsen. Es heulte und pfiff um Haus und Dach und es war streng verboten, hinauszugehen, ohne sich an dem Seil fest zu halten, das zur Tür des Nebengebäudes gespannt war.

Da geschah es, dass ich das Unwetter als eine Herausforderung an mich selbst empfand. Auf der Dovrevidda gab es keinen steilen Abhang und auch keine Hindernisse. Das ganze Gebiet lag oberhalb der Baumgrenze, und zur Winterszeit waren Büsche und Steine und alle Seen und Schneezäune in tiefem Schnee versunken. Die Männer in der Berghütte versuchten, mich mit aller Macht daran zu hindern, aber niemand konnte mich jetzt noch zurückhalten. Weder die Ortsansässigen noch die Sturmstöße hielten mich davon ab, den Schlitten an Kazans Hundegeschirr anzuspannen und die Skier an meine pelzgefütterten Skistiefel zu schnallen. Nach ein paar Stößen mit den Skistöcken war ich mit Hund und Schlitten im dichten Schneegestöber verschwunden. Ich musste mich gegen das Unwetter stemmen, schnell ging es nicht, und selbst Kazan musste sich anstrengen und sich mit seinen ganzen Wolfskräften ins Geschirr legen, um mit mir Schritt zu halten. Bei gutem Wetter und in flachem Gelände konnte er den Schlitten mit Ladung und mir noch oben drauf ziehen. Doch nun war der Schnee locker und tief, und was an dichtem Schnee aus den Sturmwolken fiel, war nichts gegen das, was vom Boden aufgepeitscht wurde. Manchmal verschwand Kazan hinter mir – dann blieb mir nichts anderes übrig, als stehen zu bleiben und mich nicht vom Fleck zu rühren, bis er wieder aus dem Schneegestöber auftauchte, einen umgestürzten Schlitten hinter sich herschleppend, die Kufen nach oben. Jedes Mal freuten wir uns über das Wiedersehen und hatten sicher beide genauso viel Angst davor, uns zu verlieren.

Was sollte dieser Kampf gegen die Elemente?

Ich sagte die ganze Zeit zu mir selbst: »Dies macht aus dem Jungen einen Mann! Dies macht aus dem Jungen einen Mann!«

Ich wusste, dass ich mich in der Natur in den Bergen selbst gefunden hatte. Nicht so in der Stadt. Wenn ich von meinen Bergtouren zurückkam, um das Stadtleben und das Studium wieder aufzunehmen, ging ich aufrecht und selbstsicher durch die Straßen mit dem Gefühl, dieses hier wäre gar nichts gegen das, was ich in den Bergen gesehen hatte. Aber schon am nächsten Tag wuchsen mir die Häuser über den Kopf. Sie lehnten sich fast über mich und erzählten mir, wie winzig ich wäre. Ich musste mich ihnen einfach beugen und durch die Tür in die Welt gehen, über die sie herrschten. Kazan empfand es sicher ähnlich, wenn er mich ansah und das Bein an einer Hausecke hob.

Diese Unsicherheit – beinahe Feigheit –, die ich empfand, wenn ich mich auf Asphalt oder auf Teppichboden bewegte, musste ich überwinden. Ich musste Vertrauen zu mir selbst gewinnen und verstehen, dass ich ein und derselbe war, ob ich auf Heidekraut oder Gras lief oder auf Bürgersteig und Teppich.

Ich konnte noch nicht richtig erwachsen sein. Es mussten die Nachwehen einer behüteten Kindheit sein.

»Dies macht aus dem Jungen einen Mann!« Kein Grund, weiterzugehen. Wir waren nicht besiegt und ich empfand einen Triumph, mitten unter den Urkräften der Berge zu sein und entscheiden zu können, ob ich mich einfach hinlegen und schlafen wollte. Unmöglich, in diesem lockeren Schnee eine Schneehöhle zu graben oder einen Iglu zu bauen. Es gelang mir, das kleine dreieckige Zelt vom Schlitten loszumachen. Unmöglich, es bei dem Sturm aufzustellen. Überhaupt kein Problem. Ich brauchte es nicht aufzustellen, ich kroch einfach hinein und zog Kazan mit herein. Und da lagen wir nun und ließen den Sturm Schneewehen wie weiche Decken über uns werfen, ich in meinem Rentierfellsack und Kazan in seinem Eskimopelz.

Da auf einmal begann mein Herz in der Brust wild zu schlagen. Ich hatte das Pfeifen eines Zuges gehört. Ganz in der Nähe fuhr die Dovrebahn. Das Pfeifen kam näher. Wo war die Bahnlinie? Jetzt wurde das Geräusch noch stärker und ich hörte den Lärm der Lokomotive. Der Zug kam in voller Fahrt in unsere Richtung!

Kazan erschrak genauso sehr wie ich. Wir mussten aus Schlafsack und Zeltplane heraus. In panischer Angst wurde mir klar, dass wir genauso gut bleiben konnten, wo wir waren, wir wussten ja nicht, auf welcher Seite der Zug kam, die Schienen lagen tief unter dem Schnee begraben. In einer solchen Situation nimmt selbst ein Atheist Zuflucht zu der Hoffnung, dass es einen Gott gebe, und man gelobt Besserung, wenn alles gut gehe. Ich war mehr tot als lebendig, als Donnern und Kolbenschläge von der Lokomotive ein Crescendo erreichten und der Schneepflug Schneemassen auf uns zuschob. Es ratterte und dröhnte von den Wagen und Eisenbahnrädern, die vorüberfuhren, ohne dass im Zug jemand ahnte, dass draußen in der Sturmnacht, genau am Schienenstrang, ein Junge mit einem Hund in den Armen unter dem Schnee begraben lag, nur weil er ein Mann werden wollte.

Auf Darwins Spuren

Von unserem Obstgarten auf Teneriffa aus konnten wir den Kiefernwald sehen, der sich bis dicht an das Hochgebirge erstreckte, wo der mit Winterschnee bedeckte Kegel des Teide bis auf 3700 Meter über dem Meeresspiegel aufragt. Drei Tage dauerte in meiner frühesten Kindheit die Reise von unserem Haus am Larviksfjord bis zu unserer Hütte auf dem Hornsjøfjell, mit zwei Übernachtungen, mehrmaligem Umsteigen und das letzte Stück vom Bahnhof in Hunder dauerte mit der Pferdekutsche weitere sieben Stunden. Heute könnten wir von Teneriffa aus Hornsjø am selben Tag erreichen. Aber das war wenig verlockend. Planierraupen, Neubauten und Verfall hatten nicht viel von dem Hornsjø übrig gelassen, an das ich mich erinnerte, wenn ich unter blauem Himmel in der Hängematte liegend mit meinem *Aku-aku* sprach.

Du hast gezögert, von Mädchen zu erzählen.

Aus meiner Knabenzeit gibt es herzlich wenig zu berichten. Ich hatte eine niedliche kleine Freundin mit schwarzem Pagenkopf und braunen Augen, als wir noch im Kinderwagen saßen, und einmal sah ich sie nackt und fand es unglaublich interessant, war mir aber nicht ganz im Klaren darüber, was bei ihr hinten und was vorn war. Als ich aber sechs Jahre alt wurde und allmählich mehr begriff, kamen wir in die Schule und waren der Meinung, ein Junge müsse sich schämen, mit Mädchen zu spielen. Sie spielten mit Puppen und wir mit Zündplättchenpistolen. Jungen und Mädchen durften nicht in dieselbe Klasse gehen; wir hatten sogar getrennte Schulhöfe, mit einer hohen Backsteinmauer dazwischen.

Der Unterschied zwischen den Geschlechtern wurde dann so wichtig und spannend, dass ich äußerst verlegen war, wenn ich in der Tanzschule von Fräulein Dødelein ein Mädchen zum Tanz auffordern sollte. Drei Jahre lang schickten mich meine Eltern in Lackschuhen und Matrosenanzug dorthin. Ich war linkisch, stahl mich auf den Flur hinaus und zeichnete die Tanzschritte von Walzer und Tango auf ein Stück Papier, stolperte aber über meine eigenen und fremde Beine und schaffte es nie, die Füße so zu bewegen, wie ich es auf dem Papier aufgezeichnet hatte.

Und ausgerechnet durch das Tanzen sollte ich meine erste große Chance beim anderen Geschlecht bekommen.

Ab der Mittelstufe durften Jungen und Mädchen zusammen in eine Klasse gehen und auf dem Gymnasium kam es zu einem gewissen Kontakt. Da gingen alle tanzen, bis auf mich, der ich fast alles verpasste, weil ich sämtliche Einladungen ausschlug, die womöglich mit Tanz verbunden sein könnten.

So endete die Schulzeit ohne Mädchengeschichten, während die Spannung, der richtigen Frau zu begegnen, immer mehr zunahm. In der Zeit nach dem Abitur, mit roter Studentenmütze und im gemeinsamen Freudenrausch, dass jetzt die letzten, quälenden Prüfungen überstanden waren, wurde ich von dem ganzen Wirbel mitgerissen, schrieb an der Studentenrevue mit und spielte selbst die Hauptrolle als Prof. Piccard, der Ballonfahrer, der in der Tat vor kurzem als Erster in die Stratosphäre aufgestiegen war, in meiner Version aber derart zerstreut war, dass er auszusteigen vergaß und bei St. Petrus und den Engeln im Himmel landete. Es wurde ein Erfolg und war mein erstes und letztes Theaterstück.

Die Krönung der Abiturfeiern in Larvik war ein Fest, zu dem Abiturienten aus den umliegenden Kleinstädten eingeladen waren. Zum Essen gab es Wein, eine Jugendkapelle und Tanz in einem Strandrestaurant in Stavern am äußersten Ende des Larviksfjords. Nach dem Essen tanzten alle. Sogar Arnold. Nur ich blieb allein bei einem Glas Bier sitzen und versuchte, uninteressiert auszusehen, indem ich unermüdlich die Boote beobachtete, die in der hellen Sommernacht vor der Glasveranda vorüberfuhren.

Dann kam Arnold zu mir und machte mich mit einem Abiturienten aus einer anderen Stadt und dessen Tanzpartnerin bekannt. Ich sah nur sie. Sie hatte wallendes blondes Haar, himmelblaue, lachende Augen und kluge und schöne Gesichtszüge mit einem entschlossenen Mund, der rot war, ohne geschminkt zu sein. Hätte ich an ihr gut sitzendes weißes Sommerkleid große weiße Flügel befestigen können, wäre sie für die Rolle mit St. Petrus in meinem Theaterstück genau die Richtige gewesen. Sie wollte tanzen.

Verzweifelt versuchte ich es mit allen möglichen Ausreden.

»Wollen wir tanzen?« wiederholte sie nur.

Ich wollte sie nicht verlieren.

»Wollen wir nicht lieber am Strand spazieren gehen?« schlug ich in meiner Panik vor. Zu meiner Erleichterung sagte sie ja. Aber es blieb bei dem Spaziergang am Strand. Die Sterne über uns und das Licht aus dem Restaurant funkelten im Wasser, alles war schön, und sie war empfänglich für das alles. Dann gingen wir wieder hinein und setzten uns.

»Hättest du Lust, an einem Experiment über die Rückkehr zur Natur teilzunehmen?« platzte es aus mir heraus.

»Das müsste aber dann sehr weit zurückgehen«, antwortete sie und fügte hinzu, dass es kein Hollywood-Klischee werden dürfe.

Ich war überwältigt. Sie wollte mich zu einem primitiven Leben im Urwald begleiten, auf eine Südseeinsel, überallhin; den geeigneten Ort für ein solches Experiment würde ich in meinem geplanten Geographiestudium herausfinden.

Es verschlug mir eine Zeit lang die Sprache, und ich betrachtete die freundlichen, aber entschlossenen Züge in dem schönen Gesicht, das verriet, dass sie meine Worte verstanden hatte und ihre Antwort ernst gemeint war. Wir schwiegen eine Weile andächtig. Doch dann war die Nacht zu Ende. Sie hieß Liv und hatte noch ein Jahr bis zum Abitur, war aber aus dem Nachbarort Brevik gekommen, mit einem Kavalier der friedfertigen Sorte, der die Niederlage wie ein Held einsteckte und später ein Freund wurde. Der Bus wartete, viele hatten einen weiten Weg, aber Liv und ich wollten in Verbindung bleiben.

Mit den damaligen Kommunikationsmitteln war es für junge Leute aus verschiedenen Städten nicht einfach, in Verbindung zu bleiben. Was hätten Livs Eltern gesagt, wenn ein Ferngespräch aus einer anderen Stadt von einem unbekannten Jüngling angemeldet würde? Und sie, ein Mädchen, konnte mich nicht anrufen.

Es sollten fast zwei Jahre vergehen, bis ich Liv wieder sah.

Inzwischen war aus dem Jüngling ein junger Student geworden.

Als ich die rote Abiturientenmütze mit einer schwereren schwarzen Studentenmütze vertauscht hatte, erklomm ich allein die hohe Steintreppe des Mittelgebäudes der Universität unterhalb des Schlosses. Beinahe alle meine Freunde wollten Jura, Medizin oder Philologie studieren und hatten andere Wege, nach Blindern, dem neuen Campus außerhalb der Stadt, der noch im Bau war. Nur ich wollte Zoologie studieren und ich spürte den Ernst dessen, was mich hinter der großen, schweren Eichentür an der Treppe oben rechts erwartete. Ich wusste nicht, dass auch Fridtjof Nansen bis zu seinem Tode kaum drei Jahre zuvor durch diese Tür gegangen war. Ich wusste nicht einmal, dass er Zoologie studiert hatte, und auch nicht, dass er, im Gegensatz zu Amundsen, als ausgebildeter Wissenschaftler Verfasser bedeutender Abhandlungen war. Er hatte sogar den Lehrstuhl für Zoologie vor demjenigen innegehabt, mit dem ich jetzt mein eigenes Studium planen sollte.

Warum wolltest du, der du zurück zur Natur wolltest, studieren?

Ich konnte doch nicht einfach nach Afrika fahren, mich ausziehen und auf Nahrungssuche begeben. Ich musste schon

Genaueres über die weißen Flecken auf der Weltkarte wissen und sollte der Versuch misslingen, konnte ich immer noch Entdeckungsreisender werden.

Erwartungsvoll öffnete ich die Tür zur Zoologischen Fakultät und musste an früher denken, als ich in unserem alten Stallgebäude meinen eigenen Raum hatte, an dessen Tür das Schild ZOOLOGISCHES MUSEUM hing. Ich erwartete in Säle voller ausgestopfter Tiere zu kommen, doch als Erstes erblickte ich gleich hinter der Tür ein menschliches Skelett, wie ein stummer Diener, allgemein »Olsen« genannt, aber mit lateinischen Bezeichnungen an sämtlichen Knochen, auch am Schädel versehen. Mir war klar, dass der Mensch das letzte Glied im Tierreich war und dass man ihn deshalb nicht einfach dort nackt herumstehen lassen konnte, aber auf dem Boden und in den Regalen sah ich ausschließlich Skelette von anderen Tieren, abgesehen von einigen Mägen und unheimlichen Föten in spiritusgefüllten Präparatengläsern. Als erstes vollständiges Geschöpf sah ich meine künftige Professorin, die in ihrem Büro saß. Das große Ideal meiner Mutter: Kristine Bonnevie, eine der drei Frauen, die damals in Norwegen den Professorentitel erlangt hatten, und noch dazu in Zoologie. Ich verbeugte mich an der Tür und drückte einer gestrengen, aber freundlichen Dame mit einem altmodischen Kneifer auf der Nase die Hand und hoffte im Stillen, sie möge dem Ohr mehr zu bieten haben als dem Auge.

Sie fragte mich, warum ich Zoologe werden wollte, und warnte mich davor, indem sie erzählte, das Stellenangebot sei nicht sehr groß, außer, ich wolle an einem Gymnasium Naturkunde unterrichten.

Ich erzählte ihr von meinem Kindheitstraum, Entdeckungsreisender zu werden, und von meinem großen Interesse an Tieren, das sich von Insekten angefangen zu den großen Säugetieren hin entwickelt hatte, die ich während der letzten Jahre im Wald und im Gebirge beobachtet hatte. Daraufhin gab sie mir zu verstehen, dass ihre Interessen eher in Richtung mikroskopischer Anatomie und Genetik gingen. Aber sie würde es begrüßen, wenn ich ihre Lehrveranstaltungen besuchte, und empfahl mir, mich ebenfalls von ihrem Kollegen im Nebenraum, Prof. Hjalmar Broch, dem Korallenspezialisten, beraten zu lassen.

Als ich schon im Gehen war, rief sie mich zurück und zeigte mir ein kleines Amateurfoto. Im Hintergrund sah ich deutlich einen Elch.

»Was ist das? Elch oder Rentier?« fragte sie.

Meine erste Prüfung, dachte ich und antwortete: »Ein Elch, selbstverständlich.«

»Woran erkennt man das?«

»An der Haltung. Am Gesamteindruck.«

Sie wurde verlegen und erklärte, jemand habe ihr das Bild geschickt, um ihre Meinung zu hören. Aber in der Tabelle im Nachschlagewerk zur Artenbestimmung von Säugetieren stand lediglich, Elch und Rentier könne man dadurch voneinander unterscheiden, dass die Nüstern beim Rentier dicht beieinander säßen, während sie sich beim Elch seitlich des Maules befänden. »Und auf dem Foto kann man die Nüstern ja nicht sehen«, fügte sie lächelnd hinzu.

Schon am ersten Tag an der Universität hatte ich also etwas Wichtiges gelernt: Ein Spezialist zu sein bedeutet nicht, allwissend zu sein. Im Gegenteil. Die beiden Begriffe widersprechen sich.

Und ich hatte mich so darauf gefreut, von einem Professor der Zoologie mehr über das Leben der Tiere zu erfahren als von einem Naturburschen wie Ola Bjørneby, und dann vermochte die führende Tierexpertin des Landes nicht, ohne sich die Nüstern anzusehen, einen Elch von einem Rentier zu unterscheiden.

Dennoch war Frau Prof. Bonnevie nach meiner Mutter wohl die wichtigste Frau in meinem jungen Leben – jedenfalls bis Liv wieder auf der Bildfläche erschien –, wobei ich damals nicht so dachte. Erst im Nachhinein stellte sich heraus, dass sie mich innerhalb weniger Tage in die Richtung lenkte, der ich fortan folgen würde. Erstens, weil sie sich ein Thema für meine Staatsexamensarbeit ausdachte, mit dem sich ein Aufenthalt in Polynesien begründen und rechtfertigen ließ. Zweitens, weil sie den Menschen dem Tierreich zuordnete und den Zoologiestudenten deshalb physische Anthropologie einbläute, indem sie uns sowohl die Bestandteile des Schädels als auch die Genetik der Blutgruppen beibrachte. Die Genealogie war ihr persönliches Interessengebiet und für sie war die Zusammensetzung der Chromosomen wichtiger als lebende Tiere in der freien Natur. Für mich vollzog sich allmählich ein natürlicher Wechsel von reiner Zoologie hin zum Studium des Ursprungs des Menschen und der Entwicklung der Kultur.

Im Jahr darauf kam Liv nach Oslo, um ihr Studium an der Universität aufzunehmen, und als wir uns endlich wieder begegneten, stellte ich sie meiner Mutter und Kazan vor, nie aber meinen Universitätsprofessoren, denn ihr Vater hatte beschlossen, dass sie Volkswirtschaftslehre studieren sollte. Wir nahmen gleich wieder auf, worüber wir in jener Sommernacht bei der Abiturientenfeier fabuliert hatten, und ich konnte ihr berichten, dass ich mit den Plänen schon ein ganzes Stück vorangekommen war.

Von meinem Experiment, der Zivilisation den Rücken zu kehren, um sie von außen zu erforschen, hatte ich nur ihr und meinen beiden Freunden aus Larvik erzählt. Aber mein Studium war so angelegt, dass es mir die notwendige Grundlage für die Wahl des richtigen Himmelsstrichs geben würde. Und meine Meinung über meine Hochschulprofessorin hatte ich schnell geändert. Sie wusste unglaublich viel, obwohl mich gerade das nicht sonderlich interessierte. Inzwischen gab es so zahlreiche Spezialisierungen im Fach Zoologie, dass in ein und demselben Labor die Fortgeschrittenen keinerlei Berührung mit der Arbeit des nächsten Kollegen hatten. Forschung der Forschung halber. Man brauchte nur sein Ergebnis vorzulegen, dann würde schon irgendwann jemand kommen und einen Nutzen davon haben.

Liv war erschüttert, als sie erfuhr, dass ich unter dem Mikroskop zählte, wie viele Haare jede Einzelne von mehreren Tausend Fruchtfliegen auf dem Rücken hatte – Fliegen, die von unserer Arbeitsgruppe in Brutgefäßen gezüchtet worden waren, um die Richtigkeit der Mendelschen Vererbungsregeln zu überprüfen. Per Høst, der Älteste unserer siebenköpfigen Gruppe, erregte unsere Bewunderung, als er sein Brutgefäß öffnete und sämtliche kleine gelbe Fliegen aus dem Fenster fliegen ließ, denn – so meinte er – wir wüssten ja, dass die Mendel'schen Regeln richtig seien, deshalb sei dieser Versuch Zeitverschwendung. Er selbst hatte einem Salamander ein fünftes Bein auf den Rücken aufgepfropft, das sich nun ständig unabhängig von den vier anderen bewegte. Einmal setzte er das Tier einem Uneingeweihten auf die Schulter, der bei einem Bier- und Würstchengelage reichlich von unserem Labor-Cocktail genossen hatte. Als er den Kopf drehte, das Ungeheuer entdeckte und sah, wie es das Bein auf dem Rücken bewegte, verzog der lebenslustige Student keine Miene. Er stellte nur ruhig sein Glas hin und guckte noch mal vorsichtig nach hinten, aber inzwischen hatte Per das Biest entfernt. Per musste es ausbaden, denn jetzt wurde dem Mann so übel, dass er zum Fenster rannte und sich weit hinauslehnte. Nun wohnte Per aber im siebten Stock, und am nächsten Tag beschwerte sich die Familie mit Fenstern im ersten Stock beim Mieter im zweiten und so setzte sich die Beschwerde immer weiter nach oben fort, bis hinauf zu Per, der ganz oben wohnte und niemandem die Schuld in die Schuhe schieben konnte und der dann mit Eimer und Scheuerlappen sämtliche Stockwerke hinunterlaufen musste.

Nur Per, Yngvar Hagen und Edvard Barth teilten mein Interesse für das Leben der Tiere im Wald. Pers Schwager war im ersten Fotogeschäft der Stadt Geschäftsführer und dort konnten wir uns 16-Millimeter-Filmkameras ausleihen gegen Ablieferung kurzer Filmsequenzen über Elche, Kreuzottern, Uhus und was uns sonst noch alles an Sonntagen und auf Urlaubsfahrten in Wald und Flur vor die Kamera kam.

Meine Kommilitonen suchten sich die sonderbarsten Themen für ihre Examensarbeiten aus. Beispielsweise entschied sich ein ganz normaler und sympathischer Junge namens Støp-Bowitz dafür, die Farbstrukturen der Röhrenwürmer am Strand zu untersuchen. Er wird es im späteren Leben kaum gebraucht haben, hat es aber dennoch weit gebracht, und irgendetwas muss man ja studieren.

Uns allen war klar, wenn es in der Wissenschaft Fortschritte geben sollte, musste man sich spezialisieren. Oberflächlich zu sein war sinnlos, man musste sich beschränken und den Dingen auf den Grund gehen. Doch schon während der Studienzeit erkannte ich, dass irgendetwas an diesem System nicht stimmen konnte. Die Spezialisten wussten immer mehr über immer weniger und mussten dann mit einer immer größer werdenden Unwissenheit über alles, was sich jenseits ihres Fachgebietes befand, dafür bezahlen. Und dass dies so war, hatten sie sich nicht zuletzt selbst zuzuschreiben, denn sie waren es, die festgestellt hatten, dass es noch unglaublich vieles gebe, was die Menschen nicht wüssten.

Fest steht, dass es weiterhin Aufgabe der Spezialisten ist, in die Tiefe zu gehen, doch müssen sie aufpassen, dass sie sich nicht in ihrem Schneckenhaus verlieren. Die Universitäten brauchten auch Institute, die sich nicht in ihre Nischen zurückziehen, sondern das Ganze im Auge haben und die hochspezifischen Forschungsergebnisse koordinieren. Es wurde jemand gebraucht, der die Teile zusammenfügen konnte.

Als Liv wieder in mein Leben trat, hatte ich, auf Anraten meiner beiden Zoologieprofessoren, mit Geographie als Nebenfach angefangen. Ich hatte schon ausreichend mathematische Geographie studiert, um die Konsequenzen aus der Tatsache zu begreifen, dass die Erde rund ist. Das hatten die Geographen des Altertums schon lange vor Kolumbus herausgefunden, aber in Bezug auf den Stillen Ozean hatte noch niemand Konsequenzen daraus gezogen – nicht einmal die Anthropologen mit ihren Theorien der großen Völkerwanderungen über das riesige Meer. Sie malten Pfeile auf die Karte, sprachen über die gerade Linie entlang des Äquators und über den großen Umweg entlang der

Kontinentalküste in nördliche Richtung vom tropischen Asien und wieder in Richtung Süden zum tropischen Amerika. In Wirklichkeit würde eine gerade Linie von der Küste Südostasiens nach Südamerika durch das Zentrum der Erde verlaufen, weil die Erde rund und der Stille Ozean so groß ist, dass er sich über die halbe Erdkugel erstreckt. Südostasien und Südamerika bildeten entlang der Äquatorlinie Antipoden, da der Abstand zwischen ihnen 180 Grad betrug, und dann war der Weg über den Nordpol nicht weiter als der den Äquator entlang. Wenn man dem »Großkreis« der Geographen folgte, waren von den Philippinen bis Peru sämtliche Kurven über die Oberfläche des Stillen Ozeans gleich lang. Aber von Kokosnüssen bis hin zu primitiven Booten hatte alles, was schwimmen konnte, in der äquatorialen Zone von Amerika bis nach Asien freie Fahrt mit dem warmen Japan-Strom von der Philippinensee und mit Wind und Strömung von Asien bis nach Amerika, bis weit in die allernordöstlichste Ecke des Stillen Ozeans.

Obwohl ich das Lehrbuch über mathematische Geographie nicht ausstehen konnte, sollte sich dieses Wissen bald als nützlich erweisen. Als ich mit dem alten Werner Werenskiold, meinem Geographieprofessor, näher bekannt wurde, vertraute er mir an, er habe das Buch absichtlich so kompliziert verfasst, um seinen Kollegen anderer Fakultäten zu zeigen, dass auch die Geographie eine Wissenschaft sei.

Aber in den Geographiestunden habe ich noch mehr gelernt, was für Liv und mich momentan von Bedeutung war, und schloss alle anderen Möglichkeiten aus, bis nur noch die Tausende im riesigen Stillen Ozean verstreut liegenden Inseln übrig blieben. Werenskiold hielt Vorlesungen über die Bäume im Urwald, wie sie hoch über dem Boden ein dichtes Dach aus Blättern bilden, damit die Sonnenstrahlen nicht hindurchkommen. Deshalb kann man im Dschungel keine Blumen und Beeren am Boden pflücken. Man muss auf die Bäume klettern, und dort lassen die Affen ihren schwanzlosen Verwandten am Boden nichts Essbares übrig. Jetzt begriff Liv, warum ich die weißen

Flecken, die es im unerforschten Inneren von Afrika und Südamerika noch gab, schon ausgeschlossen hatte. Im Dschungel wuchs das Essen für uns zu hoch.

Als sie erfuhr, dass mich vor allem der Stille Ozean interessierte, brachte mich Frau Prof. Bonnevie auf die Idee, Darwins Spuren zu folgen. Charles Darwin, das große Ideal meiner Mutter, hatte auf den Galapagosinseln vor der südamerikanischen Küste seine Theorie über den Ursprung der Arten entwickelt. Die weit verstreuten Polynesischen Inseln lagen sogar noch viel weiter draußen im Meer. Einige waren bei Vulkanausbrüchen vom Meeresgrund aufgestiegen, andere waren von Korallen aufgeschichtet worden. Aber alle waren ohne jegliche Form von Landtieren an der Meeresoberfläche aufgetaucht. Wie waren Pflanzen und Tiere dort hingekommen? Frau Bonnevie hatte gerade ein vom Bishop-Museum auf Hawaii herausgegebenes Werk gelesen, die Studie eines amerikanischen Zoologen über die Landschnecken auf den isolierten Marquesasinseln und wie sie sich von Insel zu Insel und im Verhältnis zur Höhe über dem Meeresspiegel zu neuen Arten und Varianten entwickelt hatten.

Die Marquesasinseln. Alle waren wir gleich begeistert – meine Mutter, die an Darwins Entwicklungstheorie dachte, meine Professorin, von der die Idee stammte, und Liv und ich, die zusammengesessen und Kreise um die Pazifikinseln gemalt hatten, nachdem wir alle ausschlossen, die entweder schon mit der Zivilisation in Berührung gekommen waren, kein Trinkwasser hatten oder aus anderen Gründen unbewohnbar waren. Es stand fest, dass Prof. Werenskiolds mathematischen Berechnungen über die Großkreise und die Auswirkung der Erdrotation auf die Strömungs- und Windverhältnisse in den Weltmeeren für mich wichtig wurden.

Obwohl ich von den Grundkursen über Logik und Philosophie vielleicht doch den größten Nutzen hatte, nachdem ich die Universität verlassen hatte. Die Philosophie des Altertums im antiken Griechenland stimmte eher mit meiner persönlichen Denkart überein. Ich schätzte Diogenes, dem es genügte, in seiner Tonne sitzend die Sonne zu genießen, und Sokrates, der sich Schaufenster ansah und sich darüber freute, auf all das verzichten zu können.

Einfache Logik brachte mich zu dem Schluss, dass ein Balsafloß von Peru nach Polynesien schwimmen können müsste. Erstens hatte der Botaniker F. B. H. Brown, der für die Pflanzenwelt der Marquesasinseln führende Spezialist der Welt, entdeckt, dass etliche südamerikanische Nutzpflanzen, die ohne Zutun von Menschen unmöglich auf die Marquesasinseln hätten gelangen können, dort bereits wuchsen, als die Europäer kamen. Zweitens hatte der führende Spezialist für voreuropäische Seefahrt in Südamerika nachgewiesen, dass es auf den Inseln damals keine anderen Boote als Balsaflöße gegeben hatte. Folglich müsste das Balsafloß die Überfahrt schaffen können, wenn auch alle – ohne es versucht zu haben – vom Gegenteil überzeugt waren.

Hast du etwa davon geträumt, eine Überquerung zu versuchen?

Ganz und gar nicht. Übrigens konnte ich immer noch nicht schwimmen. Ich plante eine Zukunft mit beiden Füßen fest auf der Erde stehend. Aber barfuß.

Als sich Liv und meine Mutter einander so weit angenähert hatten, dass ich es wagte, sie im Sommer nach Hornsjø einzuladen, musste sie sich die Schuhe ausziehen und genau wie ich barfuß über Heide und Moos laufen. Ich war der Meinung, wir müssten uns abhärten und dickere Fußsohlen bekommen. Und wir versuchten, durch Reiben trockener Tannen-, Birken- und Wacholderstöckchen Feuer zu machen, aber es klappte nicht. Ansonsten war ich so gut vorbereitet, dass ich in der Universität Vorträge über die Marquesasinseln hielt, noch ehe wir die Heimat verlassen hatten.

Dass sich Bjarne Kroepeliens Polynesien-Bibliothek ausgerechnet in Oslo befand und mir während meiner Studienzeit zur Verfügung stand, war einer der ersten und größten Glücksfälle in meinem Leben. Es handelte sich dabei um die größte Sammlung der Welt von Literatur über Polynesien und der Zufall wollte es, dass meine Eltern den Besitzer, einen wohlhabenden Weinimporteur, kannten. Bjarne war als junger Mann auf Tahiti gewesen und hatte sich in Tuimata, die schöne Tochter des Häuptlings Teriieroo, verliebt. Dies beeinflusste mein Leben in zweifacher Hinsicht, denn zum einen führte diese Liebe zum Aufbau von Kroepeliens Polynesien-Bibliothek, und obendrein sollte Häuptling Teriieroo mein polynesischer Adoptivvater werden. Dass die Spanische Krankheit ausgerechnet während seines Aufenthaltes Tahiti erreichte und die Polynesier wie die Fliegen starben, war das Pech des jungen Bjarne Kroepelien. Er half mit Tuimata, die Toten auf Karren zu laden, bis sich Tuimata selbst ansteckte und starb. Bjarne Kroepelien hat sie nie vergessen. Er schrieb ein hübsches kleines Buch über Tuimata, das mit den Worten endete: »Und wo Tuimata ruht, dort ist mein Herz begraben.« Sein restliches Leben verbrachte er damit, seine Polynesien-Bibliothek aufzubauen. Er stand mit Antiquariaten und Aufkäufern von Büchern in der ganzen Welt in Verbindung und beschaffte sich, ungeachtet des Preises, alles, was über Polynesien gedruckt wurde.

Während der sieben Semester, die ich mit meinen Kommilitonen in den Hörsälen zubrachte und Biologie- und Geographievorlesungen hörte, verbrachte ich mit Notizblock in einem Ledersessel an einem altmodischen Schreibpult sitzend, ebenso viel Zeit allein zwischen Kroepeliens Bücherregalen eingemauert.

In den Jahren meiner Auseinandersetzung mit den Vorwürfen von wissenschaftlicher Seite kamen mir diese Studien zugute, denn meine Gegner in der großen Welt hielten mich für einen Seemann mit Wikingerblut und die Anthropologen in der Heimat meinten bei der Frage nach vorgeschichtlichen Booten seien die Zoologen inkompetent. Für die Verteidigung meiner Theorien war ich gut gerüstet, nachdem ich alles gelesen hatte, was Entdeckungsreisende, Missionare, Weltumsegler und Wissenschaftler bis in die dreißiger Jahre dieses Jahrhunderts veröffentlicht hatten, und ich hatte mich über die Neuerwerbungen der

Kroepelien-Bibliothek in den folgenden Jahren auf dem Laufenden gehalten. Als Kroepelien starb, kam seine gesamte Polynesien-Bibliothek in die Forschungsabteilung des *Kon-Tiki*-Museums.

Geographisch gesehen musste Polynesien am ehesten einem Paradies auf Erden gleichen. Aber die Bevölkerung wurde von Krankheiten heimgesucht, die Europäer eingeschleppt hatten, und zum Teil dezimiert. Ich wusste, dass auf den Marquesasinseln 80 Prozent der Bevölkerung an Krankheiten gestorben war, und daraus schlossen wir, dass in den menschenleeren Gebieten ausreichend wilde Obstbäume vorhanden sein müssten, um uns zu versorgen.

Ich wusste, dass es ein ungelöstes Problem war, *wer* die Polynesier waren und *woher* sie gekommen waren. Und ich wunderte mich, dass die Anthropologen die Beobachtungen der Botaniker nicht berücksichtigten. Ich selbst nahm mir vor, jegliches Material von zoologischem Interesse zu sammeln, das sich in Gläsern und anderen Behältnissen aufbewahren ließ, und interessierte mich nicht sonderlich dafür, wie die Polynesier auf Polynesien gelandet waren. Wir waren vollauf mit der Frage beschäftigt, wie wir selbst dort hinkommen sollten. Kein Reisebüro hatte jemals etwas von den Marquesasinseln gehört. Ihr Gebiet war die norwegische Schärenküste und gelegentlich Fahrkarten zu den Inseln im Mittelmeer sowie für Leute, die nach Amerika auswandern wollten. Es gab noch keinen Flugtourismus, und quer über die Weltmeere schon gar nicht. Wenn ich mich von Kindern aus der Nachbarschaft verabschiedete, die nach Amerika gingen, wussten wir, es war ein Lebewohl für immer.

So lagen die Dinge, als Bennetts Reisebüro in Oslo aus Paris erfuhr, die einzige Möglichkeit, auch nur annähernd die Marquesasinseln zu erreichen, sei über Tahiti, und dorthin würde von Marseille aus einmal im Monat ein Schiff fahren, um auf dem Weg nach Französisch-Neukaledonien Ladung zu löschen und Passagiere abzusetzen. Die einzige andere Möglichkeit wäre die Beförderung auf einem norwegischen Frachter, der in mehrwöchigen Abständen im Liniendienst San Francisco-Samoa-Tahiti verkehrte. Wir entschieden uns dafür, nach einer sechswöchigen Reise mit der *Messangerie Maritime* über den Atlantik und durch den Panamakanal, auf Tahiti abgesetzt zu werden.

Das klingt ganz einfach.

War es aber nicht. Liv war erst zwanzig und damit noch nicht volljährig und ich bekam im Monat von meinem Vater lediglich ein Taschengeld von 50 Kronen.

Ich weiß noch, wie Liv und ich in Oslo am Fenster des Theatercafeen saßen und graue Menschen mit Regenschirmen und Staubmänteln grußlos vorübereilen sahen. Ich gab Brause und Plundergebäck aus und versuchte, mich und die etwas skeptisch dreinschauende Liv davon zu überzeugen, dass wir unsere Eltern schon für unsere gute Idee gewinnen würden, dass wir heiraten und auf die Marquesasinseln fahren. Liv stellte sich die Reaktion ihres strengen Vaters vor und lächelte und ängstigte sich zugleich. Aber wir heckten zusammen einen Plan aus, und ich zog Kazan unter dem Tisch hervor, brachte Liv zur Straßenbahn und ging durch den Slottsparken zu Fuß nach Hause, um zuerst meine Mutter einzuweihen.

Es war nicht schwer, sie zu überzeugen. Mit ihrer Bewunderung für die Professoren Bonnevie und Broch genügte deren Bestätigung, dass nach sieben abgeschlossenen Semestern die Zoologievorlesungen wieder von vorn anfangen würden. Zudem unterstützte Broch den Plan Bonnevies, ich könne über ein Thema zum Ursprung der Arten auf den Marquesasinseln promovieren – wenn ich dorthin fahren und Material sammeln würde.

Liv hatte sich schon einen Platz im Herzen meiner Mutter erobert und bei dem Gedanken an all die verführerischen Südseemädchen erschien es meiner Mutter sehr vernünftig, wenn ich heiraten und Liv mitnehmen würde.

Bei meinem Vater war es schwerer. Gerade im Hinblick auf selbige Südseemädchen war er der Meinung, eine Heirat vor der Abreise hieße Eulen nach Athen tragen. Er willigte ein, die

Studienreise zu finanzieren, obwohl sie ungewöhnlich lang war. Mit dem Heiraten aber müssten wir warten, bis ich zurück wäre und Arbeit gefunden hätte. Ausnahmsweise konnte ich diesmal bei meinem Vater nichts erreichen. Meine Argumente prallten einfach an ihm ab, er war nicht einverstanden.

Aber ich wusste, dass es der größte Wunsch meines Vaters war, sich wieder mit meiner Mutter zu versöhnen, wohingegen sie es ablehnte, ihn zu sehen. Hier sah ich meine Chance: »Mama ist einverstanden«, sagte ich vorsichtig.

Seine Antwort kam prompt: »Dann muss ich mit ihr sprechen.« Das hatte ich schon vorbereitet. Sie lud ihn zum Kaffee am Kamin ein, und so war völlige Eintracht zwischen meinen Eltern und mir hergestellt. Nie habe ich einen so angenehmen Nachmittag am Kamin verbracht.

Weniger Glück hatte Liv. Sie schrieb einen netten Brief an ihre einsamen Eltern in Brevik und erzählte, sie habe einen jungen Mann aus Larvik namens Thor kennen gelernt, und wir wollten jetzt heiraten und auf die Marquesasinseln fahren. Livs Mutter, eine sehr kluge und ausgeglichene Dame, hat mir später erzählt, wie ihr Ehemann reagierte, als sie ihm den Brief vorlas. Mit hochrotem Kopf erhob er sich groß und breit aus dem Sessel, ging langsam zum Bücherregal und suchte den Band M eines Konversationslexikons vom Ende des vorigen Jahrhunderts heraus. Daraus las er laut vor, dass es sich bei den Marquesasinseln um entlegene Inseln im Stillen Ozean handele, wo es immer noch »Kannibalismus und Sittenlosigkeit« gebe.

Mein zukünftiger Schwiegervater lehnte es strikt ab, seine einzige Tochter Kannibalen zu überlassen, und meine zukünftige Braut war nahe daran, ihren Vater durch einen Herzschlag zu verlieren. Wir mussten die Gemüter besänftigen und da mein Vater über den Verlauf der Dinge so vergnügt war, konnte meine Mutter ihn dazu überreden, nach Brevik zu fahren, um dort seinen ganzen Charme in die Waagschale zu werfen, damit alle den Plan guthießen – und unsere Hochzeitsreise zu finanzieren.

Schließlich wurde geheiratet, und zwar am Heiligabend, in aller Bescheidenheit von der Brautmutter, Frau Coucheron Torp, organisiert, im Wohnzimmer der Familie.

Am nächsten Morgen – es hatte zu schneien begonnen – wurden zwei unreife Jugendliche winkend verabschiedet, die in den Auslandszug gen Süden quer durch Europa stiegen, um in Marseille mit einer Fahrkarte nach Tahiti an Bord eines großen Ozeandampfers zu gehen.

Eine Fahrkarte ins Paradies, dachten wir. Und erst nach der Reise erkannten wir, dass sich der Zutritt zum Paradies nicht erkaufen lässt. Wer es gefunden hat, fand es in seinem Innern und ist dort umsonst hingekommen. Alles, was ich bisher gesehen und gelesen hatte, hatte mir gezeigt, dass sich auf diesem Planeten Paradies und Hölle nicht an unterschiedlichen Orten befinden, sondern immer an ein und demselben Platz. Man konnte nicht zwischen ihnen wählen, indem man sich einfach an einen anderen Ort begab. Man konnte so weit fahren, wie man wollte, immer tauchten sie als unzertrennliche Weggefährten auf, aber nicht immer gleichzeitig; blieb man jedoch eine Weile, erlebte man mit Sicherheit beide.

Mit den Fahrkarten, die mein Vater in Norwegen gekauft hatte, kamen wir nur bis Tahiti in Französisch-Ozeanien. In den dreißiger Jahren war die Insel immer noch so, wie sie Kroepelien damals erlebt hatte, als er sein Herz mit Tuimata begrub: keine Autos in den engen Gassen zwischen den niedrigen Holzhäusern in der Hauptstadt Papeete, die Chinesen mit ihren Waren auf kleinen Handkarren prägten. Es gab nur ein einziges Hotel und dort konnte man über die Wand hinweg ins Nachbarzimmer sehen, wenn man sich im Bett aufrichtete. Zu den fernen Marquesasinseln gab es keinen regelmäßigen Schiffsverkehr und manchmal vergingen viele Wochen, bis dem Kapitän eines Schoners die Zeit gekommen schien, dort hinzufahren und Kopra zu laden. Die Autostraße führte noch nicht ganz um die Insel herum, aber man konnte mit einem malerischen Bus voller farbenfroher *Vahines* à la Gauguin mit lebenden Hühnern und

Schweinen auf dem Schoß oder auf dem Dach bis ins Papeno-Tal gelangen.

Wir drängten uns in den Bus und stiegen in Papeno aus. Dort wohnte noch immer Häuptling Teriieroo, Vater der schönen Tuimata und der mächtigste unter den siebzehn Häuptlingen Tahitis. Groß und beherrschend an Leib und Seele, ein Vollblutnachfahre der alten polynesischen Häuptlingsgeschlechter. Mit den mitgebrachten Geschenken von Bjarne Kroepelien wurden wir mit offenen Armen empfangen und gehörten automatisch zur Familie. Es sollten vier Wochen vergehen, ehe mit dem Bus die Mitteilung kam, ein Schoner würde nach den Marquesas auslaufen. In der Zwischenzeit hatten wir eine gute Schule durchgemacht, beide barfuß und in farbenfrohen *Pareu* – Liv mit Faufau, Teriieroos Ehefrau, und den anderen Frauen im Haus um die Feuerstelle auf dem Küchenboden versammelt und ich mit dem Häuptling und seinen Söhnen in Wald und Flur.

Schwimmen war das Wichtigste, was ich auf Tahiti lernte. Und ich lernte es nicht freiwillig.

Weil ich auf ein stachliges Schneckenhaus getreten war, fiel ich in den Papenofluss, wurde von der Strömung mitgerissen und landete im tiefen Wasser, kurz bevor es direkt in die donnernde Brandung an der Mündung ging. Ich schwamm automatisch um mein Leben, um mich ans Ufer zu retten, ehe es zu spät war. Es war so leicht und so herrlich, dass ich, kaum an Land, kopfüber wieder hineinsprang, um noch eine Runde zu schwimmen.

Schwieriger war es, auf eine Kokospalme zu klettern. Als ich es das erste Mal geschafft hatte, stieß ich zwischen den Kokosnüssen auf ein Wespennest, und da ich nicht schnell genug wieder hinunterklettern konnte, rutschte ich den gekerbten Stamm hinunter und landete geschunden und zerschlagen auf dem Boden, wo ich mich dareinfinden musste, dass mir Teriieroo mit einer Kneifzange den Nagel der großen Zehe zog.

Endlich fuhren wir mit einem Schoner weiter zu den Marquesasinseln und wurden mit dem Rettungsboot auf einer der Inseln an Land gesetzt, wo es weder Weiße noch Rundfunk oder sonst irgendeine Verbindung zur restlichen Welt gab.

Weißt du noch, was du damals gedacht hast?

Dass die Welt unfassbar groß ist. Die Schiffsreisen allein hatten schon mehr als zwei Monate gedauert. Und auf Tahiti hatte ich gehört, die Marquesasinseln seien so stark von der Umwelt isoliert, dass die Bevölkerung erst im Jahre 1918, als der Weltkrieg schon vorüber war, erfahren habe, dass er 1914 ausgebrochen war. Und das, obwohl Papeete auf Tahiti von deutschen Kriegsschiffen beschossen worden war.

Ein Abschied hat immer etwas Wehmütiges und hätte ich mich nicht Liv gegenüber zusammennehmen müssen, hätte ich fast einen Kloß in den Hals bekommen, als wir am Strand mit unserem Gepäck zurückblieben und über das Meer blickten, wo das Ruderboot schnell den Schoner erreichte, der die Segel setzte und hinter dem Horizont verschwand. Vielleicht würde er in einem Jahr wiederkommen, hatte Kapitän Brander gesagt. Dann drehten wir uns um und entdeckten lauter braune Gesichter, die am Waldrand unter den Kokospalmen standen und uns angafften. Wir hatten viele Fragen an sie, aber keine gemeinsame Sprache. Ich erinnere mich noch ganz genau daran, wie ich nach oben in die Palmen guckte, deren Wipfel voller großer Nüsse hingen – hungern mussten wir vorerst nicht.

Es war seltsam, einfach dazuliegen und sich so viele Jahre später sogar noch an kleine Details erinnern zu können. Es kam mir vor, als hätte ich in der Zwischenzeit mehrere Leben gelebt, und doch sah ich noch viele Dinge vor mir, als wären erst wenige Wochen seitdem vergangen.

»Woran denkst du, mit Block und Bleistift auf dem Bauch?« fragte eine sanfte Stimme. Als ich aufsah, verschwand mein *Aku-aku* im grünen Laub des Avocadobaums und ich lag wieder allein in der Hängematte mit Jacquelines fröhlichem Gesicht zwischen den Zweigen.

ıor Heyerdahl wurde mit Ziegenmilch aufgezogen. Hier mit seinem Vater, dem
auereidirektor Thor Heyerdahl.

Thor Heyerdahl im Sommer 1915.

Unten links: Thor mit seinen Eltern, 1918.

Unten: Mit seiner Mutter Alison, geborene Lyng, vor dem Elternhaus in Larvik, 1920.

Thors Lehrmeister im Wildmarksleben, Ola Bjørneby, 1932.

Thor mit dem Fang des Tages.

Thor Heyerdahl, 1935.

Thors treuer Polarhund Kazan, 1936.

Thor und Liv beim Karneval an Bord der *Messangerie Maritime* auf dem Weg nach Tahiti, 1937.

Häuptling Teriieroo und seine Frau in Papen auf Tahiti, 1937.

Unten links: Liv auf Fatu Hiva, 1938.

Unten: Liv knabbert Zuckerrohr, Fatu Hiva, 1938.

ıor und Liv in paradiesischer Umgebung auf Fatu Hiva, 1938.

Das Ouia-Tal auf Fatu Hiva. Rechts Heyerdahls Hütte.

Unten: Der ehemalige Kannibale Tei Tetua auf Fatu Hiva, 1938.

[L]iv badet in einem Gebirgsbach im Omoa-Tal auf Fatu Hiva.

Oben: Thor Heyerdahl am Schreibtisch in seiner Hütte oberhalb von Lillehammer, 1939.

Links und unten: Thor und Liv mit Thor jr. und dem Hund Kazan II.

»Ich dachte an Fatu Hiva«, gestand ich, »an meinen ersten Versuch, das Paradies zu finden.«

»Aber du hast es ja auf den Südseeinseln mit Liv nicht gefunden. Du sagst doch selbst, man muss es in seinem Inneren suchen und man kommt einem äußeren Paradies am Nächsten, wenn man sein eigenes Stückchen Erde bestellt.«

Ganz recht. Deswegen ging es mir auch nicht so sehr darum, die Insel Fatu Hiva und meine Erlebnisse dort wieder aufzufrischen, sondern mir im Kopf darüber klar zu werden, welche Lehren ich aus dem Jahr mit Vollpension in dem jedermann zugänglichen, verlassenen Gasthaus des Dschungels gezogen hatte.

Jacqueline wollte nicht stören, sondern nur wissen, ob ich mit Käse und Salat zum Abendessen einverstanden sei. Kaum war sie weg, fand sich mein *Aku-aku* wieder ein.

Das Paradies, das du auf Fatu Hiva gesucht hattest, hast du also nicht gefunden – obwohl du behauptest, sie sei die schönste und fruchtbarste Insel im ganzen Pazifik?

Doch, wir haben das Paradies gefunden, als Fatu Hiva wie ein schwimmender Blumenkorb aus dem Meer auftauchte, gewürzt mit einem Wohlgeruch des tropischen Aromas, der uns mit der Brise entgegenwehte. Es war der Strand des Paradieses, auf dem wir im tropischen Sonnenschein zu den Palmen wateten. Sie standen aufgereiht und hießen uns wedelnd in dem Dschungelgarten willkommen, der sich menschenleer das Tal hinaufzog.

Über die hohe Mauer aus ziegelroten Bergen, die die Insel hinter dem grünen Dach des Dschungels teilte, kamen kleine leichte Wolken wie friedliche weiße Lämmer angesprungen. Selbst wenn am späteren Nachmittag der wundervolle Vogelgesang verstummte, wenn die Mittagsglut dichte, dunkle, die Berge verdeckende und die Lämmer vertreibende Wolken hervorgezaubert hatte, selbst dann gluckste noch der Bach auf seinem Weg ins Tal ebenso lustig wie vorher und wir fühlten uns immer noch wie im Paradies. Die Wochen vergingen und wir waren von der gleichen Freude über die Natur erfüllt wie zu Hause in der Vildmark und nie empfanden wir Einsamkeit oder

Heimweh, wenn auch die Umgebung vollkommen anders war als der Tannenwald bei uns. Brotfrüchte, Bananen, Apfelsinen und Papayas hingen über unseren Köpfen, und hier gab es keine Affen, die sie uns wegnahmen. Wir ernteten buchstäblich die Früchte dessen, was Menschen aus Ost und West, die im vorigen Jahrhundert von ansteckenden Krankheiten in die ewigen Jagdgründe befördert worden waren, auf die Insel gebracht hatten. Abgesehen von Farnwurzeln, hatte es, ehe die Menschen hierher kamen, auf den isolierten Polynesischen Inseln für Menschen nichts Essbares gegeben.

Gäbe es überhaupt ein Paradies auf Erden, hätten wir es oben im Omoa-Tal gefunden, wo kein Wächter uns daran hinderte, einzuziehen. An einer Quelle mit kaltem, kristallklarem Wasser, das in einen Bach voller Krebse strömte, entdeckten wir eine hohe Plattform aus schweren Felsblöcken – eine so genannte *Pae-pae* –, die im Tal in großer Anzahl vorhanden waren und früher während der Regenzeit eine palmgedeckte Hütte vor dem Schlamm bewahrt hatten. Nach Aussage der Überlebenden, die nun alle in einem kleinen Dorf unten am Meer lebten, hatte die letzte Königin der Insel hier Hof gehalten. Hier errichteten wir unsere erste Hütte aus Bambus mit einem Dach aus geflochtenen Palmblättern und einem Guckloch, das uns die Aussicht auf das Paradies gestattete. Unseren eigenen Garten Eden.

Mit dem Unterschied, dass es im Garten Eden kaum Mücken gegeben hat. Es sei denn, sie wären es gewesen, die Adam und Eva verjagten. Als die Regenzeit einsetzte, waren es jedenfalls in erster Linie die Mücken, die uns aus dem Dschungel vertrieben. Wochenlang waren wir im inneren Tal, wo es keine anderen Menschen gab, nackt und barfuß umhergestreift. Abgesehen von verwilderten Haustieren, die von den Europäern mitgebracht worden waren und in der Wildnis allein überlebten, gab es keine anderen vierbeinigen Lebewesen als Eidechsen und kleine Nagetiere. Keine Schlangen. Unter all den Tieren, die ich einsammelte, waren einige große Tausendfüßler die einzigen giftigen Lebewesen, die sich jedoch in der Regel unter Steinen versteckt hielten und niemals angriffen – bis auf einmal, als ein trunksüchtiger und bösartiger Eingeborener namens Napoleon einige von ihnen zwischen den Bananenblättern in unserer Koje versteckt hatte, in der Hoffnung, den Gott des katholischen Priesters zu erfreuen, indem er Protestanten vertrieb.

Als die Regenzeit einsetzte, kamen die Mücken in dichten Schwärmen. Da war es aus mit dem Paradies und wir kamen beinahe in einem Inferno aus Juckreiz und Brennen um. Als die Plage ihren Höhepunkt erreichte und Liv sich vor Schmerzen jammernd und über und über mit Mücken bedeckt auf dem Boden der Bambushütte wälzte, erlebte ich die Hölle im Garten Eden. Bisher hatte ich Liv weder ängstlich erlebt noch klagen hören. Jetzt aber mussten wir zu Kreuze kriechen. Ohne Moskitonetz kann heute im Garten Eden auf einer Südseeinsel niemand überleben. Unten im Dorf gab uns ein außerordentlich hilfsbereiter Kopra-Händler ein Netz. Er war der einzige Halbblut-Einwohner der Insel und Sohn des Freundes von Paul Gauguin, Grelet, der um die Jahrhundertwende im Dorf zusammen mit den Eingeborenen gelebt hatte.

Aber nicht die Mücke allein hat uns aus dem Paradies vertrieben. Es war uns klar, dass es nur eine Frage der Zeit sei, bis wir mit Filarien voll gepumpt sein würden, den Würmern, die zur schrecklichen Krankheit Elefantiasis führen, die unten im Dorf grassierte. Jeder Zehnte quälte sich mit Armen so dick wie Schenkel oder stolperte mit Knöcheln umher von der Dicke seines Leibesumfangs. Unten an der Küste gab es außerdem Lepra und selbstverständlich war weder ein Arzt noch ein Krankenhaus vorhanden. Ganz schlimm wurde es, als Liv an den Unterschenkeln große Eiterbeulen bekam, von den Eingeborenen *Fe-fe* genannt. Sie platzten auf und wurden zu offenen Wunden, die nicht heilen wollten. Es half nichts, wir mussten aus dem Dschungel fliehen und uns an der Windseite der Insel am See des Ouia-Tals ansiedeln, wo unentwegt kleine weiße Passatwolken aus Südamerika herübersegelten. Der ständige Ostwind wehte sämtliche Mücken weit in den Wald hinein und einige wunderbare Wochen lang lebten wir wieder im zumindest mückenfreien Paradies.

Es war die Ironie des Schicksals, dass uns die Dorfbevölkerung davor gewarnt hatte, auf die Windseite der Insel zu ziehen, weil dort das Meer das ganze Jahr über so unbändig war, dass kein Mensch sich mit dem Kanu zum Fischen hinauswagen konnte. Nur Tei Tetua wohnte dort, der letzte Überlebende aus der Kannibalenzeit.

»Wenn das dein Vater gewusst hätte«, sagte ich zu Liv, nachdem wir die Kletterpartie über den Bergrücken und wieder an den steilen Hängen hinunter ins Ouia-Tal geschafft hatten, wo der Alte auf uns zu gerannt kam, splitternackt, nur mit einem Lendenschurz aus Baumrinde bekleidet, der das Wichtigste beschützte. Als er uns mit der üblichen Redensart: *Hamai te kaikai,* »Kommt zum Essen«, willkommen hieß, strahlte sein Gesicht vor Freude, Menschen in seinem Tal zu sehen. Für Tei Tetua aber war dies keine bloße Phrase. Er war ein Polynesier der alten Schule, der Einzige, den ich erleben sollte, der im 20. Jahrhundert so lebte, als wären die Europäer noch nicht in den Stillen Ozean vorgedrungen. Er lebte völlig abgeschieden von der Umwelt zusammen mit seiner zwölfjährigen Adoptivtochter Tahia Momo.

Was Livs Vater über Kannibalen auf den Marquesasinseln gelesen hatte, war nicht aus der Luft gegriffen. Im Jahr 1887 wurde der Kannibalismus auf der Nachbarinsel Hivaoa im Puamao-Tal mit einem großen Fest offiziell beendet. Der Überlieferung zufolge war 1879 ein schwedischer Tischler als Letzter verzehrt worden. Tei Tetua sagte bescheiden, er habe als junger Mann lediglich von einem im Nachbartal Getöteten gekostet. Aber Uta, sein Vater, sei ein echter Kannibale gewesen, der gefallene Feinde nicht nur aus zeremoniellen Gründen aß, sondern weil sie ihm besser schmeckten als Schweinefleisch.

Die borstigen Schweine der Vorfahren grunzten und wühlten überall im Ouia-Tal, wo Tei Tetua mit seinen Hunden und seinem Lasso aus Bast der einzige Jäger war. Man konnte sich kein besseres Schweinefleisch vorstellen als das, was uns der Alte zusammen mit frischer Brotfrucht in Bananenblättern gewickelt und in seinem Erdofen gebacken servierte. Er war uns beim Bau einer eigenen Hütte behilflich, einem offenen Vogelnest mit drei Wänden, auf hohen Pfählen errichtet, damit die Schweine nicht zur offenen Wand hereinkamen, wenn wir schliefen.

Ab jetzt durften wir unser Essen nicht mehr selbst zubereiten. Auf großen Taroblättern brachte uns Tahia Momo, ein süßer kleiner polynesischer Fratz, sämtliche Mahlzeiten von Teis Hütte, die ebenfalls direkt hinter dem Kieselstrand lag, nur einen Steinwurf von unserer Pfahlhütte entfernt. Zu essen gab es genug und es war abwechslungsreicher als im Dschungel auf der anderen Seite der Insel. Tei Tetua hatte Hühner, und an den Hängen des Ouia-Tals, wo keine Menschen mehr wohnten, seit im vorigen Jahrhundert die Letzten auf die windgeschützte Seite der Insel umgezogen waren, wuchsen massenweise wilde Zwergtomaten und die *Enata*-Ananas, die, wie der Botaniker Brown annahm, mit den Menschen aus Südamerika gekommen sein müssten, ehe die Europäer entdeckt hatten, dass es im Stillen Ozean überhaupt Inseln gab.

Und dann das Meer mit der Brandung, die sich erst hier auftürmte, nachdem sie sich als Dünung 8000 Kilometer weit von der Küste Südamerikas hierher bewegt hatte. Sie ließ Tag und Nacht die Kieselsteine in einem rhythmischen Konzert mit ihren kleinen Wasserfällen rasseln und prasseln. Die Gischt sorgte für frische Wasserzufuhr für die vielen Salzwasserpfützen in den Lavaformationen entlang der Talmündung, die voller Leben waren. Zwischen Schnecken, Muscheln, Seeanemonen und Tang kroch und wimmelte es von Krabben und kleinen Fischen. Für uns Zweibeiner ohne Kletterarme war das Meer eine bessere Pflegemutter als die Dschungel des Kontinents.

Auf unserem Planeten gibt es zum Glück zahllose freundliche Menschen und ich bin vielen von ihnen begegnet. Aber keiner war so hilfsbereit und großzügig wie dieser ehemalige Kannibale. Es überlief uns manchmal ein Schauder, wenn wir mit ihm zusammen auf dem Boden hockend an einem Knochen nagten, während er Geschichten aus einer anderen Zeit und einer fremden Welt erzählte, in der er aufgewachsen war: einst, als Papa Uta mit einer mit Schnitzereien verzierten Holzkeule – heute ein wertvolles Museumsstück – in den Krieg zog, um sich an Feinden in Hanativa oder im entfernten Omoa-Tal zu rächen, wo nun die letzten Verwandten von Tei lebten.

Tei Tetua war kein Heide. Alle Bewohner der Inselgruppe waren Christen geworden. Er war von einem Priester der katholischen Mission in Hivaoa bekehrt worden, der über das Gebirge gekommen war. Er hatte gelernt, dass *Tiki* auf Französisch »Dieu« heißt, und direkt an der Hüttenwand hatte er für alle Fälle sein eigenes Grab, mit einem Kreuz darauf, gegraben, das er uns stolz zeigte. Tahia Momo sollte ihm dort hineinhelfen, falls er nicht mehr allein hinunterkriechen konnte, wenn er den Tod nahen fühlte.

Er behauptete steif und fest, seinen Vorfahren zufolge seien die ersten Menschen von Osten her, von *Te-Fiti*, »Dort, wo die Sonne aufgeht«, mit Tiki über das Meer gekommen. Aus Kroepeliens Bibliothek wusste ich, dass der deutsche Ethnograph von den Steinen vor mehr als einem Menschenalter von alten Leuten auf den Marquesasinseln gehört hatte, dass sich hinter dem Sonnenaufgang ein großes Land namens *Fiti-Nui*, »Großer Osten«, befand. Der amerikanische Ethnologe E. S. C. Handy, der Hivaoa nach ihm besuchte, erfuhr, die Vorfahren der Inseleinwohner seien aus jenem großen Land im Osten, Te-Fiti, gekommen. Handy war von der Behauptung, das Land der Vorfahren läge im Osten, in Richtung Südamerika, derart überrascht, dass er, nach eigener Aussage, noch einmal nachfragte. Wieder wurde fest behauptet, um das Land der Vorfahren zu finden, müsse man »mit Kurs Richtung Sonnenaufgang«, *Te tihena oumati,* steuern.

Wenn wir beim Abendfeuer ohne Mücken am Waldrand sitzend über das unendliche Meer in jene Richtung blickten, aus der die Sonne beim Morgengrauen gekommen war, war sich Tei

Tetua seiner Sache genauso sicher. Die kleinen Passatwolken folgten treulich im Kielwasser der Sonne über den nächtlichen Himmel. Und wenn er uns erzählte, was er in seiner Jugend gelernt hatte, erhielten wir den Beweis, dass er seine Hausaufgaben ohne den Gebrauch von Buchstaben gut gemacht hatte. Ohne Botanikbücher gelesen zu haben, hat er mir Dinge erzählt, die ich selbst aus der Literatur kannte. Ihm war vollkommen klar, dass die wilde Ananas und die winzigen Tomaten oben an den Hängen von seinen Vorfahren, die er im Gegensatz zu uns Fremden *Enata*, »Volk«, nannte, mitgebracht worden waren. Selbst die jüngere Generation im Omoa-Tal auf der anderen Seite wusste über den Ursprung der nützlichen Arten genau Bescheid. Es gab zwei Sorten Ananas, *Faa hoka*, aber nur eine trug den Beinamen *Enata*, weil diese die ursprüngliche war, die andere dagegen hatte den Beinamen *Oahu*, weil sie diese von einem Missionar von Oahu aus der Hawaii-Gruppe bekommen hatten. Außerdem hatten sie zwei Sorten amerikanische Papaya, die größere *Vi oahu* genannt, und eine kleinere, aber mit größerem Stamm, die *Vi enata* hieß. Der Beiname *Enata* galt immer Pflanzen, von denen auch die Botaniker nachgewiesen hatten, dass sie vor den Europäern aus ihrem Ursprungsland in Südamerika mit Booten auf die Inseln gekommen waren.

Erst von Tei Tetua habe ich gelernt, dass wir von dem, was wir als mündliche Überlieferung abtun und viel zu schnell mit Legenden, Volksmärchen und Mythen in einen Topf werfen, viele nützliche Tipps bekommen können. Die Legenden sind in Polynesien ebenso glaubwürdig wie viele Berichte, die wir akzeptieren, weil die Historiker des Mittelalters sie mit Tinte aufgeschrieben haben.

Was hast du über deine Welt gelernt, als du sie mit Tei Tetuas Augen sahst?

Dass wir uns unterschiedlich kleiden, um uns vorzugaukeln, wir seien nicht mehr so primitiv wie der nackte Naturmensch, denn wir wollten nicht begreifen, dass wir lediglich unsere Umgebung veränderten, während wir selbst weder besser noch schlechter waren als vorher. Generation um Generation kommt der Mensch mit der gleichen geistigen und körperlichen Ausstattung zur Welt wie damals, als Abrahams Stammväter die Legende von Adam und Eva schufen. Die Chromosomen der Zwillinge Kain und Abel finden sich in uns unverändert wieder.

Uns selbst und anderen machen wir vor, dass wir in der Kunst, wie man Feinde tötet, große Fortschritte gemacht haben. Im vorigen Jahrhundert sandten wir Missionare zu sämtlichen Polynesischen Inseln, damit sie verkündeten, es sei scheußlich, anderen mit einer Keule auf den Kopf zu schlagen, selbst wenn man sie nicht mag. Aber dann, einige Jahrzehnte später, kehrten wir, angetan mit Uniformen, zurück und erklärten ihnen, so angezogen dürfe man eine x-beliebige Anzahl von Menschen töten – wenn der Feind nur eine andere Uniform trage und eine andere Flagge grüße.

Es war nicht einfach, dem Sohn eines alten Kriegers, der gewöhnlich wusste, wen er tötete, klarzumachen, warum man es besser nicht wusste und dass wir deshalb weit reichende Kanonen hätten.

Anthropologen haben in Abhandlungen die These aufgestellt, die Stammeskriege auf den Marquesasinseln seien durch Übervölkerung ausgelöst worden, und das schien auch mit den Erzählungen von Tei Tetua übereinzustimmen. Es verwunderte ihn nicht, dass ich zugab, Angst vor einem neuen Weltkrieg zu haben, weil der letzte schon eine Generation zurücklag. Nachdem sich unser Freund aus dem Ouia-Tal aufgrund meiner Beschreibungen sein eigenes Bild von London und New York gemacht hatte, schien ihm ein weiterer Krieg durchaus möglich.

Wir hätten uns so stark vermehrt, dass die Wälder um uns herum verschwänden und so wenig Platz wäre, dass wir unsere Hütten ohne Zwischenräume nebeneinander und übereinander als Wolkenkratzer bauen mussten, wie ich sie nannte.

Ich versicherte ihm, dass wir, wenn wir auch keine Menschen essen würden, so doch Kühe und Hühner und alle Tiere verspeisten, die uns schmeckten. Wir hätten die Tiere gern und würden sie nur ungern schlachten, aber das Fischen würde uns Spaß machen. Dass wir es dann nicht täten und stattdessen anderen die Freude am Fischfang ließen, um dann mit dem Fischer ein Tauschgeschäft zu machen, das, meinte Tei Tetua, sei dumm. Begriffe wie Geld und Preise waren unserem Freund völlig fremd, deshalb machte ich das Gespräch nicht noch komplizierter, indem ich von Zwischenhändlern und Geschäften erzählte.

In meiner Kritik über den Kannibalismus stimmte er mit mir überein. Als er aber fragte, was wir mit all den Getöteten machen würden, wenn wir Krieg führten, schockierte ihn meine Antwort.

»Wir begraben sie«, musste ich zugeben.

»Ihr vergrabt sie einfach alle in der Erde?«

Dem Alten stand im Gesicht geschrieben, dass ich den Kürzeren gezogen hatte.

Ganz unten auf der Himmelsleiter

Von Stammesfehden zum Weltkrieg – das war ja ein ziemlicher Fortschritt?

Diesmal hatte sich mein *Aku-aku* in mein Arbeitszimmer hineingewagt, wo ich zwischen Notizen und Drucksachen saß, um alte Erinnerungen aufzufrischen. Vor einem Menschenalter hatte ich sie ein paar engen Freunden gezeigt und seitdem weder an sie gedacht noch sie mir angesehen.

Es war schon eine Ironie des Schicksals. Ich hatte das Studium so angelegt, dass ich der Zivilisation entkommen konnte, in der Gewissheit, es würde zu einem neuen Krieg kommen. Und dann ließen wir uns von Mücken und Ansteckungsgefahr unter friedlichen, primitiven Eingeborenen verjagen, nur um das Leben zwischen Minen und Bomben in derselben Zivilisation zu riskieren, vor der wir geflüchtet waren.

Schon ein Jahr nach unserer Heimkehr von Fatu Hiva konnten wir in norwegischen Zeitungen lesen, deutsche Panzer wären in Polen eingerollt. Und von ebendiesen Panzern hatte man geglaubt, sie würden einen Krieg unmöglich machen. Bessere Waffen sicherten also nicht den Frieden.

Oben auf dem Höhenzug hoch über Lillehammer hatten wir uns ein kleines, behagliches Blockhaus mit einem Torfdach gekauft, das wir winterfest machten. Vor uns lag die prachtvolle Aussicht weit über den Mjøsasee und die Stadt. Hinter uns stand der Tannenwald fast undurchdringlich, bis er auf dem Weg zu den Blumenwiesen im Hochgebirge bei Hornsjø mit Wacholder und Heidekraut lichter wurde.

Ich saß in einem kleinen Nebengebäude mit eigenem Arbeitsraum, der durch eine Bretterwand von Holzschuppen und einfachem Außenklo getrennt war, und genoss die vollkommene Arbeitsruhe. Ich dankte dem Schicksal, dass ich eine Ausbildung hatte, auf die ich zurückgreifen konnte. Wir lebten davon, dass ich Bücher schrieb und Diavorträge über unseren Versuch hielt, ins Paradies zurückzukehren.

Aber ich steckte auch mitten in der Arbeit an einem wissenschaftlichen Manuskript. Ich besaß Hefte voller Notizen aus Kroepeliens Bibliothek und hatte endgültig den Schritt von der Biologie hin zur polynesischen Anthropologie gemacht. Das Manuskript, das mit all den Zitaten und Hinweisen allmählich sehr umfangreich wurde, war in Englisch geschrieben und trug den Arbeitstitel *Polynesia and America.*

Ich hatte etwas getan, was im Widerstreit zur damaligen konventionellen Forschung stand. Ich hatte versucht, das polynesische Rätsel wie ein kriminalistisches Problem zu lösen. Die Grundlagen hatten Forscher aus ganz verschiedenen Fachgebieten geliefert und ich versuchte nun, die Ergebnisse zusammenzufassen. Die Vorgehensweise war ein Verstoß gegen die Spielregeln, aber sie führte zu gut fundierten Ergebnissen.

Alle waren sich damals einig darin, dass mindestens zwei Einwanderungswellen nach Polynesien gekommen waren, und die letzte so kurze Zeit vor der Entdeckung der Inseln durch die Europäer, dass die Bewohner verschiedener Inseln dieselbe Sprache sprachen – obwohl sie Tausende von Kilometern voneinander entfernt wohnten, über die östliche Hälfte des größten Ozeans der Welt verteilt. Da jeder einzelne Forscher das Problem von seinem speziellen Fachgebiet aus angepackt hatte, waren bis jetzt nicht einmal zwei von ihnen zu demselben Ergebnis gekommen. Nur den Philologen wurde als Einzigen nicht widersprochen, denn sie konnten nachweisen, dass die Polynesier, obwohl die Volkstypen und Kulturen ganz verschieden waren, diffuse Sprachwurzeln mit den Malaien in Asien gemeinsam hatten.

Aber auf welcher Route sie gewandert waren, das blieb ein Geheimnis. Polynesier und Malaien wohnten auf den entgegengesetzten Seiten des riesigen Stillen Ozeans, mit der uralten negroiden Bevölkerung in Melanesien als eine 4000 Kilometer große Barriere zwischen ihnen. In diesem ganzen enormen Zwischengebiet fand sich keine Spur einer polynesischen Wanderung. *Das* war höchst sonderbar. Die Polynesier kamen nämlich erst zur Zeit des europäischen Mittelalters als reines Steinzeitvolk zu den Inseln weit im Osten des Stillen Ozeans. Sie müssen also die Küstengebiete in Asien verlassen haben, *bevor* dort die Steinzeit endete, 2000 bis 3000 Jahre v. Chr. Wo waren diese Seefahrer in der Zwischenzeit gewesen?

Hier lag der Kern des polynesischen Problems. Einige ihrer Vorväter müssen 3000 Jahre v. Chr. in die Philippinensee gestochen und weiter in ein unbekanntes Gebiet gefahren sein, wo sie sich fast 4000 Jahre aufgehalten hatten. Aber wo?

Die Meinung der Forscher spaltete sich in zwei Theorien. Einige vertraten die Auffassung, die Vorfahren der Polynesier hätten das austro-melanesische und mikronesische Inselgebiet so rasch durchquert, dass sie keine Spuren hinterließen. Dann stimmte aber die Chronologie nicht. Die andere und entgegengesetzte Theorie behauptete, sie hätten Jahrtausende für ihre Fahrt von einer Insel zur anderen gegen den Wind gebraucht, und dabei wären sie mit ihrer Kultur durch eine »Mikro-Evolution« von Malaien zu Polynesiern geworden. Dann aber stimmte überhaupt nichts.

Der Streit tobte am heftigsten zu der Zeit, als ich mich ganz auf die Polynesien-Bibliothek konzentrierte und auf die Marquesasinseln kam, um als Biologe und Geograph Polynesien selbst von innen kennen zu lernen. Der bekannteste Polynesien-Forscher, der Neuseeländer Sir Peter Buck, unterstützte in jenen Tagen diejenigen, die annahmen, die Vorfahren der Polynesier müssten Melanesien durchquert haben, gab aber zu, sein einziger Grund für diese Annahme sei, dass sie unmöglich durch Mikronesien gekommen sein konnten. Bucks prominenter Kollege, der französische Ethnologe Dr. Métraux, stützte sich auf das Studium von Blutgruppen und schrieb, jeder Versuch, den Ursprung der Polynesier in Melanesien zu lokalisieren sei »ein Verbrechen gegen bekannte Fakten«.

Für mich war dieser komplizierte Streit völlig sinnlos. Es gibt keinen Grund, anzunehmen, Melanesien und Mikronesien würden ein Hindernis bilden. Die Erde ist rund, und die Strömung von der Philippinensee ging nördlich um alle diese Inseln herum und erreichte Hawaii via Britisch-Kolumbien.

Britisch-Kolumbien. Niemand hatte an eine Zwischenlandung weit oben im hohen Norden gedacht. Die warme Meeresströmung vor den Philippinen floss so schnell und mächtig an Japan vorbei zu dem Archipel entlang der Küste Britisch-Kolumbiens, dass das Kanuvolk da oben das ganze Jahr barfuß ging. Obwohl es sich auf derselben Höhe befand wie die Hudsonbai und Labrador auf der entgegengesetzten Seite von Kanada. Nach einem Jahr in Polynesien musste ich diese amerikanischen Inseln im Stillen Ozean kennen lernen, an die kein Polynesien-Forscher gedacht hatte, obwohl sie auf halbem Weg lagen und von einer maritimen Bevölkerung bewohnt wurden, die in der Steinzeit von Asien gekommen war und weiter in der Steinzeit lebte, bis die Europäer kamen.

Fred. Olsens Oslo-Reederei hatte Frachtschiffe, die regelmäßig Britisch-Kolumbien anliefen. Meine Eltern kannten den alten Fred. und sein Sohn Thomas wurde als Erster in meine Theorie eingeweiht. Ich fand sie selbst so nahe liegend, dass ich fürchtete, andere könnten sie stehlen, ehe ich sie publiziert hatte. Thomas Olsen stimmte mir zu, und für ein symbolisches Kostgeld bekam ich für Liv, mich selber und unseren Sohn Lille-Thor, »Klein-Thor«, der jetzt ein Jahr alt war, Tickets nach Vancouver.

Wir hatten Norwegen noch nicht verlassen, als England Deutschland den Krieg erklärte, so dass unser Schiff nördlich um Schottland herumdirigiert wurde, um der U-Boot-Gefahr im Kanal zu entgehen. Es braute sich etwas zusammen, das größer war als Tei Tetuas Stammeskrieg.

Sowohl uns selbst als auch meinen Theorien wurde in wissenschaftlichen Kreisen in Britisch-Kolumbien ein einmaliger Empfang bereitet. Zuerst in der Universität in der aufstrebenden Großstadt Vancouver und dann im Provincial Museum im idyllischen Victoria draußen auf Vancouver Island. Die Universität hatte noch keine eigene anthropologische Fakultät, aber ich traf den größten Experten für die Sprache der hiesigen Nordwest-Indianer, Prof. Hill-Tout. Der freundliche alte Sprachforscher suchte sofort zwei Publikationen heraus, die er mit einem Kollegen aus Ottawa über die Stämme an der Küste Britisch-Kolumbiens verfasst hatte, deren Sprache sich, trotz ihrer ethnischen und kulturellen Verwandtschaft, markant unterschied. Am merkwürdigsten aber war, dass beide unabhängig voneinander entdeckt hatten, dass mehrere Stämme eine entfernte, aber eindeutige Verwandtschaft mit den Sprachen in Polynesien und in Malaysia zeigten.

Es gebe keinen Zweifel, behauptete der alte Professor. Er sei zu dem Schluss gekommen, polynesische Kanus müssten bis hierher vorgedrungen sein, begreife jetzt aber, dass selbstverständlich ebenso gut Kanus von hier aus Hawaii erreicht haben könnten. Kürzlich sei Kapitän Voss aus Vancouver mit einem solchen Kanu von hier aus nach Hawaii gefahren und mit dem Nordostpassat im Rücken bis zu den Maoris in Neuseeland gelangt.

Das fing gut an und im Museum in der Hauptstadt lief es womöglich noch besser. Hier lagen die ethnographischen und archäologischen Sammlungen aller Küstenindianer in Kisten im Keller verschlossen, aber der Museumsdirektor besaß den Schlüssel und er war Zoologe.

Als Kollege, und weil ich ein Marmeladenglas mit Fruchtratten in Formalin von den Marquesasinseln mitgebracht hatte, bekam ich einen Studienplatz an Dr. Cowans eigenem großen Schreibtisch, mit Zugang zu einer ausgezeichneten Bibliothek.

Für mich als Forscher war es eine Landung mitten in einer Schatzkammer, als ich im Büro des Direktors saß und in Literatur über ein Gebiet schwelgte, das ich in Kroepeliens Polynesien-Bibliothek nicht hätte finden können. Die Inseln vor der britisch-kolumbischen Küste lagen nämlich außerhalb des Interessengebiets der Polynesienforscher: den Südseeinseln. Man hatte ganz einfach vergessen, dass die Erde rund war, dass auch der Stille Ozean sich krümmte und dass eine plane Karte bei Entfernungen trügt. Zieht man das in Betracht, entdeckt man, dass die Inseln vor Britisch-Kolumbien nicht am Ende eines geschwungenen Umwegs von der Philippinensee liegen, sondern auf einer geraden Linie, wie der Äquator.

Erst im Museum wurde mir wirklich bewusst, dass seit damals, als die Kapitäne Cook und Vancouver hierher kamen und überrascht waren, wie sehr die Nordwest-Indianer sie physisch und kulturell an die Polynesier erinnerten, die Forscher des 20. Jahrhunderts in ihren Abhandlungen über die Nordwest-Indianer und ihre Kultur dasselbe oft nachdrücklich bestätigt und nachgewiesen haben.

Was andere bewiesen hatten, ohne dass es die geographische Grenze der Polynesienforschung überschritt, konnte ich mit eigenen Augen sehen, als ich das Museum verließ und mich zusammen mit meiner Familie unter den Bella-Coola-Indianern weiter oben an der Küste niederließ. Der Winter verging und dann kam die Wende.

Die Nachricht von meiner wissenschaftlichen Theorie hatte in der Lokalpresse Interesse geweckt und ein Journalist fand mich im Bella-Coola-Tal, wo ich unten am Flussufer Steinzeichnungen freilegte, indem ich den Bewuchs von den Steinen rupfte. Hier gab es Göttermasken mit konzentrischen Ringen als Augen, genau wie die, die ich auf Fatu Hiva entdeckt hatte. Es gab dieselben eigenartigen Steinaxtblätter und Rindenklopfer wie auf den Marquesasinseln und uns kam es vor, als würden wir unseren Adoptivvater Teriieroo und unseren alten Freund Tei Tetua unter den Indianern im Tal wieder erkennen.

Die Nachricht drang bis zur *New York Times* durch, die sie jedoch mit einem Kommentar der Polynesien-Anthropologin Margaret Mead versehen druckte, die gerade durch ihr Buch über das Liebesleben auf Samoa zu Weltruhm gelangt war. Sie fertigte meine Theorie mit der Bemerkung ab, ich hätte sicherlich etwas gefunden, was Kapitän Cook nach seinem Besuch in Polynesien dort oben hatte liegen lassen. Ich bin nie dazu gekommen, ihr zu antworten, dass Kapitän Cook sich kaum in ein ausgetrocknetes Flussbett gesetzt hätte, um polynesische Steinzeichnungen zu kopieren. Im Übrigen ereigneten sich wichtigere Dinge für mich und die Welt.

Margaret Mead, die meine erste akademische Gegnerin wurde, traf ich viele Jahre nach dem Krieg in Oslo. Da amüsierten wir uns darüber, auf ganz verschiedenen Gebieten geforscht zu haben. Sie musste zugeben, dass sie genauso wenig über die Steinzeichnungen in Britisch-Kolumbien wusste wie ich über das Liebesleben auf Samoa.

Doch nun trat plötzlich und völlig unerwartet eine Wende in Livs und meinem Leben ein. Ich war mit dem Halbblutindianer Clayton Mack auf Bärenjagd gewesen, der später durch sein Buch *Grizzlies & White Guys,* das auch unser gemeinsames Abenteuer beschreibt, zur Legende wurde. Die Jagd endete damit, dass Clayton einen Bären anschoss, der mich um einen Baumstumpf herum verfolgte. Clayton erschoss den Bären, der so scheußlich schrie, dass es von den Bergen widerhallte und mich für den Rest meines Lebens von jeder Form von Jagd kurierte.

Mit dem Bären im Bug kamen Clayton und ich im Kanu aus dem unbewohnten Kwatna-Tal zurück und bogen zwischen die Felswände zu beiden Seiten des langen und engen Bella-Coola-Fjords ein.

Da rief mir jemand von der Mole tief im Innern zu: »Norwegen hat sich ergeben!«

Ich nahm die Hände als Sprachrohr vor den Mund und rief zurück: »Wem?«

Dass jemand ein so neutrales Land wie Norwegen angreifen konnte, das als selbständige Nation seit der Wikingerzeit keinen Krieg mehr geführt hatte, war für mich völlig undenkbar. Hitler betrachtete man fast als Witzfigur und die USA befanden sich noch gar nicht im Krieg. In der darauf folgenden Woche gingen Liv und ich mit unserem kleinen Sohn an Bord des Küstenschiffes, als es auf dem Weg nach Süden in Bella Coola Halt machte. Ich wollte nach Vancouver zurück und mich beim norwegischen Konsulat zum Militärdienst melden.

Das Konsulat bereitete mir jedoch einen kühlen Empfang, als ich die Treppe hochgestiegen war und den Namen des Konsuls auf dem Türschild gelesen hatte: von Stahlschmidt.

Der Konsul versicherte mir auf Englisch mit deutschem Akzent, Deutschland und Norwegen seien Freunde. Ich sollte ruhig zu meinen Indianern zurückfahren und dort bleiben, bis der Krieg vorbei war.

Ich war mit einem kanadischen Studentenvisum und einer Rückfahrkarte nach Norwegen ins Land gekommen, doch jetzt konnte ich die Rückfahrscheine wegwerfen. Unser Geld reichte nur noch für die nächsten paar Tage in Vancouver, noch dazu war Liv wieder schwanger, so dass unsere Situation höchst prekär wurde.

Das Schlimmste war jedoch, dass ein amerikanischer Journalist, der am Tag der Invasion in Oslo war, die sensationelle und ganz falsche Meldung in die Welt setzte, Norwegen hätte die Deutschen freundlich empfangen. Das wurde in der amerikanischen und der kanadischen Presse groß aufgemacht. Und die Deutschen ließen kein Wort darüber verlauten, dass die Norweger das größte Kriegsschiff der Deutschen, die *Blücher*, mit tausend Mann an Bord im Oslofjord versenkt hatten und dass die Kämpfe mehrere Wochen lang im ganzen Land weitergingen.

So beliebt wir bei unserer ersten Ankunft aus Norwegen waren, so unbeliebt war man jetzt als Norweger. Schließlich trauten wir uns nicht mehr, in der Straßenbahn Norwegisch miteinander zu sprechen. Es sollte über ein Jahr vergehen, ehe der Hass auf Norweger nachließ und langsam ins Gegenteil umschlug, nachdem auch die USA in den Krieg hineingezogen wurden und Präsident Roosevelt in einer Rede an das amerikanische Volk sagte: »Look to Norway!« Er wies darauf hin, dass die Deutschen die Schlacht um Europa gewonnen hätten, wäre die norwegische Handelsflotte, damals die drittgrößte der Welt, nicht aus Norwegen geflüchtet und hätte sie sich nicht den Alliierten angeschlossen.

Doch bis dahin bekamen wir auch persönlich etwas von den Schattenseiten des Lebens zu spüren. Wir zogen sofort aus dem Hotel aus und fanden im Hafenviertel ein billiges Zimmer mit Fenster zum Hof. Eine Gasflamme, ein wackliges Bett, ein Tisch, eine Bank und ein alter Babykorb für Lille-Thor, das war das Inventar. Vom Fenster ohne Gardinen blickten wir auf ein großes Kohlenlager hinunter, das von einer einzelnen elektrischen Birne beleuchtet wurde. Die Wirtin war misstrauisch, mürrisch und kurz angebunden, und als sie erfuhr, dass wir Norweger waren, wurde sie noch misstrauischer.

Niemand wusste, wie lange der Krieg dauern würde. Ich musste mir vorübergehend einen Job besorgen. Arbeit gab es für die ganz unten auf der gesellschaftlichen Leiter, wenn sie sich in die Schlange vor der Arbeitsvermittlung einreihten. Als ich die Leute sah, die da standen, hörte ich auf, mich zu rasieren, setzte mir eine alte Schirmmütze auf und stellte mich ganz hinten an. Allmählich bewegte sich die Schlange vorwärts, und jeder wurde nach seinem Beruf gefragt. Alle nannten sich Zimmerleute und Schlosser, obwohl sie nie eine Säge oder einen Schraubenschlüssel angefasst hatten. Als ich an der Reihe war und sagte, ich sei Zoologe, wussten sie nichts damit anzufangen, auch nicht als ich Ethnologe anbot. Dann fragten sie, ob ich eine Schubkarre fahren könnte, und da sagte ich dann stolz ja. Und dennoch bekam ich keine Arbeit, denn ich war mit einem Studentenvisum ins Land eingereist und hatte keine Arbeitserlaubnis.

Die Tage vergingen und wurden zu Wochen. Der letzte Reisescheck war eingelöst, das Geld schrumpfte bedrohlich zusammen und Liv erwartete ihr zweites Kind. Wir mussten das Essen einteilen. Jetzt fühlte ich wirklich, wie gut ich es gehabt hatte, in dem Teil der Gesellschaft aufzuwachsen, für den es natürlich ist, jeden Tag ein Frühstück, Mittag und ein Abendbrot zu bekommen.

Hunger hatten wir schon früher kennen gelernt, auf Fatu Hiva zur Regenzeit. Doch da hatte es wenigstens noch Krebse im Bach gegeben und ab und zu fielen von den Palmen Kokosnüsse herunter. Hier aber waren nur Asphalt und verschlossene Türen und Fenster. Wer das nicht selbst erlebt hat, kann sich schwerlich in die Gefühle eines Mannes versetzen, der zu Hause eine hungrige Familie hat, selbst mit leerem Bauch dasteht und durch ein Restaurantfenster ein fettes, knuspriges Hähnchen anstarrt, das sich langsam am Spieß dreht, und halbsatte Menschen hineingehen und übersatt wieder herauswanken sieht, wobei der Tür jedes Mal ein unbeschreiblicher Wohlgeruch entströmt.

Es hat nichts mit Politik zu tun, wenn Leute, die so etwas erleben müssen, sich rebellierenden Führern anschließen, mögen sie Jeanne d'Arc oder Fidel Castro heißen. Menschen, die satt sind, rebellieren nicht.

Als ich mit den letzten Groschen – die nicht mal für die nächste Miete reichten – in der Tasche dastand und all das wunderbare Essen in den Schaufenstern der Geschäfte sah, aber nicht in der Lage war, Liv und Lille-Thor einen Leckerbissen mitzubringen, da zeigte sich mir auch die Ungerechtigkeit der modernen Kulturgesellschaft in einem erschreckenden Licht. Ich lebte nicht allein in dieser Situation. Tausenden und Millionen, ja, der Statistik nach über der Hälfte der Erdbevölkerung ging es so – und sogar noch viel schlechter. Wir, die genug haben, schreiben und reden wie Propheten, wann Rohstoffmangel und Überbevölkerung die Welt in die Katastrophe führen werden, und dabei ist die Katastrophe für den Teil der Erdbevölkerung schon da, der nie in den Zeitungen schreibt oder gehört wird, und wenn sie sich auf eine Seifenkiste stellen.

Eines Tages, als ich so vor dem Schaufenster einer Konditorei stand, begriff ich, dass ich und die Meinen faktisch in Lebensgefahr waren.

Liv war unglaublich tapfer. Wie auf Fatu Hiva, nie eine Klage. Nie ein mürrisches Wort. Ich dagegen lief stundenlang im Zimmer herum, konnte gereizt sein, fast verzweifelt. Dann kam der schwärzeste aller Tage. Ein Sonntag. Am nächsten Tag war die Miete fällig. Unser gesamtes Vermögen war auf ein paar Münzen zusammengeschmolzen. 30 Cents. Ich lief ohn Unterlass im Zimmer auf und ab. Liv ging hinaus und kaufte für das letzte Geld Gewürzkuchen – ein großes rundes Brot. Mit Lille-Thor in unserer Mitte trotteten wir in die Sonne hinaus und setzten uns auf eine Bank im Stanley Park. Vor uns lag das Kanu, das von hier bis nach Neuseeland gesegelt war. Zur Hölle mit der ganzen Theorie. Ein Totempfahl, der daneben stand, passte besser zur Tagesstimmung. Groteske Gestalten kletterten übereinander nach oben, wo der Sieger mit gierigen Raubtierzähnen und gekrümmten Klauen saß. Da fühlte ich mich gezwungen, zu Kreuze zu kriechen und die schöpferischen Kräfte des Himmels und der Erde um Hilfe anzuflehen, wo immer sie sein mochten, draußen im Universum oder in mir selbst.

Was weiter geschah, mag Zufall sein. Solche Zufälle haben sich aber in akuten Krisensituationen auch in meinem späteren Leben immer wiederholt, so dass es sich lohnt, darum zu bitten.

Als die Wirtin am nächsten Morgen anklopfte, um die Miete zu kassieren, waren wir ganz blank. Kein Weg führte weiter, unsere Zeit war vorbei, wir konnten ebenso gut die Uhr anhalten.

Doch zusammen mit der Rechnung gab sie uns einen Brief. Von Fred. Olsens Schiffsreederei. Der Agent, der die Reederei in Vancouver vertrat, hatte uns mit einem Telegramm des Londoner Büros aufgespürt.

Der Schiffsreeder Thomas Olsen und seine Familie waren aus dem besetzten Norwegen nach England geflohen. Alle seine Schiffe waren durch Nortraship, die die gesamte norwegische Handelsflotte verwaltete, in den Konvoidienst der Alliierten gestellt worden. Das Telegramm besagte, der Agent sollte uns, die Passagiere von Fred. Olsen, die in Vancouver gelandet waren und keine Möglichkeit hatten, wieder nach Hause zu reisen, ausfindig machen. Dann sollte uns ein monatliches Darlehen in der Höhe ausbezahlt werden, die ich als nötig erachtete, um bis Kriegsende zu überleben.

Es war wie ein wunderbarer Traum, das Leben konnte weitergehen. Im Freudenrausch und in einer Mischung aus Dankbarkeit und Bescheidenheit, bat ich darum, mir 50 Dollar im Monat borgen zu dürfen. Auch damals eine sehr bescheidene Summe, aber für uns hatte ein Dollar jetzt 100 Cents. Für unsere letzten 30 hatten wir drei Gewürzkuchen bekommen.

Mit frischem Mut beendete ich meine beiden ersten Artikel auf Englisch, einen wissenschaftlichen für *International Science* und einen populären für das *National Geographic Magazine*. Beide wurden angenommen und *National Geographic* schickte mir einen Scheck über 200 Dollar. Unmittelbar danach ging Liv in eine Geburtsklinik. Das Geld kam wie gerufen für das Krankenhaus und die Aussteuer für den Neugeborenen, der den Namen Bjørn, »Bär«, bekam und den Kosenamen Bamse, »Bärchen«, nach einem Bärenjungen, das wir bei einem Ausflug im Bella-Coola-Tal mit einem Regenpfeifer in der Schnauze auf einen Baum hatten klettern sehen.

Das sonnige Leben, das im Bella-Coola-Tal endete, gehörte zu einer Lebensphase, die nun von einer ganz anderen abgelöst wurde. Ich hatte sozusagen den Sprung in ein völlig neues Leben gemacht. Aus Ottawa traf die Arbeitserlaubnis ein, und mit Hilfe eines norwegischen Studenten, den ich bei unserer Ankunft an der Universität kennen gelernt hatte, bekam ich Arbeit; sein Vater bürgte für mich. Der Vater, Robert Lepsøe, war Ingenieur in einer Fabrik, die hoch oben in den Rocky Mountains lag und siebentausend Leute beschäftigte. Es war ein Furcht einflößender Komplex von Fabrikgebäuden, der vor Lepsøes Zeit so viel schwefelhaltigen Rauch ausgespuckt hatte, dass Wälder und grüne Wiesen bis weit über die Grenze in die USA hinein starben.

Lepsøe hatte eine Anlage installieren lassen, die den Schwefel zum großen Teil herausfilterte, der dann als wichtige Einnahmequelle mit Eisenbahnwaggons abtransportiert wurde. Es war ausschließlich dem Ansehen dieses Mannes zu verdanken, dass man mir einen Job bei einer harten Truppe der Fabrik gab, wo ich wirklich lernte, was es heißt, eine Schubkarre zu fahren. In der so genannten *Ball gang* traten jeden Tag siebzehn Mann mit ebenso vielen verschiedenen Muttersprachen an und wir kamen nie dazu, uns zu langweilen, denn die Arbeit wechselte jeden Tag, wohingegen andere immer auf demselben Fleck stehen bleiben und jeden Tag dasselbe tun mussten. Mein erster Job bestand darin, einen Eisenbahnwaggon mit Zementsäcken zu beladen. Ich sah mich nach einer Schubkarre um, doch die Säcke mussten auf dem Rücken getragen werden. Ich ging fast in die Knie, als ein riesiger Pole mir den ersten Sack auf die Schulter warf. Noch schlimmer war es, mit der schweren Last ohne richtige Kontrolle über die schmale Bohle zum Eisenbahnwaggon zu wanken, während die anderen glotzten und sich offen über den Neuen lustig machten. Als der Tag um war, konnte ich kaum noch auf den Beinen stehen, und mein Körper war so angeschwollen, dass ich Schwierigkeiten hatte, aus den Kleidern zu kommen.

Am nächsten Tag brauchte ich keine Säcke zu tragen. Der Zement sollte lose transportiert werden.

»Komm her, Mac, dann kriegst du eine bessere Arbeit«, sagte der Vorarbeiter.

Ich folgte ihm und erklärte ihm höflich, dass ich nicht Mac hieß, sondern Thor.

»Ich pfeif drauf, wie du heißt«, brüllte der Vorarbeiter, »für mich bist du Mac!«

Die bessere Arbeit bestand darin, mit anderen Arbeitern eine Kette zu bilden, die sich abmühte, einen großen, rotierenden Betonmischer zu füttern. Während die Menschenkette im Kreis ging, wurde jedem Mann der Inhalt eines Sackes in seine Schubkarre geschüttet, und dann kam es darauf an, in einer Reihe auf schmalen Bohlen ein Gerüst hoch zu fahren und den Zement in den Mischer zu kippen, ehe es auf der anderen Seite mit der leeren Karre wieder hinunterging. Das Ganze sollte rhythmisch geschehen und in einem solchen Tempo, dass der Schweiß floss und alle gereizt waren. Immer wieder musste ich mit der Karre zurück und erneut Anlauf nehmen, um die Bohle hochzukommen, während der Hintermann fluchte und schimpfte, weil ich den Rhythmus unterbrach. Nach einem halben Dutzend Runden war ich so kaputt, dass ich die Bohle verfehlte und die Zementladung umkippte. Da schrie der Vorarbeiter auf und zugleich begann die Rauchpause – die bei dieser harten Arbeit alle fünfzehn Minuten erlaubt war. Und während die anderen ihre übel riechenden Zigaretten genossen, beseitigte ich das Ärgernis, warf mich dann auf den Rücken und genoss jeden tiefen Atemzug, bis es hieß, weitermachen!

Aber nie habe ich so gutes Essen bekommen wie zu dieser Zeit. Jeder weiß, dass Hunger der beste Koch ist. Aber diesen Koch bekommt man nicht für Geld.

Wie die meisten, die es sich leisten können, sitze auch ich gern auf einem bequemen Stuhl und genieße etwas so Köstliches wie Austern und echten Kaviar oder trinke ein Glas Champagner oder einfach nur einen dry Martini. Ich werde aber nie vergessen, welchen erlesenen Genuss die Pause in der Consolidated Mining and Smelting Company bedeutete, wenn wir uns auf einen Stapel Ziegel warfen und jeder seine Brotbüchse öffnete: Brot mit Käse belegt, dazu eine Flasche kalten Kakao.

Die Anstrengung merkt der am meisten, der seine Muskeln nie richtig gebraucht hat. Bereits am dritten Tag begann ich, mich besser zu fühlen. Jetzt musste es schon hart kommen, dass ich mich erschöpft fühlte. Doch kurz darauf suchte der Vorarbeiter zwei von uns für einen weniger anstrengenden Job aus und die Freude am Gebrauch der Muskeln war dahin. Ein erfahrener Bursche flüsterte mir ins Ohr, er glaube, wir sollten in die riesigen Tanks einsteigen, die auf dem Fabrikgelände standen und, wie es hieß, alle fünf Jahre gereinigt würden, und das sei eine teuflische Arbeit.

Jeder bekam eine Schaufel mit einem langen Stiel und Gummistiefel, die bis zum Schritt reichten. Erst als wir im Inneren des Tanks die Leiter nach unten stiegen, wurde uns gesagt, wir müssten uns, um alles in der Welt, auf den Beinen halten, denn das Zeug auf dem Boden sei Schwefelsäure. Wenn wir ausglitten und stürzten, würde die Säure uns augenblicklich die Kleider sowie Haut und Fleisch wegätzen.

Ehe ich den Griff der Leiter unten in dem halbdunklen Tank losließ, tastete ich mit einem Fuß den Boden vor mir ab. Er war mit einer dicken Schleimschicht bedeckt, glatt wie grüne Schmierseife. Ungeheuer vorsichtig wagten wir uns vor, derweil der Vorarbeiter hoch oben über dem Rand hing und Befehle herunterschrie, die wir nicht richtig mitbekamen, denn im Innern des Metalltanks hallte es wie Donner. Aber irgendwie kapierten wir, dass die Säure durch ein Abflussrohr hinten an der Kesselwand hinausgeschaufelt werden sollte. Dieser Job war unheimlich: Mit gespreizten Beinen glitten wir wie in Zeitlupe dahin, auf die Schaufel gestützt, die wir vor uns zum Abfluss hinschoben, und drückten den Schlamm vorsichtig vorwärts, damit er nicht spritzte. Zu viel Druck und wir würden rückwärts rutschen, das kleinste Ungleichgewicht, und wir würden in diese teuflische Brühe stürzen. Ich hatte ein Gefühl, als wäre ich versehentlich im Kochtopf zivilisierter Kannibalen gelandet.

Und doch war dies nicht der schlimmste Auftrag. Ich musste auch in den Backofen selbst hinein. In der Fabrik, die in erster Linie ein Schmelzwerk war, machte man Experimente. In einigen der kleineren Öfen bildete sich Schlacke und ich bekam einen Pressluftbohrer und Meißel ausgehändigt, um hineinzukriechen und die Metallschlacke von den Wänden zu entfernen.

Man gab mir eine Lampe und eine Gasmaske vor Mund und Nase, denn drinnen war es dunkel, und sobald ich mit dem Pressluftbohrer auf die Wände einhämmerte, füllte sich die Luft mit dichtem Staub. Ich erlebte in konzentrierter Form, was ich einmal in einer Karikatur über den Fortschritt zum Paradies festgehalten hatte: Staub, Lärm und was sonst noch alles den Sinnen des Menschen zu schaffen macht. Der Pressluftbohrer, der wie unaufhörliches Geschützfeuer auf beide Ohren wirkte, dazu der Staub und die fehlende Lüftung in dem engen Backofen und der Schweiß, der uns von der Knochenarbeit nur so herunterlief, trieben mich fast zum Wahnsinn. Ich hörte nicht einmal mehr meine eigene Stimme und ich weiß nur noch, dass ich bei jedem donnernden Stempelschlag dieselben zwei Worte rief: »Ich hasse! Ich hasse! Ich hasse!«

Als ich endlich fertig war und hinauskriechen konnte, dachte ich an die Tatsache, dass Zehntausende von Bauern freiwillig ihre Äcker verlassen hatten, um in Gruben oder Schmelzöfen hineinzuklettern. Sie waren gekommen, um an dem Tanz um die Maschinen teilzunehmen, wie der Stamm Mose um das Goldene Kalb. Als ich danach aber unter der Dusche stand und den gröbsten Schmutz innerlich und äußerlich los war, wurde mir wieder bewusst, dass die Lösung auch nicht darin lag, zum Naturzustand zurückzukehren.

Und nicht jede Arbeit in der Fabrik war so schlimm wie die in Tank und Ofen. Das Beste war, bei der Mannschaft zu sein, die übrig blieb, nachdem die wichtigsten Posten besetzt waren. Dann schickte man uns, gebrauchte Mauersteine zu säubern. Jeder hatte einen Ziegel im Schoß und schlug Reste von altem Mörtel ab. Ganze Mauersteine wurden dann zu hübschen Stapeln aufgeschichtet, Bruchsteine und harter Mörtel dagegen kamen auf einen großen Haufen. Auf diese Weise arbeiteten wir uns langsam in die großen Haufen hinein und waren schon zu Experten darin geworden, die Mauersteine so zu stapeln, dass man nicht gleich sah, wenn einer von uns eine Zigarette rauchte.

Es war eine neue Variante der Menschheit, mit der ich hier in

Berührung kam. Nicht viel anders als Geschäftsleute und Akademiker, wie man annehmen könnte. Arbeit war für die meisten nur dünn gesät, bis der Krieg Arbeitsplätze schuf. Diejenigen, mit denen ich am besten auskam, vielleicht weil sie das Reisen gewohnt waren und Sinn für Humor hatten, wurden von den anderen als *Hobos* eingestuft – die Berufsbezeichnung der Facharbeiter für professionelle Landstreicher. Sie waren mit dem Zug kreuz und quer durch Kanada bis weit in die Staaten gefahren, häufiger unter Eisenbahnwaggons hängend, als zwischen der Ladung versteckt.

Und mit der Zeit mochte ich auch den bärbeißigen Vorarbeiter, nachdem wir nach und nach mehr Verständnis füreinander entwickelten. Er hatte seine Gründe, darauf zu pfeifen, wie ich hieß. Es kannte auch keiner seinen richtigen Namen, er war nur als Mystery bekannt. »Weil keiner weiß, wer sein Vater ist«, hieß es. Wurde er wütend, redete er Italienisch. Wie clever er war, begriff ich erst, als ich entdeckte, dass ihm keiner das Lesen beigebracht hatte. Ich bemerkte es eines Tages, als ich zufällig sah, dass ihm jemand einen Zettel gab, den er umgehend in die Brusttasche steckte. Als er sich unbeobachtet glaubte, steckte er beide Arme bis zu den Ellbogen in eine Tonne mit irgendwas Dreckigem, das von seinen Fingern tropfte, und kam dann zu mir mit der Bitte, den Zettel aus seiner Brusttasche herauszuholen und vorzulesen, was darauf stand. Er fuhr ganz souverän die Lilliput-Lokomotive der Fabrik und hatte sich selbst beigebracht, Wörter wie *Stop* zu erkennen.

Mystery meinte es sicher gut, als er mich auf das Dach eines Fabrikneubaus schickte, nachdem er gesehen hatte, wie ich den Gestank all dieser unangenehmen Gase hasste, die für das Fabrikgelände typisch waren. Eine sichtbare Wolkenschicht aus Staub, Rauch und giftigen Dämpfen zog von der Fabrik ins Tal und legte sich über das kleine Städtchen Trail, wo die meisten Arbeiter wohnten. Nur die *White collar guys,* die mit weißen Kragen, durften in einer Gegend mit hübschen Einfamilienhäusern und grünem Rasen in Höhe der Fabrik wohnen. Ich machte lieber jeden Tag die lange Fahrt zur Fabrik und brachte Liv und unsere beiden Knirpse oben in Rossland unter, hoch über allen Fabrikschornsteinen. Der Schwefelrauch von der Fabrik war immer noch gesundheitsgefährdend, obwohl die Verhältnisse sich gebessert hatten, nachdem die USA den Prozess gewonnen hatten, als damals die Schäden buchstäblich über die Grenze gingen. Alte Fabrikarbeiter hatten oft Silikose vom Staub in den Lungen. Ein langer bis auf die Knochen abgemagerter Bursche mit allen Anzeichen dieser Krankheit sah mich eines Tages nach getaner Arbeit mit bleichem Gesicht an und sagte: »Wieder einen Dollar verdient und dem Tod einen Tag näher gekommen.«

Frische Luft schön und gut, aber ich machte mir nichts vor, als Mystery mich zum Eimerhochziehen über Leitern und krachende Bohlen sämtliche Stockwerke auf das Dach des zukünftigen Fabrikgebäudes schickte. Ich erinnere mich nicht mehr, ob es sechs oder acht Stockwerke hoch war, die Luft war aber mehr als frisch, denn es war mitten im kanadischen Winter, 1400 Meter über dem Meer in den Rocky Mountains. Und ich war nicht frei von Höhenangst, nachdem ich in meiner Studienzeit beinahe von einem Felsgesims über Romsdalen 1000 Meter tief einen Steilhang hinuntergestürzt wäre. Mein neuer Job bestand darin, ganz unten an der Dachtraufe auf dem Bauch liegend, den Kopf im Freien und die Beine schräg nach oben, Dachpappe unter der Dachtraufe anzunageln. Ein großes Dach und viele Nägel. Mein neuer Boss war gelernter Asphaltkleber und ging mit einem langen Besen aufrecht hinter mir umher und schmierte glühend heißen Asphalt an der oberen Kante entlang, so dass die nächste Lage festklebte, wenn wir die Rolle auf dem Asphalt aufbrachten. Auf diese Weise arbeiteten wir uns stufenweise von der schrecklichen Dachtraufe nach oben und jetzt bekam ich die Temperatur zu spüren. Es war fürchterlich kalt und auf dem Dach blies ein starker Wind. Aber mein Namensvetter Mac, der für uns unten auf dem Boden über einem Feuer den Asphalt kochte, kannte sich in der Branche aus. Er erwärmte Ziegelsteine über dem Feuer, wickelte sie in einen Sack, den ich zusammen mit den Asphalteimern nach oben zog, und steckte mir einen Stein in die Hose. War der Stein kalt geworden, schickte ich ihn wieder nach unten und bekam einen neuen nach oben.

Nun hatte Mystery jedoch herausgefunden, dass ich schreiben konnte, und als die Arbeit auf dem Dach beendet war, bekam ich ein Protokollbuch und einen Bleistift und wurde vor einen Schmelzofen des Typs gesetzt, den ich aus erster Hand von innen kannte. Ein Ingenieur wollte von Mystery einen schriftlichen Bericht über die Entwicklung der Temperatur, die an einem Zeiger abzulesen war, wenn das Erz zu schmelzen begann, über die Bewegung des Magmas und über die Farbstruktur der Schmelzmasse. Ausgezeichnet. Jeden Tag kam Mystery zu mir und holte sich das Protokoll ab. Und jedes Mal zeigte er auf die Seite und nickte zufrieden: »Sieht gut aus. Sieht gut aus.«

Einmal wollte ich mich vergewissern, ob ich mich geirrt hatte und reichte Mystery das Protokoll verkehrtherum. Er drehte es nicht um.

»Sieht gut aus«, sagte er.

Dann aber kam eines Tages der Ingenieur selbst und wollte den kennen lernen, der die Berichte schrieb. Mystery zeigte ihm seinen Assistenten. »Du schreibst anständig«, sagte der Ingenieur, womit ich befördert wurde und Mystery sich einen neuen Assistenten suchen musste. In der *Ball gang* konnten mehrere schreiben.

Am Ende war ich Aufseher in einer neu erbauten Magnesiumfabrik. Ich wusste nicht, was hier vor sich ging, abgesehen davon, dass wir Magnesiumpulver herstellten, das im Krieg gegen die Nationalsozialisten gebraucht würde.

Ich blieb nicht lange bei dem Job. Eines schönen Tages, als ich mit dem Bus ankam, war die Fabrik weg. Nur ein paar verbogene Träger lagen noch da. Während der Nachtschicht war die ganze Magnesiumfabrik in die Luft geflogen. Ich werde nie vergessen, was einer der Ersten aus der Tagesschicht erzählte.

Über einem Eisenträger, der das Dach getragen hatte, hing eine abgerissene Hand.

Mit dem Magnesiumpulver war es vorbei, aber ich bekam eine andere Arbeit.

Zu dieser Zeit waren wir in Lepsøes Sommerhütte am Arrow Lake umgezogen, so weit vom Fabrikgelände entfernt, dass Stinktiere unter dem Fußboden lebten und ich mitten in der Nacht aufstehen musste, während der Coyote heulte, und mit Fahrrad, Boot und Bus zur Arbeit fuhr. Ich habe es nie bis in die Klasse mit den weißen Kragen geschafft, aber ich verdiente so gut, dass ich dem Agenten in Vancouver das ganze Darlehen zurückzahlen und für mich selbst einen Busfahrschein über die Grenze und quer durch Nordamerika nach New York kaufen konnte, um mich im norwegischen Generalkonsulat zum Dienst für das Vaterland zu melden.

Die norwegische Königsfamilie und die gesamte norwegische Regierung waren nach England geflohen und das militärische Oberkommando war mit ihnen in London, um Seeleute und Flüchtlinge aus Norwegen zum Kampf auf Seiten der Alliierten zu sammeln. Während ich auf Antwort wartete, nahm ich vorübergehend einen Job als *Time keeper* bei der Behtlehem-Fairfield Shipyard in Baltimore an. Es war eine Arbeit im Sitzen, die darin bestand, auf den Karten der Arbeiter in die jeweiligen Spalten mit Schwarz einzutragen, ob sie an der Schiffsschraube, am Rumpf oder an den Schiffsaufbauten gearbeitet hatten. Ich saß sozusagen mit gutem Gewissen da und studierte amerikanische Anthropologie, während die anderen Schiffe bauten. Ich hatte die beiden Professoren an der John-Hopkins-Universität aufgesucht, die mich bei der richtigen Wahl der Fachliteratur beraten konnten. Beide nahmen sich Zeit, um diesem *Time keeper* von der Schiffswerft, der offensichtlich viel aus ihrem eigenen Fachgebiet gelesen hatte, geduldig zuzuhören. Und Prof. Ruth Benedict brachte mich als Erste auf eine wichtige Spur. Die Polynesier mussten aus einem Gebiet gekommen sein, wo die Gesellschaftsordnung hierarchisch war, wo das Volk von einem übermenschlichen Priesterkönig regiert wurde. Dies war ein höchst sonderbares Merkmal, den die Stämme aller Polynesischen Inseln mit ihren Nachbarn in Mexiko und Peru gemein hatten.

Ich brachte Liv und die Kinder in die Staaten. Bjørn war so groß, dass er schon längst hätte getauft werden müssen. An dem Tag, als wir ihn zur Taufe in die Seemannskirche in Baltimore trugen, warfen die Japaner über Pearl Harbour die ersten Bomben auf amerikanische Kriegsschiffe. Amerika trat in den Krieg ein. Ich dachte an Teriieroo und Tei Tetua. Jetzt regnete es wohl auch über Polynesien Bomben.

Es war schon schlimm genug, als sich damals Krieger auf den Inseln mit Kanus an den Feind anschlichen und Leuten, die sie nicht mochten, mit einer Keule den Kopf einschlugen und sie anschließend aufaßen.

Was aber hätten sie gesagt, wenn sie Pearl Harbour erlebt hätten?

Tanz mit dem Teufel

Wer ein Gegner von Angriff und Rache ist, ist auch ein Vorkämpfer für den Frieden. Ein Mann des Friedens kann fremden Menschen nicht gestatten, in sein Heim einzudringen und alles zu verdunkeln. Wenn die Kriegspsychose sich wie eine Sonnenfinsternis über die Welt legt und in Land für Land Schatten über die Menschenseele wirft, helfen dir selbst deine Alliierten dabei, den Feind als gehörnten Teufel zu sehen. Als ob es für uns im Ausland nicht schon schlimm genug war, unser Land besetzt zu wissen, wurden wir mit Nachrichten gefüttert, dass die Leute in Norwegen von Blättern und Rindenbrot leben mussten.

Krieg ist ein Tanz mit dem Teufel. Da zählt der Hass auf den gemeinsamen Feind mehr als die Verbundenheit mit einem Freund.

Seit ich ein kleiner Knirps war, hatten die Erwachsenen Angst vor den Russen und der Roten Armee. Mein Vater erlaubte mir nicht einmal, mit den anderen Jungen unten an der Straße zu stehen und den 1.-Mai-Zug mit den roten Fahnen vorüberziehen zu sehen. Die Angst der Erwachsenen, sie könnten eine Revolution machen, war ansteckend. Selbstverständlich stand die ganze freie Welt auf Seiten der Finnen, als sie sich während des Winterkrieges weiß tarnten und die roten Teufel zurückschlugen.

Das aber änderte sich schnell. Nur eine Woche nachdem Hitler den Schnitzer begangen hatte, die Sowjetunion statt England anzugreifen, bekamen die Worte »Rote Armee« einen völlig anderen Klang. Jetzt sprach man fast von roten *Engeln*, die uns im Kampf gegen die Nationalsozialisten halfen. In meinem engeren Umfeld konnten nur wenige den Unterschied zwischen Nationalsozialismus und Kommunismus erklären, aber Stalin und die Russen waren jetzt unsere Alliierten im Kampf gegen Hitler und die Deutschen.

Erst viele Jahre später, als es Stalin und Hitler nicht mehr gab und ich mich in Norditalien niedergelassen hatte, wurde mir klar, dass der größte Teil der Russen und der Deutschen sowohl gegen Kommunismus wie auch Nationalsozialismus waren. Ich glaubte, ich hätte mich unter früheren Feinden niedergelassen, und dankte dem Schicksal, dass ich so wunderbare Menschen nie hatte töten müssen. Und ich habe auch nie einen Italiener getroffen, der für den Faschismus gekämpft hatte. Wer die Wahl hatte, war in Deckung gegangen und hatte gegen das gearbeitet, was sie als deutsche Besatzung sahen. Im Grunde waren sich die meisten von uns einig gewesen und man muss sich wirklich darüber wundern, warum Millionen von Menschen in Konflikt geraten waren und zum zweiten Mal einen Weltkrieg beginnen mussten.

Hattest du selbst eine Antwort darauf?

Ich war selbstverständlich auf der Seite derer, die sämtliche Angreifer dahin zurückjagen wollten, wo sie hingehörten. Aber ich erinnere mich ganz deutlich, dass das Wort »Feind« für mich nie hinter einer Landesgrenze zu lokalisieren war. Im Gegenteil. Ich beschloss, darauf zu achten, wenn der Frieden kam, wie lange es dauern würde, bis wir den Roten die Flügel abschnitten und sie wieder mit Hörnern und Teufelskappe versahen. Ich hatte mit ihnen oben unter dem Nordlicht getanzt und weder Hörner noch Flügel gesehen. Nur verfrorene Soldaten, genau wie wir, die gelernt hatten, auf welche Sorte Uniform sie schießen sollten, und darauf warteten, wieder heil zu ihren Familien zu kommen.

Bei den Polynesiern und Nordwest-Indianern, die nicht einmal Pfeil und Bogen benutzten, weil sie dem Feind ins Auge sehen wollten, wenn sie ihm mit derselben traditionellen Keule, wie er sie benutzte, auf den Kopf schlugen, war die Kriegsmoral höher. Wir unsererseits warfen aus Flugzeugen Bomben auf Familien, die es sich am Mittagstisch bequem gemacht hatten, oder feuerten aus unserem eigenen Land Raketen ab, die Tausende von Frauen und Kindern in einem fremden Land töteten. Aber gleichzeitig machten wir solch einen barbarischen Rückschritt wieder wett, indem wir menschlicher zueinander wurden, mit sozialer Unterstützung und Vorschriften gegen Übergriffe im Arbeitsleben. Das Schmelzwerk in Trail ist für mich das beste Beispiel. Aus einem Inferno aus Rauch, Gesundheitsgefahr und Klassenunterschieden ist im Laufe des letzten halben Jahrhunderts ein Musterunternehmen geworden, mit grünem Rasen, wo sich die Arbeiter wohl fühlen und selbst der Wald auf den umliegenden Berggipfeln wieder wächst.

Ebenso wenig, wie ich versucht war, in die Parteipolitik zu gehen, nachdem ich die Verhältnisse im Schmelzwerk gesehen hatte, ließ ich mich dazu verleiten, nach dem Krieg Berufssoldat zu werden – obwohl ich die Verhältnisse in Armee, Luftwaffe und Marine in diversen Ländern kennen gelernt hatte. Genau wie im Arbeitsleben stieg ich in den Rängen so hoch, dass ich den Wehrdienst als einfacher Schütze sowie als Offizier erlebte. Aber hätte ich ein zweites Mal die Wahl unter ähnlichen Verhältnissen gehabt, wäre ich lieber bei denen gewesen, die eigenhändig für das Vaterland im Einsatz waren, als bei denen, die Befehle in Uniform empfingen oder gaben. Die Erfahrung hat mich gelehrt, dass es nicht immer klug ist, seinen Vorgesetzten die eigenen Wünsche zu verraten, wenn man auf einer Rekrutenschule Disziplin lernen soll.

Ich bat nämlich um einen Auftrag, bei dem ich mit dem Hundegespann in Wäldern und Bergen hinter den feindlichen Linien operieren konnte. Ich erklärte, was Technologie beträfe, wäre ich ein Stümper, so dass ich nicht einmal Auto fahren oder eine Radiobatterie auswechseln konnte.

Und dann schickten sie mich auf eine Funkerschule und zur Weiterbildung in Elektrotechnik.

In London war eine Spezialausrüstung für Telekommunikation gebaut worden und befand sich auf dem Weg nach Kanada zum Einsatz für den Freiheitskampf in Norwegen. Alles war streng geheim; zehn Mann sollten für die Bedienung ausgesucht werden. Ich war einer davon, und unser Deckname lautete, aus mir unbekannten Gründen, die »I-Gruppe«. Auf einer norwegischen Rekrutenschule in Lunenburg in Neuschottland wurden wir in Armeeuniform links- und rechtsherum kommandiert, und nachdem wir Marschieren gelernt hatten, wurden wir in die Uniform der Luftwaffe gesteckt und im Camp Little Norway in Toronto zu Flugfunkern ausgebildet. Mit dem Zeugnis über die bestandene Funkerprüfung, auch für die Marine, wurden wir in ein Erholungslager für norwegische Luftsoldaten an einem kleinen idyllischen Binnensee gut verborgen im tiefen Wald geschickt. Zusammen mit vier technischen Experten in Heeresuniform, saßen wir acht, die die Prüfungen bestanden hatten, in Fliegeruniform da und lernten alles, was die moderne Funktechnik entwickelt hatte – vom Bau und Gebrauch geheimer tragbarer Funkgeräte und verborgener Antennen bis hin zur Fernsehtechnologie, die damals etwas ganz Neues war. Und jeder streifte mit seinem speziell konstruierten Megaphon durch die Muskokawälder und rief: »Eins-zwei-drei, hörst du mich?«, so laut, dass Leute aus Huntsville Briefe schickten, die uns bestätigten: »Jaja, wir hören euch und die Leute ganz unten in Gravenhurst auch.«

Auf einer Kanutour mit zwei befreundeten Soldaten im Algonquin Nationalpark war ich dem Ertrinken näher als jemals zuvor. Wir folgten einer Karte, die Pfade angab, wo wir das Kanu zwischen Seen und Flussläufen in dem großen Wald über Land tragen konnten. Die Hauptattraktion auf der Tour waren außer Bären und Elchen die High Falls, ein tosender Wasserfall, der senkrecht in eine tiefe Kluft hinunterstürzte, wo wir treibende

Baumstämme zu Kleinholz zersplittern sahen. Der Karte nach sollten wir einem Pfad am Flussufer oberhalb des Wasserfalls etwa 50 Meter folgen und dort das Kanu zu Wasser lassen. Der Pfad endete an einer steilen Felswand, die Karte musste also stimmen. Doch hier ins Boot zu steigen erschien uns allen dreien wahnwitzig, denn der Strom war von der Schneeschmelze stark angeschwollen, und ich schlug vor, die Tour abzubrechen und umzukehren. Per und Rulle bestanden jedoch darauf, dass es seine Richtigkeit haben müsse, und ich gab nach, um die Tour nicht zu verderben.

Wir riskierten es nicht, mitten im Strom zu paddeln, sondern zogen uns mit den Händen am Ufer entlang den Fluss aufwärts. Ein paar hundert Meter weiter oben wurde das Kanu von einer seitlichen Strömung erfasst und selbst mit aller Kraft schafften wir es nicht, ans Ufer zurückzupaddeln. Rulle begriff augenblicklich die Lebensgefahr, die uns drohte, und sprang ins Wasser, solange er das Ufer noch mit ein paar Schwimmstößen erreichen konnte. Als er sich abstieß, kenterte das Kanu und ich lag in den kalten Wassermassen und schlug mit den Armen um mich, in der schweren Winteruniform der Luftwaffe und mit großen schweren Schnürstiefeln. Mit meinen miserablen Schwimmkünsten und von der Bekleidung hinuntergezogen, erlebte ich eine ganz neue Form von Angst vor Wasser. Der Wasserfall! High Falls, der donnernd immer näher kam. Es gab keine Aussicht auf Rettung. Rulle lief wie ein Besessener am Ufer entlang, aber die Strömung zog mich nur weiter flussabwärts auf den Abgrund zu, wo ich dann wie die Stämme, die wir gesehen hatten, zerschmettern würde.

Ich schwamm wie besessen, wusste aber, dass es hoffnungslos war, an Land zu kommen. Ich dachte daran, dass ich in wenigen Sekunden den Tod erleben würde. Was mich wohl erwartete, wenn das Leben zu Ende war?

Der Gedanke genügte, dass ich begann, in mir selbst nach der schöpferischen, allmächtigen Kraft zu suchen, die Gott genannt wird. Ich suchte sie in mir, nicht in der Luft oder auf dem Land.

Da lief nur Rulle umher und streckte die Arme hilflos über den Fluss, ohne mich zu erreichen.

Aber irgendetwas geschah in mir. Ich fühlte eine grenzenlose Kraft in Arme und Beine hineinströmen und machte plötzlich ruhige Stöße, unbesiegbar, gegen den Strom schräg auf das Ufer zuhaltend.

Die Strömung wurde heftiger, der Lärm ohrenbetäubend, aber das Ufer verschwand nicht mehr – es stand still –, Rulles Hände reichten fast an mich heran – noch ein bisschen, noch ein bisschen ... Da! Unsere Finger verhakten sich ineinander. Durch vereinte Anstrengungen wurde ich todmüde an Land gezogen.

Aber wo war Per?

Das rote Kanu lag kieloben, schaukelte am Rand des Abgrunds, durch einem riesigen Stein gehalten. Wir bekamen den Bug zu packen und zogen. Es war erstaunlich schwer. Auf der Unterseite des Kanus fanden wir Per fest unter eine Ruderbank eingekeilt, zusammen mit dem einzigen übrig gebliebenen Rucksack.

Als wir ihn endlich wieder zum Leben erweckt hatten, erblickten wir drei prachtvolle Hirsche. Sie standen unbeweglich wie ein Monument auf einer Bergspitze auf der anderen Seite des Wasserfalls.

»Das ist für mich ein Zeichen, dass wir alle drei den Krieg überleben werden«, sagte Per.

Einige Monate später wurde er mit seinem Flugzeug über Norwegen abgeschossen.

Am lebhaftesten aus meiner Zeit als einfacher Soldat erinnere ich mich an den Kunstmaler 1132 Stenersen. Er war voller Kampfeslust, wollte aber etwas auf seine Weise tun. Das wichtigste aber für einen Soldaten ist es, dass er allen Befehlen blind gehorcht, ohne selber zu denken. Darum lernt man als Erstes, stramm zu stehen – die Hacken zusammen und die Füße im 60-Grad-Winkel, der Körper gerade wie ein Gewehrlauf, den

Blick auf einen beliebigen Punkt nach vorn gerichtet. Alle Gedanken aus dem Kopf, während man auf Befehle wartet. So standen wir wie die Zinnsoldaten aufgereiht und starrten alle Mann geradeaus. Nur Stenersen war ein ewiger Quell der Unruhe. In einer Uniformjacke, die viel zu weit war, und einem zu kleinen Käppi stand er da und starrte irgendetwas in der Ferne an, mit einem leichten Grinsen, das dem Feldwebel deutlich zeigte, was 1132 von alldem hielt. Der Feldwebel ging erregt zu ihm hin und zeigte auf die großen Stiefel, die nicht im 60-Grad-Winkel standen. Stenersen bekam Wacharrest, weil er behauptete, seine Füße *hätten* im 60-Grad-Winkel gestanden; nur die Stiefel, die wären zu groß. Außerdem hegte er überhaupt keinen Zweifel daran, dass die Norweger die Nazis schon vertreiben würden, auch wenn die Füße im 40-Grad-Winkel standen.

Stenersen kam mit der I-Gruppe bis auf die Fliegerschule, dort nahm man ihm die Uniform ab, weil er zum Morgenappell zwar in Uniform antrat, aber eine rote Künstlerkrawatte trug. Er wurde dazu abgestellt, eine prachtvolle norwegische Landschaft auf den *Link-trainer* der Piloten zu malen.

Im Übrigen gab es beim Militär die gleichen Klassenunterschiede wie in der Fabrik. Drei getrennte Küchen und Kantinen für einfache Soldaten, Feldwebel und Offiziere. Sobald die Flugzeugfunker den Kurs beendet hatten und Feldwebel wurden, durften sie nicht länger mit uns, die immer noch einfache Soldaten waren, in der I-Gruppe essen. Und es war Offizieren und einfachen Soldaten streng verboten, privat miteinander zu verkehren.

Unter den Uniformträgern, die mit Streifen und Sternen dekoriert waren, fanden sich nicht viele, zu denen wir einfache Soldaten aufsahen. Ich erinnere mich nur an zwei. Der Lagerkommandant, Oberst Ole Reistad, war der eine. Von ihm lernte ich, dass es möglich ist, sich den Respekt der Untergeordneten zu erhalten – und sogar noch zu vergrößern –, wenn man die Befehle auf eine Art gibt, dass der Befehlsempfänger sich als gleichgestellter Mensch empfindet. Der andere war Major Viggo

Ullmann, außer mir selbst der Einzige im Lager, der Frau und Kinder nach Toronto hatte mitbringen können. Jeder von uns bewohnte eine eigene Wohnung in Toronto. Indem wir uns gegenseitig zu Hause besuchten, wenn ich frei hatte, verstieß er gegen jedes Reglement. Wir Erwachsenen aßen zu Mittag, während unsere beiden kleinen Jungen mit seinen beiden kleinen Mädchen, Liv und Bitten, auf dem Boden spielten. Wer konnte damals wissen, dass Liv Ullmann als Erwachsene ein Filmstar werden würde und dass wir beide später einmal im freien Norwegen auf einer Schneewehe sitzen und gemeinsam eine Winterolympiade eröffnen würden.

Vom Trainingslager Vesle Skaugum im Muskokawald ist mir noch ein Besuch eines kleinen norwegischen Staatsbürgers in Erinnerung, der ebenso großes Aufsehen erregte, als er als Sechsjähriger mit seiner Mutter unangemeldet bei uns auftauchte, wie viele Jahre später, als er mit seinen beiden Kindern seinen Platz auf der Königstribüne einnahm, während eben genannter Winterolympiade. Damals wohnten meine Liv, unsere kleinen Jungen und ein kleines Bärenjunges, das sie zum Spielkameraden hatten, in einer kleinen Holzhütte, ein Stück vom Lager entfernt. Prinz Harald lief jeden Morgen beim Morgentraining gemeinsam mit dem Lagerkommandanten auf einem Pfad an der Hütte vorbei und sah das Bärenjunge. Es saß wohlerzogen am Tisch, wurde von unseren Jungen gefüttert und sein schwarzes Fell war so sauber wie bei einem Fuchs. Deshalb erlaubte Liv mir, es am Fußende des Bettes schlafen zu lassen, damit es sich an den Umgang mit Menschen gewöhnte. Als ich es mir gegen eine Flasche Whisky von einem Waldarbeiter eingetauscht hatte, hatte es keine Menschen gemocht. Schwerer fiel es Liv zu ertragen, dass ich später mein Kopfkissen entfernte und stattdessen den Bären hinlegte, weil er allmählich zu schwer für meine Beine geworden war.

Eines Tages, als ich frei hatte, um den Königlichen Hoheiten die Künste des Bärenjungen vorzuführen, bestanden beide Prinzessinnen darauf, mit uns Kanu zu fahren. Sie hatten gesehen, dass ich mit dem Bären an Bord hinauspaddelte und dass er ins Wasser sprang und mich an einem Tau an Land zurückzog. Mit den Prinzessinnen Ragnhild und Astrid an Bord und dem Bärenjungen Peik im Bug paddelte ich langsam und vorsichtig an der Anlegestelle vorbei, wo Kronprinzessin Märtha auf einem Schemel saß und häkelte, während der kleine Prinz Harald mit seiner neuen Kamera wartete, um uns zu filmen. Honig war Peiks Leibgericht – mit Honig am Finger hatte ich ihn mir bei unserer ersten Begegnung zum Freund gemacht. Als die Kamera wie eine Biene zu summen begann, richtete der kleine Bär sich im Kanu auf, wodurch es vor dem Steg umkippte. Ich weiß nicht, ob die Prinzessinnen schon schwimmen konnten, nachdem ich aber gemerkt hatte, welchen Spaß es machte, war ich selbst oft quer über den ganzen See geschwommen. Nun war alles ein Riesenspaß, denn das Wasser war nicht tiefer, als dass wir alle drei an Land waten konnten.

Da geschah das denkbar Schlimmste: Peik steuerte mit nassem Fell direkt auf die Kronprinzessin zu, die mit ihrer Häkelarbeit schon weit gekommen war. Das Bärenjunge schüttelte sich und packte mit seinen langen, gebogenen Krallen die Häkelarbeit ganz fest und begann ein zünftiges Wettziehen. Es half nicht, dass ich der Kronprinzessin beisprang und mitzog. Glücklicherweise rettete Liv die Situation mit einem Stück Honigkuchen.

Dann kam der Tag, als Luftwaffensoldat 2209 Heyerdahl, ehemaliger Heeressoldat 1136, zusammen mit seinen sieben Kollegen der I-Gruppe, mehr über Elektrotechnik wusste als jeder andere bei den norwegischen Streitkräften. Das Einzige, was wir nicht wussten, war, was wir mit unserem neu erworbenen Wissen machen sollten. Leider stellte sich heraus, dass dazu auch sonst niemandem etwas einfiel.

Jetzt, da der Krieg schon lange vorbei ist und die wertvolle Ausrüstung der I-Gruppe nördlich des Nordkaps auf dem Meeresboden liegt, glaube ich, dass ich den Schleier über unseren sonderbaren Kriegseinsatz ein wenig lüften kann.

Als seinerzeit der Ozeandampfer *Queen Mary* seinen Passagierrekord aufstellte, war ich mit an Bord. Nachdem wir ein Eiltelegramm aus London erhalten hatten, dass die I-Gruppe augenblicklich nach England kommen sollte, befanden wir uns unter den achtzehntausend alliierten Soldaten aus Lagern in Kanada, Australien und Neuseeland, die mit geheimen Transporten ankamen, um sich eines Nacht in Halifax zu versammeln, wo man uns an Bord des Riesendampfers zusammenpferchte, um uns *Overseas* ins Gefecht zu schicken. Wir acht teilten eine Einmannkajüte, aber immer nur für eine Nacht. Jede zweite Nacht mussten wir uns mit denen abwechseln, die sitzend an Deck schliefen, auf ihr Gepäck gestützt, weil kein Platz war, ausgestreckt zu liegen. Ich werde nie die Seekranken und die Schlangen vor den Toiletten vergessen. Wir konnten uns damit brüsten, dass wir für deutsche U-Boote das Ziel Nummer eins waren und daher mit voller Kraft dahinjagten, alle Lichter gelöscht und im Zickzackkurs, um den U-Boot-Torpedos zu entgehen.

Nach fünf Tagen waren wir am Ziel und wurden von einem Schwarm alliierter Jagdflugzeuge empfangen. Als wir sicher an Land waren, zündeten sich die Männer als Erstes eine Zigarette an. Während der Überfahrt war jede Zigarette wegen der Glut verboten gewesen.

Damit waren wir also *Overseas*. Aber niemand wusste, wer nach uns geschickt hatte. Wir hatten zwei unserer Offiziere dabei, die Armeeuniform trugen, und darum wurde beschlossen, dass wir die Luftwaffenuniform mit der Armeeuniform vertauschen sollten. Ich wurde zum Heeressoldaten 5268, was die Verwirrung wahrscheinlich noch vergrößerte, denn jetzt konnte uns keiner mehr in der militärischen Stammrolle finden. Bei der Ankunft in London wurden wir vom obersten Heereschef mit den Worten willkommen geheißen: »Man hat euch lange erwartet und lange ersehnt.« Vier Tage später wurde uns erklärt, dass keiner wusste, wer uns denn herbeigesehnt hatte. Wir mussten darum weiter zur H. S. Ø., Hærens Skole og Øvelsesavdeling (Heeresschule und Trainingsabteilung), in Schottland und geduldig warten, bis die Sache aufgeklärt war. Kurze Zeit später ging es mit neuen Waffen und Armeeausrüstung zu einer Vereinten norwegischen Funkkompanie in einem isoliert gelegenen Schloss in Schottland.

Dort empfing uns der Kompaniechef mit offenen Armen und versicherte uns, er hätte genug Offiziere, aber viel zu wenig einfache Soldaten. Jeden Morgen ließ Hauptmann Pettersen alle seine Offiziere und Soldaten in wunderhübschen Reihen antreten und Feldwebel und Leutnants drehten sich auf dem Absatz um und meldeten nacheinander, dass alle zur Stelle wären.

Nun hatte unsere I-Gruppe nur die allgemeine Heeresausrüstung und nichts von unserem feinen technischen Gerät dabei, so dass wir abwechselnd zur Küchenarbeit und zur Hofarbeit bei schottischen Bauern abkommandiert wurden. Die Offiziere sahen wir nur beim Appell, denn wir aßen in verschiedenen Räumen des Schlosses. Nach einem Monat bekamen wir den Marschbefehl und verließen Hauptmann Pettersens Schloss, aber nur, um in der hübschen schottischen Ortschaft Callander einquartiert zu werden. Nach einigen Tagen wurden wir in die Universitätsstadt St. Andrews verlegt und dort trafen wir wieder auf Hauptmann Pettersen und seine Kompanie. Zusammen wurden wir in Westerlea House einquartiert, einem großen alten Schloss mit einer Vielzahl breiter Steintreppen und langen Korridoren mit einfachen Holzböden. Jetzt wurden wir abkommandiert, um alle Tage Boden und Treppen zu wischen – nicht nur zu fegen, denn wenn die Fußböden nicht nass waren, konnte keiner kontrollieren, ob wir sie gewischt hatten. Schließlich roch es im ganzen Schloss modrig und muffig.

Es half kein Lamentieren, wir wurden nicht ins Gefecht geschickt. Als Vertrauensmann der I-Gruppe erschien ich ständig beim Kompaniechef und erklärte, wir würden alles vergessen, was wir gelernt hatten. Da durften wir uns einen Morseschlüssel ausborgen. Als gelernte Flugzeug- und Schiffsfunker hatten wir lernen müssen, Morsezeichen so schnell zu senden und zu entschlüsseln, dass es sich wie ein gleichmäßiges Summen anhörte, und wir mussten lernen, mit allen zehn Fingern Maschine zu schreiben, um die Nachrichten schnell genug aufs Papier zu bringen.

Für mich war das Schlimmste, dass ich nicht nur von jeglichem Kontakt mit meiner Familie in Norwegen abgeschnitten war, sondern dass mich auch keiner der Briefe von Liv aus Kanada erreichte. Ich wusste, dass der Sold, den ich als einfacher Soldat erhielt, der gleiche war, den ein Rekrut zu Hause in Friedenszeiten bekommen hätte – er reichte bei weitem nicht aus, obwohl Liv und die Kinder in der Hütte im Muskokawald billig wohnten. Darum hatte ich meine ganze kostbare Sammlung aus Ethnographika von den Marquesasinseln an das Brooklyn-Museum verkauft, ehe ich die Uniform anzog. Ich hatte die Sammlung auf der ganzen Reise von Norwegen her mit mir herumgeschleppt. Sie enthielt unter anderem außerordentlich wertvolle Götterbilder und einen Königsmantel aus wogendem schwarzen Menschenhaar, mit Kokosfasern zusammengebunden, und eine prachtvolle Krone aus geschnitztem Schildpatt und Perlmutt. Ich ahnte nicht, dass Thomas Olsen Liv und die Jungen eingeladen hatte, den Rest des Krieges bei seiner Familie auf einem herrlichen Landsitz bei New York zu wohnen.

Die Tage als Wissenschaftler kamen mir jetzt fast unwirklich vor, als ich mit den Schuhen im 60-Grad-Winkel dastehen und auf Kommando andrer ins Leere starren musste. Es war der St.-Andrews-Universität zu verdanken, dass meine Seele lebendig blieb. Dort lieh ich mir stapelweise Bücher aus. In meinem Tagebuch aus dieser Zeit lese ich: »Ich fange wieder an, Anthropologie zu studieren, da ich unsere Aufgabe hier als sabotiert ansehe. Nach dem Mittagessen machen die anderen wie früher weiter, hauptsächlich wischen sie Treppen.«

Unter dem geheimen Sonderkommando aus Kanada begann es zu gären. Der Morgenappell ging wie zuvor weiter. Doch der Hauptmann der Vereinten Truppe wollte seine Soldaten nicht dem Major der Pioniere unterstellen, der mit seiner Abteilung im selben Schloss einquartiert war. Darum ließ er die I-Gruppe und seine Soldaten auf der Rückseite des Schlosses antreten. Die Kommandorufe von beiden Seiten des Gebäudes hallten in der Dämmerung wider, als wären es Bataillone und nicht sechs bis acht Mann, die vom Leutnant dem Abteilungschef und von diesem wiederum dem Leutnant übergeben wurden. Mit einer Taschenlampe inspizierte dann der Hauptmann der I-Gruppe jeden Soldaten, um zu kontrollieren, ob wir das korrekte Abzeichen am Ärmel trügen. Danach wurden zwei Soldaten für das tägliche Treppenwischen bestimmt, während der Rest hineingehen und sich in der Unterkunft wieder hinlegen konnte.

So konnte es nicht weitergehen. Treppewischen und Küchendienst waren schlimm genug, dann aber kamen Gerüchte auf, die Bedienung der Offiziersmesse sei versetzt worden, so dass wir damit rechnen konnten, der Reihe nach auch noch diese Arbeit machen zu müssen. Das wäre direkt erniedrigend gewesen. Wir setzten uns zusammen und wurden uns einig, wenn einem von uns diese Arbeit zugeteilt würde, sollte er verweigern, und der Rest der Gruppe würde sich hinter ihn stellen. Das wäre die einzige Möglichkeit, die Sache vor das Oberkommando des Heeres zu bringen. Als wir Hauptmann Pettersens Büro sauber machten, hatten wir in seinem Papierkorb einen Beschwerdebrief gefunden, den wir nach London geschrieben hatten.

Schon beim nächsten Morgenappell platzte die Bombe. Als der Tagesbefehl verlesen wurde, hieß es, 5269 Beyer-Arnesen sollte Dienst in der Offiziersmesse tun.

Wie von einem zum Tode Verurteilten kam die Antwort laut und deutlich: »Ich verweigere.«

Es ging wie ein kalter Hauch durch den Park. Beyer-Arnesen musste aus der Reihe treten und sich ins Büro des Hauptmanns begeben. Der Hauptmann versuchte es erst im Guten: Es wäre eine Ehre, in der Offiziersmesse servieren zu dürfen. Beyer-Arnesen blieb dabei. Es stünde Todesstrafe darauf, in Kriegszeiten einen militärischen Befehl zu verweigern. Beyer-Arnesen blieb fest. Da griff der Hauptmann zum Telefon und rief die Militärpolizei. Der Soldat ließ ihn ruhig telefonieren. Beyer nahm seine Gasmaske, seinen Helm und seine Toilettensachen und kam in St. Andrews in Wacharrest.

Als Vertrauensmann der Gruppe wurde ich zum Hauptmann gerufen, der mich bat, den Soldaten zur Vernunft zu bringen. Ich antwortete, Beyer wäre erwachsen genug, um zu wissen, was er tue, und komme er in Arrest, dann müssten alle acht in Arrest, denn wir seien uns einig, alle Mann zu verweigern. Ich bekam zu hören, die Sache würde vor das Kriegsgericht kommen, und dass wir anderen nicht verweigert hätten und keine Gelegenheit bekämen, es zu tun. Wären wir in Deutschland, wäre Beyer-Arnesen erschossen worden. Als ich fragte, ob seiner Meinung nach die Nationalsozialisten ein Vorbild wären, bekam ich zu hören: »Krieg ist Krieg.«

Die I-Gruppe beriet wieder. Ich war in der Vereinten Truppe, mit den richtigen Streifen am Ärmel. Ich lieh mir einen Werkzeugkasten und zog geradewegs zum Militärgefängnis der Stadt, wo ich erklärte, man hätte mich gerufen, weil in einer Zelle etwas mit den Leitungen nicht in Ordnung wäre. Man ließ mich hinein und ich ging von Zelle zu Zelle – alle Leitungen waren in Ordnung –, bis ich zu Beyer kam und ihm eine Tafel Schokolade und ein Päckchen Zigaretten zusteckte. Ich hatte gehört, Beyer und ein Leutnant beim Oberkommando in London, der Sohn des Verteidigungsministers Oscar Torp selbst, hätten als Kinder miteinander gespielt. Jetzt bekam ich einen schriftlichen Gruß für ihn mit.

Hauptmann Pettersen war froh, als ich um Urlaub bat, um die Hauptstadt zu besuchen. Leutnant Torp war erschüttert, als er hörte, sein Freund säße in Schottland im Gefängnis, und verschaffte mir sofort einen Termin bei seinem Vater. Der Verteidigungsminister erschrak womöglich noch mehr, als ich laut aus meinen Tagebuch vorlas. Er versicherte mir, die I-Gruppe hätte wirklich eine große Aufgabe, hier müsse ein Missverständnis vorliegen. Er wollte die Sache mit dem Heereschef und dem Militärstaatsanwalt persönlich besprechen. Ich sollte nur ruhig wieder zurückfahren und dafür sorgen, dass die I-Gruppe sich vorbildlich aufführte, bis die Sache aufgeklärt sei. Noch ehe ich London verließ, erfuhr ich, Beyer sei auf höheren Befehl hin entlassen worden.

Zurück in St. Andrews ging der Müßiggang weiter wie bisher. Es war jetzt fünf Monate her, dass wir etwas Wichtigeres getan hatten, als Fußböden zu wischen und Laub zusammenzuharken. Worüber wir am meisten sprachen, wenn wir wie Meuterer in den Kojen lagen, das war die Demütigung, nichts zu tun und die kostbare Ausbildung zu vergessen, während unsere Kameraden von der Fliegerschule schon längst im Gefecht waren und wir von den großen Anstrengungen unserer eigenen Luftwaffe und der norwegischen Marine hörten – von all den Männern an der Heimatfront hinter den Linien der Deutschen ganz zu schweigen.

In der Zeitung lasen wir, der britische Außenminister Anthony Eden hätte auf die große Bedeutung der norwegischen Handelsflotte hingewiesen, die allein 40 Prozent des gesamten Öls für die Alliierten transportierte. Warum setzten sie uns mit unseren Schiffsfunker-Zertifikaten nicht da ein? Der britische Admiral Dickens sagte in einer Rede: »Unser Verlust an Männern und Schiffen ist schwer gewesen. Es ist darum kaum übertrieben zu sagen, der Einsatz Norwegens war unentbehrlich.« Aber wir saßen nur herum. Selbst als einer von uns an die Pionierkompanie ausgeliehen wurde, um eine Latrine zu säubern, die wir nie benutzt hatten, protestierten wir nicht.

Kurz vor Weihnachten 1943 lud mich die Militärpolizei als Vertrauensmann zum Verhör und fragte, ob die I-Gruppe sich noch immer weigere, in der Offiziersmesse aufzuwarten. In dem Fall würden wir wegen Meuterei angeklagt werden. Wir standen solidarisch zu Beyer.

Gleich nach Neujahr bekamen alle in der I-Gruppe den Marschbefehl. Jeder mit einem anderen Ziel. Ich war begeistert, als ich bei einer norwegischen Gebirgskompanie in den schottischen Bergen landete. Gut trainierte Soldaten. Ein Kompaniechef, den die Soldaten Tarzan nannten, nach meinem Dschungelheld aus Jungentagen, den alle bewunderten und respektierten. Wir trieben Sport, trainierten und liefen wie die Wilden durch die Berge und ich wurde wieder zum Menschen.

Eines Tages wurde uns beim Morgenappell »Hab-Acht-Stellung« befohlen, und als Tarzan ein Dokument hervorzog, um es laut vorzulesen, begriffen wir, dass uns etwas Ernstes erwartete. Strafbefehl vom Oberkommando des Heeres in London. Soldat 5268 Heyerdahl war zu sechzig Tagen Arrest verurteilt, mit einem Jahr auf Bewährung, wegen ... Tarzan machte eine Kunstpause ... wegen der Weigerung, in der Offiziersmesse aufzuwarten.

Trotz der Hab-Acht-Stellung kam in den Reihen Unruhe auf, und jemand kicherte so laut, dass Tarzan sich beeilte, »Rührt euch« zu befehlen, wobei auch seine Mundwinkel zuckten.

Jeder von uns acht hatte ein Jahr auf Bewährung bekommen, und von nun an ging das Oberkommando kein Risiko mehr ein, damit wir keine Schwierigkeiten mehr machen konnten, ehe das Jahr um war. Wir wurden wieder zusammengelegt, nicht aber unter dem Kommando von Hauptmann Pettersen. Man unterstellte uns einem kleinen drahtigen und stämmigen Leutnant, der unter allen seinen norwegischen Orden auf der Brust ein britisches DSO (Distinguished Service Order) und das Zeichen der Vereinten Truppe am Ärmel trug. Leutnant Bjørn Rørholt war gerade von einem Ausflug hinter den deutschen Linien zurückgekommen und war einer der Helden der Heimatfront. Wir fanden sehr bald heraus, dass er eine Feuerseele war, die vor Energie überschäumte und sich, sobald ein Problem gelöst war, mit verbissenen Zähnen nach einer neuen Aufgabe umsah. Er empfing uns bei der Ankunft in London mit einem Augenzwinkern, denn er hatte von uns gehört, und übernahm es, uns in den Krieg zu führen.

Nachdem wir unsere Kenntnisse in Elektrotechnik aufgefrischt hatten, wurden wir erst einige Tage als Urlaubsgäste auf private Familien verteilt, mit geheimen tragbaren Funkgeräten und Antennen ausgerüstet, mit denen wir nachts heimlich auf einen Baum klettern mussten, ohne gesehen zu werden. Und dann hielten wir Morsekontakt mit den britischen *Fannys*, die Uniform trugen und in verschiedenen Schlössern überall in England unsere verschlüsselten Meldungen empfingen. Was der einfache Soldat nach Dienstschluss im Pub erlebte, damit ließ sich kein Ruhm erwerben. Das einzige vielleicht, dessen ich mich nach dem Kriege rühmen konnte, war, dass ich keinen Feind getötet und keine der hübschen englischen *Fannys* verführt hatte, denen Rørholt mich mutig vorstellte. In seiner Begleitung als Leutnant und Mitglied der geheimen Special Operations Executiv, SOE, akzeptierten mich diese Oberklassemädchen, obgleich ich in der Uniform eines einfachen Soldaten steckte, denn diese war ja sicher nur Tarnung.

Und dann wurden wir zu Feldwebeln befördert und auf eine Fallschirmschule geschickt.

Im Innersten hatten wir alle die Hosen gestrichen voll, als wir uns in einer Reihe vor dem Flugzeug aufstellten und Leutnant Rørholt uns daran erinnerte, dass das, was wir jetzt taten, absolut freiwillig war. Am meisten bewunderte ich einen Burschen, der genug Mut hatte, zuzugeben: »Ich traue mich nicht.« Daraufhin musste er aus der Reihe treten.

Es war scheußlich, im Flugzeug neben dem Loch auf dem Boden zu sitzen und auf den Befehl zu warten, zu springen. Der Schirm war klein und hatte Löcher, damit wir schneller fielen, wenn der Feind auf uns schoss. Es donnerte um unsere Ohren, so dass wir fast besinnungslos waren, ehe der Schirm sich öffnete. Aber dann war es, als hätte der Herrgott selbst mich fest im Nacken gepackt, und ich fiel mit dem wunderbaren Gefühl, in einem früheren Leben ein Vogel gewesen zu sein. Bis die Erde mit einer Geschwindigkeit und Schlagkraft auf mich zukam, als wäre ich aus dem dritten Stock gesprungen.

Es folgten noch viele Sprünge, einer davon nachts mit drei

Kerzen als Beleuchtung auf dem Boden, bei dem viele von uns sich sehr weh taten, weil sie nicht genug sahen, um die richtige Haltung einzunehmen und rechtzeitig abzurollen. Ich kam ungeschoren davon, denn ich saß mit geschlossenen Augen im Flugzeug, bis ich in die Dunkelheit hinaussprang. Das schwerste war das Bodentraining zuvor gewesen. Es fiel nicht leicht, auf Befehl aus dem Fenster eines hohen Turms zu springen, eine lose Taurolle in der Hand, und darauf zu vertrauen, alles würde schon gut gehen, weil ein Ende an meinem Rücken und das andere an der Achse eines Propellers befestigt war, der sich drehen und dann abbremsen würde, wenn das Tau sich straffte. Aber es ging gut.

Am schlimmsten aber war es, als man uns zu einem neuen Experiment aussuchte. Wir sollten springen, mit Waffen und unserer ganzen Ausrüstung in einem Seesack verstaut, der mit einer Schlinge um unsere Beine gebunden wurde. Kurz bevor wir auf dem Boden landeten, sollten wir die Schlinge lösen und den Sack an einem acht Meter langem Tau baumeln lassen, so dass er die Erde in derselben Geschwindigkeit, aber etwas früher als wir erreichte. Zwei Leute der I-Gruppe kamen mit gebrochenen Beinen ins Krankenhaus. Für mich wäre es beinahe noch schlimmer ausgegangen. Mein Schirm öffnete sich nicht, sondern hing einfach wie eine leere Wurstsaite über mir, während ich den Ausbilder tief unten in ein Megaphon brüllen hörte, ich müsste die Leinen freibekommen, und gleichzeitig die Erde auf mich zuraste und ich auch noch an das Tau denken musste, das den schweren Sack an meinen Beinen hielt. Der Schirm öffnete sich im letzten Moment und ich bekam auch die Beine frei. Aber mir wurde schwarz vor Augen, als ich vorschriftsmäßig auf dem Boden abrollte.

Einmal, zwischen zwei Sprüngen auf der Fallschirmschule, als ich mich in einem Heuschober ausruhen wollte, kam ein kleiner hagerer Offizier in Leutnantsuniform voller Militärorden zu mir. Sein Gesicht war blass, aber scharf geschnitten, und der feste Zug um den Mund zeugte von einem zuverlässigen Charakter und entschlossener Willenskraft. Der Mann war Knut Haugland, der berühmte Funker der Schwerwassersabotage auf Rjukan, durch die der Bau der ersten Atombombe durch die Deutschen vereitelt worden war. Hier stand ein Norweger, der für sein Vaterland etwas getan hatte, einer der vielen von der Heimatfront. Der britische Premierminister Winston Churchill hatte der norwegischen Schwerwasserfabrik während des Krieges höchsten Stellenwert eingeräumt und Leutnant Haugland war schon zur Audienz bei Winston Churchill sowie unserem König Haakon in London gewesen. Außerdem hatte ihm der englische König gratuliert und ihn ausgezeichnet. Jetzt war er gerade von einem weiteren Auftrag aus Norwegen zurückgekehrt. Erst drei Jahre später, als er Funker der *Kon-Tiki*-Expedition war, erzählte er, wie die Gestapo ihn umzingelt hatte, als er mit seinem geheimen Funkgerät in einem Lüftungsschacht in der Frauenklinik mitten in Oslo steckte. Er schoss sich den Weg frei und verschwand über die Krankenhausmauer, während die Kugeln um ihn herum einschlugen.

Wir bekamen guten Kontakt zueinander. Er behauptete später, ich hätte im Heuschober gelegen und von Polynesien geträumt und ich hätte gesagt, wenn die Mummelgreise mir nicht trauen würden, dann würde ich ein Floß bauen und meine Theorie beweisen. Davon steht nichts in meinem Tagebuch, dafür aber, dass Knut jetzt mit dem Fallschirm über Nordmarka außerhalb Oslos abspringen und die Arbeit von etwa hundert geheimen Funkstationen koordinieren sollte. Er wollte mich als seinen Stellvertreter und ich sagte zu.

Eben in diesen Tagen marschierten die Sowjets durch Finnland und in den nördlichsten Teil von Norwegen ein. Die deutsche 20. Gebirgsarmee mit etwa zweihunderttausend Mann war im Rückzug aus dem östlichsten Teil der Finnmark begriffen, hatte sich aber in neue Stellungen eingegraben, nachdem sie unterwegs alle Häuser angezündet hatte, einschließlich Kirkenes. Zurzeit gab es keinen Kontakt zwischen den sowjetischen und deutschen Streitkräften. Die Situation an der Polarfront war höchst unklar, und eine kleine norwegische Truppe musste in aller Eile von Großbritannien aus dort hingeschickt werden, um die norwegischen Interessen wahrzunehmen.

Die 1. Norwegische Gebirgskompanie wurde mit einem alliierten Konvoi nach Murmansk gebracht, und Leutnant Rørholt bekam den Befehl, mit zwei ausgewählten Männern nachzukommen, um den Kontakt zwischen den verbrannten Teilen der Finnmark, die die Sowjets befreit hatten, und der norwegischen Regierung in London herzustellen. Die ganze I-Gruppe wurde augenblicklich zu Fähnrichen befördert, und Fähnrich Heyerdahl und Fähnrich Stabell erhielten von Leutnant Rørholt den Befehl, ihm zu folgen.

Damit wurde nichts aus dem Fallschirmunternehmen mit Leutnant Haugland, aber Krieg ist Krieg, wie Hauptmann Pettersen gesagt hätte. Außerdem schwebte noch ein Urteil über sechzig Tage Wacharrest über mir.

Als ich nach dem Krieg Haugland und Rørholt einlud, auf dem *Kon-Tiki*-Floß mitzufahren, sagten beide zu. Doch Rørholt zog sich später zurück. Dessen ungeachtet war es Rørholt, der unsere Verbindung mit einem tragbaren Funkgerät aus Kriegstagen an Bord und den Kontakt mit dem Funkamateurnetz organisierte, und Haugland war es, der es auf dem Floß benutzte.

Die Fahrt mit Rørholt wurde schlimmer, als es die Fahrt auf dem Floß später mit Haugland werden sollte. Im November 1944 fuhren Rørholt, Stabell und ich nach Scapa Flow auf den Orkneyinseln und von hier aus an Bord eines riesigen amerikanischen Flugzeugträgers in einem Murmansk-Konvoi von etwa achtzig alliierten Schiffen weiter nach Norden. Die Hälfte waren Marinefahrzeuge, der Rest Transportschiffe der *Liberty*-Klasse, die ich aus der Zeit bei Bethlehem Fairfield Shipyard kannte.

Kaum waren wir an Bord, als uns das Telegramm erreichte, die Fähnriche Heyerdahl und Stabell wären noch einmal befördert worden, diesmal zu Leutnants, und Leutnant Rørholt zum Hauptmann. Dies sollte noch zu ungeahnten Verwicklungen führen, als wir auf russischem Gebiet an Land kamen.

Es ging nach Norden in die Norwegische See und in die Polarnacht hinein, alles war dunkel und unheimlich, als der Konvoi den Polarkreis überquerte. Die Schiffe waren verdunkelt und Himmel und Meer waren ganz in die Farbe der Nacht getaucht. Nur gegen Mittag leuchtete ein Zipfel vom Himmel im Süden rot, und da konnten wir undeutlich große und kleine Schiffe wie schwarze Schatten auf dem endlosen Meer erkennen. Auf dem nächsten Transportschiff standen schwere Lokomotiven an Deck. Sie waren auf dem Wege von den USA zu den Kommunisten in die Sowjetunion. Die Welt war zu Stahl und Eis erstarrt, Kanonen und schwarzer See.

Als Naturmensch war ich über die Winterausrüstung erschüttert, die wir bei unserer Abreise von England in aller Eile ausgehändigt bekommen hatten. Ich konnte gerade noch einige Rollen Kautabak kaufen, um sie später bei den Samen gegen einen Schlafsack aus Rentierfell einzutauschen, denn der Schlafsack aus England bestand aus einer losen Füllung, die an einem Ende zu einem Klumpen wurde, wenn ich ihn hochhielt. An Bord des Flugzeugträgers erfuhren wir, dass man in einem kleinen Depot ganz unten im Schiff arktische Ausrüstung kaufen konnte. Man zeigte uns den Weg über die Leiter nach unten und durch zwei wasserdichte Schotten, die geöffnet waren, und Rørholt und ich probierten gerade lange Fellfäustlinge, als es einen solchen Knall gab, dass der eiserne Rumpf bebte. Unser erster Gedanke war, die Leiter hochzuklettern, aber das Schott über uns war augenblicklich geschlossen und verriegelt worden. Wieder ein dumpfer Knall außerhalb der Bordwand und ein Dröhnen nach dem anderen ließ den eisernen Rumpf erschüttern. Es waren Tiefseebomben unserer eigenen Eskorte. U-Boote im Fahrwasser.

Ich hatte immer gedacht, das Schlimmste, was man in einem Krieg erleben konnte, wäre, in einem U-Boot eingeschlossen zu werden. Und nun fand ich diese Befürchtung bestätigt, als wir hier unten überm Kiel steckten, eingesperrt wie Ratten, während über und unter uns gekämpft wurde. Ein Angriff von deutschen Jagdmaschinen und U-Booten wurde zurückgeschlagen. Dann wurde es außerhalb der Eisenwände ruhig. Schließlich wurden die Schotten wieder geöffnet und wir kamen nach oben in die kalte Polarnacht. Der Konvoi lief mit der kostbaren Fracht in den Murmanskfjord ein. Man sagte uns, sowjetische Kriegsschiffe wären ausgelaufen und hätten den Kampf an unserer Seite aufgenommen.

In Murmansk verließen wir die Amerikaner und ich ging zu einem pelzvermummten bärtigen Burschen, um meine Liste mit den fünfzig russischen Wörtern anzubringen, die ich unterwegs aufgeschnappt hatte. Der Mann verstand kein Wort. Er war Engländer und war aus deutscher Gefangenschaft geflohen und hatte sich, ohne ein einziges russisches Wort zu verstehen, durch die Sowjetunion bis nach Murmansk durchgeschlagen, um den Konvoi zu erreichen. »Du musst sie nur anlächeln«, sagte er, »dann helfen sie dir.«

Den ersten Russen, mit dem ich in engeren Kontakt kam, traf ich, als man uns an Bord eines sowjetischen Torpedoboots führte, das von deutschen Geschützen übel zugerichtet worden war. Es sollte nach Petsamo in Finnland, das die Sowjets von den Deutschen erobert hatten. Die Fahrt dauerte sechs Stunden bei schwerer See. Ich saß verfroren und hungrig neben einem russischen Offizier, der grimmig und misstrauisch dreinschaute. Ich befolgte den Rat des Engländers und lächelte freundlich, aber unsicher, denn ich war noch nie zuvor einem Kommunisten begegnet. Der Russe setzte ein breites Lachen auf, packte mich am Arm und zog mich nach unten in eine Kajüte. Da hob er die Bettdecke der Koje hoch, kramte ein großes Schwarzbrot hervor, brach es durch und gab mir eine Hälfte. Dann setzten wir uns auf den Kojenrand, kauten trockenes Brot und lächelten uns an, während das Fahrzeug schwer durch die Eismeerwellen stampfte.

Gegen Mitternacht kamen wir nach Petsamo, dem einzigen eisfreien Hafen der Sowjets. Dort lag die kleine norwegische Korvette *Tunsberg Castle* und wartete darauf, dreizehn große Kisten mit wertvoller technischer Ausrüstung für die I-Gruppe an die Frontlinie in der Finnmark zu bringen. Nur für einen von uns war Platz an Bord. Ich ließ mit Freuden Stabell mit der Ausrüstung an Bord gehen, während Rørholt und ich den Landweg nahmen. Ich kletterte neben den Fahrer eines sowjetischen Lastwagens ohne Frontscheibe, dessen Karosserie von Kugeln durchsiebt war. Es herrschte klirrende Kälte unter dem flackernden Nordlicht.

Nachdem ich mit einem Lächeln gegrüßt hatte, begannen wir beide ohne Singstimme *Wolga, Wolga* und norwegische und russische Volkslieder zu singen. Zwischendurch bemühte ich mich angestrengt, meine fünfzig russischen Wörter anzubringen, aber sie passten nie richtig zur Situation. So rumpelten wir durch die Polarnacht, ohne irgendetwas zu sehen, das uns verriet, ob wir Finnland schon erreicht und die Sowjetunion verlassen hatten. Nachts krochen alle Pelzvermummten des Autokonvois dicht zusammen, um die Wärme in den russischen Erdhütten zu halten, wo wir warme Hirsemehlsuppe und große Klumpen kohlschwarzen Brots bekamen. Ich werde nie die Stimmung aus tiefem Unbehagen und großer Freude vergessen, als wir eines Tages gegen Mittag schwankend über eine lange sowjetische Pontonbrücke fuhren und der Russe auf ein einsames kleines Haus deutete, das wir in der Dunkelheit gerade noch erkennen konnten.

»Norweshski dom«, sagte er triumphierend. Diese Worte verstand ich. Ein norwegisches Haus!

Wieder zu Hause. In diesem Land wohnten meine Mutter und mein Vater. Aber bis zu ihnen war es weit. Einige tausend Kilometer, die noch von den Deutschen besetzt waren. Ich war noch nie hier oben im Land der Mitternachtssonne gewesen, und jetzt sah ich mein Vaterland als rauchenden Trümmerhaufen wieder. Hier und dort glühten immer noch Aschehaufen. Die Deutschen hatten sich mit der Taktik der verbrannten Erde zurückgezogen. Alles war abgebrannt. In Kirkenes stand nur noch ein einziges Haus. Abgesehen von denen, die sich hatten verstecken können, waren alle Bewohner von den flüchtenden

Nationalsozialisten nach Süden gebracht worden und zwischen der sowjetischen und der deutschen Front lagen drei harte Tagesmärsche durch vermintes Niemandsland.

Ich traf Rørholt in einen verlassenen deutschen Bunker einquartiert, zusammen mit Oberst Arne Dahl, dem Chef der norwegischen Gebirgskompanie, der mit einem anderen Murmansk-Konvoi kurz vor uns angekommen war. Ohne die Sowjets, die ihr Hauptquartier in der Nähe hatten, waren sie von jedem Kontakt mit London abgeschnitten. Wir warteten alle auf die Ankunft der *Tunsberg Castle*.

Ein paar Tage später kam die traurige Nachricht, dass sie versenkt worden war. Fünf norwegische Marinesoldaten waren tot und die dreizehn Kisten für die I-Gruppe lagen auf dem Meeresgrund.

Kurz vor Weihnachten tauchte überraschend Stabell in russischer Uniform auf. Von der Ausrüstung war nicht einmal eine Kneifzange übrig geblieben. Er hatte auf dem Achterdeck gestanden, als die *Tunsberg Castle* Alarm gab, woraufhin er zum Kapitän auf die Brücke stürzte und stramm stand, um Befehle entgegenzunehmen. In derselben Sekunde wurden 30 Meter des Achterdecks weggeblasen. Weitere Explosionen folgten und ehe er wusste, wie ihm geschah, kämpfte er mit dem eisigen Wasser. Ein sowjetisches Boot zog ihn an Bord, ehe er erfror. Er wusste auch zu berichten, dass die Deutschen draußen lagen und mit einem Schwarm U-Booten und fünfzig Junker 88 angegriffen hatten, als der gewaltige alliierte Konvoi, mit dem wir gekommen waren, wieder aus dem Murmanskfjord hinausstampfte. Die Engländer meldeten zwölf deutsche U-Boote als versenkt oder beschädigt, aber auch mehrere Transportschiffe des Konvois gingen verloren, darunter zwei sowjetische. Der Zerstörer *Cassandra* wurde in den Hafen zurückgeschleppt, das ganze Vorschiff war weggeblasen und einundsechzig Mann waren umgekommen. Zwischen verbogenem Eisen an Bord des Wracks lagen noch immer Leichen eingeklemmt. Die Freude darüber, Stabell wieder zu sehen, war groß und wurde am selben Heiligabend gehörig gefeiert. Ein Same brachte Rentierfleisch aus der Vidda und der sowjetische Kommandant, der von der norwegischen Weihnachtsfeier gehört hatte, erschien höchstpersönlich mit einem Fässchen Wodka und einem Säckchen russischen Reis, um mit uns Weihnachten zu feiern. Wir erfuhren, dass die Russen sich aus dem Land zurückziehen würden, sobald die deutschen Truppen verjagt worden waren, und dann sangen wir norwegische Weihnachtslieder und russische Volksweisen und wünschten uns gegenseitig Friede auf Erden.

Am zweiten Weihnachtstag überbrachte ein Kurier des russischen Oberkommandos den Befehl, Leutnant Heyerdahl müsste augenblicklich nach England zurückkehren. Er wäre nicht auf der Personenliste aufgeführt, die das norwegische Oberkommando durch die russische Botschaft in London angegeben hatte. Oberst Dahl, als norwegischer Oberkommandierender, hatte umgehend eine Nachricht zurückgeschickt, Heyerdahls Name fände sich auf einer Zusatzliste, und außerdem wäre der Leutnant jetzt unentbehrlich, weil es an Offizieren mangelte. Auf der Zusatzliste fanden die Sowjets aber nur einen *Feldwebel* Heyerdahl und keinen Offizier dieses Namens. Hier wäre offenbar irgendetwas faul und der Leutnant müsste sofort nach England zurück. Befehl aus Moskau.

Das war völlig unsinnig. Zusammen mit Oberst Dahl heckte ich einen Plan aus. In der Hoffnung, die Sowjets würden seine Erklärungen akzeptieren, erhielt ich den Befehl, als Erster Offizier an einem norwegischen Kommando aus ausgesuchten Haudegen teilzunehmen. Der Befehl lautete: »Angreifen auf eigene Initiative.«

Am letzten Tag des Jahres 1944 kam unsere kleine Kommandogruppe von sieben Mann über das Gebirge am Smalfjord und erreichte mit einem beschlagnahmten Lastwagen die am weitesten vorgeschobene Stärke von siebzig Mann der norwegischen Gebirgskompanie. Hinter uns lag Niemandsland und vor uns, auf der anderen Seite des Fjords, standen die Deutschen. Hier versteckten wir uns in einigen verlassenen deutschen Erdbunkern, um uns vor der Durchführung unseres Kommandoangriffs auszuruhen. Auf der anderen Fjordseite lagen drei deutsche Zerstörer bei einem Leuchtturm und unsere Aufgabe lautete, in einem kleinen Boot unbemerkt über den Fjord zu rudern, die schlafenden Wachen zu überrumpeln und den Turm in die Luft zu sprengen.

Ich litt die entsetzlichsten Seelenqualen, während ich wartete. Ich kannte die deutschen Soldaten ja nicht, die in der Wachstube schliefen. Gewiss, sie waren Feinde, aber kaum aus freiem Willen, und sie kämen vors Kriegsgericht und würden erschossen, wenn sie sich weigerten, Befehlen zu gehorchen. Es war ja bereits schlimm genug, sich zu weigern, den eigenen Offizieren das Essen zu servieren. Ich konnte nicht schlafen, sondern lag da und kämpfte mit mir selbst, was denn schlimmer wäre – Handgranaten durch ein Fenster auf Feinde zu werfen, die wehrlos im Schlaf lagen, oder sie erst mit Gebrüll zu wecken und dadurch meine Kameraden in Lebensgefahr zu bringen. Da kam eine Meldung durch unser kleines Feldtelefon. Oberst Dahl hatte ein Ultimatum vom sowjetischen Oberkommando erhalten. Die norwegischen Vorposten sollten in Patrouillen aufgeteilt werden und nach Leutnant Heyerdahl fahnden.

Deutliche Worte und sie ließen mir keine Wahl. Ich verabschiedete mich in aller Stille vom Kommandochef, Leutnant Alfred Henningsen, der jetzt die Arbeit allein mit fünf Mann erledigen musste. Dann sprang ich zusammen mit dem Fahrer auf den Lastwagen, der im winterlichen Dunkel wieder durch das verminte Niemandsland zurückfahren musste. Wahnsinn! Aber ich musste sehen, dass ich Kirkenes erreichte, ehe meinetwegen die norwegische Frontlinie in Patrouillen aufgelöst wurde, nur um mich wegen eines sowjetischen Visums nach London zu schicken!

Von Henningsen und seinen fünf Mann hörten wir nichts mehr, solange der Krieg dauerte. Später erfuhren wir, dass die Deutschen das Boot entdeckt hatten und es beschossen und versenkten. Die Hälfte der Männer ertrank, die anderen wurden von den Deutschen gefangen genommen. Henningsen war unter den Überlebenden. Er kam später als Vertreter von ins Storting.

Inzwischen hatte es zu schneien begonnen und das schwere Fahrzeug blieb in einer Schneewehe stecken. Zusammen mit dem Fahrer zerrte ich an einem eingefrorenen Schneepflug am Straßenrand, als wir entdeckten, dass er vermint war. Wir ersparten uns weitere Anstrengungen.

Schließlich konnten wir uns freischaufeln und fuhren weiter, ohne eine Markierungsstange zu sehen. Die Brücken über die Flüsse Guljok und Tana waren gesprengt, wir gelangten aber durch Birkengebüsch und Einöde zum Eis hinunter und auf der anderen Seite wieder hoch, bis das Auto an der Tana dann endgültig festsaß. Schließlich fanden wir eine finnische Hütte und liehen uns ein Pferd, um das Auto freizubekommen. Am nächsten Tag brachen wir im Fjord vor Nesseby durchs Eis und ich dachte, ich müsste noch einmal die Schrecken der Kindheit erleben, aber wir waren nahe am Ufer und konnten, vor Nässe triefend, an Land waten. Da hörten wir Schlittengeläut und drei kleine Samen tauchten auf. Aber noch ehe wir das Auto retten konnten, gingen auch ihr Pferd und Schlitten durchs Eis und die Stränge brachen. Wir mussten neue Stränge aus Birkenstämmen zurechthauen und nach sechs Stunden Schufterei konnten wir Pferd und Schlitten bergen, das Auto aber mussten wir aufgeben.

Zu Fuß erreichte ich schließlich eines Morgens Vadsø und schlief auf dem Küchenboden des ersten Hauses ein, das ich betrat.

Ehe ich über den Fjord kam, traf ich auf dem letzten Stück nach Kirkenes einen geheimnisvollen, unrasierten Fähnrich, der sich in einer Schneehöhle versteckt hatte, als die Deutschen sich zurückzogen, und sich nach Verlassen seines Verstecks wie ich im Niemandsland wiederfand. Als wir Vertrauen zueinander gefasst hatten, stellte er sich unter dem Decknamen Torstein Pettersen vor. Wir waren sofort auf einer Wellenlänge und damit begann eine dauerhafte Freundschaft. Später sollte er unter seinem wirklichen Namen, Torstein Raaby, an der Fahrt der *Kon-Tiki* teilnehmen.

Torstein erzählte nicht viel von sich, solange wir während des Winterkrieges in der Finnmark kampierten. Später aber erfuhr ich, dass er nach einem Kurs in England mit dem Fallschirm in Norwegen, in der Gegend von ø, abgeworfen worden war. Dort hatte er mit einem kleinen Funkgerät ganz in der Nähe des deutschen Schlachtschiffs *Tirpitz* in Deckung gelegen und mehrere Monate lang täglich Berichte nach England gesendet, indem er nachts die Empfangsantenne eines deutschen Offiziers benutzte. Ähnlich wie Rørholt und Haugland wurden auch ihm von den Alliierten hohe Auszeichnungen verliehen, denn seine Meldungen verhalfen schließlich den britischen Bombern dazu, die *Tirpitz* zu versenken. Damit lag das zweite der stolzesten Schlachtschiffe der Deutschen auf dem Grund eines norwegischen Fjords.

Als im norwegischen Hauptquartier bekannt wurde, dass Leutnant Heyerdahl wieder nach Kirkenes zurückgekehrt war und mit einem sowjetischen Transport nach Murmansk fahren sollte, um den nächsten Konvoi nach England zu erreichen, herrschte im Lager Erleichterung und Aufregung. Weil die Ausrüstung der I-Gruppe verloren gegangen war, hatte man mit keinem anderen Land Kontakt als mit der Sowjetunion und so wurde ich von Militärs und Zivilisten bestürmt, die Nachrichten oder Aufträge mit nach London geben wollten. Es wurde behauptet, mit der letzten Sendung via Murmansk wären nur linke Stiefel an das Militärdepot geliefert worden. Ob es eine Finte für die Russen war, sei dahingestellt, aber ein Leutnant konnte bestätigen, dass er am selben Tag mit acht Mann und einem Schlafsack auf Patrouille sollte. Die acht waren ausgesucht worden, weil sie in die acht Paar Stiefel passten, die man ihm ausgehändigt hatte, und die Patrouille hatte nur drei Magazine Munition und Tassen und Besteck nur für die halbe Gruppe. Die Militärpolizei nannte die Zahl und Namen der norwegischen Nationalsozialisten, die im Gebiet von Kirkenes gefangen genommen worden waren. Der Stationsarzt informierte über den Gesundheitszustand und schickte einen Notruf um sanitäre Ausrüstung, und dem Materialverwalter fehlten die unglaublichsten Dinge, von Waffen und Munition bis zu Stiefelwichse, Fäustlingen und Schneebrillen.

Am 11. Januar 1945 kam ein sowjetischer Lastwagen in das norwegische Hauptquartier, um mich abzuholen, und zu meiner Verwunderung war ich nicht allein. Außer mir waren noch zwei Leutnants der norwegischen Marine von Moskau als unerwünscht erklärt worden und sollten mit demselben Konvoi dahin zurückfahren, wo wir hergekommen waren. Außerdem kletterten noch drei norwegische »Blaumajore« auf den Lastwagen. Sie waren keine echten Soldaten, sondern hatten ihr Offiziersabzeichen auf blauem Grund erhalten, weil sie als einflussreiche Beamte das Militär begleiten sollten, um mit wichtigen Beobachtungen über die Zivilbevölkerung nach London und zur norwegischen Regierung zurückzukehren. In Eiseskälte und Dunkelheit rumpelten wir, sechs norwegische Offiziere und ein sowjetischer Fahrer, zurück nach Osten, über die Pontonbrücke und aus Norwegen hinaus. Tage und Nächte gingen ineinander über und wir sahen nichts als Schnee, endlose Kolonnen militärischer Lastwagen und pelzvermummte Soldaten. Wir fuhren und fuhren und zwischendurch machten wir Halt und tranken Tee in verschneiten Bunkern mit halb nackten sowjetischen Soldaten, die auf Pritschen an den Wänden saßen. Dann aber entdeckten wir viele Lichter und begriffen, dass wir die Grenze zwischen Finnland und der Sowjetunion überschritten und Murmansk erreicht haben mussten.

Ein sowjetischer Marineoffizier riss die Autotür auf und holte uns eilig heraus, denn wir hatten uns verspätet und der Konvoi verließ gerade den Fjord. Erst hieß er uns drei Leutnants aussteigen und ließ die drei »Blaumajore« im Auto zurück, denn er hatte eine gute Nachricht für sie: Die drei »Blaumajore« hatten die Erlaubnis erhalten, nach Kirkenes zurückzukehren! Der eine, in Wirklichkeit ein Bankdirektor, der Norges Bank vertrat, lächelte nachsichtig und versuchte dem freundlichen Russen zu erklären, dass es ein Missverständnis wäre; gerade die drei Majore *müssten* nach England zurück. Und die drei Leutnants müssten die Erlaubnis erhalten haben zu bleiben.

»Der can be no misunderstanding, dis is order from Moskva«, antwortete der Russe bestimmt. Und das Unglaubliche geschah. Die Autotür wurde wieder geschlossen und da saßen die drei Blaumajore, durchgefroren und verzweifelt, auf dem Wege zurück nach Kirkenes.

Genauso verwirrt und enttäuscht waren wir drei Leutnants, die selbstverständlich annahmen, dass uns die Erlaubnis zu bleiben galt. Doch half man uns mit unserem Gepäck freundlich, aber bestimmt auf einen sowjetischen U-Boot-Jäger, der mit voller Kraft nach Norden in den Murmanskfjord fuhr, um den Konvoi wieder einzuholen, der schon Polyarno verlassen hatte. Das Erste, was ich sah, als ich mein Gepäck aufmachte, waren die Sachen eines Majors: geheime Berichte, eine Pistole und persönlicher Besitz, und ich nahm sie schnell an mich, als gehörten sie mir.

Der U-Boot-Jäger fuhr mit voller Kraft und in weniger als einer Stunde holten wir die beiden englischen Zerstörer ein, die die Achterflanke des Konvois bildeten. In voller Fahrt und bei hoher See wurde einer der Marineleutnants an Bord der *Zebra* gehievt und wir beiden anderen an Bord der *Zambesi*. Wir schliefen beide augenblicklich in der Offiziersmesse ein.

Es rollte grässlich, als wir aus der Fjordmündung hinausliefen, aber unter uns lagen deutsche U-Boote auf der Lauer und das dumpfe Dröhnen von Unterwasserbomben weckte mich. Die Ersten kamen von der *Zebra*, dann aber tauchte achtern von der *Zambesi* ein U-Boot auf und sendete verschlüsselte Meldungen über das Nordeismeer, und bald bekamen die meisten der Begleitfahrzeuge Fühlung mit deutschen U-Booten.

Meinen Landsmann von der Marine setzte die Seekrankheit matt, denn der Übergang von der Finnmarksvidda aufs Wasser war so plötzlich erfolgt, aber ich konnte mit Mühe und Not auf »Seebeinen« gehen und folgte einem englischen Offizier ins Kartenhaus, wo ich die Zusammensetzung des ganzen Konvois zu Gesicht bekam. Der Geleitzug, der unzählige Frachtschiffe beschützte, die wieder leer zurückfuhren, bestand aus einem Flugzeugträger, einem Kreuzer, acht Zerstörern, neun U-Boot-Jägern, außerdem kleineren Begleitfahrzeugen. Wir beiden norwegischen Passagiere hängten unsere Hängematte in einem offenen Korridor an Deck auf, mit dem Befehl, in Rettungswesten zu schlafen, und ein Platz für ein *Dive in* wurde uns zugeteilt, falls es nötig werden sollte, in die See zu springen. Aus vielerlei Gründen schlief keiner von uns besonders gut; unter anderen, weil der Korridor so schmal war, dass die Hängematten beim Schlingern mit einem Stoß von einem Schott zum anderen geschleudert wurden, in einem so schnellen Rhythmus, dass wir zwischen den Stößen nicht einschlafen konnten.

Bald hörten wir von nah und fern und von allen Seiten ein Dröhnen von der See. Die Engländer nahmen es mit Galgenhumor. »Wir sind in einen Makrelenschwarm geraten«, sagte der Kapitän.

Aber nie hat Gott solche Fische ins Meer gesetzt. Diese teuflischen, mechanischen Monster hatten Menschenhirne ausgebrütet, nur mit dem einen Wunsch, Menschen ins Jenseits zu befördern. Ich dachte daran, was Tei Tetua von Kulturboten der großen Welt halten würde, wenn er hier bei uns in der Hängematte gelegen hätte.

Es dröhnte, dass das ganze Schiff bebte und eine Wassersäule an der Schiffsseite aufstieg.

»Das waren wir«, erklärte ein Matrose stolz, und ich musste auf die Brücke, um zu verfolgen, was geschah. An Bord herrschte gespannte Aktivität. Befehle wurden gerufen und von demjenigen, der sie empfing, wiederholt. Von Wurfmaschinen an Deck wurden schwere, tonnenähnliche Unterwasserbomben in hohem Bogen in die jagenden grauen Eismeerwellen geworfen. Einige Augenblicke später schoss das Wasser um uns herum hoch, als würde es kochen, und einzelne Kaskaden gingen höher als die Kommandobrücke. Um das Risiko, von Torpedos getroffen zu werden, zu verringern, änderte die *Zambesi* ständig den Kurs, ohne den Konvoi zu verlassen.

Um die Hauptkräfte der deutschen U-Boote zu täuschen, die in Unterwasserstellung lagen und weiter entfernt vom Land warteten, kam vom Flugzeugträger der Befehl für den ganzen Konvoi, den Kurs umzulegen und nach Osten, an der Halbinsel Kola in Richtung Sibirien entlangzusteuern, anstatt nach Westen, wo wir hinwollten. Danach wurde der Kurs erneut geändert und wir stampften fast 200 Kilometer direkt nach Norden. Hier gerieten wir in schwere See und die nächste Nacht schlingerte das Schiff 35 Grad nach jeder Seite.

Es war jetzt fast unmöglich, den Konvoi zusammenzuhalten. Wir änderten den Kurs und zwei Tage lang liefen wir nach Südwest. Doch der Sturm nahm zu statt ab. Am dritten Tag hörte ich den Ruf: »Mann über Bord!« Drei Männer der Besatzung waren von einem schweren Brecher erfasst worden, wurden von dem nächsten aber wieder an Bord geworfen und es gelang ihnen, sich festzuklammern. Das Rollen wurde entsetzlich. Auf der Brücke wurden 40 Grad nach jeder Seite gemessen und es war fast unmöglich, sich festzuhalten. In dichtem Schneetreiben bekamen wir Besuch von einem deutschen Erkundungsflugzeug, das in fünf Kilometern Abstand an uns vorbeiflog, ehe es verschwand.

Der Versuch, in der Messe einen Tisch für uns drei zu decken, die erschienen waren, wurde zur reinen Farce. Wir versuchten, Teller und Besteck festzuhalten, als eine riesige Welle das gesamte Tischzeug und Geschirr, Stühle und Teppiche in fliegender Fahrt durch die Messe schickte. Ich konnte im letzten Augenblick die Beine um den festgeschraubten Messetisch pressen, aber der Schiffsarzt wurde über die Kajütendielen gefegt und fand sich zwischen Teppich und Schott eingeklemmt wieder, gefolgt von einem Seekadetten, der per pedes mit Marmelade auf dem Messer angestürzt kam. Als wäre dies nicht genug, wurde die Kombüsentür aufgerissen und der Messejunge stürzte nur mit einem Hemd bekleidet herein und führte barfüßig einen Tanz zwischen Tellerscherben und Belag auf. Ehe wir richtig begriffen, was geschah, hörte ich den trockenen Kommentar des Schiffsarztes zum Tanz des Messejungen: »Soll das ein Striptease sein, oder was?«

Dann schickte der nächste Brecher den Messejungen wieder dorthin, wo er hergekommen war und die Tür schlug wieder zu.

Am nächsten Tag war die See ruhiger und sofort tauchte ein U-Boot an der Wasseroberfläche auf und setzte neue Meldungen ab, während es uns in knapp 30 Kilometer Entfernung und mit 18 Knoten Fahrt folgte. Es tauchte, als der Flugzeugträger ein Flugzeug hochschickte, und unter Wasser kam es höchstens auf sechs bis acht Knoten. Der Konvoi setzte die Fahrt auf 20 Knoten herauf und wir entkamen. Aber unsere Position war entdeckt und es dauerte nicht lange, bis wir von allen Seiten Fühlung mit U-Booten bekamen. Die *Zambesi* zuerst.

Nachdem ich mit dem Zweiten Offizier die wasserdichten Schotten inspiziert hatte, war ich auf dem Wege zur Brücke, als ein Krachen mit einem merkwürdig metallischen Klang zu hören war und der ganze Rumpf gewaltsam bebte und rollte. Mein erster Gedanke war, uns hätte ein Torpedo getroffen. Aber das waren unsere eigenen Bomben. An Deck hatte die Mannschaft alle Hände voll mit den Minenwerfern zu tun und schleuderte eine Wasserbombe nach der anderen hinaus, während der Schirm auf der Brücke zeigte, dass der Asdic an Steuerbord langsam ein zweites U-Boot aufzeichnete. Wir bekamen indes vom Eskortenchef den Befehl, aus dem Konvoi auszuscheren und andere U-Boote zu jagen. Die *Zambesi* rollte in der schweren See, während der Ausguck und die Mannschaft an den Apparaten angestrengt auf akustische Torpedos achteten. Bald bekamen wir ein *Echo bearing,* nahmen Kurs auf ein U-Boot, das auf dem Schirm größer wurde, und begannen, Bomben zu werfen. Wir fuhren, bis sich das U-Boot direkt unter uns befand. Da versagte der Peilapparat und bis er repariert war, hatten wir den Kontakt mit dem Konvoi verloren. Wir setzten die Fahrt auf 20 Knoten herauf und holten die anderen Schiffe ein, kurz bevor wir gemeinsam den Polarkreis mit südlichem Kurs überquerten. Gleichzeitig wuchs der Wind zu einem fürchterlichen Sturm an. Die Wellen wurden zu Bergen von Wasser, die über den Zerstörer hereinbrachen, so dass er sich wie ein Hengst im Kampf gegen ein Seeungeheuer aufbäumte.

Gegen Abend wurde mitgeteilt, der Flugzeugträger müsse wenden und den Sturm abreiten. Kurz danach kam der Befehl, wer könnte, sollte weiter im Konvoi nach Süden fahren, die anderen müssten umkehren und gegen den Wind nach Norden fahren. Um zehn Uhr mussten auch wir aufgeben und die *Zambesi* verließ zusammen mit den meisten Begleitschiffen den Konvoi und drehte nach Norden ab, um den Sturm abzureiten. Das führte zum totalen Chaos. Wieder versagte der Peilapparat der *Zambesi* und in der Dunkelheit fuhren wir quer durch den Konvoi und entgingen mit knapper Not dem Zusammenstoß mit Transportschiffen, die plötzlich von überall her aus den Wellentälern auftauchten. Der Seegang war jetzt eine größere Gefahr als die U-Boote, darum wurden überall auf den Schiffen Lichter angemacht.

Es war hoffnungslos, in der Hängematte ein bisschen Schlaf zu bekommen, denn ich musste mit beiden Händen die Stöße abfangen. Darum war ich auch wach, als eine gewaltige Welle auf das Deck krachte und das einzige Motorboot der *Zambesi* zerschlug. Das Deck wurde aufgeschlitzt, als einer der festmontierten Bombenwerfer sich losriss, und bei jeder neuen See, die über das Schiff hereinbrach, ergoss sich das Wasser über die Mannschaft unter Deck. Wir waren selbst unser gefährlichster Feind geworden. Unterwasserbomben, die zum Abwerfen klar gemacht waren, hatten sich aus der Vertäuung losgerissen und rollten frei auf Deck umher. Sie waren nicht mehr unsere Abwehrwaffen, sondern unsere unbändigen Feinde, die im Takt mit dem Rollen des Schiffes wild umherkullerten, von einer Reling zur anderen, mit den Wassermassen, die über das Deck hereinbrachen. Es war ein Gefühl, als wären wir überrumpelt und in ein sinnloses Spiel mit dem Tod hineingezogen worden. Ich glaube, alle an Bord fühlten sich so hilflos wie ich, als ich mir einen Augenblick lang meine Chancen ausrechnete, mich zu retten, indem ich über Bord springen und versuchen würde, von dem todgeweihten Schiff wegzuschwimmen.

Da wurden einige Meter Reling abgerissen, und die Erste der schweren Tonnen rollte über Bord. Wenn wir Unterwasserbomben ins Meer schleuderten, musste normalerweise der Zerstörer mit voller Kraft fahren und die Bombe so weit wie möglich weggeschleudert werden, um uns nicht selbst zu schaden. Jetzt hielt die *Zambesi* nur mit drei Knoten Fahrt gegen den Sturm und die Bombe rollte an der Schiffsseite entlang ins Meer. Die Wirkung war entsprechend. Eine nach der anderen klatschten die Bomben längs der Reling in die See und explodierten, während sie sanken, durch den Wasserdruck. Die See, die ohnehin schon heftig war, wurde zu einem unbeschreiblichen Inferno, und ich wartete bei jeder Explosion gespannt darauf, ob der Schiffsrumpf hielt. Die Mannschaft machte heldenhafte Versuche, die Bomben einzufangen, die noch frei auf dem Deck umherkullerten, musste aber aufgeben, als einer der Männer von den Wassermassen über Bord gespült wurde. Dieses Mal wurde er nicht wieder zurückgeworfen, und alle Versuche, ihn zu bergen, misslangen. Es war ein furchtbares Erlebnis, für einen kurzen Moment einen Schimmer von ihm zu erblicken, während er wenige Armlängen von der Schiffsseite entfernt im eiskalten Wasser kämpfte. Ich hörte den Ruf »Mann über Bord« und dann war er verschwunden. Unmöglich, ihn unter diesen Umständen zu finden. In wenigen Minuten würde er vereist und steif gefroren sein.

»Wie schade«, sagte einer der Offizieren leise, als er erfuhr, wer der Mann war. »Er ... er konnte so gut Ziehharmonika spielen.« Das war nicht böse gemeint, aber er fand keinen besseren Ausdruck für die Hoffnungslosigkeit, die wir alle empfanden.

Die Wellen brachen jetzt mit einer solchen Kraft über den Zerstörer herein, dass es unmöglich war, jemanden an Deck zu schicken, selbst angeleint. Insgesamt rollten zwölf Bomben langsam über Bord. Dann kam vom Kreuzer der Befehl, alle Schiffe, die noch zusammen waren, sollten den Kurs ändern und unabhängig voneinander zu den Färöern fahren. Zwei Frachtschiffe kollidierten im Schneetreiben. Einem wurde die Seite aufgerissen und es meldete, es würde sinken. Ehe wir die Färöer erreichten, vermeldete die Brücke, dass wir von drei Seiten ein Echo empfingen. Der Kapitän wollte die kostbaren Bomben sparen, die wir noch übrig hatten, und ließ die *Zebra* übernehmen, die zusammen mit einem anderen Zerstörer bis zum Einlaufen in Thorshavn Unterwasserbomben warf.

Von den Färöern flog ich via Schottland nach London, um von der sowjetischen Botschaft ein Visum zu erhalten, damit ich zurück an die Front konnte. Ich benutzte selbstverständlich die Gelegenheit, um auch die Dokumente und den persönlichen Besitz abzuliefern, die einer der Blaumajore mir unfreiwillig für die norwegische Regierung mitgegeben hatte.

Eine Erklärung, warum die Russen meine ursprünglichen Papiere nicht anerkannt hatten, erhielt ich erst, als der Krieg schon lange vorbei war und ich als Gast der Sowjetischen Akademie der Wissenschaften eingeladen wurde, meine Theorien gegen Angriffe sowjetischer Wissenschaftler zu verteidigen. Da führte man mich in Moskau zusammen mit dem obersten General der sowjetischen Befreiungskräfte im hohen Norden auf eine Tribüne und stellte uns dem Publikum als zwei Soldaten vor, die an derselben Front gekämpft hatten. Bei dieser Gelegenheit kam es an den Tag, dass meine unglückselige Beförderung vom »Fähnrich« zum »Leutnant« die Russen verwirrt hatte. Das Wort »Fähnrich« ist im Russischen ebenso unbekannt wie im Englischen, wo der entsprechende Titel »midshipman« lautet. In Kyrillisch wurde »Fähnrich Heyerdahl« zu »Henrik Heyerdahl«, und das konnte unmöglich derselbe Mann sein.

In London schrieb ich einen Bericht, den ich im BBC auf Englisch, Französisch und Norwegisch vorlas, als Erster, der mit Nachrichten von der Nordfront zurückgekommen war. Es wurde ein dramatisches Erlebnis im Leben meiner alten Mutter. Sie wohnte während des ganzen Krieges allein mit einer meiner Nichten in ihrer Villa dicht neben der unseren oben auf dem Höhenzug über Lillehammer und hatte auf dem Dachboden ein geheimes Versteck für Fallschirmjäger von der Heimatfront eingerichtet. Einer von ihnen hatte gerade seinen Auftrag mit dem »Kofferradio« beendet und sollte am folgenden Tag über die Grenze nach Schweden und zurück nach England gehen, als der norwegische Sprecher im BBC mitteilte, am nächsten Tag würde Leutnant Thor Heyerdahl über die Finnmark berichten. Der Fallschirmjäger verschob die Abreise und am 6. Februar 1945 hörte meine Mutter zum ersten Mal seit sechs Jahren meine Stimme und erfuhr, dass ich am Leben war. Als Belohnung für ihren Einsatz während des Krieges schickte Winston Churchill der zweiundsiebzigjährigen Frau eine signierte Fotografie mit einem persönlichem Dank für das, was sie für die Sache der Alliierten getan hatte.

Für mich hieß es nun, mit gültigem Visum zurück zur Front zu ziehen. Aber es blieb mir erspart, auf den nächsten Murmansk-Konvoi zu warten. In London traf ich zu meiner Überraschung Hauptmann Rørholt. Es war ihm gelungen, über das neutrale Schweden zurückzukommen, um zu versuchen, eine neue Funkausrüstung für die norwegischen Kräfte oben in der Polarnacht zu beschaffen. Gemeinsam machten wir Pläne und mit Rørholts Segen schrieb ich einen Bericht über die Finnmark, der eine Anweisung an mich selbst enthielt, nach Schweden zu gehen, um norwegische Flüchtlinge im Gebrauch von Fallschirm und Funkgerät zu unterweisen. Rørholt las den Bericht während einer Sitzung vor, zu der die Führung des norwegischen Heeres und der Marine zusammen mit Offizieren der U.S. Air Force und der britischen Special Operations Executive, SOE, geladen waren. Mit meiner selbst formulierten Mission, unterschrieben vom General, flog ich am Tag nach meinem Auftritt im BBC über das von Deutschen besetzte Norwegen in einer verdunkelten Maschine nach Stockholm; ich war der einzige Passagier. In geliehener Zivilkleidung und mit Pistole und norwegischer Leutnantsuniform im Koffer wurde ich zu einem Lager für norwegische »Polizeisoldaten« unweit von Stockholm gebracht. Offiziell war Schweden neutral und abgesehen davon, dass es so einer deutschen Besetzung entging – übrigens im Gegensatz zum größten Teil des Kontinents –, war Schweden ein Sicherheitsventil für das isolierte Norwegen und von unschätzbarem Wert für die Flüchtlinge und jede erdenkliche Hilfe im Verborgenen.

Rørholt hatte herausgefunden, dass gut und gern zehntausend norwegische Soldaten als »Polizisten« verkleidet in Schweden umherliefen, bereit, die Maske fallen zu lassen und in Aktion zu treten. Meine Aufgabe war es, eine entsprechende Truppe für den Einsatz mit Fallschirm und Funkgeräten auf beiden Seiten der Nordfront zusammenzustellen. Rørholt wollte mit der Funkausrüstung nachkommen, die wir für die isolierten Streitkräfte im nördlichsten Teil der Finnmark abwerfen würden.

Überall in Stockholm wurde ich enthusiastisch begrüßt. Unmittelbar vor der Stadt, im norwegischen Polizeilager in Axvall, zog ich meine norwegische Armeeuniform an, die berechtigtes Aufsehen erregte. Ich suchte sechzehn der besten Polizeisoldaten aus, die alle Studenten waren und dazu kürzlich einen fünfmonatigen Funkerkurs abgeschlossen hatten, und noch elf gelernte Chiffrierleute. Mit ihnen begann ich einen Kurs im Empfangen und Senden von Nachrichten nach norwegischem und englischem System sowie mit hartem körperlichem Training.

Drei Wochen später rief Rørholt an. Er hatte die Ausrüstung beisammen und den Kontakt zu zwei unabhängigen Offizieren hergestellt, die in unsere geheimen Pläne eingeweiht waren. Einer von ihnen war Fähnrich »Pettersen«, den ich allein mit seinem tragbaren Sender auf der Finnmarksvidda getroffen hatte, nachdem er seinen letzten Bericht über die *Tirpitz* gesendet hatte, ehe sie versenkt wurde. Er wurde unser Kontaktmann auf der norwegischen Seite der Grenze zu Schweden. Der andere war der längst berühmt gewordene norwegische Pilot Bernt Balchen, der jetzt amerikanischer Oberst war und über sechs Flugzeuge im Dienst der Alliierten verfügte, aber von einem geheimen Luftwaffenstützpunkt auf schwedischem Territorium aus operierte. Dorthin sollte ich meine Soldaten bringen und am nächsten Morgen um Punkt sechs Uhr reisefertig sein.

Inzwischen hatte ich die Gruppe vergrößert und war allein verantwortlich für Kommando und Ausbildung von fünfunddreißig Mann. In Zivil konnte ich unmöglich das Kommando über fünfunddreißig Polizeisoldaten auf der Reise durch Schweden führen, so ging ich das Risiko ein und trug meine Uniform. Ich hoffte, dass in einem neutralen Land die wenigsten zwischen einer bläulichen norwegischen Polizeiuniform und einer khakifarbenen alliierten Uniform mit einer norwegischen Flagge am Ärmel unterscheiden würden. Und ganz richtig – keiner wunderte sich, als unser kleiner Trupp durch Stockholm zum Hauptbahnhof marschierte, wo ein reservierter Eisenbahnwagen bereitstand, um unsere Abteilung in das nördlichste Schweden zu bringen.

Ganz oben bei Luleå, unweit der finnischen Grenze, wurde unsere kleine norwegische Truppe unter strikter Geheimhaltung in einer eigenen Baracke auf einem gut versteckten schwedischen Luftwaffenstützpunkt namens Kallax einquartiert. Die schwedischen Soldaten staunten nicht schlecht, als sie eines Morgens aufstanden und eine ganze Reihe Eskimo-Iglus entlang der Rollbahn vorfanden. Ich hatte begonnen, den Soldaten beizubringen, wie sie sich in der Einöde selbst helfen konnten, denn ich hatte kein übermäßiges Vertrauen in die zugeteilte Ausrüstung.

Rørholts Ankunft zog sich hin, so dass wir die Zeit zum Bodentraining für das Abspringen mit dem Fallschirm und hartes Konditionstraining nutzten. Abgeschnitten von jedem Kontakt mit dem norwegischen Oberkommando in England, beförderte ich auf eigene Verantwortung den tüchtigsten Mann zum Feldwebel und einige andere zu Korporalen, wodurch Ordnung in meinen Reihen herrschte.

Dann kam Rørholt mit der Ausrüstung und Balchen ließ ein paar unserer Männer den Sprung aus einer seiner Dakotas üben, ehe wir sie mit Funkgeräten ausgestattet hinter den deutschen Linien oben bei unseren eigenen isolierten Befreiungskräften abwarfen. Dann wurde ich von Balchen persönlich nach Kirkenes geflogen und dort umarmte mich sogleich derselbe lächelnde sowjetische Offizier, der mich vier Monate zuvor nach London zurückgeschickt hatte.

»Willkommen zurück, Leutnant Heyerdahl«, sagte er. »Jetzt sind deine Papiere in Ordnung.« Er war von Moskau informiert worden.

Es war eine kleine, aber gut trainierte Truppe, die jetzt ihr Lager vor den Ruinen von Kirkenes aufschlug. Die Ausrüstung war erstklassig, eine Mischung aus amerikanischer Polarausrüstung, guten britischen und sowjetischen Waffen und vorzüglichem schwedischen Proviant. Ich befand mich in der merkwürdigen Lage, dass ich keiner militärischen Einheit unterstellt war. Oberst Dahl und das norwegische Oberkommando in der Finnmark hatten immer noch ihr Hauptquartier nahe dem sowjetrussischen bei Kirkenes, während die eigentliche norwegische Gebirgskompanie auf eigene Faust ins Niemandsland vorgedrungen war, nachdem die Russen ihren Vormarsch bereits auf der anderen Seite des breiten Varangerfjords gestoppt hatten, der Norwegen von der Sowjetunion trennte. Ich operierte ganz auf mich gestellt mit meinen ehemaligen Polizeisoldaten, nachdem Rørholt und ich uns geeinigt hatten, dass ich das Kommando über die Mannschaft behielt und er die Verantwortung für die technische Ausrüstung und Koordination aller Außenstationen übernahm. Immer noch mit Erlaubnis des schwedischen Generalstabs blieb er in der Baracke zurück, die wir vom schwedischen Luftwaffenstützpunkt zur Verfügung gestellt bekamen, und errichtete dort sein Hauptquartier zur Koordination unserer Einsätze.

Nach der Landung auf der norwegischen Seite der Grenze begann ich mit einem militärischen Schnellkurs für zwei Dutzend freiwillige Finnmarksleute und richtete auf Rørholts Veranlassung hin weitere kleine Beobachtungsposten ein. Rørholt erhielt von einem unserer Posten hinter den deutschen Linien die Meldung, eine Gruppe bewaffneter norwegischer Nationalsozialisten sei aus Narvik auf dem Weg nach Norden, um sich bei den vorgeschobenen norwegischen Kampftruppen einzuschleichen. Wenn sie herausfanden, wie klein diese waren, würden wieder starke deutsche Truppen nach Norden ziehen und sie vernichten, ehe die Russen das verminte Niemandsland durchqueren konnten.

Mit Erlaubnis der Russen sowie der Genehmigung von Oberst Dahl konnte ich mich jetzt wieder direkt an die Front begeben. Genau zu diesem Zeitpunkt tauchte Fähnrich »Pettersen« erneut wie ein einsamer Wolf auf und zusammen mit Leutnant Stabell, der jetzt wieder in norwegischer Uniform steckte, schloss er sich meiner kleinen Truppe an. Im Gebirge hatte Tauwetter eingesetzt und um einen dritten Marsch durch das von Deutschen verminte Niemandsland zu vermeiden, requirierten wir zwei Fischerboote, die uns die Küste hinunterbringen sollten.

Im Båtsfjord setzten wir eine Funkpatrouille an Land, mit dem Auftrag, nach den norwegischen nationalsozialistischen Spionen Ausschau zu halten. Weiter als bis hierher war noch kein alliiertes Kriegsfahrzeug vorgedrungen. Wir befanden uns in vermintem Fahrwasser, wo ständig deutsche U-Boote patrouillierten. Stündlich hatte ich Funkkontakt mit Stabell, der außer Sichtweite in dem zweiten Fischerboot hinterherkam. Wir hatten verabredet, uns in Hopseidet zu treffen. Vor Hopseidet aber hatte ich das Gefühl, wir könnten in eine Falle tappen, und ich schickte eine verschlüsselte Meldung an Stabell, an Nordkyn vorbeizufahren und in den langen Porsangerfjord einzulaufen. Das würde allen völlig verrückt erscheinen, einschließlich den Deutschen, die an der Westseite des Fjords lagen und sich kaum würden vorstellen können, dass der Feind genau vor ihrer Nase in den Fjord eindrang.

Deutsche Beobachtungsposten oder Spione mussten unser Ziel verraten haben, ehe wir den Kurs änderten. In dieser Nacht fuhren drei deutsche U-Boote nach Hopseidet und setzten Marinesoldaten an Land. Sie entwaffneten die wenigen norwegischen Wachen, und Augenzeugen berichteten, einige betrunkene Marinesoldaten hätten sechs Zivilisten gefangen genommen und erschossen, weil sie keine Auskünfte von ihnen erhielten. Da waren wir schon längst an Hopseidet vorbei und an der Ostseite in den Porsangerfjord eingebogen.

So stockdunkel es rund um die Uhr gewesen war, als ich im Januar an die Front kam, so hell war es jetzt vierundzwanzig Stunden am Tag. Es half nur wenig, alle Lichter auf den Fischerbooten zu löschen, als wir uns in den scheinbar endlosen Fjord hineinschlichen, genau vor der Frontlinie der Deutschen. Jetzt, im Monat Mai, war es auch nachts so hell, dass man meilenweit sehen konnte, zur See und im Gebirge.

Tief hinten im Fjord verließen wir um neun Uhr morgens beide Boote und gingen an Land. Hier gab es unglaubliche Mengen an Stacheldrahtsperren und Landminen. Erst am Tag zuvor waren zwei Männer auf eine Mine getreten. Ganz in der Nähe fanden wir zwei Fallschirme, die heruntergekommen waren, ohne sich zu öffnen. Ein zerstörter Generator zeugte davon, dass er zu einer Ladung gehörte, die Rørholt mit Balchens Flugzeugen abgeworfen hatte. Ich rief wieder alle Mann an Bord der Boote und fuhr auf dem Seewege bis nach Hamnbukt weiter, tief im Innern des Fjords. Hier gingen wir vorsichtig an Land und schlugen unser Lager bei einigen Samen auf. Als ich am späteren Abend mit Rørholt in Verbindung kam, erfuhren wir, dass sich die deutschen Streitkräfte in Dänemark ergeben hatten.

Wir feierten die Neuigkeit in aller Stille zusammen mit den Samen, die *Klonk* spendierten, selbst gebrautes Bier. Ohne laute Freudenausbrüche, da die Kanonen auf der anderen Seite des

Fjords noch immer geladen waren und unsere nächsten Nachbarn dort wohl kaum so guter Laune waren wie wir.

In den darauf folgenden Tagen und Nächten konnte ich moderne Kriegsführung aus nächster Nähe erleben. Wir denken mit Abscheu an die Zeit, als barbarische Heiden sich mit dem Schwert gegenseitig den Kopf abschlugen, und reden uns gern ein, die Kriegsführung sei in unseren Tagen sauberer geworden. Und diejenigen, die Raketen abfeuern und Minen legen, können den Krieg praktisch mit weißen Handschuhen führen.

Ich hatte den Raketenkrieg von London noch in frischer Erinnerung, als ich die Minenfelder in der Finnmark erreichte. Ich hatte selbst gesehen, wie die V2-Bomben ganz willkürlich einschlugen, während die unschuldige Zivilbevölkerung in Untergrundbahn und Luftschutzräumen Schutz suchte, wie die Christen in den Katakomben zur Römerzeit. Ich sah auch die alliierten Luftflotten den Himmel wie prähistorische Drachen verdunkeln, die zurückflogen, um heimzuzahlen – mit gleicher Münze und dem Segen des Militärgeistlichen. Eines Nachts erlebte ich fast fünftausend Jahre technischen Fortschritt wie in einem Zeitraffer, der sich in die Erinnerung einprägte. Ich hatte immer davon geträumt, die berühmten prähistorischen Ruinen in Stonehenge zu Gesicht zu bekommen, und während meines London-Aufenthalts – als ich einmal Urlaub vom Treppenwischen hatte – fuhr ich mit dem Zug nach Salisbury und trampte in norwegischer Soldatenuniform zu einer Stacheldrahtabsperrung, die in Kriegszeiten das ganze Gebiet einzäunte, weil es nebenan ein Militärlager gab.

Fest entschlossen, nicht zurückzukehren, ohne den prähistorischen Megalithtempel gesehen zu haben, beschloss ich, mein Kommandotraining auf friedliche Weise bei unseren Alliierten auszunutzen. Im Straßengraben lag ein großer Pappkarton, und als es Nacht wurde, zwängte ich mich zwischen zwei Lagen Pappe durch die Stacheldrahtabsperrung. Nachdem ich die tausendjährigen Steingiganten bewundert hatte, die sich in einem schützenden Kreis um mich herum gegen den Sternenhimmel erhoben, kroch ich auf den eigentlichen Altarstein. Ich verzehrte mein mitgebrachtes Abendbrot, rollte meinen Schlafsack aus und legte mich hin, um über die Zeitläufte zu meditieren. Am nächtlichen Himmel über mir sah ich die unveränderlichen Sternenbilder, die Gott dort hingestellt hatte, ehe es Leben auf dem Planeten gab. Sie waren da mit Sonne und Mond und hatten wahrscheinlich die Ingenieure des Altertums, die die Steinkolosse errichteten, fasziniert, noch mehr als sie uns in Bann halten. Da tauchte zwischen den anderen ein einzelner Stern auf und wanderte von Horizont zu Horizont. Den hatten Menschen aus meiner eigenen Generationen gemacht. Eine V2 auf dem Weg nach London.

Was ich von meinem Galerieplatz auf dem Altarstein in Stonehenge gesehen hatte, war ein moderner Fernkrieg. Aber als ich am äußersten Ende des schönen Porsangerfjords mit Leutnant Stabell, Fähnrich »Pettersen« und unseren Soldaten an Land ging, da betraten wir die Bühne des modernen Nahkampfs. Auch diesen lassen wir eine ausgetüftelte technische Ausrüstung für uns austragen.

Wir gingen in einem zum Teil schneebedeckten Tal an Land, das sich kaum vom Bella-Coola-Tal in Britisch-Kolumbien unterschied. Diesmal aber waren wir nicht auf Bärenjagd. Der ganze schöne Birkenwald im Tal war zerstört und abgeholzt. Nur einige hohe Kiefern waren noch stehen geblieben. Überall hatten die Deutschen unglaubliche Mengen von Minen und *Booby traps* aller Art ausgelegt. Sie mussten eine große Truppe hier oben eingesetzt haben, denn als wir weiter vordrangen, stießen wir überall auf verlassene Lagerplätze, umgeben von Minenfeldern und gespickt mit verbogenen Blech- und Eisenteilen, Autos, Panzern, Plakaten, Papier, zerbrochenem Glas und Bergen von Flaschen.

Norwegische Verstärkung war mit neuen Konvois via Murmansk zu uns gestoßen und in südliche Richtung über das Gebirge durch die Minenfelder zur samischen Stadt Karasjok vorgerückt, die näher an Schweden lag als wir. Mit Balchens Flugzeugen hatte Rørholt einen Funkertrupp über ihnen abgesetzt und sie waren dabei, den Flugplatz von Minen zu räumen. Fast täglich wurden Zivilisten oder Soldaten als getötet oder verletzt gemeldet und der Schnee und die weißen Birkenstämme zeugten von diesem Blutbad. Der Frontkrieg hier oben im Norden wurde nicht gegen lebende Feinde ausgetragen, sondern gegen das ganze mechanische Teufelszeug, das sie hier vergraben hatten. Eine verlockende Flasche, ein nützlicher Gebrauchsgegenstand, überhaupt alles konnte durch unsichtbare Drähte mit den teuflischen *Booby traps* verbunden sein, die dort ausgelegt waren, um mit einem unerwarteten Krachen einen Arm abzureißen, ein Gesicht zu verstümmeln, einen Körper zu zerfetzen.

An dieser modernen Front konnte Heldenmut beweisen, wer das ausgeklügelte Spielzeug des Teufels zur Explosion brachte, und die Sanitäter, die durch unsichtbare Labyrinthe aus diesem Teufelszeug liefen, um das Leben anderer zu retten. Der Feind kann im selben Moment dein Freund werden, wenn er den Befehl »Feuer einstellen« erhält. Aber für das mechanische Teufelszeug, das zu keinem anderen Zweck in die Erde eingegraben wird, als zu verstümmeln oder zu töten, ist Frieden ein unbekannter Begriff. Es steht so lange im Dienst des Bösen, bis es selber explodiert oder entwaffnet wird. Erst vor gut einer Woche hatten Freund und Feind aus Fleisch und Blut die Kampfhandlungen eingestellt. Ich habe es aufgeschrieben, um mich selbst zu mahnen, immer auf Seiten derer zu stehen, die für den Frieden arbeiten. Um später das Leben in vollen Zügen genießen zu können, mit Menschen aus allen Ländern und Gesellschaftsschichten, ohne noch einmal – von Freund, Feind oder dem eigenen Gewissen – gezwungen zu werden, den Tanz mit dem Teufel aufzunehmen.

Krieg und Frieden gingen für uns oben an der Nordfront unmerklich ineinander über. Am 6. Mai schrieb ich in das Tagebuch:

»Stabell rasierte sich gerade ... als wir vom Gebirge her ein

Krachen hörten. Es war unheimlich still, bis die Berge das Krachen zurückwarfen. Als ich aus dem Zelt kam, waren Leutnant Asbjørnsen und zwei Krankenträger auf dem Weg ins Minenfeld, wo überall unterm Sand oder zwischen herumliegendem Gerümpel unbekanntes Teufelszeug explodieren konnte. Ich lief mit ihnen in Richtung der Detonation. Als wir ein paar hundert Meter gelaufen waren, hörten wir bei einigen verbogenen roten Eisenskeletten, den Resten dessen, was einmal ein Hangar gewesen war, jemanden rufen. ›Rolf ist verletzt‹, stöhnte der, den wir fanden. Er selbst hatte Splitter in die Augen bekommen, und seine Nase war schwer entstellt ... Wir gelangten über eine Sandbank und dort lag ein Mann auf dem Rücken, etwa acht Meter von einem Bombentrichter entfernt. Die hellen Birkenstämme waren mit Schlamm und Blut bespritzt. Das Gesicht des Armen war von Schlamm und Blut verschmiert und das Haar war ein nasser Brei ... Er war bei vollem Bewusstsein und klagte über Schmerzen in den Beinen. Das Blut quoll durch die zerfetzte Hose. Wir nahmen ein Samenmesser und schnitten ihm Hose, Unterhosen und Strümpfe ab. Große offene Wunden waren voller Schmutz; es hatte keinen Zweck, hier irgendetwas zu säubern, so dass wir ihn nur provisorisch verbanden, um die schlimmste Blutung am Kopf und an den Oberschenkeln zu stoppen. Dann brachten die Krankenträger ihn auf unseren eigenen Fußstapfen im Gelände zurück.«

Schon am 7. Mai hatten wir über Funk ein unklares Gerücht aufgefangen, dass die Deutschen kapituliert hätten. Der Hornist lief auf den Lagerplatz und blies »Feuer einstellen!«, aber wir brachten ihn schnell zum Schweigen, denn die deutsche Vorhut lag direkt hinter dem nächsten Höhenzug im Westen.

Am 9. Mai lagen die deutschen Truppen und wir uns schussbereit zu beiden Seiten des Höhenzuges gegenüber, aber nur bei uns gab es ständig neue Verletzte und waren die Krankenträger im Einsatz. Dann hörten wir im Radio tausendstimmigen Jubelruf aus Oslo: Norwegische Streitkräfte aus England waren soeben gelandet und auf dem Wege in die Hauptstadt. Die Befreiung wurde vom norwegischen Volk in grenzenloser Freude gefeiert. Wir freuten uns mit den Unsrigen, lächelten uns aber doch etwas schief an, als wir den Kommentar des Sprechers unten im Süden hörten: »In diesem Augenblick betreten wieder die ersten norwegischen Truppen norwegischen Boden!«

Wir krochen aus dem Zelt und tanzten vor Freude, als wir einen einzelnen Samen den Berghang hinunterlaufen sahen, ein geschlachtetes Rentier auf dem Rücken.

»Es ist Frieden! Der Krieg ist vorbei!« rief ich ihm zu.

Er nahm seine Pfeife aus dem Mund und fragte: »Kæm som vainn?«, »Wer hat gewonnen?«

Ja, wer hatte gewonnen?

Viele von uns Soldaten haben sich das später auch gefragt. Genauso schnell wie die Rote Armee vom Teufel zum Engel wurde, als die Deutschen in die Sowjetunion einfielen, wurde sie auch wieder zum Teufel gemacht, als die Deutschen verschwanden. Und dann brauchten wir die Deutschen in der NATO, um uns gegen unsere vorherigen Befreier an der Nordfront verteidigen zu können. Keiner reagierte, als ich mich einige Jahre später für längere Zeit unter unseren ehemaligen Feinden in Italien niederließ, und ebenso natürlich war es, dass ich einen Deutschen, einen Sowjetrussen und einen Amerikaner auf der Fahrt mit dem Schilfboot *Tigris* dabei hatte.

Was ist aus dem Feind geworden?

Den tragen wir in uns, bis der Teufel ihn das nächste Mal durch seine magische Kraft aus uns herausholt, damit wir an seinem Hexentanz teilnehmen können. Dann ist es nicht so wichtig, wen wir uns als Feind aussuchen, Hauptsache wir haben jemanden, über den wir unseren von Kain ererbten Hass ausgießen können. Denn, wenn wir dem Bibelwort glauben dürfen, so hat er Abel erschlagen, und dann bleibt für uns kein weiterer Sohn Adams, nach dem wir geraten könnten.

Krieg und Frieden gingen für uns ineinander über. Tatsächlich kam am 13. Mai ein Befehl über Funk, »Feuer einstellen!«, aber mit dem überraschenden Zusatz, der Befehl gelte nur für Verbände von mindestens Divisionsgröße. Da es so viele norwegische Soldaten zu diesem Zeitpunkt in der Finnmark gar nicht gab, konnte er also für uns nicht gelten. An diesem Tag notierte ich, dass siebzig Minen gefunden wurden, als man einen einzigen Bombentrichter auf der Straße beseitigen wollte.

Stabell, den eine Mine ins Polarmeer schleuderte, als wir das erste Mal nach Murmansk kamen, hätte zusammen mit »Pettersen« alias Raabye und mir im Laufe der zwei Wochen, in denen wir tief im Inneren des Porsangerfjords das Zelt teilten, zum Himmel fahren können. Am 22. Mai schrieb ich in das Tagebuch: »Neuen Lagerplatz bezogen. Die Pioniere haben auf unserem alten ihr Lager aufgeschlagen. Heute machten sie eine Übung mit Minensuchgeräten und ihre Bestürzung war nicht gering, als sie direkt unter unserem alten Zelt eine große Tellermine unter dem Sand entdeckten.«

Eine Tellermine soll theoretisch gesehen nicht durch etwas so leichtes und »billiges« wie das Gewicht eines Menschen explodieren können, aber Theorien sind nicht immer wohlbegründet. Das zeigte auch ein Experiment, das ein soeben in Karasjok eingetroffener Offizier vornahm. Er legte eine deutsche Tellermine auf die Erde und erklärte seinen Soldaten, sie wäre auf das Gewicht eines teuren Panzers oder eines schweren Autos eingestellt. Um das zu beweisen, stellte er sich mit beiden Beinen auf die Mine, die dann wider Erwarten explodierte und zweiundzwanzig Tote und neun Verwundete auf dem Platz zurückließ. Einer unserer Fallschirmfunker war dabei gewesen und nahm Kontakt mit Rørholt in seinem Hauptquartier in Schweden auf. In Rekordzeit warfen er und Balchen zwei Ärzte und eine Krankenschwester mit dem Fallschirm ab. Sie landeten wohlbehalten in tiefem Schnee. Ehe in Karasjok ein Massenbegräbnis stattfinden konnte, musste der Friedhof von Landminen gesäubert werden.

Am 13. Juli, gut zwei Monate nachdem über Radio die Befreiung erklärt worden war, saß ich im Zelt und schrieb ein Entlassungsgesuch an das Heeresoberkommando in Oslo. Es wurde abgelehnt. Ich wäre in der Finnmark unentbehrlich. Dann beantragte ich zwei Wochen Urlaub, um Frau und Kinder, die aus Amerika zurückgekehrt waren, und meine alten Eltern zu besuchen, die ich sechs Jahre lang nicht gesehen hatte. Diesem Gesuch wurde stattgegeben.

Über Schweden kam ich in Richtung Süden nach Oslo und mit zwei Leutnantssternen am Kragen ging ich direkt zur Anmeldung des Oberkommandos, wo zwei Fähnriche mit jeweils einem Stern standen. Ich befahl ihnen, ein Entlassungsformular herauszusuchen, diktierte den Text, den sie eintragen sollten, und lieferte es gebührend abgestempelt im Nebenzimmer ab.

Einige Tage später, im Schoß der Familie, bekam ich mein eigenes Entlassungsformular mit der Post zugestellt, von zwei hohen Offizieren im Oberkommando des Heeres unterschrieben.

Ich war wieder Zivilist, ein freier Mensch mit eigenem Namen, ohne Nummer und Titel.

Keine Zeit nachzudenken

Mit offenen Augen lag ich wieder geborgen in der Hängematte in meinem kanarischen Garten. Die Erinnerungen an sinnlose Kriegstage verschwanden in dem dichten Laubwerk über mir und um mich herum – vielleicht verflüchtigten sie sich auch in den endlosen Labyrinthen des Gehirns, wo sie als unsichtbare Filmaufnahmen verborgen sind.

Als ich das Tagebuch mit den Aufzeichnungen über die Menschenjagd im Polarmeer wieder schloss, war mein *Aku-aku* verschwunden. Erschüttert und erschrocken dachte ich über meine Erinnerungen an Freund und Feind nach, die von dem Befehl besessen waren, einander zu töten. Als ich aber einen Blick auf die Uhr warf, wurde mir klar, dass nur meine Eile den unsichtbaren Begleiter verjagt hatte. Die Uhr ist wie eine Vogelscheuche; für einen *Aku-aku*, der in einer Welt lebt, wo ein Tag wie tausend Jahre ist und umgekehrt – genau wie in der Schöpfungsgeschichte und in Einsteins Berechnungen –, existiert die Zeit nicht.

Nie zuvor hatte es eine solche Geschäftigkeit gegeben und nie war die Zeit so schnell verflogen wie gerade jetzt, nur weil fünfzig Jahre vergangen waren, seit wir auf dem *Kon-Tiki*-Floß von Peru nach Polynesien getrieben waren. Die Uhrzeit, die mein ganzes Leben regierte, scheuchte mich aus der Hängematte, so dass meine beiden treuen vierbeinigen Freunde Kan und Oro erschraken, die eben noch friedlich unter mir geschlafen hatten. Gemeinsam gingen wir zum Haus. Sie hatten Zeit im

Überfluss, ich aber musste hinein und mich fertig machen. In der letzten Zeit war mein Reiseprogramm sehr gedrängt gewesen und kaum hatte ich nach Besuchen in Japan und den USA ausgepackt, als ich schon nach Peru und zur Osterinsel musste. Von friedlichen Mußestunden mit meinem *Aku-aku* ganz zu schweigen. Mit knapper Not konnte ich bei dem Tempo mithalten, in dem die Zeit schneller flog als Flugzeuge und Telefax.

Das fünfzigjährige Jubiläum der *Kon-Tiki*-Fahrt wurde viel mehr gefeiert als die Fahrt selbst. Damals wurde gewürdigt, dass wir alle lebend ankamen, aber anscheinend war das nichts gegen die Tatsache, dass seitdem fünfzig Jahre vergangen waren. Oft hatte ich ein schlechtes Gewissen, wenn ich unsere beiden Hunde und das wunderbare Pyramidental auf Teneriffa verlassen musste und Jacqueline mitschleppte in die Flut der Feiern und Reisen kreuz und quer über unseren geschrumpften Erdball, hoch über allen Weltmeeren, die mir doch so vertraut waren – und das alles nur, um zu feiern, dass es nun sehr lange her war, seit die Reise mit dem Floß nach Polynesien stattgefunden hatte.

Es ist immer entspannend, sich in einen bequemen Flugzeugsessel fallen zu lassen und zu wissen, dass es weder Verpflichtungen noch Verabredungen gibt, bis die Maschine landet. Ich fühlte mich wie zu Hause, als das Flugzeug über die Andenberge nach Lima schwebte und der endlose Stille Ozean sich unter uns erstreckte. Ich habe nicht gezählt, wie viele Male ich den Stillen Ozean besucht habe. Besonders die ganze südamerikanische Küste entlang von Chile, Peru und Ecuador und weiter nach Norden, an Mittel- und Nordamerika vorbei, bis nach ganz oben zum kanadischen Inselreich vor der britisch-kolumbischen Küste, wo nach meiner Überzeugung Steinzeitvölker Asiens auf ihrer Reise in die Neue Welt zwischengelandet waren, ehe Strom und Wind sie direkt Richtung Süden nach Polynesien führten. Dort war ich mit dem Schiff, mit dem Balsafloß und in den letzten Jahren oftmals auch mit dem Flugzeug hingekommen. Außerdem kannte ich nun auch das entgegengesetzte Ufer, die andere Seite des Meeres und der Weltkugel. Ich hatte Spuren der ersten Seefahrer auf Okinawa, auf Che-jo vor Südkorea und nicht zuletzt in Japan studiert. Dort war ich erst einige Wochen zuvor gewesen und hatte an der Tokio-Universität Vorlesungen über die Bedeutung der Meeresströme für die Völkerwanderungen im Stillen Ozean gehalten. Auf dem Rückweg zu unserem neu erworbenen Haus auf den Kanarischen Inseln, wo wir die Festkleider für das königliche Dinner des *Kon-Tiki*-Museums in Oslo packen mussten, kam ich über Washington, wo ich für die National Geographic Society rasch noch drei Jubiläumsvorträge zur Erinnerung an die Fahrt mit der *Kon-Tiki* hielt. All das ging mir durch den Kopf, als ich unterwegs nach Lima war, wo das Flugzeug nun auf der Landebahn aufsetzte und über die Landemarkierungen donnerte. Hier sollten wir den eigentlichen Tag der Abreise der *Kon-Tiki* aus einem Marinehafen, den 28. April 1947, feiern.

Die Erinnerungen strömten auf mich ein, ohne dass jemand nachhalf, und sie waren eindringlicher als bei allen anderen Besuchen, die ich hier nach der Floßfahrt gemacht hatte. Damals hatte ich mich gerade von der Uniform getrennt, wie von einem geliehenen Wolfspelz aus einem anderen Leben. Die Angst vor dem Wasser war ich erst wenige Jahre zuvor losgeworden. Bei der Abreise der *Kon-Tiki* waren die Kriegsveteranen Knut und Torstein dabei, außerdem Erik, mit dem ich als Junge Seeräuber gespielt hatte. Herman, über den ich in dem norwegischen Seemannslokal in New York gestolpert war, und der Schwede Bengt, der seinerseits über mich stolperte, als er im Kanu den Amazonas hochkam, während wir anderen mit dem Floß abfahrbereit in Lima lagen. Heute lebten nicht mehr alle: Torstein hatte seine Tage auf den grönländischen Eisfeldern beschlossen, Herman im Reich des Sonnengottes Kon-Tiki oben am Titicacasee und Erik in unserer gemeinsamen Geburtsstadt Larvik, wo wir beide von weiten Reisen in fremde Länder geträumt hatten. Nur Knut und Bengt waren übrig, Knut lebte als Rentner in Oslo, nachdem er sowohl das *Kon-Tiki*-Museum als auch das norwegische Heimatfrontmuseum aufgebaut hatte.

Unglaublich, dass so viele Jahre vergangen waren und dass ich heil über alle Meere und durch alle Stürme gekommen war, die diejenigen entfachten, die sich darüber ärgerten, dass das Floß so gut schwimmen konnte. Der Stille Ozean lag unverändert da und bog sich nach Westen hinter einem blauen Horizont, so wie ich ihm des erste Mal begegnet war, als ich mit dem Flugzeug von Ecuador nach Peru kam, um einen Ort zu finden, wo es die Dschungelhölzer gab, die uns übers Meer tragen sollten. Dort aber, wo einst die Hauptstadt Lima und die Hafenstadt Callao lagen, war eine neue gigantische Metropole herangewachsen, mit mehr als doppelt so vielen Einwohnern wie in meinem ganzen Vaterland. Dichte Reihen von Wolkenkratzern und Wohnblöcken hatten die wüste Landschaft geschluckt, die man damals durchqueren musste, um hinunter zum Hotel und zum Hafen zu gelangen. Verschwunden war in diesem Meer von Wolkenkratzern unser altes traditionsreiches Hotel Bolivar, das in meiner Erinnerung in einsamer Majestät wartend dalag, vor einem blauen Himmel zwischen niedrigen Häusern um die stilvolle *Plaza* der Kolonialzeit.

Nun wurde auch der beeindruckende Präsidentenpalast rücksichtslos von himmelhohen Betonmauern überschattet und von einem Netzwerk aus dichten Autoreihen zusammengeschnürt, die sich wie Schlangen um die Wohnviertel wanden, und die Viertel fraßen sich gierig und unersättlich durch die Ebene und schoben einen ständig zunehmenden Smog und Slum vor sich her auf die Wüstenberge zu. Reichtum und Armut wuchsen im selben Maße und im selben Tempo wie in anderen Entwicklungsländern. Parteipolitiker und wechselnde Regierungen in Peru versuchten, wie überall in der Welt, die Großstadtprobleme durch mehr Industrie und immer mehr Maschinen zu lösen. Auf diese Weise wurden immer mehr Wolkenkratzer für die Reichen gebaut und immer mehr Slums für die Armen, unabhängig von allen Berechnungen der Experten.

In den letzten Jahren war ich als Leiter der archäologischen Grabungen des *Kon-Tiki*-Museums in Tucumé an der Nordküste viele Male nach Peru zurückgekehrt. Nach mehreren Jahren in Italien war Peru für mich zu einem neuen Vaterland geworden, wo ich eine lange Reihe guter Freunde hatte – unter den Reichsten wie auch unter den Ärmsten. Die Veränderungen trafen mich deshalb auch nicht wie ein Schock, als ich dieses phantastische einstige Inkareich durch die Jubiläumsbrille sah. Und doch waren es nicht dasselbe Land und dieselben Menschen wie damals, als Herman und ich mit unseren neun schweren Balsastämmen aufkreuzten, um ein Floß nach Inka-Art zu bauen, und der Marineminister uns die Erlaubnis dazu verweigerte, weil er in Übereinstimmung mit dem Wissenschaftlichen Rat der National Geographic Society und allen anderen Experten in Sachen Seefahrt meinte, es sei Selbstmord, sich mit einem solchen Fahrzeug auf ein Weltmeer zu begeben. Jetzt – fünfzig Jahre später – war es gerade die Marine, die den Abreisetag des Floßes feierte, auch wenn die National Geographic Society in Washington ihr um einige Tage zuvorgekommen war. Aber erst sollte ein Empfang im Präsidentenpalast stattfinden, da es der damalige Präsident des Landes, Bustamante y Rivero, gewesen war, der dem Marineminister schließlich beschieden hatte, uns das Inka-Floß im Marinehafen bauen zu lassen.

In dem prachtvollen alten Palast saß diesmal ein Staatschef japanischer Herkunft. Präsident Fujimori war rechtmäßig vom Volk gewählt worden, war aber ein unbeschriebenes Blatt, weil die Bevölkerung, wie in vielen anderen Ländern, das Vertrauen zu den Gesichtern der bekannten Politiker verloren hatte. Obwohl völlig unbekannt, schaffte er es mit Wahlplakaten, die ein neues Gesicht ohne Blutsbande weder zu den Spaniern noch den Inkas zeigten, bis nach ganz oben.

Für niemanden war es leicht, in einem Land mit solch einer zusammengewürfelten Bevölkerung und Geschichte, wie dem einstigen Inkareich, zur Zufriedenheit aller zu regieren. Bislang waren mir fünf von denen begegnet, die es versucht hatten. Nur der Erste, der mir gestattete, die *Kon-Tiki* zu bauen, hatte seine Regierungszeit im Rufe eines Ehrenmannes beendet. Nach der

Begegnung mit Bustamante y Rivero kam es in meinem Haus in Oslo zu meiner zweiten Berührung mit peruanischer Politik. Einige Jahre nachdem ich mit heiler Haut von der *Kon-Tiki*-Expedition zurückgekehrt war, klingelte es eines Nachmittags an der Tür. Auf der Treppe stand 1132 Stenersen, mein fröhlicher Künstlerfreund aus Kriegszeiten von der Rekrutenschule in Kanada, der als untauglich für die weitere militärische Ausbildung erklärt worden war, weil er auf seinem Menschenrecht bestand, zum Morgenappell mit roter Künstlerkrawatte anzutreten. Ich erkannte ihn an seinem breiten Lächeln und derselben breiten Krawatte wieder, wohingegen mir der kleine, untersetzte Ausländer neben ihm unbekannt war.

Ein netter Kerl, erfuhr ich, den er in einer Bar getroffen habe, und der mich gern kennen lernen wolle, weil er aus dem Land kam, vom dem aus ich mit dem *Kon-Tiki*-Floß aufgebrochen war.

Bei einer Tasse Kaffee im Kaminzimmer wollte unsere neue Bekanntschaft gern wissen, wen ich in seinem Heimatland kannte. Etwas beklommen, den Eindruck zu erwecken, aufzuschneiden, konnte ich keine anderen Namen nennen als den des Marineministers, der mir die Fahrt erst untersagt hatte, und des jungen sportlichen Luftfahrtministers, der mir eine Audienz im Palast verschafft hatte.

»Zwei meiner besten Freunde«, antwortete der kleine Mann bescheiden. Soso, dachte ich – und tat, als würde ich ihm glauben. Danach konnte ich es mir nicht verkneifen, den Namen des Präsidenten zu erwähnen.

»Ich war es, der ihm zur Wahl verholfen hat«, kam es genauso ruhig von meinem Gast. Ich musste ihn bitten, seinen Namen zu wiederholen, der mir entgangen war.

»Victor Raúl Haya de la Torre«, war die Antwort. Hier saß also der Mann, der in den dreißiger Jahren die APRA (Alianza Popular Revolucionario Americana) gegründet hatte, jahrelang die größte politische Partei Perus. Er selbst war im Exil und hatte sich lange genug in Norwegen aufgehalten, um gebrochen Norwegisch zu sprechen.

Mit dem jungen charismatischen Riesen Alan Garcia auf dem Präsidentenstuhl besaß die APRA die Regierungsmacht, als ich Ende der Achtziger wieder nach Peru kam und um Erlaubnis nachsuchte, in Tucumé archäologische Grabungen vorzunehmen. Weder der Präsident noch sonst jemand aus der Regierung hatte damals den Namen Tucumé gehört, und weder das Dorf noch der große Pyramidenkomplex, der daneben lag, waren auf der Wandkarte vermerkt, die der Kultusminister herunterließ. Als wir aber mit den Grabungen begannen und in der Spitze der größten Pyramide die Mumie des letzten hiesigen Vizekönigs der Inkazeit fanden, wurde der Präsident neugierig. Der einstige Vasallenkönig saß hoch über der Ebene in seinem Grab, mit farbenprächtigem Federumhang, *Tumu*-Zepter und Essenskrügen sowie einer Krone aus Silber auf dem Kopf und kräftigen Silberpflöcken in den lang gezogenen Ohrläppchen. Den Legenden nach, wie sie die ersten spanischen Eroberer aufschrieben, die hier vorüberzogen, waren diese Pyramiden von einem Enkel König Naymlamps erbaut worden, der mit seinem Gefolge an Bord von Balsaholzflößen von Norden die Küsten heruntergesegelt war. An einer Tempelmauer fanden wir prachtvolle Reliefs großer Schilfboote, von mystischen Männern mit Vogelköpfen gesteuert – genau wie an den Tempelwänden in Ägypten und an den Felsen der Osterinsel.

Dies weckte nun doch das Interesse des wissbegierigen jungen Präsidenten, und so blieben Alan Garcia und sein Stab als Wochenendgäste in dem einfachen, aber geräumigen Adobehaus aus sonnengebrannten Lehmblöcken, das ich für mich und meine ausländischen Mitarbeiter direkt neben den Pyramiden errichtet hatte.

Noch nie hatte jemand in Tucumé oder dem Wüstental Lambayeque so viel Polizei und Militär in unterschiedlichen Uniformen gesehen. Sie verbrachten die Nacht außerhalb oder innerhalb der Umzäunung, auf dem Dach, im Gebüsch, in Ställen und Schuppen und im Hühnerstall. Sechs Kilometer Telefonkabel wurden bis Tucumé und in das Schlafzimmer des Präsidenten verlegt. Bei den Mahlzeiten wurde es zwischen den Wänden und unserem langen Esstisch etwas eng für all die Bediensteten und die Musiker, die der Präsident zu unserer Unterhaltung mitgebracht hatte, während unsere kleine Köchin aus Tucumé in der Küche zwischen den professionellen Kochkünstlern, die Gerichte zubereiteten, die sie noch nie gesehen hatte, fast verschwand.

Früh am nächsten Morgen wurde unser treuer einheimischer Fahrer Pizarro nach dem bevorzugten Frühstücksgebäck des Präsidenten in die nächste Stadt geschickt. Als die Eskorte innerhalb des Lagerplatzes für die vormittägliche Fahrt zu den Pyramiden bereitstand, saß Pizarro schon am Lenkrad des großen Expeditionsautos, mit dem er gemeinsam mit mir in meinem Wagen die Führung übernehmen wollte. Aber kaum hatten alle das Haus verlassen, wollte der Präsident wissen, in welchem Auto ich fahren würde, und als ich auf meinen viertürigen Pick-up deutete, ging er zum Expeditionsauto, zog den verschreckten Pizarro vom Fahrersitz und nahm ihn selbst ein. Mit mir an seiner Seite ließ er den Motor an, was den verantwortungsbewussten Pizarro derart verwirrte, dass er auf den Rücksitz sprang, um die Situation wenigstens ein bisschen unter Kontrolle zu haben. Mit voller Fahrt hielt der autobegeisterte junge Präsident auf das Tor der Ausfahrt zu, so dass der Wüstensand aufwirbelte und die Motorradeskorte mit aufheulenden Motoren eine Abkürzung durch die Algarobe-Bäume nehmen musste, in dem vergeblichen Versuch, sich an die Spitze des Zuges zu setzen. Doch die Torwache hatte schnell den Schlagbaum öffnen können. Draußen stand die Bevölkerung von Tucumé dicht zusammengedrängt, um einen Blick von ihrem Präsidenten erhaschen zu können und ihn willkommen zu heißen. Die jubelnde Menge wird wahrscheinlich nie den Schreck vergessen, den sie bekam, als die Eskorte wie bei einem Autorennen donnernd zum Tor herausschoss, der Präsident persönlich am Steuer des ersten Wagens und der berühmte Sohn der Stadt, Pizarro, verlegen auf dem Rücksitz, ihnen zurückwinkend.

Nur einige Wochen nachdem uns der populäre Präsident besucht hatte, standen in Peru Neuwahlen an. Die APRA verlor, und als Folge diverser Beschuldigungen, die auf ihn niederprasselten, musste Alan Garcia außer Landes fliehen, um nicht verhaftet zu werden. Unter all den Wahlplakaten mit Bildern von ihm und anderen weithin bekannten Politikern war ein völlig unbekanntes japanisches Gesicht aufgetaucht, und die Mehrheit der Wähler hatte ihn gewählt. In Peru, wie überall in der Welt, hatten die meisten aufgehört, den Wahlversprechen der Politiker, die sie kannten, zu glauben.

Und so war nun, am 28. April 1997, auf den Tag genau fünfzig Jahre nachdem das *Kon-Tiki*-Floß vom Marinehafen in Peru aufs Meer hinaus geschleppt worden war, Alberto Fujimori der Präsident, den ich im Palast kennen lernen sollte. Diese Begegnung war auch deshalb so interessant, weil Fujimori erst sechs Tage zuvor die Terroristenaktion in der japanischen Botschaft, wo die Jubiläumsgäste 126 Tage lang eingesperrt gewesen waren, mit Pulver und Blei hatte beenden lassen. Seit dem dramatischen Ende der Tragödie hatte ihn keiner in der Öffentlichkeit gesehen. Erwartungsgemäß wurden der norwegische Botschafter und ich im Inneren des Palastes nicht von einem fröhlichen Mann und lebhaften Worten empfangen, sondern von einem Präsidenten Fujimori, der uns, stramm wie ein Soldat und mit einem unergründlichen Gesichtsausdruck, zu einer Erfrischung Platz zu nehmen bat. Oft dauert es eine Weile, ehe es bei solchen reinen Höflichkeitsvisiten zu einem Gespräch kommt. Aber das Eis war gebrochen, als ich den Präsidenten daran erinnerte, dass wir uns schon früher begegnet waren, als wir durch ein Missverständnis sitzen geblieben waren und rohen Fisch vom selben Teller gegessen hatten.

Es lag schon einige Jahre zurück; ich kannte Jacqueline noch nicht. Es war die Zeit, als Peru von einer Choleraepidemie heimgesucht wurde und das Gerücht umging, sie würde sich mit den Fischen an der Küste ausbreiten. Das war keine lustige Zeit in Tucumé. Unsere Küchenhilfe lag mit Typhus darnieder und

Pizarro hatte sich gerade erst von einem Choleraanfall erholt, als er mich zum Abschiedsessen für den Dorfpriester fuhr, der wegen Bombendrohungen fliehen musste. Die Terrorgruppe Leuchtender Pfad markierte ihre Anwesenheit in Tucumé, indem sie ihre Flagge auf die nächste Pyramide pflanzte. Padre Pedro hatte eine schriftliche Drohung erhalten, seine Priesterwohnung würde in die Luft fliegen, und danach den Befehl des Bischofs, das Dorf für ein Jahr zu verlassen.

Nach dem Abschiedsessen beim Priester erhob ich mich, gut gesättigt von Zicklein und Maisbier, als Flöten und Trommeln aufspielten, damit ich den Tanz mit einer *Marinera*, einer Mischung aus spanischem Stierkampf und einem norwegischen Hallingtanz, eröffnen sollte. Ich entwischte mit knapper Not, da ich aus dem Fischerdorf Santa Rosa unten an der Küste eine Nachricht erhielt mit der Einladung, um 15 Uhr zu »einer Überraschung« zu erscheinen. Unterschrieben: »Nicolás, Präsident der Union der Schilfbootfischer«.

Pizarro wartete schon mit dem Auto und ich lud meine Tischdame ein mitzukommen. Sie war eine einheimische Architektin und fertigte Pläne von den Ruinen an, die wir ausgruben. Wie ich glaubte auch sie, dass uns eine Regatta der Fischer erwartete, wie sie rittlings auf ihrem *Caballito* aus Schilf aufs Meer hinauspaddelten. Ich hatte ein besonderes Verhältnis zu den Fischern, seit sie öffentliche Unterstützung für den Anbau des aussterbenden *Totora*-Schilfs erhielten, das sie wie ihre Vorfahren zum Bau ihrer billigen Fischereifahrzeuge benutzten.

Doch unten an der Küste stand die Polizei und versperrte uns den Weg nach Santa Rosa. Wir kamen nicht durch, egal wie oft Pizarro beteuerte, ich sei der Ehrengast. Schließlich fuhr er einen Umweg und kam über eine Seitenstraße hinunter zur Hauptstraße. Dort war es schwarz vor Menschen. Eine Blaskapelle mit Kontrabass und großen Trommeln marschierte die Straße entlang und wir waren zu spät gekommen, um mitzumarschieren. Ich drängte mich durch die Volksmenge und zog die Dame hinter mir her. Mit Mühe gelang es uns, vor der Musikkapelle in die Reihe zu schlüpfen, wo wir dann erleichtert mitmarschierten, im Takt mit der kleinen Gruppe vor uns. Und plötzlich entdeckten wir, dass einer von ihnen Präsident Fujimori war, in Begleitung des Dorfbürgermeisters.

Es war zu spät, sich zurückzuziehen. Zu beiden Seiten standen dicht gedrängt jubelnde Menschen. Es gab keine andere Möglichkeit als vorwärts zu gehen, flankiert von Winkenden und die Musik im Nacken. Am Rathaus wurden nur der Präsident und der Bürgermeister eingelassen. Wir blieben draußen, eingezwängt in der Menschenmenge. Ich schaute hoch und sah auf einem kleinen Balkon direkt über unseren Köpfen die beiden stehen. Der Bürgermeister blickte herunter, direkt zu mir hin, der pflichtschuldigst dastand und wie alle anderen winkte. Plötzlich war er weg, tauchte neben mir auf und beschied mir leise, im Dorfrestaurant zu warten. Und dann war er auch schon wieder oben beim Präsidenten. Es gelang uns, zum Restaurant vorzudringen, wo bereits zwei lange Tische und viele Menschen waren. Alle hatten sich um den einen gesetzt, an dem kein Stuhl mehr frei war. So setzten wir uns an die Längsseite des anderen, der noch vollkommen leer war.

Da saßen wir nun und wiesen jegliche Bewirtung zurück, denn wir waren von dem Essen bei dem Priester noch satt. Dann ging die Tür auf, und herein kam Fujimori mit seinem jungen Sohn, in Begleitung des Bürgermeisters, der die beiden uns gegenüber platzierte und sich dann respektvoll zurückzog.

Tatsächlich eine Überraschung, dachte ich, ehe mir klar wurde, dass das ganze auf einem Missverständnis beruhte. Doch Fujimori bemerkte den Irrtum offensichtlich nicht, auch wenn er nicht gerade erfreut zu sein schien, als ich mich vorstellte. In der Ansicht, dies sei so geplant, begann er, sich mit seinem Sohn auf Japanisch zu unterhalten, während sich beide mit Wolfshunger über ihre Portion *Seviche,* roher Fisch, auf peruanische Weise mariniert, hermachten, das Leibgericht des Präsidenten ...

Nach einer peinlichen Stille war es dann plötzlich, als hätte sich der Präsident eines Besseren besonnen, und er fragte, ob ich an Bord der *Kon-Tiki* gewesen wäre. Als ich das bejahte, bekam erst der Sohn eine lebhafte Erklärung auf Japanisch, danach schob der Präsident seinen Teller zu mir herüber, damit wir zusammen essen könnten. Vergeblich versuchte ich auf Spanisch und mit einfachen Gesten zu versichern, dass ich satt wäre, dass wir bereits gegessen hätten, aber es half nichts. Also aßen wir rohen Fisch von einem gemeinsamen Teller – und das in der Zeit der Choleraepidemie –, während mir immer klarer wurde, dass gewiss ein Missverständnis vorliegen musste. Aber das Gespräch kam schnell auf die Nahrung aus dem Meer und die Abnahme seiner Ressourcen und ich machte viel wett, als ich seine Theorie unterstützte, die Cholera käme nicht mit den Fischen aus dem Meer, sondern mit dreckigen Lastwagen über Land. Tucumé und alle Ortschaften an der Landstraße waren verseucht, während die Fischer an der Küste unterhalb von uns verschont geblieben waren.

Dann erblickte ich die Zipfelmütze von Nicolás und sämtliche Fischer des Ortes, die von draußen durch das Fenster hereinsahen; offensichtlich war es nur die Elite der Stadt, die stumm am anderen Tisch saß. Langsam wurde mir klar, dass nicht der Präsident die »Überraschung« war, die mich erwartete. Er war lediglich mit dem Hubschrauber hergekommen, um in aller Ruhe mit seinem Sohn rohen Fisch zu essen, und dann hatte der Bürgermeister mich durch ein Versehen mittenhinein gesetzt, weil ich im Gefolge des Präsidenten marschiert war.

Allmählich nahm die Komik überhand, als ich sah, dass sich die Tür langsam einen Spalt weit öffnete und eine sehr kleine ältere Dame auf Zehenspitzen zu mir hergeschlichen kam. Doña Perla! Eine Feuerseele aus einer ganz anderen Gesellschaftsschicht als die, für die sie arbeitete, wenn sie sich dafür einsetzte, die Verhältnisse der Schilfbootfischer zu verbessern. Fast unmerklich steckte sie mir einen Zettel zu und ich konnte gerade noch nicken, ehe sie wieder hinausschlich.

»Kannst du Nicolás dem Präsidenten vorstellen?«, stand auf

dem Zettel. Um nichts in der Welt konnte ich ihr die Bitte ausschlagen.

Dann kam Nicolás in steifer Ehrerbietigkeit und mit der Mütze in der Hand zur Tür herein. Er stellte sich neben den Präsidenten, der sich erhob, als er sah, dass ich es auch tat. Was sollte ich nun sagen?

»Dies ist der Präsident der Union der Schilfbootfischer«, sagte ich. »Und dies ist der Präsident von Peru.«

Mehr wurde eigentlich nicht gesprochen. Aber Nicolás fühlte sich im siebten Himmel, als er sich wieder den anderen draußen anschloss. Und als der Präsident fast ebenso satt war wie ich und auf seinen Hubschrauber zusteuerte, wurde ich von den Fischern im Triumph zum Strand hinuntergetragen. Dort wartete dann auch die Überraschung: all die prächtigen Schilfboote, die zur Regatta bereitlagen. Erst aber mussten wir noch in der Bar der Fischer vorbeischauen, denn nun hatte Nicolás den Präsidenten kennen gelernt.

Fujimori vergaß seinen Präsidentenkollegen Nicolás nicht. Er schenkte ihm und den Fischern, die mit *Caballitos* fischten, einen nagelneuen Lastwagen für den Transport von sauberem Fisch. Und Doña Perla brachte die Regierung dazu, den Neuanbau von *Totora*-Schilf zu unterstützen und den Wohlhabenden dort keine Baugenehmigungen zu erteilen, wo Nicolás' Kollegen gewöhnlich Schilf ernteten.

Fujimori war aufgetaut und hatte wieder menschliche Züge angenommen, als der Botschafter und ich uns für die Audienz bedankten. Jetzt mussten wir schleunigst ins Nationalmuseum, wo anlässlich des Jubiläums am selben Vormittag eine Sonderausstellung mit Modellen und Fotos von den Fahrten der *Kon-Tiki* und der *Ra* eröffnet werden sollte. Halb im Spaß fragte ich, ob der Präsident kommen würde, und bekam als Antwort erwartungsgemäß ein schiefes Lächeln.

Die Ausstellung war direkt hinter dem großen Vestibül aufgebaut, wo sich bereits die Gäste drängten, als wir ankamen. Sie machten uns Platz. Jacqueline stand mit dem Museumsdirektor und unserem guten Freund Generalkonsul Stimman wartend am Podium, nervös, wir könnten zu spät kommen. Die vielen Menschen hatten gerade wieder ihren Platz eingenommen, als Rufe von Polizei und Knattern von Motorrädern alle veranlassten, sich umzudrehen und erneut Platz zu machen. Herein kam ganz allein Präsident Fujimori. Er ging direkt auf den Museumsdirektor zu, der ihn auf das Podium begleitete und augenscheinlich genauso überrumpelt war wie wir anderen.

So wurde die Ausstellung also vom Präsidenten eröffnet, der sich lange Zeit nicht in der Öffentlichkeit gezeigt hatte bis zu dieser Rede über die *Kon-Tiki*-Expedition, ihren Zweck und ihre Ergebnisse, und dann mit einer Schere, mit der er die Seidenschnur durchtrennte.

Für uns, die für den Empfang im Museum dankten, waren die Jubiläumsfeierlichkeiten noch nicht vorüber, als wir die Champagnergläser abstellten und der Präsident in seinen Palast zurückfuhr. Die eigentliche Abfahrt der *Kon-Tiki* war vom Marinehafen in Callao aus geschehen und dorthin sollte es nun gehen. Das Historische Institut der Marine hatte anlässlich des fünfzigsten Jubiläums der Expedition ein kleines Buch von mir über präkolumbische Schifffahrt in Peru herausgegeben. Jetzt hatte die Admiralität an der Stelle, wo das Floß damals zu Wasser gelassen worden war, ein Arrangement vorbereitet.

Mit dem Auto des Generalkonsulats nahmen wir die Kurven in einem Tempo, dass wir uns gut festhalten mussten, und gleich hinter dem großen Tor im Marinehafen, ganz genau an der Helling zwischen den Mauern, wo die *Kon-Tiki* in ihr Element geglitten war, stand schon das Marineorchester bereit aufzuspielen.

Es war feierlich. Aus gegebenem Anlass war am oberen Ende der Helling eine kleine Tribüne aufgebaut worden, die schon mit Marineoffizieren in makellosen weißen Uniformen besetzt war, mit Gold an den Schultern und Ordensbändern an der Brust.

Zwischen den Admirälen in der ersten Reihe waren Stühle für Jacqueline und mich freigehalten.

In der Eröffnungsrede von Admiral Arrospide, Präsident des Historischen Instituts der Marine, wurden wir an die historische Tatsache erinnert, dass eben von diesem Hafen aus die Inseln des Stillen Ozeans entdeckt worden waren oder, wie er sich ausdrückte, »zum ersten Mal von Europäern besucht wurden«. Nach der Eroberung des Inkareichs erfuhren die Spanier von seinen Historikern, dass sie nach einer Fahrt von mehreren Monaten übers Meer auf bewohnte Inseln stoßen würden, die bisher kein Europäer besucht hatte. Der Geschichtsschreiber Sarmiento de Gamboa sammelte so genaue Segelanweisungen zu diesen Inseln, dass er den spanischen Vizekönig in Peru dazu bewog, zwei Expeditionen unter dem Kommando von Alvaro des Mendaña und mit ihm selbst als Lotsen auszurüsten. Die erste Expedition erreichte 1567 Melanesien, die zweite 1595 Polynesien.

Der Admiral deutete auf eine Bronzetafel mit einer Inschrift zur Erinnerung an die Mendaña-Expeditionen an der Mauer links von der Helling. Auf der entgegengesetzten Seite war ein Vorhang angebracht. Er bat mich, hinunterzugehen und den Vorhang zur Seite zu ziehen. Als ich es tat und der Text sich als Erinnerung an die Fahrt der *Kon-Tiki* 1947 von Callao nach Raroia in Polynesien erwies, setzte das Militärorchester mit der norwegischen und der peruanischen Nationalhymne ein.

Dies war zu viel für meinen *Aku-aku*, der sich im Palast und auch im Museum ruhig verhalten hatten.

Was kannst du noch mehr verlangen?

Und ich spürte einen Kloß im Hals.

Aber man soll sich nie zu sicher fühlen. Die Feierlichkeiten endeten mit Folgendem: Ein elfköpfiges russisches Fernsehteam war anlässlich des Jubiläums aus Moskau hergekommen; Interviewer war mein guter Freund Juri von den drei Schilfbootfahrten. Ich hatte versprochen, sie zu begleiten, sowohl zu den

Pyramiden in Tucumé als auch zu den Statuen auf der Osterinsel; und für die Fahrt zu den Pyramiden hatten die Russen ein kleines Flugzeug gechartert. Ein norwegischer Journalist gab keine Ruhe, bis er gegen Bezahlung den einzigen freien Platz bekam.

Die Nacht brach herein und ich schaute auf den dunklen Stillen Ozean hinunter, während wir nach Norden flogen und die Lichter von Land zur Rechten hatten. Kurz danach entdeckte ich, dass die Lichter rechts verschwanden und linker Hand auftauchten. Ich begriff, dass wir mit Höchstgeschwindigkeit dahin zurückflogen, wo wir hergekommen waren, und hoffte nur, wir würden den Flugplatz erreichen, ehe wir im Meer landeten, wo keine Balsastämme zu unserer Rettung bereitlagen.

Als wir heil auf dem Boden gelandet waren, erfuhren wir, ein anderes Flugzeug stehe bereit, mit uns aufzusteigen, wir müssten aber auf einen neuen Piloten warten. Während Jacqueline und ich geduldig mit den Russen zusammen warteten, ging der Journalist zum Flugzeug und sah es sich an. Durch seine Zeitung erfuhren wir später, dass das Benzin in Kaskaden unter dem Motor ausgelaufen war. Wir waren – ohne darauf vorbereitet zu sein – dem Tod näher gewesen als fünfzig Jahre zuvor bei unserer Abreise von Callao mit dem Balsafloß.

David und Goliath

Die Jubiläumsfeierlichkeiten waren noch nicht beendet, als wir auf dem Flugplatz in Callao notlandeten. Sie gingen unvermindert weiter. Nachdem wir mit den emsigen Russen in die nächste Maschine gestiegen waren, machten wir einen Abstecher nach Norden zu den Pyramiden in Tucumé und flogen dann in südlicher Richtung nach Santiago de Chile und weiter bis zur Osterinsel, alles innerhalb von zwei Tagen.

Den Legenden in dieser einsamsten Siedlung der Welt zufolge hatten die Vorfahren der Einwohner zwei Monate für ihre Fahrt nach Westen gebraucht, dem Sonnenuntergang entgegen, als sie mit ihrem König Hotu Matua und seiner Königin Ava-rei-pua nach einem verlorenen Krieg in ihre ursprüngliche Heimat flüchteten. Die Zeiten ändern sich, nicht aber die Menschen. Es fällt uns modernen Menschen genauso schwer zu glauben, dass die Leute damals eine Fahrt von zwei Monaten bewältigen konnten, wie sie es sich hätten vorstellen können, dass wir die Küste des ganzen Inkareichs hinauf und herunter und bis hin zur Osterinsel in zwei Tagen fliegen konnten.

Die Riesenstatuen standen noch genauso geduldig da wie früher und warteten auf uns. Das russische Kamerateam war mit den steinernen Riesen vollauf beschäftigt und so hatte ich Zeit für mich, in vertrauter Umgebung abzuschalten und noch einmal auf den verlassenen Steinbruch im Vulkankegel Rano Raraku zu klettern.

Als ich zum ersten Mal mit meinem eigenen Expeditions-

Liv und Thor jr. beim Angelausflug in Britisch-Kolumbien, 1940.

Links: Thor mit Thor jr., 1940.

Unten: Clayton Mack und Thor auf dem Rückweg von der Bärenjagd im Bella-Coola-Tal, 1940.

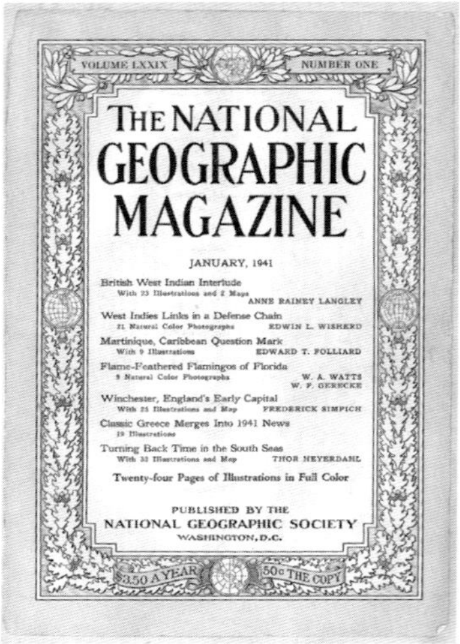

VOLUME LXXIX NUMBER ONE

THE NATIONAL GEOGRAPHIC MAGAZINE

JANUARY, 1941

British West Indian Interlude
With 23 Illustrations and 2 Maps — ANNE RAINEY LANGLEY

West Indies Links in a Defense Chain
21 Natural Color Photographs — EDWIN L. WISHERD

Martinique, Caribbean Question Mark
With 9 Illustrations — EDWARD T. FOLLIARD

Flame-Feathered Flamingos of Florida
9 Natural Color Photographs — W. A. WATTS, W. F. GERECKE

Winchester, England's Early Capital
With 25 Illustrations and Map — FREDERICK SIMPICH

Classic Greece Merges Into 1941 News
19 Illustrations

Turning Back Time in the South Seas
With 32 Illustrations and Map — THOR HEYERDAHL

Twenty-four Pages of Illustrations in Full Color

PUBLISHED BY THE
NATIONAL GEOGRAPHIC SOCIETY
WASHINGTON, D.C.

$3.50 A YEAR 50c THE COPY

Der Künstlersoldat Bjørn Stenersen und Thor 1942 auf einer Bootsfahrt am Lager im Muskokawald.

Im Januar 1941 publizierte Thor Heyerdahl seinen ersten Artikel in *National Geographic.*

Links: Vater, Söhne und das Bärenjunge Peik.

Unten: Das Bärenjunge Peik spielt mit Bjørn (»Bamse«) außerhalb des Lagers Vesle Skaugum im Muskokatal in Kanada, 1942.

Winterübung in Little Norway, 1943.

Links: Leutnant Heyerdahl in Uniform. Thor und das Bärenjunge Peik, 1943.

Titel mit der *Kon-Tiki*-Expedition im *Life Magazine,* 1947.

Thor Heyerdahl nach überstandener *Kon-Tiki*-Fahrt auf Raroia, 1947. Das Ruderblatt, von Thor geschnitzt, stellt bärtige Männer aus Mexiko und Peru dar.

Thor Heyerdahl 1967 beim zwanzigjährigen Jubiläum der *Kon-Tiki.*

Die Mannschaft an Bord der *Kon-Tiki,* Herman Watzinger, Knut M. Haugland, Torstein Raaby, Bengt Danielsson und Thor. Das Foto wurde von Erik Hesselberg aufgenommen.

Unten: Meinem Freund Thor Heyerdahl. Gruß vo Häuptling Teriieroo.

Links: 1962, Heyerdahl nimmt die Vega-Medaille vom schwedischen König Gustav VI. Adolf entgege

Thor Heyerdahl mit Lex »Tarzan« Barker in Hollywood.

Mit seiner Tochter Anette vor einem Modell der *Kon-Tiki*.

Auf dem Rücken einer Schildkröte. Galapagos-Expedition, 1952–53.

Thor Heyerdahl heiratete 1949 Yvonne Dedekam-Simonsen.

schiff und vier professionellen Archäologen hergekommen war, hatte es uns viele Monate gekostet, mit diesen versteinerten Riesen oben in den Bergwänden und unten am Fuß des Vulkans ins Gespräch zu kommen. Oben am Berghang und an den Kraterwänden im Inneren des toten Vulkans lagen sie in alle Richtungen gekehrt, hielten die Hände auf den Bauch und starrten dabei blind in den Himmel, wie ungeborene Kinder der Bildhauer. Aber unten, am Fuße des Vulkans, standen sie aufrecht, mit zusammengepressten Lippen, bereit, sich auf den Weg zu machen, sobald ihre Schöpfer ihren Rücken fertig poliert hatten.

Ich suchte mir einen Platz auf einem Absatz mit Aussicht über die Ebene, wo ich damals einmal neben einem Steinsockel ausgestreckt geschlafen hatte. Welches Meisterwerk, künstlerisch wie technologisch! Die Kunst, diese Steinkolosse zu formen, zu transportieren und auf die Plattformen überall im Gelände zu stellen, hatten König Hoto Matua und seine Männer seit der Ersten Periode auf der Insel beherrscht – das hatten unsere Ausgrabungen gezeigt. Als ich jetzt oben im Steinbruch saß, strömten die Erinnerungen von damals auf mich ein, als die Nachfahren der Langohren uns gezeigt hatten, wie ihre Vorfahren diese Riesen mit spitzen Handbeilen aus hartem Basalt geschaffen und mit Hilfe von Stangen und Steinen aufgerichtet hatten. Viele Jahre später hatten wir durch eigene Experimente ihre Legenden bestätigen können, dass die Statuen dorthin »gewandert« waren, wo die Bildhauer sie haben wollten. Alles, was sie brauchten, war etwas Unterstützung von einer geringen Anzahl Transportarbeiter, die sie mit Hilfe von Tauen langsam vornüber in eine aufrechte Stellung kanteten.

Jetzt kam Jacqueline zu meinem Versteck hochgeklettert. Sie wollte wissen, wo die Statue stand, auf deren Körper ein Schilfboot mit drei Masten eingraviert war. Sie wusste, dass die Entdeckung dieses versteinerten Seemanns mit einer Tätowierung seines Fahrzeugs auf der Brust mich nach meiner ersten Osterinsel-Expedition dazu inspiriert hatte, den Atlantik und den

Indischen Ozean in einem Schilfboot zu überqueren. Außerdem war sie dabei gewesen, als sich der Schilfboot-Ring in Peru schloss. Damals, als Alfredo uns rief, während er sich in Tucumé an einer Tempelmauer entlang in die Tiefe grub und ein Relief mit Vogelköpfen freigelegt hatte. Erst Vogelköpfe, die, wie sich bald herausstellte, Menschenkörper mit Armen besaßen. Und dann, als er vorsichtig mit Grabkelle und Pinsel den Sand entfernte, sahen wir, dass diese Vogelmänner an Deck eines Schilfbootes standen, mit ganzen Reihen von Ruderblättern im Wasser.

Ich begriff, dass es Jacqueline sehr viel bedeutete, auf die Osterinsel zu kommen, die ein so wesentlicher Teil meines früheren Lebens gewesen war. Ich sah, wie sehr sie sich darüber freute, alle Orte kennen zu lernen, von denen ich erzählt hatte, ihr und in meinen Büchern. Vor allem war es ihr wichtig, die noch lebenden meiner ursprünglichen Osterinsel-Freunde zu treffen. So wurde sie eine gute Freundin des alten Lazarus, der einst die Langohren angeführt hatte, als sie die große Statue aufrichteten, die bis 1956 am Fuße ihrer Tempelplattform in der Anakena-Bucht mit dem Gesicht nach unten gelegen hatte. Sie war die erste der ungefähr sechshundert *Ahu*-Statuen auf der Insel, die wieder aufgerichtet wurden, nachdem die Kurzohren in Zusammenhang mit dem Aufstand gegen die Langohren, nur wenige Generationen vor der Ankunft der Europäer, alle umgestürzt hatten.

Ein Freudenruf verriet, dass Jacqueline die Statue mit den Schiffszeichnungen gefunden hatte. Sie hatte Glück – und ich auch, denn durch einen reinen Zufall waren wir mit den Russen einen Tag ehe ein großes Schilfschiff mit drei Masten in der Anakena-Bucht vom Stapel laufen sollte, wo König Hotu Matua seinerzeit gelandet war, auf die Insel gekommen. Mein spanischer Freund Kitin Muñoz hatte es nach dem Schilfschiff auf der Statue gebaut und es war genauso groß wie die *Santa Maria* des Kolumbus. Jetzt lag das goldene Schilfschiff *Mata Rangi* dümpelnd als Verkörperung des Dreimasters auf der Brust des Steinriesen in der Bucht.

Einige Wochen später sollte sich zeigen, dass meine Sorge berechtigt gewesen war, als ich darauf hinwies, dass Kitins Riesenschiff entlang der Reling zu beiden Seiten ein dickes Tau fehlte, das verhindern sollte, dass die kurzen Schilfstängel auf hoher See auseinander gezogen wurden. Dieses Tau hatte ich nach Abbildungen auf ägyptischen Tempelreliefs und den Steinskulpturen in den Höhlen der Osterinsel eigenhändig bei meinen drei Schilfschiffen angebracht. Drei Tage nachdem Kitin und seine Mannschaft vom Titicacasee und aus Polynesien auf das große Meer gekommen waren, brach ein Sturm mit gewaltigem Seegang los und die Wogen teilten das Schiff in der Mitte. Die Mannschaft eines gewöhnlichen Bootes wäre mit dem Fahrzeug untergegangen, der Skipper des Schilfschiffs aber überließ das Achterdeck seinem Schicksal und sammelte seine Mannschaft auf dem Vorderdeck. Drei Wochen schwammen sie auf diesem halben Boot weiter, bis sie aufgelesen und zur Osterinsel zurückgebracht wurden, mit der Absicht, Schilf für die nächste Fahrt zu schneiden.

Als die Seefahrt noch in den Kinderschuhen steckte, kostete es wenig, große Schiffe zu bauen. Damals, als die Könige in Peru und im Mittleren Osten genug Arbeitskräfte und Zeit hatten, um Pyramiden so groß wie Berge zu bauen, hatten sie auch ausreichend Schilf und Zeit, um Fahrzeuge von der Größe der *Santa Maria* zu bauen. Aber Zeit ist Geld geworden, zu Lande und zu Wasser. Und Eile hat die Sicherheit auf See verdrängt. Im Mittelalter ertranken mehr Menschen an Bord sinkender Schiffe als im Altertum, wo sie oft auf den Schilfbündeln weitertreiben konnten.

Zeitnot ist eine der wesentlichsten Schattenseiten der Zivilisation. Sie ist womöglich die Exportware, die wir am schwierigsten Menschen verkaufen können, die unter freiem Himmel leben. Wir, die im Fortschritt führend sind, akzeptieren Lärm und auch schlechte Luft, Konservennahrung und Herzinfarkt, wenn nur alles schnell genug geht, damit wir um so mehr schaffen können. Es geht zu schnell. Kommenden Generationen wird es unmöglich sein, die ganze Unterhaltung, den ganzen Zeitvertreib zu verdauen; sie werden in ihrem Streben nach einem friedlichen, normalen Leben Amok laufen. Unser Nervensystem ist nicht dazu geschaffen, so viel Lärm und so viele schnelle Eindrücke zu ertragen, immerzu Mord, Sex und Spannung.

Man kann sich zu Tode essen, man kann sich aber auch zu Tode unterhalten.

Es war still, oben in dem verlassenen Steinbruch mit all seinen leblosen Statuen. Ich konnte gerade noch das Flüstern des Windes hinter der Bergwand und ein schwaches Rauschen ferner Brandungen vernehmen. Dann verschwand auch die Zeit. Ich lag da und starrte in den klaren, blauen Himmel der Unendlichkeit.

Seit der *Kon-Tiki*-Fahrt vor fünfzig Jahren war viel geschehen. Ich hatte nicht nur schöne Erinnerungen an die erste Zeit nach der Expedition. Unerwartete Angriffe von Wissenschaftlern aus aller Welt trafen mich und gleichzeitig ging die Ehe mit Liv in die Brüche. Nichts war mehr, wie es einmal gewesen war, als wir uns nach der Trennung der langen Kriegsjahre wiedertrafen. Wir hatten nicht mehr dieselbe Lebensanschauung und ganz unterschiedliche Lebenserfahrungen. Ich hatte der schmutzigen Wirklichkeit von Angesicht zu Angesicht gegenübergestanden. Sie hatte – ohne dass ich es wusste – mit den Kindern sorglos als Gast auf Thomas Olsens herrlichem Landsitz bei New York gelebt. Sie sah Heldenmut und Vaterlandsliebe, wo ich sinnlosen Tod und Leiden bei Freund und Feind sah. Liv hatte den Glauben verloren, dass es einen Gott geben könnte, weil er einen weiteren grausamen Weltkrieg zugelassen hatte, während ich in dem Glauben an einen Gott gestärkt war, der den Menschen verbot, sich gegenseitig totzuschlagen – ganz gleich, ob freiwillig oder auf Befehl. Schließlich einigten wir uns darauf, anstatt zu streiten, als Freunde auseinander zu gehen. Und sollten wir einen neuen möglichen Lebensgefährten finden, wollten wir uns gegenseitig bei der Wahl mit Rat zur Seite stehen.

Kurze Zeit nach der Fahrt mit der *Kon-Tiki* traf ich Yvonne bei einem Essen bei Freunden in den norwegischen Bergen. Als ich sie Liv vorstellte, antwortete sie ganz direkt: »Du hast einen wahren Engel gefunden!«

Das konnte ich nur bestätigen. Yvonne war schön und die reine Inkarnation von Frieden und Freundlichkeit. Sie beendete ihre Penicillin-Studien am Glasgow Laboratory und ging mit mir nach New Mexico, wo wir in aller Eile im Büro des Sheriffs in Santa Fé getraut wurden und oben in den Bergen eine Steinhütte für uns fanden, wo ich an einer erweiterten Ausgabe meines umfangreichen Werks *Polynesia and America, A Study of Prehistoric Relations* arbeitete. Von meinem Arbeitszimmer aus blickte ich über das Tal nach Los Alamos hinunter, wo Oppenheimer und seine Leute die erste Atombombe gebaut hatten. Nobel war es nicht geglückt, mit der Erfindung des Dynamits dauerhaften Frieden zu schaffen; jetzt hoffte man mit der Atombombe auf bessere Ergebnisse.

Im Museum of New Mexico in Santa Fé begann ich meine erste und andauernde Zusammenarbeit mit professionellen Archäologen. Yvonne war von meinen Theorien über die Wanderungen der Polynesier gefesselt und unterstützte mich von Anfang an aufs Wärmste im Kampf gegen meine wissenschaftlichen Opponenten.

Als wir nach Norwegen zurückgingen, kaufte ich auf Majorstuen in Oslo einen alten Hof, der unter Denkmalschutz stand. Die rotgestrichenen Holzgebäude lagen hufeisenförmig um einen großen Hofplatz mit alten Kastanienbäumen. Hier wohnten Yvonne und ich, während ich die Osterinsel-Expedition plante und später ihre Ergebnisse auswertete.

Inzwischen hatte Liv James Stillman Rockefeller getroffen, gewöhnlich Pebble genannt, der gerade auf einer Weltumsegelung mit einem kleinen Boot die Marquesasinseln besucht hatte. Er war so beeindruckt, dass Liv ein ganzes Jahr dort gelebt hatte, dass er sich in die tapfere Frau verliebte. Liv erhielt meinen gebührenden Segen und beschloss ihre Tage in den USA als seine Frau.

Die Angriffe meiner akademischen *Kon-Tiki*-Gegner bekamen nach der ganzen Publicity um die Osterinsel-Expedition neue Nahrung. Sie wurden jetzt so stark, dass zwei frisch gebackene norwegische Archäologiestudenten in Osloer Zeitungen ganze Seiten zur Verfügung gestellt bekamen, um ihre Meinung kund zu tun, ich hätte die *Kon-Tiki* absichtlich auf das Korallenriff auflaufen lassen, um eine Sensation daraus zu machen. Da beschloss ich, mir einen ruhigen Arbeitsplatz im Ausland zu suchen.

1958 hatten Yvonne und ich das kleine Dorf Colla Micheri an der ligurischen Küste in Norditalien ausfindig gemacht. Hoch oben auf dem Kamm einer Halbinsel lagen die hinfälligen Reste von Häusern aus dem Mittelalter mit Aussicht ins Landesinnere über bewaldete Höhenzüge, bis zu den zerklüfteten Gipfeln der Seealpen und über das blaue Mittelmeer bis zu den wilden Bergen Korsikas. Die alte Römerstraße, einst die einzige Verbindung zwischen den beiden Papststädten Rom und Avignon in Frankreich, führte direkt durch eines der Häuser. Eine Gedenktafel über der Tür der kleinen Kirche berichtete, hier habe Papst Pius VII. Rast gemacht und die Bevölkerung gesegnet, als er 1814 in der Sänfte auf dem Rückweg von Avignon durch das Dorf kam. Im Kircheninneren stand der Stuhl, auf dem er gesessen hatte, wie ein verlassenes Kleinod, zusammen mit alten Heiligenfiguren.

Nachdem Napoleon unten an der Küste eine neue Straße angelegt und ein Erdbeben alles verwüstet hatte, war das Dorf fast ganz verödet. Wir kauften und restaurierten alle unbewohnten Häuser. Das Anwesen, das wir selbst bezogen, wurde am einen Ende von einem massiven römischen Wachturm begrenzt, am anderen Ende von einem mittelalterlichen Vogelfängerturm, der für viele Jahre mein Arbeitszimmer wurde. Später ließ ich mich unter einem noch weiter südlich gelegenen Himmelsstrich nieder.

Als ich mit Yvonne das erste Mal auf die Osterinsel kam, hatten wir unsere zwei Jahre alte Tochter Anette dabei. Sie tapste umher und nannte die Statuen, die ich oben im Steinbruch studierte, ihre Puppen. Es sollte der größte Kummer meines Lebens werden, dass wir sie in jungen Jahren verloren. Es kostete Mühe, daran zu denken, während ich hier lag und in das funkelnde Sternengewimmel hochblickte.

Als ich das letzte Mal hier gelegen hatte, war es auch sternenklar gewesen. Ich konnte alle Sterne am südlichen Himmel gleichzeitig sehen. Der Zeitbegriff hat etwas Eigentümliches. Wir können alle Sterne auf einmal sehen und doch liegen Tausende von Lichtjahren zwischen ihnen. Überall draußen unter fremden Himmelskörpern sehen wir die Vergangenheit, nicht aber von nahem auf der Erde, auf der wir leben. Wir blicken am weitesten zurück in die Vergangenheit, wenn wir die entferntesten Sterne sehen, und je näher die Sterne sich befinden, desto näher kommen wir dem eigenen Jahrtausend. Auf unserem eigenen Planeten sehen wir die Gegenwart, jedoch nur bruchstückhaft mit jedem Augenblick, der aufscheint, vielleicht von einem Punkt aus, der noch näher ist, nämlich hinter dem Auge. Vielleicht liegt die Zukunft in den Chromosomen gespeichert und wird die Zeit von den Genen abgesondert, denen jegliche Entwicklung einprogrammiert ist, sei es die vom Samen zum Baum oder vom Plankton zum Menschen.

Die Wissenschaft hat herausgefunden, dass es die Sonnenstrahlen waren, die vor undenklichen Zeiten leblose Partikel im Weltmeer befruchteten und damit die Entwicklung von der einfachen Zelle zu komplizierten Genen und Chromosomen und allen möglichen Arten in Gang setzten. Vielleicht hat die Sonne auch die Zeit geschaffen, die kommt und geht?

Fragst du mich?

Ich hätte mir denken können, dass er in dieser friedlichen Stunde auftauchen würde, denn hier war der *Aku-aku* ja zu Hause. Als wir eine unbekannte kniende Statue ausgruben, von der bislang niemand etwas ahnte, hatten mich der ehemalige

Bürgermeister Pedro Atan und Lazarus genau hier meinem *Aku-aku* vorgestellt.

Aber selbstverständlich kannte ich die Antwort; mir war klar, dass nicht ein moderner Wissenschaftler entdeckt hatte, dass die Sonne die Mutter allen Lebens war. Alle Kulturvölker hatten es gewusst, die zu Ehren der Sonne Pyramiden zu errichten begannen, damals, als die Ahnen der Christen Baal verehrten und meine eigenen Vorfahren meinen Namensvetter mit dem Hammer anbeteten.

Die Sumerer, die Hethiter und die Schöpfer der vorgeschichtlichen Kulturen im Industal bis nach Ägypten waren Sonnenanbeter gewesen und verehrten die sichtbare Sonne als Symbol des unsichtbaren Schöpfergottes. Es war eine himmelschreiende Ungerechtigkeit, dass die christlichen Europäer den Inka ermordeten, weil er behauptete, die Sonne wäre sein Vater, während sie selbst das Kreuz, den Vorläufer des elektrischen Stuhls, als Symbol des Gottes der Liebe einführten. Ich glaube, Christus selbst hätte die Sonne und nicht das Kreuz, an das sie ihn nagelten, als Symbol seiner Moral und der Eintracht zwischen uns allen gewählt, die unter derselben Sonne geboren wurden.

Auf unserer ersten Expedition zur Osterinsel hatte Ed Ferdon auf der Spitze des Vulkans Rano Kao das Kultzentrum Orongo ausgegraben und ein Sonnenobservatorium und Reliefs sichelförmiger Schilfschiffe mit drei Masten aus der ältesten Periode entdeckt. Diese enthüllten, dass die Menschen, die die Schilfschiffe gemalt hatten, ihren höchsten Gott, *Make-Make*, mit großen runden Sonnen als Augen darstellten. Und auf Fatu Hiva hatte ich vom alten Tei Tetua gelernt, dass *Tiki* ein Menschengott war, *Atea*, »das Licht«, dagegen sein Schöpfer. Genauso war das Verhältnis zwischen den drei identischen Menschengöttern *Tiki*, *Kon* und *Viracocha* im alten Peru.

Mein Philosophieren über den Zusammenhang zwischen der Zeit, die vergeht, und der Sonne, die alles auf unserer Erde in Bewegung gesetzt hatte, war genauso alt wie die Sonnenanbetung. Die Mythologie in Polynesien und Peru erzählt die gleichen Legenden, vom Versuch der Vorfahren, die Sonne zu fangen, um die Zeit anzuhalten. Das gelang selbst den Erbauern der Pyramiden nicht, die sich damit begnügen mussten, den Kalender, den sie uns vererbt haben, auf der Grundlage von Jahren, Monaten und Tagen zu schaffen.

Sei froh, dass die Zeit vergeht. Würde sie einmal stillstehen, wenn es dir schlecht geht, würdest du dich zu Tode ärgern. Und würde sie stillstehen, während es dir gut geht, würdest zu dich zu Tode langweilen.

Der *Aku-aku* hatte herzlich Recht. Wie fein das Gedächtnis doch eingerichtet ist, wenn es gilt, die Vergangenheit im Gehirnkasten zu bewahren. Die Fähigkeit, sich zu erinnern, und die Fähigkeit zu vergessen. Die Kunst ist es, beides zum eigenen und zum Nutzen anderer zu gebrauchen. Das Böse vergessen und das Gute behalten. Dann fühlt man sich wohler, zusammen mit anderen und auch mit sich selbst. Ich musste lächeln, als ich daran dachte, mit welcher Sorglosigkeit meine fünfzig Jahre im Rampenlicht heute für mich und meine Freunde verblassten. Fünfzig Jahre, voll gepackt mit Spannung, Abenteuer, Begegnungen mit fröhlichen Menschen, guten Freunden, gutem Essen, Sonnenschein und Freude, in der Ferne wie zu Hause. Das stimmte zwar alles, war aber nicht die ganze Wahrheit. Wenn ich in meinem Gedächtnis forschte, war ich trotz allem froh, dass die Zeit verging.

Ich erinnere mich an das Unwetter, das von allen Seiten über uns hereinbrach, als wir uns in Polynesien an Land gekämpft hatten. Und es wurde mit den folgenden Jahren nur noch schlimmer, als ich Archäologen in den Stillen Ozean mitnahm, wo ich mir mit jeder Expedition immer sicherer wurde, dass die Polynesier Recht hatten. Sie behaupteten, alle Inseln in Polynesien wären von Osten aus entdeckt worden, wohingegen die Europäer, die selbst alle Inseln im Stillen Ozean von Osten erreicht hatten, behaupteten, die Polynesier müssten sie von Westen kommend gefunden haben.

Für mich sind die Überlieferungen der Naturvölker immer

ein möglicher Fingerzeig gewesen – und die Dogmen der Wissenschaft mögliche Fehlerquellen. Ich habe mich aber nie einseitig auf eines von beiden gestützt. Darum habe ich Fahrzeuge erprobt, wenn ich im Zweifel war, ob die Dogmen denn auch im Recht waren, und ich habe versucht, an Stellen zu graben, wo mündliche Überlieferungen darauf hindeuteten, dass dort etwas zu finden wäre.

Der ersten Wink, dem ich nachging, als ich damals in Kroepeliens Polynesien-Bibliothek meine Reise nach den Marquesas vorbereitete, war, dass alle Polynesier sich darüber einig waren, dass ihre Ahnen von Osten gekommen waren, während alle Akademiker sich darüber uneins waren, von wo im Westen sie gekommen sein könnten. Die Missionare, die im vorigen Jahrhundert den Glauben und die Legenden der Polynesier aufgeschrieben hatten, fanden, dass unter den Polynesiern, von Hawaii im Norden bis Neuseeland im Süden, von Samoa im Westen bis zur Osterinsel im Osten, völlige Einigkeit darüber herrschte. Der Missionar William Ellis beschreibt in seinem 1827 auf Deutsch erschienenen Band die bemerkenswerte Tatsache, dass alle großen Reisen, von denen in ihren Geschichten über Fahrten auf dem Meer berichtet wird, sei es in den Traditionen der Eingeborenen oder in neuerer Zeit, sich ohne Ausnahme von Osten nach Westen bewegt haben.

Führend unter den Gelehrten innerhalb der Polynesien-Forschung war damals, als ich beschloss, das *Kon-Tiki*-Floß zu bauen, Sir Peter Buck. In seinem populären Bestseller *Vikings of the Sunrise,* den ich verschlang, als er 1938 nach meiner Rückkehr von den Marquesasinseln erschien, zitierte er den Text eines Maori-Liedes über die Richtung, in der das Heimatland der Polynesier lag:

Jetzt richte ich den Steven meines Kanus
Auf die Öffnung, wo der Sonnen-Gott aufsteht,
Tama-nui-te-ra, Großer-Sohn-der-Sonne,
Lass mich nicht vom Kurs abweichen,
Sondern direkt zum Land segeln, zum Heimatland.

Darum nannte Peter Buck die Polynesier »Wikinger des Sonnenaufgangs«. Aber zugleich war er selbst der Meinung, die Heimat der Polynesier läge westlich, denn in Neuseeland, wie übrigens auch in Polynesien sowie in Peru und Ägypten, und wo sich sonst noch Spuren von Sonnenanbetung befanden, glaubte man, die Seelen der Toten folgten der Sonne nach Westen. Doch er vergaß, dass man in ganz Polynesien glaubte, die Sonne ginge in einem Tunnel unter, der sie durch die Unterwelt zu ihrer Wohnung im Osten zurückführte, wo sie dann aufging. Sie nahm nur die Toten mit sich. Die Lebenden setzten Kurs direkt nach Osten, so wie es ihnen in dem Lied erzählt wurde.

Nur zwei Jahre vor der *Kon-Tiki*-Expedition hatte Buck sein Lehrbuch *An Introduction to Polynesian Anthropology* herausgegeben, in dem er wie alle anderen Forscher das Dogma wiederholte, ein Balsafloß würde Polynesien nicht erreichen können. Er begann daher, den Eisernen Vorhang zwischen Peru und Polynesien noch zu verstärken:

»Da die südamerikanischen Indianer weder über Fahrzeuge noch die Fähigkeiten verfügten, quer übers Meer zwischen ihrer Küste und den nächsten Inseln in Polynesien zu navigieren, können wir von ihnen als mögliche Urheber absehen.«

Als es mit der Fahrt der *Kon-Tiki* gelang, den akademischen Eisernen Vorhang gen Osten herunterzureißen und das Meer rund um Polynesien offen dalag, ohne irgendeinen Schutz vor Wind und Strömung aus Südamerika, glaubten wir, die gesehen hatten, wie unglaublich seetüchtig das Balsafloß war, alle Interessierten würden sich freuen. Ich selbst freute mich außerordentlich, als ich nach einer Woche öffentlichen Wirbels telefonisch erfuhr, die erste Reaktion der akademischen Welt sei ein Zeitungsinterview mit Sir Peter Buck gewesen.

Etwas weniger entzückt war ich, als ich den Ausschnitt des *Auckland Star* zu sehen bekam. Er zeigte mit aller Deutlichkeit, dass Sir Peter die Floßfahrt nur für einen Spaß hielt. Er hätte den Kopf in den Nacken geworfen und schroff gelacht, schrieb der Journalist.

Und dann kam das Gegenargument:

»Ich habe noch nie gesehen, dass Fischer Frauen an Bord haben. Und ihrer eigenen Theorie zufolge sollte die Landung auf unbewohnten Inseln erfolgt sein – wer also genau waren dann die Mütter unseres polynesischen Volkes?«

Da wurde mir zum ersten Mal klar, dass in unserer Zeit der Spezialisierung dem Mann, der am meisten über Polynesien wusste, Amerika so unbekannt war, dass ihm nicht einmal bekannt war, dass Pizarro eine Balsaflotte mit Frauen wie auch Männern an Bord auf dem Weg von Peru nach Panama gekapert hatte – ehe die Spanier selbst in das Inkareich kamen. Das Floß hatte 30 Tonnen Ladung an Bord, die Pizarros Männer raubten, und dazu fünf Frauen, die sie zu Dolmetschern ausbildeten, ehe sie endgültig nach Peru vorstießen. Und außerdem: Wäre es für die Fischer leichter gewesen, sich fortzupflanzen, wenn sie mit Gegenwind zu den unbewohnten Inseln gekommen wären?

Der Witz aus Neuseeland breitete sich wie Ringe im Wasser in der sonst seriösen wissenschaftlichen Welt aus. Aber das Balsafloß schwamm in der Phantasie der Leute weiter und muss bei vielen das Aussehen einer Art Kriegsschiff angenommen haben, bemannt mit Wikingern aus dem Osten, die auf ihren Stämmen aus weichem Balsaholz versuchten, Sir Peters Wikinger zu rammen, die von Westen in so schweren Holzkanus kamen, dass sie sinken würden, wenn sie Wasser fassten.

Peter Buck hat seitdem nie mehr von sich hören lassen, aber mir wurde berichtet, dass er zur Premiere des *Kon-Tiki*-Films auf Honolulu erschien.

Der Widerstand gegen die so genannte *Kon-Tiki*-Theorie breitete sich mit der Schnelligkeit moderner Kommunikationsmittel in der ganzen akademischen Welt aus. Ostwärts nach Amerika und westwärts nach Australien. Und von Westeuropa ungehindert durch den Eisernen Vorhang in die Sowjetunion. Die Tagespresse wurde mein eifrigster Sekundant. Freudig nahm sie alle Angriffe auf und freute sich noch mehr, wenn ich darauf antwortete. Es folgten viele Schläge unter die Gürtellinie und die Debatte wurde kaum mehr als eine persönliche Selbstverteidigung, die sich selten auf ein akademisches Niveau erhob. Meine Selbstverteidigung verschlang so viel Zeit, dass ich in einer Hütte in den norwegischen Bergen Deckung suchen musste, um in Ruhe eine Reiseschilderung von der Expedition verfassen zu können. Damit wollte ich mir meinen Lebensunterhalt verdienen und Interesse an meinem dicken wissenschaftlichen Manuskript wecken, das an den Universitäten niemand lesen und kein Verlag drucken wollte.

In dem ganzen Durcheinander wagte es mein norwegischer Verleger Harald Grieg vom Gyldendal Norsk Forlag als Erster, die Reiseschilderung herauszugeben, weil er mein Buch über das Abenteuer auf Fatu Hiva vor dem Kriege verlegt und 5000 Kronen auf die Möglichkeit gesetzt hatte, dass bei der Floßfahrt ein Buch herauskommen würde. Dies war noch ehe die Floßfahrt überhaupt begonnen hatte. In den USA wurde das Manuskript unter anderem von dem New Yorker Verlag Doubleday abgelehnt, weil es auf der Floßfahrt keinen Sex gegeben hatte und niemand ertrunken war.

Dann aber bekam Adam Helms in dem kleinen schwedischen Forum Verlag das Manuskript in die Hände und brachte es zu einem schwedischen Auflagenrekord. Und als der Atlas-Verlag Rand McNally in Chicago beschloss, eine Auflage zu drucken, schnellte die amerikanische Ausgabe an die Spitze der Bestsellerliste, wo sie sich wochenlang hielt. In England rechnete mein britischer Verleger Sir Stanley Unwin aus, dass die Bücher seiner verkauften Auflage der *Kon-Tiki* übereinandergestapelt den Mount Everest überragen würden. Nach und nach erschien das Buch in siebenundsechzig Sprachen, einschließlich Esperanto, Eskimoisch, Telugu, Singhalesisch, Gujarati, Marathi, Mongolisch und Urdu, neben einer Reihe von Ausgaben in Blindenschrift.

Das muss eine unglaublich lustige Zeit gewesen sein?

Ich selbst vergesse liebend gern das meiste aus dieser Zeit. Denn je populärer wir sechs Floßfahrer bei den Laien wurden, desto unpopulärer wurden wir bei den Gelehrten. Und ich trug immer noch das große wissenschaftliche Manuskript über die Theorie hinter der *Kon-Tiki*-Expedition mit mir herum, das keiner lesen wollte, weil es mit seinen Berichten aus über tausend Quellen verschiedener Zweige der Fachliteratur abschreckend dick war.

Die Reiseschilderung aber war für ein breites Publikum geschrieben, ganz ohne den akademischen Jargon, der die Zugehörigkeit zu den Fachkollegen anzeigt. Damals galt es immer noch als ein Verstoß gegen alle Regeln, dass ein Fachmann sich an ein breites Publikum wandte. Die Wissenschaft sollte der Wissenschaft halber betrieben werden und man durfte sich nicht außerhalb seines eigenen Spezialgebiets begeben. Das wusste ich sehr wohl, aber ich musste in das Fettnäpfchen treten, sollte es mir gelingen, die Mauer zwischen Polynesien und Amerika und zwischen den Fachgebieten einzureißen, die zusammenarbeiten mussten, sollte das Puzzlespiel der Völkerwanderung in dem großen Gebiet des Stillen Ozeans überhaupt aufgehen. Und wir durften die Laien nicht ausschließen; ihre Kombinationsfähigkeit war oft besser als die der Spezialisten.

Der Widerstand von akademischer Seite verlegte sich nach und nach darauf, die Floßfahrt als sportliche Leistung abzutun, und ich erschien als ein unbekannter Abenteurer, ein laienhafter Draufgänger, der auf den sorgfältig gehegten Beeten der Autoritäten herumtrampelte. Selbst ich betrachtete es als Parodie, dass ich – meine alte Angst vor Wasser im Sinn – als ein Seeheld gefeiert werden sollte, während man das phantastische Fahrzeug, das uns wie ein fliegender Teppich bis nach Polynesien getragen hatte, immer noch bloß als ein Bündel Baumstämme ansah. Für mich, der noch nie ein Segel gehisst hatte, ehe wir an Bord des Holzfloßes kletterten, war es tragikomisch, in Jachtklubs eingeladen und auf Cocktailpartys mit Admiralen gefeiert zu werden, während die Türen der akademischen Gesellschaften zugeworfen waren und die Universitätsprofessoren mit den Schultern zuckten.

Als ich mich und meine Theorien noch fast allein verteidigte, trat der 29. Internationale Amerikanistenkongress in New York zusammen. Zu diesem Anlass hatte man im American Museum of Natural History eine Ausstellung arrangiert: *Across the Pacific,* »Quer über den Stillen Ozean«. Der Titel konnte darauf hindeuten, dass die *Kon-Tiki*-Expedition diskutiert werden sollte, und als der bekannte dänische Anthropologe Dr. Birket-Smith nach Kopenhagen zurückkehrte, wurde er interviewt. Die Antwort auf die Frage, wie die Experten die Ergebnisse der Expedition beurteilt hatten, wurde als Überschrift gebracht: »DIE KON-TIKI-EXPEDITION MUSS TOTGESCHWIEGEN WERDEN«.

Kurz darauf ging die Bombe an einem anderen Ort in Skandinavien hoch. Der finnische Anthropologe Prof. Rafael Karsten konnte sich nicht enthalten, die Schweigeparole seines dänischen Kollegen mit einem riesigen Interview in der führenden Zeitung in Helsinki zu brechen: »DER HUMBUG MIT DER KON-TIKI«, lautete die Überschrift über die ganze Seite.

Prof. Karsten wurde in der Zeitung als weltbekannte Autorität vorgestellt. Ich hatte seinen Namen in Verbindung mit einer geplanten Expedition gehört, die den Amazonas hinunterfahren wollte. Ehe wir das Segel der *Kon-Tiki* hissten, hatte der Professor gesagt, es wäre ein Wunder, wenn wir auf einem Balsafloß lebend über das offene Meer kommen würden. Nun blieb er bei seiner Behauptung und fügte hinzu, da sich heutzutage Wunder selten ereignen, müsste die ganze Reise reiner Humbug sein! Unser Floß müsste eine Spezialanfertigung sein, so dass es umkippen und uns kieloben weitertragen konnte. Wenn nur die Hälfte davon wahr wäre, was ich in meinem Buch schrieb, wäre es ein Wunder.

Einige der *Kon-Tiki*-Fahrer setzten sich zusammen, um eine scharfe Antwort auf die Beschuldigungen zu formulieren, aber ehe wir damit fertig waren, hatten wir die Nachricht nicht mehr unter Kontrolle. »KON-TIKI ENTLARVT«, lautete die Überschrift in einer anderen finnischen Zeitung. »SCHAUPROZESS IN DER WISSENSCHAFTLICHEN WELT. KON-TIKI-FAHRT HUMBUG, SAGT berühmter finnischer Forscher«, hieß es in Schweden. »Ist die Kon-Tiki-Theorie ein Publicity-Trick?« fragte eine dänische Zeitung. Und das Echo kam aus meiner eigenen Heimat: Humbug, Humbug!

An dem Tag, als Prof. Karstens Angriff erfolgte, befand ich mich mit dem Schmalfilm über unsere Fahrt auf einer Vortragsreise in Stockholm und niemals habe ich so leibhaftig gefühlt, dass ich den Boden unter den Füßen verlor, wie damals, als der Zeitungsstreit diese Wende nahm. Was würde meine Mutter empfinden? Sie war Atheistin, aber sie schätzte die Wahrheit so hoch, dass sie das einzige Mal, als ich sie Tränen vergießen sah, weinte, weil ich sie als Kind belogen und gesagt hatte, ich hätte beim Nachbarn gespielt, während ich in Wirklichkeit mit dem Fahrrad auf der Autostraße nach Stavern gefahren war.

Als ich an diesem Abend in meinem Hotelzimmer allein zu Bett ging, hatte ich das Gefühl, ein Heer unbekannter Feinde hätte mich mit einer Bombe tödlich getroffen. Ich war nahe daran, mir zu wünschen, ich wäre ertrunken, so wie meine Gegner es erwartet hatten; lieber das, als diese Erniedrigung und Schmach erleben zu müssen. Ich war mir in diesem Moment nicht sicher, ob es einen Gott der Gerechtigkeit gab. Nicht ganz sicher, ob es überhaupt einen Gott gab. Obwohl, als wir in Polynesien auf das Riff liefen und die Brandung an mir zog und zerrte und das ganze Meer versuchte, mich von dem Stag wegzureißen, an das ich mich klammerte, da bekam ich eine kleine Vorstellung von dem, was sich hinter dem letzten Schleier des Lebens verbirgt, und ein Gefühl, dass es etwas dahinter – eine Fortsetzung – gibt. Ich hatte mir geschworen, niemals dieses Erlebnis zu vergessen, wenn wir alle lebend durch die turmhohen Wellen und wieder auf festen Boden kämen. Ich dachte an dieses Gelübde, die unendliche Dankbarkeit nicht zu vergessen, die ich empfand, als ich auf dem Raroia-Atoll mit allen meinen Männern lebend an Land watete und auf einem goldenen Strand niederkniete, den die Wellen nicht erreichten, und die Finger in den warmen, trockenen Sand bohrte. Woher war auf einmal die Kraft gekommen, um die ich in meinem Inneren bat, als ich dem Tod so nahe ins Auge blickte? Die weißen Vögel, die über uns am blauen Himmel flogen, als wir auf dem Strand lagen und uns erholten, erinnerten an die Tauben des Christentums, die eine himmlische Botschaft brachten. Aber die Hilfe, die ich auf dem Meer körperlich verspürt hatte, kam nicht von oben. Sie kam von innen. Vielleicht von dem, was Bibel und Koran *den* Himmel nennen – um ihn nicht mit dem Himmel über uns zu verwechseln –, den wir alle hinter unseren Augen finden können, unsichtbar in unserem Innern?

Ich warf mich auf meinem Hotelbett hin und her. Konnte nicht schlafen. Dachte über die Dinge nach. Wie sollte ich am nächsten Morgen meiner Umwelt entgegentreten? Wie Beschuldigungen dieser Art in der Presse begegnen? Ich hatte nichts zu lesen und tastete auf dem Nachttisch nach der Uhr. Dann zog ich die Schublade heraus. Da lag – wie so oft in Hotelzimmern – eine Bibel. Schwarz und traurig, wie für Begräbnis und Trauer geschaffen.

Als ich in dieser Nacht meines Lebens, in der alles so schwarz aussah wie das Buch in der Nachttischschublade, die Bibel auf gut Glück aufschlug, geschah es eher, um die Gedanken zu zerstreuen und mir selbst einen Spaß daraus zu machen, zu sehen, ob ich die Stelle, auf die ich den Zeigefinger setzte, mit etwas Phantasie als Hinweis für die hoffnungslose Verteidigung gegen die Übermacht deuten konnte.

Ich schlug das Buch auf und steckte dort den Finger hinein, wo die Seiten sich öffneten. Es war die Geschichte von David und Goliath.

Ich lachte etwas in mich hinein und gab es auf, nachzudenken. Dann zog ich die Decke bis über beide Ohren und schlief ein.

Die Schriftgelehrten

In Gedanken befand ich mich immer noch in der Welt der Erinnerung, ausgestreckt in einer Felsnische nur in Gesellschaft eines Goliaths aus Stein, der neben mir auf dem Rücken lag, als Stimmen von unten verrieten, dass das russische Kamerateam mit Jacqueline näher kam. Ich erhob mich und kletterte zwischen all den anderen unfertigen Steinriesen hinab, die durcheinander lagen, mit der Nase nach oben und ohne Augen. Ein fossiles Schlachtfeld gefallener Giganten.

Symbolisch, dachte ich und führte die Russen dorthin, um die kniende Statue zu filmen, die einzige auf der Insel, die nach dem Kampf mit den Kurzohren buchstäblich wieder auf die Beine gekommen war, wenn auch nur in kniende Stellung – als bäte sie um Gnade. Sie stammte aus der ältesten Periode der Insel und erst wir hatten sie in ihre jetzige Stellung gebracht, als wir sie auf meiner ersten Expedition zur Osterinsel ausgruben. Alle anderen Statuen auf der Insel waren Büsten ohne Beine, unterhalb des Schrittes quer durchgeschnitten. Sie hatten Hände mit langen Nägeln unter einem fülligen Bauch. Der kniende Riese war von den Menschen, die sich hier als Erste niederließen, herausgehauen worden. Er unterschied sich von allen anderen, besaß aber eine frappante Ähnlichkeit mit den knienden Skulpturen der Vorinkas in Tiahuanaco am Titicacasee in den Anden. Alle übrigen waren von ein und demselben Typ und hatten in der ganzen Welt nicht ihresgleichen. Diese Armee aus lauter Goliaths glich Kopien desselben Vorbilds, ob sie ohne

Beine und blind auf einem Bergvorsprung lagen oder in einem Erdrutsch begraben standen, wo nur der Kopf herausschaute.

Ich fühlte mich klein, als ich mich für die Russen als Maßstab neben den einsamen Giganten stellte, der kniend dasaß, die Hände auf den Schenkeln und den Kopf wie im demütigen Gebet zum Himmel erhoben. Er war von Sonnenanbetern geschaffen worden, und erst mit ihnen war die Bildhauerkunst auf diese einsame Insel gekommen. Alle anderen gefallenen Riesen, die in den letzten Jahren wieder auf ihre *Ahus* gestellt worden waren, standen mit geradem Rücken und verbissenen Lippen da, als hätten sie vor niemandem Respekt als vor sich selbst. Wie schon Kapitän Cook begriffen hatte, stellten sie die göttlichen Könige der Langohren dar, und je mächtiger sie gewesen waren, desto höher überragten ihre Monumente uns Sterbliche.

Das russische Filmteam wollte weiter zur Anakena-Bucht und sich einige Aufnahmen von dem breitschultrigen Giganten sichern, den wir als ersten *Moai* wieder auf seine Plattform gestellt hatten. Er hatte als Erster die Europäer mit seinen tiefen leeren Augenhöhlen angestarrt. Damals, als mein Blick zum ersten Mal auf diese sinnlosen leeren Augenhöhlen traf, wurde mir plötzlich klar, dass ich ähnliche, tiefe Löcher in den Köpfen von Steingiganten aus der Hethiter-Zeit im inneren Mittelmeerraum gesehen hatte. Und in einigen kleineren Steinstatuen und Figuren aus Stein oder Holz bei den ältesten Kulturvölkern in Mexiko und Peru. Dort aber waren in die Augenhöhlen weiße Augäpfel aus Bein oder Muschelschalen eingelegt, die wiederum naturgetreue Pupillen aus schwarzem Obsidian hatten. Nur wenn ein Auge oder beide Augen herausgefallen waren, glichen die leeren Höhlen genau denen auf der Osterinsel.

Ich konnte den Russen erzählen, wie ich 1975 in einem Buch meine Überzeugung vortrug, die Statuen der Osterinsel hätten eingelegte Augen gehabt, und dass Gegner die Vermutung mit dem Argument verwarfen, eingelegte Augen bei Steinstatuen wären kein polynesischer Brauch. Es half nicht viel, dass ich darauf hinwies, es wäre ein amerikanischer Brauch und die

Osterinsel wäre diejenige unter Tausenden von Inseln, die Amerika am nächsten lag. Zwei Jahre später sollte die junge Osterinsel-Archäologin Sonia Haoa das erste große Auge einer klassischen Statue der Mittleren Periode finden, als sie als Assistentin von Sergio Rapu bei König Hotu Matuas *Ahu* in Anakena grub. Später, als sie für uns grub, fand sie auch das erste Auge, das aus einem Statuenkopf der ältesten Periode herausgefallen war.

Aber seitdem war viel geschehen. Da war in Peru der Fund der Mumienmaske aus Sipan mit eingelegten Augen, derentwegen ich die Ausgrabungen bei den Pyramiden in Tucumé aufnahm. Um blaue Augen für ihre königlichen Mumienmasken zu beschaffen, im Andenken an das blonde Göttervolk, das zu ihren Ahnen gekommen war, waren die Seefahrer im äußersten Norden Perus bis nach Chile hinuntergefahren, um die einzige südamerikanische Quelle für den blauen Lapislazuli zu finden. An anderen Orten in Peru begnügte man sich mit schwarzem Obsidian für die Pupillen.

Nachdem es Lazarus und seinen Leuten gelungen war, den breitschultrigen Riesen ohne technische Hilfsmittel aufzurichten, stand er nun einsam auf seiner alten Plattform ganz im Osten der Anakena-Bucht und überall auf der Insel hatten die Archäologen mit ihrem modernen Krangerät andere *Moai* auf ihre *Ahus* gehoben. Für uns, die die gähnenden leeren Augenhöhlen gewohnt waren, war es jetzt fast ein erschreckender Anblick, die ganze Reihe wieder aufgerichteter Goliaths mit rankem Rücken wie Paradesoldaten dastehen zu sehen, zur Bucht gewandt und den Blick starr auf uns gerichtet, mit Augen so groß wie Teller.

Es war das zweite Mal in tausend Jahren, dass zweibeinige Zwerge aus vergänglichem Fleisch und Blut ihnen Augen eingesetzt hatten. Hätten sie uns sehen und die verbissenen Lippen öffnen können, hätten sie uns erzählen können, wie wenig die Menschheit sich im Laufe von tausend Jahren geändert hatte.

Während die Russen die Statue und das ganze Spektakel um Kitin Muñoz' Schilfschiff filmten, hatte keiner bemerkt, wie ich mich den Hang hochschlich und hinlegte, mit Aussicht auf die blaue Bucht, einem Spiegel des Himmels, zur Hälfte vom gelben Sandstrand Anakenas eingerahmt. Es war nicht leicht, die Gedanken auf die schlimmste Periode meines Lebens zu richten, wenn es so spannend war, in der Gegenwart zu leben und die steinernen Riesen an dem Ort zu sehen, wo Hotu Matua gelandet war und wo jetzt ein echtes Schilfboot mit drei Masten lag und in der Brise dümpelte.

Wie ging es dann weiter? Hat David den Goliath mit seiner Schleuder besiegt?

Ich habe niemals versucht, jemanden zu töten. Alle meine Kämpfe dienten der Selbstverteidigung. Wenn ich ein Mann des Kampfes war, dann weil es so zahlreiche Angriffe gegen mich gegeben hatte.

Die Angriffe von Prof. Karsten hörten mit einem Mal auf, als die Nordenskiöld-Gesellschaft, die Finnische Akademie der Wissenschaften, mich nach Helsinki einlud, um den Beschuldigungen entgegenzutreten. Ich kam, aber Karsten nicht. Er wollte, dass wir uns bei ihm zu Hause hinter verschlossenen Türen trafen. Der Generalsekretär der Akademie begleitete mich bis zur Türklingel eines Mietshauses, wo wir beide eingelassen wurden, während eine Stimme oben auf der Treppe darauf bestand, dass ich allein heraufkäme. Eine sanfte alte Dame öffnete mir und ich füllte meine Schleuder mit lauter akademischen Verteidigungsargumenten. Das Wunder geschah. Goliath schrumpfte zu einem friedlichen alten Mann zusammen, der bei einer Tasse Tee saß und mit seinem Schaukelstuhl wippte. Ich bekam auch eine Tasse, aber keine Gelegenheit, meine Theorie über den Stillen Ozean zu diskutieren. Nicht er hatte die *Kon-Tiki*-Expedition Humbug genannt. Die Überschrift stammte von der Redaktion. Dies bestätigte er später in einem Zeitungsartikel. Ich saß einfach nur da und aß Plätzchen, während der Mann, der mich mehr als jeder andere zum Streit herausgefordert hatte, von seinen Reisen erzählte.

Auf der Oberfläche sah es so aus, als wäre Frieden geschlossen worden, als Karsten den Kampf in Nordeuropa einstellte. Wie wenig ahnte ich doch von dem prestigeträchtigen Spiel hinter den Kulissen der Forschung über den Stillen Ozean. Da kämpften die Großen gegeneinander. Für mich sah es aus, als stünden sie wie eine Mauer, Schulter an Schulter, wenn sie mich gemeinsam ins Rampenlicht zerrten, um mir bei offener Szene den Kopf abzuschlagen.

Ganz offensichtlich war anfangs das Zusammenspiel schlecht gewesen, als der führende dänische Anthropologe Dr. Birket-Smith der Presse vorschlug, die *Kon-Tiki*-Expedition totzuschweigen, während sein finnischer Kollege, Prof. Karsten, die Zeitungspolemik in ganz Skandinavien in Gang gesetzt hatte. Dann griff der Vizepräsident der Schwedischen Wissenschaftsakademie, Prof. Carl Skottsberg, auf streng wissenschaftlicher Ebene in die Zeitungsdebatte ein.

Skottsberg verdiente die führende Position, die er in der Forschung über den Stillen Ozean einnahm. Ich zitierte ihn fleißig in meinem dicken unpublizierten Manuskript über den Stillen Ozean, aber das konnte er ja nicht wissen. Als Skottsberg als mein nächster Widersacher im Pressestreit auftrat, hatte er einen Vorteil. Er hatte persönlich die Osterinsel besucht und ebendort war ich noch nie gewesen; noch kannte ich die Inseln weiter draußen im Meer am besten. Dort hatte ich in Skottsbergs Augen erst ein Jahr lang als Wilder gelebt und war später auf einem Holzfloß zurückgekehrt.

Skottsberg hatte selbst Botanikbücher und eine Reiseschilderung von der Osterinsel geschrieben und als er jetzt einen Angriff in Form einer Kritik meiner *Kon-Tiki*-Fahrt vortrug, war zu erwarten, dass er die Osterinsel als meine Achillesferse wählte. Ich wurde als tüchtiger Seemann gepriesen, nicht aber als wirklicher Wissenschaftler. Meine Beurteilung der Probleme, die Statuen der Osterinsel zu manövrieren, wäre fehlerhaft und ebenso die Maße, die ich für sie genannt hätte. Ehe ich mich zu diesen Problemen äußerte, hätte ich das Buch des bekannten französischen Ethnologen Alfred Métraux über die Osterinsel lesen sollen.

Ich antwortete in derselben Göteborger Zeitung, ich hätte meine Mitteilungen über die Probleme in Verbindung mit dem Transport der Statuen eben Métraux' Buch entnommen, und die Maße, die ich angab, hätte ich aus Skottsbergs eigener Reisebeschreibung.

Darauf kam nie eine vernünftige Antwort seitens des Professors. Nur eine kurze Notiz, die jeder weiteren Diskussion ein Ende bereiten wollte, indem er drei Pflanzen mit ihrem lateinischen Namen aufführte, die beweisen sollten, dass die Osterinsel von Asien aus bevölkert worden war und nicht von Amerika aus. Damit war die Debatte für ihn beendet.

Skottsberg konnte nicht wissen, dass er sich jetzt auf ein Gebiet begab, das ich am intensivsten studiert hatte, ehe ich an Bord des Balsafloßes ging. Ich konnte seinen Kollegen, den Botaniker F. B. H. Brown auf Hawaii, zitieren. Zwei der von Skottsberg genannten Pflanzen waren Arten mit Samen, die sich ohne menschliches Zutun übers Meer verbreiten konnten, und die Dritte, *Hibiscus tiliaceus,* war im prähistorischen Südamerika ebenso gewöhnlich wie in Asien.

Acht Jahre lang kam Skottsberg nicht auf die Debatte zurück. Da war mein Manuskript »Polynesia and America« unter dem Titel *American Indians in the Pacific. The Theory Behind the Kon-Tiki Expedition* erschienen. Skottsberg schrieb eine positive Rezension und unterstützte jetzt die *Kon-Tiki*-Theorie mit einem wichtigen botanischen Argument: Die Osterinsel-Bewohner bauten ihre Schilfschiffe aus dem Süßwasserschilf *Totora.* Dies war sonst nur in Südamerika beheimatet und musste von ihren Ahnen zu den Kraterseen auf der Osterinsel gebracht worden sein.

In der Zwischenzeit wurde an dem Netz aus Fäden weitergesponnen und das Zeitungsduell in Schweden ging wochenlang weiter. Schweden besaß große Namen innerhalb der Botanik, seit Linné allen Pflanzen und Tieren lateinische Namen gegeben hatte, und in südamerikanischer Anthropologie hatte Erland Nordenskiöld Schule gemacht, als er archäologische Studien in den Grenzregionen von Peru und Brasilien betrieben hatte und reiche Sammlungen nach Göteborg brachte. Sein Schüler war der Archäologe Stig Rydén.

Als der Botaniker Skottsberg die Debatte aufgab, wer zuerst auf die Osterinsel gekommen war, nahm der Archäologe Rydén am anderen Ende den Faden wieder auf. Sein Spezialgebiet war Tiahuanaco am Titicacasee, ebender Ort, an dem nach der Überlieferung der weiße und bärtige Kon-Tiki regiert hatte, bis er zur Küste zog und mit seinem Gefolge über den Stillen Ozean verschwand. Rydén war der einzige Archäologe in Skandinavien, der selbst in Tiahuanaco gegraben hatte, und jetzt behauptete er, solche Überlieferungen würden nicht existieren. Die Indianer in Tiahuanaco hätten wie andere Indianer auch keine Bärte und eine rote Haut. Der Kopf der Kon-Tiki-Statue von Tiahuanaco, den wir als Symbol auf das Segel des Balsafloßes gemalt hatten, besäße keinen Bart; er stellte eine Art Nasenring dar.

Ein guter Archäologe sucht nach ungeschriebener Vorgeschichte mit einer Grabekelle. Das Geschichtsstudium ist ein anderes Fach. Es war einfach, Rydén Zitate der zahlreichen spanischen Geschichtsschreiber zu präsentieren, die die Inka-Legenden von den weißen und bärtigen *Viracochas* aufgeschrieben hatten, von denen die Inkas bei der Landung der spanischen Eroberer glaubten, sie würden zurückkehren. Genauso leicht war es, auf Rydéns Vorgänger in Tiahuanaco hinzuweisen, den amerikanischen Archäologen W. C. Bennett. Er war es, der die Kon-Tiki-Statue ausgegraben hatte und als Skulptur eines Mannes mit Bart beschrieb. Der Kopf auf unserem Segel war eine getreue Kopie des Kopfes, den Bennett selbst in seinem wissenschaftlichen Bericht gezeichnet hatte.

Das Duell in der Göteborger Zeitung darüber, inwieweit die vorinkaischen Künstler ihren Gott mit Nasenring oder mit Bart abbildeten, endete damit, dass ich das letzte Wort bekam. Ich bat Rydén, sich in das Lager seines eigenen Völkerkundemuseums zu begeben und nach einer Katalognummer zu suchen, die ich in meinen Notizen gefunden hatte. Ich wünschte, ich hätte sein Gesicht sehen können, als er fand, was ich beabsichtigte. Es war ein Mochica-Krug aus der Vorinka-Zeit von der peruanischen Küste. Er zeigte einen Mann mit Vollbart, auf den selbst ein Weihnachtsmann neidisch gewesen wäre.

Es war kein Vergnügen, norwegischer Wissenschaftler in Schweden zu sein, obwohl uns, die an der Floßfahrt teilgenommen hatten, volle Vortragssäle Woche für Woche mit warmem Beifall belohnten. Noch weniger vergnüglich war es, Norweger im eigenen Lande zu sein, wenn man mir in der Tagespresse sämtlicher Nachbarländer alles von Unredlichkeit bis zu Unwissenheit unterstellte. In Norwegen half es nur wenig, dass meine Zoologieprofessoren mich als Akademiker anerkennend erwähnten und mich einluden, an der Universität Vorträge über meine Theorien zu halten. Genauso wenig half es, dass mich mein früherer Geographieprofessor, Werner Werenskiold, in der Presse heftig zu verteidigen begann. Denn keiner von ihnen war Spezialist für Wege der Völkerwanderung im Stillen Ozean.

Da stand ich nun mit meiner Schleuder und wartete auf den nächsten Goliath, als in Stockholm das Wunder geschah. Im Vortragssaal saß eines Abends einer der wirklichen Giganten der Schwedischen Akademie der Wissenschaften, Sven Hedin, und applaudierte zusammen mit dem Publikum, als ich einen Schmalfilm über die Floßfahrt nach Polynesien zeigte. So unpopulär er wegen seiner politischen Haltung während des Krieges gewesen war, so populär und aus gutem Grund weltberühmt war er wegen seiner abenteuerlichen Entdeckungsreisen durch den ganzen unbekannten Teil Zentralasiens. Einige Tage später lag eine Karte von Hedin in der Post. Er schrieb, wenn große Taten vollbracht würden, werde man immer die Wölfe heulen hören und die Krallen der Raben spüren, aber dies gehöre zum Spiel.

Im Herbst des Jahres 1949 wurde ich überraschend vom Sekretär der Schwedischen Gesellschaft für Anthropologie und Geographie, dem Dozenten Carl M:son Mannerfelt, aufgesucht.

Er war ein eleganter, gleichzeitig aber erstaunlich sportlich aussehender junger Geograph in meinem Alter. Er kam, um mir mitzuteilen, dass Sven Hedin vorgeschlagen hätte, die Gesellschaft sollte mich einladen, damit ich meine Theorie vor den führenden Fachleuten des Landes verteidigen konnte. Gleichzeitig lud Dozent Mannerfelt mich am nächsten Tag zu sich nach Hause zum Essen ein, damit ich den jüngsten Professor Schwedens, Dr. Olof Selling, treffen konnte, der am Vortag aus Polynesien zurückgekommen war. Offensichtlich sollte ich vor der großen Schlacht, die Hedin organisierte, meine Prüfung vor diesem jungen Wissenschaftler bestehen. Selling hatte schon eine glänzende Karriere hinter sich, obwohl er drei Jahre jünger war als ich. Er hatte mit einer Arbeit in Botanik promoviert, in der er als Erster die Technik der Pollenanalyse in Polynesien einführte, und er hatte als Einziger im 20. Jahrhundert eine ganz neue Systematik im Pflanzenreich entdeckt; fünfzehn neue Pflanzenarten waren nach ihm benannt. Erst kürzlich hatte man ihn weit älteren Kollegen vorgezogen und zum Chef der paläobotanischen Abteilung am Reichsmuseum in Stockholm gewählt.

Mein Leben als Privatperson hatte eine ganz neue Richtung bekommen, als ich Yvonne traf. Und jetzt nahm mein Dasein als Wissenschaftler eine ebenso unerwartete Wendung, als ich mit Yvonne zum Essen bei Calle und Ebba Mannerfelt in ihre schöne Villa außerhalb von Stockholm eingeladen wurde – und Olof Selling traf. Der etwas vorsichtige und zugeknöpfte Botanikprofessor hatte ein ansteckendes Lächeln, das einen ganz eigenen Sinn für Humor verriet. Darüber hinaus zeigten seine Antworten und sein durchdringender Blick, dass dieser junge Schwede einen ungewöhnlich scharfen Verstand besaß. Es war ganz offensichtlich, dass er mit seinem Gedächtnis und seiner Kombinationsfähigkeit seinem Alter und unserer Zeit voraus war.

Der Empfang im Mannerfeltschen Haus war formell und abwartend, aber Ebba und Yvonne fanden spontan zueinander und als wir mit einem Drink vor dem Essen in tiefe Sessel sanken, dauerte es nur wenige Augenblicke, bis wir drei, die hier eigentlich vorab schon einmal die Klingen kreuzen sollten, begriffen, dass wir einen gemeinsamen Hintergrund in Geographie und Biologie hatten und darum dieselbe Sprache sprachen.

Der letzte Rest von Kühle aus Unsicherheit heraus schmolz am Wohnzimmertisch im Takt mit dem Eis um den erlesenen Weißwein des Hauses. Nach schwedischer Sitte schlug der Gastgeber vor, die Titel beiseite zu lassen, und ich, der ich noch keinen besaß, war einverstanden. Damit war der Grundstein für eine Freundschaft gelegt, über die wir uns heute noch, fünfzig Jahre nach dem *Kon-Tiki*-Streit, alle drei freuen.

Es stellte sich heraus, dass Olof ein persönlicher Bekannter von zwei meiner damaligen ärgsten Widersacher war, von Sir Peter Buck und dem Botanikprofessor Carl Skottsberg. Tatsächlich war er als Skottsbergs Assistent an das Bishop-Museum auf Hawaii gegangen, das Buck leitete, um die ersten Pollenuntersuchungen im Stillen Ozean aufzunehmen. Dort hatte Olof auch den Botaniker F. B. H. Brown getroffen, der sein besonderer Freund geworden war.

Forest B. Brown! Olof nannte ihn nur Forest. Er war der Mann, der mir Mut gemacht hatte, mich mit dem *Kon-Tiki*-Floß auf den Stillen Ozean zu begeben! Verfasser von drei Bänden über die Flora der Marquesasinseln, der Mann, der mir mit seinen soliden genetischen Beweisen den Glauben an das Experiment und den Mut dazu gegeben hatte, Süßkartoffeln, Flaschenkürbisse und Kokosnüsse mit einem Floß von Peru nach Polynesien zu bringen – dieser Mann war Olofs persönlicher Freund. Mein persönlicher Freund, Tei Tetua, Sohn des Kannibalen Uta auf Fatu Hiva, hatte bezeugt, dass Olofs Freund Recht hatte. Dies versprach, lustig zu werden.

Der Geograph Calle war nicht weniger interessiert. Für ihn war die Erde rund und damit der Abstand längs des Äquators von Asien nach Südamerika genauso groß wie der scheinbare Umweg vom Äquator den ganzen Weg nach Norden zur Beringstraße und wieder nach Süden zum Äquator auf der anderen

Seite des Meeres. Calle wusste, dass das Meer von unsichtbaren Strömen durchzogen wurde, die alles, was schwamm, direkt nach Westen – von Südamerika nach Polynesien auf der südlichen Halbkugel – und nach Osten – von Asien über das nordwestamerikanische Inselreich nach Polynesien auf der nördlichen Halbkugel – führen würden.

So brach der große Tag an, der 23. September 1949. Im Saal waren alle Plätze belegt, als der Sekretär die Versammlung in der Schwedischen Gesellschaft für Anthropologie und Geographie eröffnete. Als ich zum Rednerpult ging, traf mich ein ermunternder Blick von Sven Hedin, der genau vor mir in der ersten Reihe saß. Das half. Die anderen verschmolzen zu einem vielköpfigen Wesen mit Augen, die alles spiegelten, von Neugier bis zu freundlicher Erwartung und demonstrativer Verachtung.

Es ging gut. Beinahe erschreckend gut. War denn niemand da, der irgendeinen Einwand hatte? Es war so überraschend, dass niemand unter Protest aufstand, dass es mich eher verwirrte als erleichterte.

Dieser unerwartete Ausgang war meine erste wissenschaftliche Anerkennung. Dazu kam die Retzius-Medaille in Silber für die Organisation und Durchführung der *Kon-Tiki*-Expedition zu wissenschaftlichen Zwecken. Keine wissenschaftliche Ermunterung, die ich später im Leben bekam, hat mich mehr gefreut und mehr für meinen andauernden Kampf bei hartem Gegenwind bedeutet als diese erste Belohnung von akademischer Seite.

Aber der Kampf gegen einen wachsenden Strom von Autoritäten war bei weitem nicht zu Ende, und in den folgenden Monaten hatten die Tage zu wenige Stunden. Olof besaß nicht nur eine einzigartige Bibliothek über den Stillen Ozean, sondern auch eine aktuelle Kartei über die gesamte Literatur zu angrenzenden Themen, die ich benutzen konnte, um mein bereits umfangreiches Manuskript mit neuem Wissen und alternativem Denken in der Polynesien-Forschung zu erweitern.

Wir mieteten ein Sommerhaus in der Umgebung von Stockholm und Yvonne ging regelmäßig Hinweisen aus Olofs Bibliothek in der Kungliga Biblioteket nach und kam fast mit mehr Büchern zurück, als sie tragen konnte. Dann hämmerte sie zusammen mit ihrer Schwester auf die Schreibmaschine ein, während ich Manuskriptseiten auseinanderschnitt und zusammenklebte, die einen oder auch mehrere Meter lang sein konnten.

Doch beinahe hätte ich Olof als wissenschaftlichen Mitspieler verloren. Ein älterer Botaniker, der sich übergangen fühlte, als Selling Chef der Paläobotanischen Abteilung des Reichsmuseums wurde, versuchte, seine Entlassung zu erreichen, indem er ihn beschuldigte, geisteskrank zu sein. Olof hatte nämlich das Schloss zu seiner Abteilung auswechseln lassen, als der alte Rivale sich abends Zugang verschaffte und Herbarien und Dokumente benutzte, ohne den neuen verantwortlichen Chef zu informieren. Die Zeitungen wurden mit Protesten überschwemmt. Konnte die Königliche Akademie der Wissenschaften so inhuman sein und einen Kollegen für geistesgestört erklären, wenn er es nicht war?

Die Empörung über den »Schlüsselstreit« wurde so heftig, dass die Akademie Olof nicht entließ. Aufrufe in Zeitungen des ganzen Landes führten dazu, dass viele Schweden die Kosten für zwei ausgewiesen neutrale Ärzte übernehmen wollten, die den Angeklagten untersuchen sollten. Der Schriftsteller Vilhelm Moberg, 1997 von der schwedischen Bevölkerung zum besten schwedischen Schriftsteller aller Zeiten gewählt, schrieb ein Schauspiel über den Schlüsselstreit. Es wurde in eine Reihe anderer Sprachen übersetzt und obendrein in einem Moskauer Theater aufgeführt.

Selling wurde als völlig normal erklärt und einige Jahre später wurde er auf Empfehlung der Schwedischen Akademie der Wissenschaften zum Ritter des Königlichen Nordstjerne-Ordens ernannt.

Allmählich verebbten in der schwedischen Presse die persönlichen Angriffe gegen mich und bald darauf erfuhr ich in ebendiesem Schweden die erste Anerkennung als Forscher, Schriftsteller und Kameramann.

Mein wissenschaftlicher Durchbruch in Stockholm zeigte seine Wirkung auch über die Grenzen hinaus bis in meine Heimat, wo die Norwegische Geographische Gesellschaft mich einlud, Vorträge über die *Kon-Tiki*-Expedition zu halten. Danach ernannte sie mich zum Ehrenmitglied, was zur Folge hatte, dass ich von der Königlich Norwegischen Akademie der Wissenschaften eingeladen wurde, wo meine alte Mutter gespannt in der ersten Reihe saß, zusammen mit König Haakon, und auf den Sturmangriff norwegischer Forscher wartete. Unsere beiden führenden Sprachforscher hatten angekündigt, meine Wanderungstheorie zu widerlegen. Doch nach dem Vortrag saßen beide schweigend da. Der König blickte zu ihnen hinüber, bis der eine sich schließlich erhob und freundlich zu erkennen gab, er hätte keine Einwände gegen meine Vorschläge zu Wanderungsrouten über das Meer, da ich nicht bestritt, dass die polynesische Sprache ferne Wurzeln in Südostasien hätte.

»Aber was meinen Sie, Herr Professor?«, fragte er, zu seinem alten Kollegen gewandt, der Spezialist für asiatische Sprachen war.

»Ich bin einverstanden«, sagte der andere schnell und setzte sich wieder.

So verließ meine alte Mutter stolz den Saal, nachdem sie kräftig zum Beifall beigetragen hatte. Der norwegische Verleger Harald Grieg, der den Bleisatz für *Kon-Tiki* hatte kippen lassen, nachdem er als Erster das Buch in ziemlich hoher Auflage gedruckt hatte, musste es neu setzen lassen.

Dennoch wäre die erste Freude darüber, dass sich meine Lage an der akademischen Front jetzt besserte, deutlich geringer gewesen, hätte ich etwas von dem Netz aus Fäden geahnt, an dem mehr als je zuvor hinter den Kulissen und über alle Landesgrenzen hinweg geknüpft wurde.

Der Kinofilm über die Fahrt der *Kon-Tiki* brachte mich nach Paris, wo der französische Ethnologe Dr. Alfred Métraux als Chef der UNESCO residierte. Die Auflagenzahlen des Buches hatten das Interesse der Filmindustrie an dem Rohfilm von der Reise geweckt. Damit wuchsen auch das Publikumsinteresse und die Entrüstung der Gegner über einen Forscher, der an die Massen appellierte und keine wissenschaftliche Publikation vorlegte. Mein wissenschaftliches Werk war der Hoffnung auf ein Erscheinen schon sehr nahe gekommen und lag als ein riesiger Haufen loser Manuskriptseiten im Hause meines schwedischen Verlegers Adam Helms.

Doch der Film über die *Kon-Tiki*-Fahrt wurde ein großer Reinfall, als er in New York zuerst als Rohfassung gezeigt wurde. Präsident Trumans Begeisterung für die *Kon-Tiki* fand ein Echo in der amerikanischen Presse, wo *New York Times*, *Life Magazine* und andere führende Zeitungen und illustrierte Wochenzeitschriften die Expedition groß besprochen hatten. Die Filmproduzenten machten Druck und die norwegische Botschaft arrangierte für die wichtigsten Aufkäufer eine Vorführung von 240 Metern der Rohfassung.

Es wurde ein wahrer Alptraum. Ich hatte eine zwanzigminütige Einführung erhalten, wie man filmt, als ich vor meiner Abreise in einem Osloer Fotogeschäft meine kleine aufziehbare Kamera mit drei drehbaren Linsen kaufte. Jetzt saßen wir also im Saal und stellten fest, dass die Hälfte des Films vom Wasser total zerstört war und der Rest in Zeitlupe ablief. Es sah aus, als hätte ihn jemand aufgenommen, der in einer Hängematte in einem Zug schaukelte, der langsam in einen Tunnel hinein- und wieder hinausfuhr, unterbrochen von blendend hellen Sequenzen, wo man ein geöffnetes Haifischmaul erkennen konnte, einen bärtigen Kopf, einen nackten Fuß, einen zappelnden Fisch.

Ein Zuschauer nach dem anderen schlich leise hinaus. Am Ende blieb ich mit einem Aufkäufer der Firma RKO allein zurück, der mir für das Ganze 200 Dollar bot, in der Hoffnung, die einzelnen Schnipsel zu zehn Minuten Nachrichtenreportage zusammensetzen zu können. Aus dem Handel wurde nichts.

Da hieß es, die erste bittere Enttäuschung herunterzuschlucken, und zusammen mit einem Freund, der ein kleines Schneidegerät hatte, setzte ich mich in New York in mein kleines Hotelzimmer und schnitt die Filmschnipsel zusammen, die ich für einen Stummfilm gebrauchen konnte. Ohne Möglichkeit, das Resultat noch einmal anzuschauen, konnten wir gerade noch die letzten Schnipsel zusammenkleben, als ich in ein Taxi zum illustren Explorers Club hetzen musste, dessen jüngstes Mitglied ich seit der Zeit auf Fatu Hiva war. Doch nie zuvor war ich derart überrascht worden: Nachdem ich in einem vollbesetzten, aber mucksmäuschenstillen Saal gesessen hatte, missmutig, weil mir all das fehlte, was am Dramatischsten war und jetzt im Papierkorb lag, hörte ich, wie der Beifall losbrach. Da ich mit den gesamten Schulden der Expedition allein dasaß, akzeptierte ich den Vertrag mit einem erfahrenen Agenten, der mir einen hohen Prozentsatz des Vortragshonorars anbot, dafür, dass ich alle Reise- und Hotelkosten selber trug. Danach akzeptierte er alle Anfragen und im Laufe von drei Monaten hielt ich kreuz und quer in den USA über hundert Filmvorträge. Ich schlief genauso oft im Flugzeug oder Schlafwagen wie in einem Bett. Von New York nach San Francisco, zurück nach Washington, D.C., und dann wieder nach Los Angeles. Einmal, als auf Toronto in Kanada Chattanooga in Tennessee folgte, hatte ich sieben Dollar verdient, obgleich das Mindesthonorar 200 Dollar betrug.

Dann kam Europa an die Reihe und auch in Stockholm gab es volle Häuser. Schließlich kam der frühere Prinz Lennart Bernadotte auf die Idee, Hollywood eine Kinoversion meiner Geschichte anzubieten. Er ließ sich von meinem traurigen Bericht über die 200 Dollar vom RKO-Mann als höchstes Gebot für den Film nicht abschrecken. Als meine Freunde vom Balsafloß mich der Reihe nach vor weiterhin vollen Häusern in Schweden ablösten, folgte mir der ehemalige Prinz bis nach Kopenhagen, wo Königin Ingrid, die Prinzessinnen und einige andere in der ersten Reihe so dicht vor der Leinwand saßen, dass ein paar von ihnen vom Wellengang in dem unruhigen Amateurfilm seekrank wurden. In einem peinlichen Augenblick war ein Platschen zu hören und als der Kontrolleur mit einem Eimer Sägemehl angelaufen kam, fragte die Königin höflich, ob dies zur Vorstellung gehöre.

Lennart Bernadotte wollte nicht nur die heftigen Bewegungen des Floßes, sondern auch die Geschwindigkeit des Films korrigieren; ich hatte ihn in Zeitlupe aufgenommen. Er hatte Europas allererste »Optical Printing Machine« gekauft, die einen 16-Millimeter-Film zu einer 35-Millimeter-Kopie aufblasen konnte, indem jedes dritte Bild des Filmstreifens aufgenommen und in die Kopie einmontiert wurde, um auf die Geschwindigkeit zu kommen, die für ein Standardvorführgerät erforderlich war. Ehe ich am nächsten Morgen nach Wien fuhr und er zurück nach Stockholm, hatten wir einen handgeschriebenen Vertrag darüber aufgesetzt, halb auf Norwegisch, halb auf Schwedisch, dass wir die Kinoeinnahmen 50 : 50 teilen wollten. Der Vertrag, der auf ein einziges Blatt Papier passte, ist verloren gegangen; in der Zwischenzeit hatte die kleine neue Filmgesellschaft Artfilm, die aus Lennart und seinem Freund Olle Nordemar bestand, den Schmalfilm zu einem Kinofilm vergrößert und stabilisiert und das Ergebnis für einen 50 : 50-Anteil an den Tarzan-Produzenten Sol Lesser in Hollywood verkauft, der ihn wieder gegen einen 50 : 50-Anteil an den Filmverleih RKO verkaufte. Sowohl für RKO als auch für mich wäre es besser gewesen, hätte ich ihnen den Film direkt auf einer 50 : 50-Basis verkauft.

Verträge wurden in ebenso vielen Sprachen abgeschlossen, wie das Buch gedruckt worden war, und schließlich bekamen wir zwei Oscars in der Sparte Dokumentarfilm, einen für den Produzenten und einen für den Kameramann. Während des wissenschaftlichen Streits lehnte ich es ab, in Hollywood zu erscheinen, und nahm meinen Oscar stattdessen direkt aus der Hand des

Tarzan-Produzenten an Bord des Floßes im *Kon-Tiki*-Museum entgegen.

Bei einer späteren Gelegenheit besuchte ich Hollywood und Sol Lesser veranstaltete mir zu Ehren eine Cocktailparty. Er wollte wissen, wen ich aus der Filmstadt gern treffen wollte. Meine Unwissenheit auf diesem Gebiet war grenzenlos, aber nach einigem Zögern platzte ich mit dem Namen Walt Disney heraus. Er kam und erwies sich als ein ungemein bescheidener und zurückhaltender Mensch, der vor anderen seinen Sinn für Humor verbarg, den er haben musste. Er begrüßte mich todernst und dankte für die Publicity, die ich ihm im *Kon-Tiki*-Buch verschafft hatte.

»Publicity?« fragte ich. Ich konnte mich nicht daran erinnern, ihn überhaupt erwähnt zu haben.

»O doch«, sagte er, »bei drei verschiedenen Anlässen nennen Sie mich beim Namen, wo Sie die phantastischsten und phantasievollsten Geschöpfe im Meer schildern – so wie sie nicht einmal Walt Disney hätte erfinden können, schreiben Sie.«

Die Weltpremiere fand am 13. Januar 1950 in Stockholm statt, mit der schwedischen Königsfamilie, Sven Hedin und Olof Selling unter den geladenen Gästen. Zu vielen anderen Premieren war ich nicht erschienen, aber in Frankreich war das Interesse so groß, dass eine umtriebige Firma das Floß über die Landstraßen gefahren hatte, während wir ihm in Oslo ein Haus bauten. Es kam wieder mit Äpfeln zwischen den Balsastämmen zurück, nachdem es durch eine Obstplantage gefahren war, und beendete seine letzte Frankreichfahrt im Triumph auf den Champs-Élysées.

Meine Ankunft in Paris am Tage vor der Filmpremiere war nicht die angenehmste, trotz der Menschenansammlung am Flughafen. Alfred Métraux hatte in Frankreich eine heftige Offensive gegen mich gestartet. In einer französischen Fachzeitschrift sah ich mich wieder als Abenteurer ohne wissenschaftlichen Hintergrund dargestellt. Einer der Journalisten hatte ein druckfrisches Exemplar des *Carrefour* selbigen Tages mitgebracht, wo Métraux anlässlich der Filmpremiere am nächsten Tag mich zu einem »mauvais savant«, einem schlechten Wissenschaftler, abstempelte. Ich wurde gebeten, den Angriff zu kommentieren. Das versprach ich zu tun, aber von Angesicht zu Angesicht mit Métraux, falls sie eine Begegnung arrangieren konnten.

Am nächsten Morgen wurde ich zu Dr. Métraux' Büro in der UNESCO gefahren. Dort saß er zusammen mit Dr. Walter Lehmann, dem führenden Spezialisten für Südamerikanische Archäologie am Musée de l'Homme in Paris. Der Journalist des *Carrefour* war auch da, mit Notizblock und gezücktem Stift.

Kaum hatten wir uns einander vorgestellt, als ich auch schon meine Aktenmappe öffnete und die ersten losen Probeabzüge meines kommenden Werks, *American Indians in the Pacific* präsentierte – 821 Seiten und eine Liste mit mehr als tausend zitierten Quellen, sowie eine Menge Abbildungen. Meine beiden Gegner wurden still und verwirrt und als sie das Wort ergriffen und auf alle Fragen, mit denen sie hofften, mich an die Wand spielen zu können, eine Antwort erhielten, war ich an der Reihe. Ich hatte einen Stapel Fotos von verschiedenen Steinstatuen auf den Marquesasinseln, der Osterinsel und dem ganzen Anden-Gebiet von San Agustín in Kolumbien bis Tiahuanaco in Bolivien dabei. Métraux hatte behauptet, es gäbe keine Ähnlichkeit zwischen den Steinstatuen in den beiden unterschiedlichen Gebieten. Jetzt legte ich den Stapel mit Bildern auf den Schreibtisch und bat sie, die polynesischen von den südamerikanischen zu unterscheiden.

Dr. Lehmann griff sich sogleich den Stapel und wollte anfangen, sie zu sortieren, dann aber zögerte er und schob Métraux die Fotos hinüber. Dies war immerhin sein Spezialgebiet. Und Métraux nahm den Stapel lächelnd entgegen: »Diese ist aus Polynesien«, sagte er und legte das erste Bild auf den Tisch.

»Nein!«, erwiderte ich triumphierend. »Sie ist aus San Agustín.«

»Diese ist auch aus San Agustín«, sagte Métraux unangefochten und legte das nächste Foto auf den Tisch.

»Nein«, konnte ich wieder parieren. »Die habe ich selbst auf den Marquesasinseln fotografiert!« Und dann fügte ich hinzu, wenn selbst die verehrten Herren, zwei der hervorragendsten Autoritäten auf diesem Gebiet, den Unterschied nicht erkennen konnten, dann müssten sie doch zugeben, dass es eine Ähnlichkeit gäbe?

Sie bestritten es nicht. Métraux blickte auf seine Armbanduhr und sagte mit einem Lächeln, wir sollten alle vier in die UNESCO-Bar hinuntergehen und uns einen Drink genehmigen. Das taten wir und dieser Drink schmeckte mir.

Am selben Abend war der Kinosaal brechend voll und die Stimmung war gut. Großes Aufgebot an französischen Entdeckungsreisenden und Bergsteigern, mit dem Polarfahrer Paul-Émile Victor und dem Annapurna-Bezwinger Maurice Herzog an der Spitze. Paul-Émile stellte den Film vor und in ihm und Maurice gewann ich zwei neue, treue Freunde fürs Leben.

Am nächsten Morgen wurde der *Carrefour* vorsichtig unter der Tür hindurch in mein Zimmer geschoben. David und Goliath, dachte ich, als ich den Artikel über die Konfrontation in den Räumen der UNESCO sah. Großes Bild von Métraux oben links auf der Seite, wo er ein großes Glas hob, um anzustoßen. Kleines Bild ganz unten rechts auf der Seite, wo ich ihm mit einem kleinen Glas Bescheid tat. »A. Métraux halbwegs überzeugt von Thor Heyerdahl«, lautete die Überschrift. Und dann gab der Journalist zu, dass die beiden Experten, als sie auf die Probe gestellt wurden, sich genauso oft geirrt wie richtig geantwortet hatten, als sie zwischen südamerikanischen und polynesischen Steinstatuen unterscheiden sollten. Und Métraux hatte seine Worte zurückgenommen und zugegeben, dass sein Widersacher ein echter Wissenschaftler war.

Als Adam Helms mit seinem kleinen schwedischen Verlag Forum mein dickes wissenschaftliches Werk über die Theorie, die hinter der *Kon-Tiki*-Fahrt stand, drucken ließ, wurde es von

Métraux in derselben schwedischen Zeitschrift, in der er seine Angriffe veröffentlicht hatte, freundlich rezensiert. Er unterstrich jetzt, es wäre für ihn unfassbar gewesen, dass ein so junger Mann so viel wichtiges wissenschaftliches Material aus verschiedenen Fachdisziplinen zwischen zwei Buchdeckeln hatte versammeln können, wäre er nicht darauf vorbereitet gewesen.

Sein Partner auf der Osterinsel-Expedition, der belgische Archäologe Dr. Henri Lavachery, schloss sich den Angriffen nie an. Er verhielt sich abwartend und nach meiner Expedition zur Osterinsel besuchte er mich in Oslo, um mein mitgebrachtes Material zu studieren. Er war es, der später die Einleitung zu meinem 1974 erschienenen Werk über die Kunst der Osterinsel schrieb.

Aber mit dem Friedensschluss in Frankreich war der Kampf nicht beendet. Je größer die Aufmerksamkeit, die Buch und Film über die *Kon-Tiki*-Expedition in der ganzen Welt erregten, desto hitziger die Opposition unter einer wachsenden Anzahl anerkannter Autoritäten, die sich bloßgestellt fühlte. In ihren Augen ergötzte sich das Publikum daran, dass ich es mir erlaubt hatte, den Gelehrten auf die Zehen zu treten. Dr. Birket-Smiths Plan vom 29. Internationalen Amerikanistenkongress, die *Kon-Tiki*-Expedition totzuschweigen, war nicht geglückt, und als der 30. Kongress für den August 1952 in Cambridge geplant wurde, beschlossen die Veranstalter, eine weit effektivere Methode auszuprobieren: Ich wurde eingeladen, als Redner an dem Kongress teilzunehmen, wo alle führenden Experten der Welt anwesend waren. Nur eine Woche zuvor war endlich mein Buch, *American Indians in the Pacific,* erschienen, aber kaum einer der Kongressteilnehmer hatte bisher davon Notiz nehmen können.

Die Einladung war eine Herausforderung, die mich unerwartet traf. In den Bestimmungen stand, jeder aktive Teilnehmer hätte die Möglichkeit, drei Vorträge zu halten. Ich trug mich für alle drei ein.

Als das nächste Rundschreiben vom Kongress mit dem fertigen Programm ankam, sah ich, dass man ausgerechnet Dr. Birket-Smith zum Diskussionsleiter der Sektion gewählt hatte, in der ich reden sollte.

Wenn ich mich früher oft klein gefühlt hatte, dann kam ich mir jetzt winzig vor, als ich nach Cambridge fuhr, um vor die versammelte Weltelite der Anthropologie zu treten. Zweihundert Teilnehmer aus dreißig Ländern waren für den Kongress angemeldet. Die meisten von ihnen standen schon in Gruppen in den Fluren der Universität und unterhielten sich wie alte Freunde, als Yvonne und ich ankamen, mit den Manuskripten zu drei kontroversen Vorlesungen in meiner Mappe. Neugierige Blicke verrieten, dass einige mich wieder erkannten, Einzelne mit einem kühlen Lächeln oder einem mitleidigen Zug um die Mundwinkel.

Niemand kannte Yvonne. Sie wartete auf dem Flur, während ich hineinging und die Mappe und die Dias ablegte. Als ich wieder herauskam, hörte sie plötzlich eine Stimme sagen: »Da kommt Heyerdahl. Kehren wir ihm den Rücken zu!« Kurz darauf kam Yvonne mit dem freundlichen schwedischen Ethnologen Prof. Sigvald Linné ins Gespräch, als ein älterer Kongressteilnehmer hinzutrat und zu Linné sagte: »Verzeihung, dass ich Sie nicht begrüßt habe, aber ich dachte, Sie wären Thor Heyerdahl.«

Ich kam mir ziemlich klein vor, als ich darauf wartete, dass ich an die Reihe käme, ans Rednerpult zu gehen. Ich musste drei Vorträge absolvieren, die anderen dagegen meistens nur einen. Es herrschte eine erwartungsvolle Stimmung, das war ganz deutlich, denn jetzt war einer da, der geschlachtet werden sollte. In den vollbesetzten Korridoren warteten viele Journalisten mit Kameras, was für diese Art von Kongressen eher ungewöhnlich ist. Es verstärkte die gereizte Stimmung gegen den Abenteurer, aber auch die Hoffnung, er würde jetzt bei offener Szene zur Strecke gebracht werden.

Vor mir waren zwei andere Redner dran, aber mit so speziellen Themen, dass nur eine Hand voll Interessierte hineingegangen war, um ihnen zuzuhören. Die anderen standen im Korridor und plauderten, offensichtlich in Erwartung einer Art Zirkusvorstellung. Als der erste Redner nach einer halben Stunde endete, waren Yvonne und ich unter den wenigen Anwesenden, die pflichtschuldigst auf den zweiten Redner warteten, der aus unbekannten Gründen nicht erschien. Normalerweise hätte dies eine halbe Stunde Pause bedeutet, ehe ich ins Feuer musste. Stattdessen ging Birket-Smith zum Rednerpult und über den fast leeren Saal blickend, bat er mich, heraufzukommen und anzufangen.

Ich ging zum Rednerpult und begann für Yvonne und ein rundes Dutzend desinteressierter Zuhörer vorzulesen. Es war, als würde ich mir selbst etwas vortragen. Ich hatte hart an diesen Vorträgen gearbeitet und die, die sie hören sollten, standen auf dem Flur.

Etwa fünf Minuten lang hatte ich mit demselben geringen Interesse vorgetragen, wie mir das Publikum zuhörte, als ich bemerkte, dass Yvonne sich zur Tür hinausschlich. Einen Augenblick später wurde die große Eingangstür zum Saal weit geöffnet und die Menschen strömten nur so herein, Yvonne vorneweg. Es war ein solcher Lärm von Füßen und Stühlerücken, dass ich eine Pause machen musste, bis der nun brechend volle Saal zur Ruhe kam, die Leute dicht an die Wände gedrängt und bis in die Türöffnungen stehend. Als ich fortfahren wollte, kamen Rufe aus dem Saal, ich sollte von vorn anfangen, und Birket-Smith bat mich, dies zu tun.

Ich sah viele verwunderte Gesichter. Anstatt eines bärtigen Wilden stand da ein frisch rasierter junger Mann in dunkelblauem Anzug auf dem Podium. Den Zeitungen nach glich er eher einem braven Bankangestellten als einem interessanten Entdeckungsreisenden. Wer mehr überrascht war, das Publikum im Saal oder ich am Rednerpult, ist schwer zu sagen. Aber ich war eher verwirrt, als es nach dem ersten Vortrag im Saal mucksmäuschenstill war. Keine einzige boshafte Bemerkung und nur einige vorsichtige, harmlose Fragen, die leicht zu beantworten waren.

Am nächsten Tag, nach meinem zweiten und dritten Vortrag, hatten sowohl das Publikum als auch ich Zeit gehabt, miteinander warm zu werden. In diesen beiden letzten Vorträgen, die ich ohne Pause hielt, führte ich eine tief greifende Diskussion über die Möglichkeit eines amerikanischen Beitrags zur Urbevölkerung in Polynesien. Keiner brachte Gegenargumente. Im Gegenteil, der erste Beitrag kam von dem bekannten kanadischen Anthropologen Ruggles Gates, der einräumte, dass die neuesten Blutanalysen die Schlüsse des Redners untermauerten. Sehr erleichtert und mit dem Gefühl, mich weit aus dem Fenster gelehnt zu haben, bahnte ich Yvonne und mir den Weg aus dem Saal. Der Osloer Reporter telegrafierte nach Hause, ich hätte überlebt und mein erklärter Widersacher, Birket-Smith, hätte mir für einen ungewöhnlich bedeutenden Einsatz für die Wissenschaft gedankt. Die Zeitungen in Finnland, die die Beschuldigungen über den »Humbug« verbreitet hatten, brachten einstimmig positive Rezensionen meines wissenschaftlichen Werks und unterstrichen, dass die Kritiker verstummt wären.

Später erfuhr ich, dass es sich bei dem kleinen älteren Mann, der einen anderen nicht gegrüßt hatte, weil er mich in ihm zu erkennen glaubte, um den berühmten französischen Ethnologen Paul Rivet handelte. Ich habe ihn nicht persönlich kennen gelernt, denn er hielt sich demonstrativ von allen meinen Vorträgen fern. Ich erfuhr, dass er später eine Resolution des Inhalts vorgeschlagen hatte, der Kongress solle Heyerdahls Theorien für inakzeptabel erklären. Der Vorschlag wurde mit der Begründung abgelehnt, der Kongress könnte sich nicht mit Resolutionen befassen, deren Verfasser bei den Vorträgen selbst nicht anwesend gewesen war.

Damit war aber nicht gesagt, dass ich gewonnen hätte. Nur wenige Tage nach dem Kongress in Cambridge begann der 4. Internationale Anthropologen- und Ethnologen-Kongress in Wien.

Wie viele andere Kongressteilnehmer in Cambridge hatten auch Yvonne und ich Fahrkarten für den Zug direkt nach Wien gekauft. Noch bevor wir in den Zug stiegen, hörten wir von einem freundlich gesinnten Wiener Wissenschaftler, einer meiner ärgsten Feinde, Prof. Robert von Heine-Geldern, wäre zum Vizepräsidenten des Kongresses ernannt worden und hätte ein Flugblatt mit heftigen Angriffen gegen meine Theorien drucken lassen, das unter allen Kongressteilnehmern verteilt werden sollte.

Ich gab umgehend die Zugfahrscheine zurück, und stattdessen flogen Yvonne und ich nach Wien.

Nach der Landung setzte ich Yvonne im Hotel ab und fuhr mit dem Taxi direkt zu Heine-Gelderns Büro. Ich wurde von einem gebeugten, aber äußerst agilen älteren Professor mit wachem Blick hinter den Brillengläsern empfangen. Er reichte mir sofort eine Kopie des bereits gedruckten Angriffs, der zum Verteilen bereit lag. Als ich um Zeit bat, als Referent der Attacke begegnen zu können, lehnte er triumphierend ab. Hätte ich Zeit für einen Beitrag auf dem Kongress gewollt, hätte ich darum bitten sollen, als ich eingeladen wurde. Jetzt wäre es zu spät.

Zwei Studenten standen gespannt vor der Tür und waren entrüstet, als sie hörten, dass es mir verweigert wurde, mich zu verteidigen. Eine ganze Delegation von Studenten ging zu Heine-Geldern und erhielt eine Absage auf ihren Vorschlag, man möge mir die Gelegenheit geben, ihm in offener Debatte unter der Regie des Kongresses zu begegnen.

An diesem Abend holten mich die Studenten zu einem heimlichen Treffen mit ihrem Lieblingsprofessor Dominik Wölfel in einem verlassenen unterirdischen Weinkeller ab. Sie wagten nicht, sich öffentlich mit Prof. Wölfel zu zeigen, weil er alles andere als ein guter Freund ihres eigenen Professors Heine-Geldern war. Wölfel galt als alter Hase mit dem klarsten Blick für realistische Kulturkontakte und ich hatte ihn aufgrund seiner Studien der Kultur der Urbevölkerung auf den Kanarischen Inseln zitiert, die er als eine mögliche Zwischenstation zwischen der alten Welt des Altertums und der neuen Welt betrachtete. Während wir dasaßen und mit gedämpfter Stimme und beim schwachen Schein einer Laterne Pläne schmiedeten, war mir, als säßen wir in einer Katakombe zur Zeit der Christenverfolgungen. Ich erfuhr, dass das Wiener Völkerkundemuseum sein Jahrbuch zum Verteilen an alle Kongressteilnehmer vorbereitet hatte. Weder der Museumsdirektor noch der Redakteur des Jahrbuchs mochten den Vizepräsidenten des Kongresses Heine-Geldern sonderlich.

Am nächsten Morgen suchte ich zuerst den Museumsdirektor auf und erhielt die Erlaubnis, mit einem Artikel zum Jahrbuch beizutragen, von dem er anscheinend nicht wusste, dass es bereits gedruckt war, und danach ging ich zu der verantwortlichen Redakteurin, Dr. Etta Becker-Donner, eine ebenso freundlich gesinnte wie bekannte Spezialistin für die Indianerkulturen Südamerikas. Sie zeigte auf die Jahrbücher, die in ihrem Büro schon stapelweise bereit lagen, willigte aber dennoch ein, als ich darum bat, allen Exemplaren, ehe sie zu den Kongressräumen gebracht wurden, eine gedruckte Antwort an Heine-Geldern beizulegen.

Es war schon Freitagabend und am Montagmorgen sollte der Kongress eröffnet werden.

Glücklicherweise befanden sich meine deutschsprachigen Verleger, die Familie Ullstein, in Wien. Nach den hohen Auflagen ihrer Ausgabe des *Kon-Tiki*-Buches stand ich mit ihnen auf gutem Fuß. Nach einem Treffen mit dem Verleger und dem Druckereileiter erhielt ich die Zusage, dass mein Sonderdruck am Sonntagabend fertig sei, wenn sie das Manuskript Sonntagmorgen bekämen.

Freitagabend ging ich zu Bett, um mich mit einem guten Nachtschlaf zu wappnen. Heine-Geldern hatte seinen Angriff geschrieben, ehe er mein soeben erschienenes wissenschaftliches Werk hatte lesen können, das ich dabei hatte. Am folgenden Tag war es für mich ein Leichtes, in meinem Text Zitate auf alle Argumente Heine-Gelderns zu finden, denn ich hatte mich schon mit ihnen auseinander gesetzt. Der einzige neue Beitrag, den der Professor brachte, war eine bewundernswerte, aus allen möglichen Quellen zusammengestellte Liste mit Beispielen von Tagen, an denen der Wind sich gedreht hatte und in entgegengesetzter Richtung zum Passatwind blies, der das *Kon-Tiki*-Floß nach Polynesien getrieben hatte. Zu diesem neuen und unerwarteten Argument war nur anzuführen, dass, würde man einer solchen Forschungsmethode folgen, statt selbst den Stillen Ozean aufzusuchen, sich ausreichend viele Orkane aufzählen ließen, um zu beweisen, dass der Stille Ozean unbewohnbar sei.

Montagmorgen waren Yvonne und ich unter den ersten Besuchern der mit Fahnen geschmückten Kongresshalle, vom Präsidenten und Vizepräsidenten des Kongresses liebenswürdig empfangen, die zusammenstanden und sich leicht verwirrt für die Drucksache bedankten, die ihnen in die Hand gedrückt wurde.

Heine-Geldern war erschreckend bleich, als er zum Rednerpult unter den Flaggen ging, um den Kongress für eröffnet zu erklären. Er erwiderte nichts, denn er hatte sein Pulver verschossen, und sein letzter Versuch, die Windrichtungen im Stillen Ozean zu drehen, verriet, dass ihm brauchbare Argumente ausgegangen waren.

Acht Jahre später kam endlich Heine-Gelderns große Chance, Rache zu nehmen. Im Jahre 1960 wurde der 34. Internationale Amerikanistenkongress in Wien abgehalten und Heine-Geldern war zum Präsidenten des Kongresses ernannt worden. Ich zögerte eine Zeit lang, nachdem die Einladung per Post gekommen war, aber meldete mich schließlich an, auch als Redner. Dieses Mal wählte ich ein Thema aus der Biologie, von dem ich wusste, dass mir Heine-Geldern und seine Jünger hier nicht das Wasser reichen konnten.

Ich habe später oft darüber nachgedacht, ob er alle seine Jünger in der ersten Reihe versammelt hatte, als ich zum Rednerpult ging. Nie habe ich mich so unerwünscht und geradezu verhasst gefühlt. Wenn Blicke töten könnten ... heißt es, und ich hatte fast das Gefühl, dass es möglich wäre, als ich mein Manuskript auf dem Pult aufschlug und über den Saal schaute, ehe ich begann. Ich las wie geistesabwesend, denn diejenigen, die sich darauf konzentrierten, mich mit solchen Blicken anzustarren, konnten unmöglich hören, was ich sagte. Und dann geschah das Unglaubliche: Ich hatte eben das letzte Wort gesprochen, als ich aufblickte und Heine-Geldern mit raschen Schritten auf mich zukommen sah. Er ergriff meine Hände wie ein zurückgekehrter alter Freund und bedachte meinen Vortrag mit einem überwältigenden Lob, wie ich es später nie mehr erlebt habe. Seine Jünger in der ersten Reihe mussten ebenso überrascht und verwirrt gewesen sein wie ich. Was ich nicht ahnte, war, dass ich mit diesem Vortrag über ethno-botanische Beweise für den Kontakt zwischen Südamerika und Polynesien den Isolationstheorien von Heine-Gelderns ärgstem Feind, dem Super-Isolationisten E. D. Merrill, den Garaus gemacht hatte. In seiner Begeisterung darüber, dass ich diesen amerikanischen Botaniker an die Wand gespielt hatte, vergaß er völlig, dass ich in der falschen Richtung über den Stillen Ozean gesegelt war. Ich hatte so viel Rückenwind, dass es mir im Nachhinein vorkam, als hätte er mich auf dem Podium umarmt, gleichwohl er mir in Wirklichkeit nur die Hand drückte.

Auch der Botaniker Skottsberg, der sich auf den Ethnologen Métraux gestützt hatte, streckte die Waffen. Er revidierte seine Studien über die Flora der Osterinsel und wies als Erster darauf hin, dass die beiden einzigen Süßwasserpflanzen der Insel, das *Totora*-Schilf und die Heilpflanze *Tavari*, südamerikanische Arten waren, die in voreuropäischer Zeit ausschließlich mit Seefahrern auf die Insel gekommen sein konnten. Das *Totora*-Schilf war die wichtigste Kulturpflanze auf der baumlosen Insel und diente an der peruanischen Wüstenküste dem Haus- und Bootsbau. Versuche, zu behaupten, Süßwasserpflanzen könnten als Pollen, die an Vogelfüßen hafteten, in die Kraterseen der Osterinsel gekommen sein, scheiterten, weil kein Seevogel die Insel von Südamerika aus erreichen kann, und ohne menschliche Hilfe wären Pollen von Süßwasserpflanzen zusammen mit südamerikanischen Nutzpflanzen wie Süßkartoffeln, Maniok, Kürbis und Chilipfeffer, die alle schon angebaut wurden, als die Europäer kamen, untergegangen.

Der Kampf gegen die wirklichen Goliaths ging in Westeuropa endlich zu Ende. Die Maschen des Netzes aber, in das ich in den Jahren des Kampfes verstrickt worden war, reichten sowohl über den Atlantik als auch durch die Berliner Mauer bis hinter den Eisernen Vorhang.

In den USA wurden das Buch und der Film über die *Kon-Tiki*-Expedition von der breiten Öffentlichkeit mit der gleichen großen Begeisterung aufgenommen wie in Europa. Die Expeditionsteilnehmer wurden ins Weiße Haus eingeladen, wo Präsident Truman uns im Oval Office empfing. In einer Rede pries er unseren Mut und unser Können als Seefahrer und er zeigte uns einen Ordner mit Zeitungsausschnitten, die er über die Fahrt gesammelt hatte.

Unter amerikanischen Wissenschaftlern dagegen war die Begeisterung eher gedämpft, obwohl die Angriffe viel gemäßigter ausfielen als in Europa. Aber hier hatte das Dogma seinen Ursprung, das südamerikanische Balsafloß könnte nicht bis nach Polynesien schwimmen. Der führende Experte für Seefahrt im prähistorischen Peru, Dr. S. K. Lothrop von der Harvard-Universität, hatte eine Abhandlung über das Balsafloß geschrieben und daraus geschlossen, es würde nach zwei Wochen auf dem Meer sinken. Darum hätte es die Urbevölkerung Perus nicht bis nach Polynesien bringen können. Und alle Forscher, die sich mit dem Stillen Ozean beschäftigten, zitierten ausgerechnet Lothrop und auch Sir Peter Buck und alle anderen stützten sich auf ihn. Darunter auch der alte freundliche Prof. Herbert Spinden, bei dem ich in New York wohnte, als ich vergeblich versuchte, ihn und seine Kollegen dazu zu bewegen, mein umfangreiches, aber unveröffentlichtes Manuskript zu lesen. Als ich behauptete, die älteste Bevölkerung Polynesiens wäre aus Südamerika gekommen, lächelte er nur und sagte: »Nun, Sie können ja versuchen, mit einem Balsafloß von Peru nach Polynesien zu fahren.«

Ich hatte ihn beim Wort genommen.

Meine größte Überraschung während des gesamten akademischen Streits, der auf die Fahrt folgte, war eine Einladung von Prof. Lothrop und seiner Frau Yvonne zum Cocktail in ihre Wohnung in New York. Dort zeigte er mir eine getreue Kopie des *Kon-Tiki*-Floßes, die auf seinem Klavier stand und die er selbst gebaut hatte. Dieser freundliche und bescheidene Wissenschaftler vertraute mir als Erstes an, ich hätte ihn mit der Floßfahrt davon überzeugt, dass meine Theorien richtig waren.

Als wir das Balsafloß in Callao bauten, war der bekannte amerikanische Archäologe Dr. Richard P. Schaedel dabei, archäologische Ausgrabungen in alten Inkaruinen in Peru vorzunehmen. Als die Presse ihn fragte, ob wir den Versuch mit dem Balsafloß überleben würden, antwortete er ebenso verneinend wie alle anderen. Als die Fahrt überstanden war, wurde Schaedel gefragt, was sie seiner Meinung nach bewiesen hatte. Er antwortete: »Nichts. Nur, dass die Norweger gute Seefahrer sind.«

Viele Jahre später begegneten wir uns in Peru, und da war er so überzeugt davon, dass es in diesem Land frühe Seefahrt gegeben hatte, dass er mir vorschlug, auf den Inseln vor der Küste gemeinsam archäologische Projekte in Angriff nehmen. Und sein Kollege und mein guter Freund und Mitarbeiter Dr. Daniel Sandweiss aus den USA sollte es sein, der in den neunziger Jahren archäologische Beweise dafür fand, dass die Küstenbevölkerung von Peru schon neuntausend bis zehntausend Jahre v. Chr. eine maritime Kultur besaß und sich fast ausschließlich von Meeresfischerei ernährte.

Bei allen wissenschaftlichen Streitigkeiten hattest du doch auch noch Zeit, den Abenteurer in dir zufrieden zu stellen, oder?

Das Abenteuer kann wie ein Aperitif sein, das Salz in der Suppe, wenn man die Vergangenheit erforscht. Nach dem Durchbruch auf dem 30. Amerikanistenkongress in Cambridge wurde ich als ehrenamtlicher Vizepräsident zum 31. Kongress 1954 in São Paulo in Brasilien eingeladen. Dort legte ich unter anderem Material meiner ersten archäologischen Expedition 1952–1953 zu den Galapagosinseln vor. In Verbindung mit dem Kongress war für sämtliche Teilnehmer eine Reise in das Innere Brasiliens geplant. Yvonne und ich meldeten uns an, aber zu unserer großen Enttäuschung wurde die Fahrt wegen des Selbstmords von Präsident Getulio Vargas abgesagt.

Um uns die Fahrt nicht entgehen zu lassen, auf die wir uns gefreut hatten, mietete ich ein kleines einmotoriges Flugzeug, das uns mit unserem Führer nach Santa Isabel bringen sollte, einem kleinen Indianerdorf am Araguaia, einem Fluss im südwestlichen Amazonas. Die Fahrt verlief nicht ganz nach Plan.

Proviant und Ausrüstung mussten wir auf dem Flugplatz zurücklassen; der Pilot weigerte sich aus Furcht vor Übergewicht, mehr als ein Gewehr und eine Angelrute mitzunehmen. Nach einer Weile, als das grüne Dschungeldach tief unter uns lag, merkte ich, dass die Maschine kehrtmachte und der Motor aussetzte.

»Keine Angst«, sagte der Pilot, »ich bin schon zwölfmal notgelandet.«

Zurück auf dem Flugplatz wechselte er sämtliche Zündkerzen aus und wir starteten wieder. Der Pilot navigierte nach einem alten Schulatlas, wo Dörfer mit roten Kreisen auf grünem Grund gekennzeichnet waren. Nach einigen Stunden landeten wir mitten im Regenwald, auf einer Lichtung, die eher einem Kartoffelacker glich. Ganz in der Nähe lag eine Bar mit einer örtlichen Schönheit hinter der Theke und nicht ganz unerwartet erklärte uns der Pilot, es sei nicht ratsam, wieder aufzusteigen.

Am Flussufer lag ein langes ausgehöhltes Kanu und darin sah ich unsere einzige Möglichkeit, wieder aus dem Dschungel herauszukommen. Zwei Carája-Indianer waren bereit, uns in Richtung des Amazonas-Flusses zu paddeln. Mit Gewehr und Angelrute kletterten wir in das Kanu und in gutem Tempo ging es flussabwärts. Tagelang sahen wir nichts als grünen Dschungel und braunes Wasser, farbenprächtige Papageien und kreischende

Affen. Wir übernachteten am Ufer, im Sand oder auf einer Unterlage aus Zweigen. Die Füße beinahe im Wasser, um uns vor Überraschungen aus dem Dschungel hinter uns zu schützen, war es bei dem ungewohnten Anblick leuchtender Augen, die uns paarweise wie zwei Kugeln im Wasserspiegel anstarrten, schwer, einzuschlafen. Es waren Kaimane, die Alligatoren des Amazonas, die lautlos umherglitten, ohne uns aus den Augen zu lassen. Am Tage war die Hitze erdrückend, und zu trinken hatten wir nur das Wasser des schokoladenbraunen Flusses, auf dem wir trieben. Am ersten Tag filterten wir den Schlamm mit Taschentüchern heraus, aber bald waren wir so erschöpft und durstig, dass wir direkt aus dem Fluss tranken.

In den nächsten zwei, drei Wochen erlebten wir eine abenteuerliche Welt, eingeschlossen in den ungeheuren Urwald des Amazonas. Der erste Mensch, dem wir begegneten, war ein splitternackter alter Mann auf einer Sandbank im Fluss. Als er uns entdeckte, lief er in eine Hütte und kam genauso nackt wieder zum Vorschein, aber mit einem Gürtel um den Leib. Tiefer im Dschungel lagen mehrere Hütten, wo wir mit einem üppigen Essen aus gebratenem Fisch, Schildkröteneiern und Maniokwurzeln empfangen wurden. Wir schliefen in Hängematten unter offenem Himmel, erwachten aber im Mondschein und wurden Zeugen eines seltsamen Schauspiels: In regelmäßigen Abständen sprangen zwei splitternackte junge Mädchen wie verschreckte Gazellen an unseren Hängematten vorbei, während sich der Wald mit makabrem, murmelndem Gesang füllte. Draußen auf der Sandbank tanzten vier sich wiegende Gestalten, bekleidet mit hohem Kopfschmuck und Strohumhängen, die sie von Kopf bis Fuß bedeckten. Wir haben nie eine Erklärung für dieses sonderbare nächtliche Geschehen erhalten.

Dagegen lernten wir viel über die Kunst, in engem Kontakt mit einer überwältigenden Natur zu überleben – auf der Suche nach Wurzeln und Schildkröteneiern, mit der Axt auf nächtlicher Jagd nach Krokodilen, unter beinahe naturwidrigen Begegnungen mit Delphinen und Fliegenden Fischen in einem

Binnensee, der in der Trockenperiode vom Fluss abgeschnitten war.

Die Tage als Gäste bei den Dschungelindianern standen in krassem Kontrast zu den strahlenden Geschäftsvierteln in der Wolkenkratzerstadt São Paulo, die wir vor kurzem verlassen hatten.

Und zu der nüchternen wissenschaftlichen Welt, in die wir bald zurückkehren würden.

Der internationale Durchbruch kam auf dem großen 10. Wissenschaftlichen Kongress über den Stillen Ozean, der 1961 auf Hawaii abgehalten wurde. Mit mir im Flugzeug saß Olof Selling als Vertreter der Schwedischen Akademie der Wissenschaften. Heute finden sich einige seiner besten Freunde in ebenjener Akademie. Forest Brown aber sollte seinen persönlichen botanischen Triumph nicht mehr erleben und auch Buck lebte nicht mehr. Olof war schon längst von allen fröhlichen Teilnehmern der *Kon-Tiki*-Expedition als eine Art Ehrenmitglied der Mannschaft adoptiert worden und jetzt war er dabei, als wir mit unseren Bohrungen nach Pollen auf der Osterinsel zu Ehren kamen. Zusammen mit den drei amerikanischen Archäologen der Osterinsel-Expedition legte ich unsere dortigen Ergebnisse vor und auch die unserer Ausgrabungen an anderen Orten in Polynesien und auf den Galapagosinseln.

Das Ergebnis war, dass die dreitausend Teilnehmer des Kongresses über den Stillen Ozean einstimmig eine Resolution der Archäologen annahmen, dass Südamerika zusammen mit Südostasien die wichtigsten Quellen für die Völker und Kulturen der Inseln im Stillen Ozean darstellen.

Hinter dem Eisernen Vorhang

Endlich machst du wieder etwas Vernünftiges.

Es war die bekannte Stimme, die sich nach mehrwöchigem Schweigen wieder meldete.

Etwas Vernünftiges?

Ich kletterte auf allen Vieren, Jacqueline dicht hinter mir, zwischen den Lavablöcken auf den Teide, den Vulkan auf Teneriffa. Im Grunde ein sinnloses Unternehmen, denn es war Sonntag und wir hätten es uns in den Hängematten in unserem Garten unten im Tal der Pyramiden bequem machen können.

Der Sonntag ist mir heilig. Aus Prinzip. Dann lege ich alles beiseite, ganz gleich, womit ich mich beschäftige. Es ist sicher eine Mischung aus Achtung vor dem symbolischen siebten Tag und kalter Berechnung. Denn dann spüre ich ein Verlangen nach der Wildnis, wo sich Körper und Seele wieder aufladen können, damit ich mich mit neuer Energie in die Arbeit der nächsten Woche stürzen kann.

Im Moment war ich nicht zum Reden aufgelegt. Hatte vollauf damit zu tun, in der dünnen Luft tief Atem zu holen und die Füße so aufzusetzen, dass Jacqueline direkt unter mir nicht von einem losen Stein auf den Kopf getroffen wurde. Komisch, dass sich mein *Aku-aku* ausgerechnet hier wieder regte. Ich hatte ein so dicht gedrängtes Programm von Reisen und Terminen hinter mir, dass ich ihn vollkommen vergessen hatte, seit ich damals zwischen den Statuen auf der Osterinsel die Kraterwand hinuntergeklettert war. Vielleicht lag es eben an dieser Kraterwand, dass wir wieder aneinander dachten.

Aber jetzt war Weihnachten und ein denkwürdiges Jubiläumsjahr fast vorbei. Ein neues Jahr stand vor der Tür, mit dem vielleicht wieder die nötige Arbeitsruhe einkehren würde.

Was für ein wundervoller Ausblick. Sogar die farblosen dunklen Lavablöcke um uns herum waren bei ihrem wilden Tanz den Berghang hinunter in so vielfältigen Formen erstarrt, dass sie der Leere hier ganz oben unter dem blauen Himmelsgewölbe Leben und Reichtum gaben. Unten im Güimar-Tal hatten wir eine Welt von nahezu tropischer Üppigkeit zurückgelassen. Oben am Berghang an der äußeren Seite dieses enormen Hexenkessels wuchs der Kiefernwald bis 2000 Meter über dem Meer, dann war auch von ihm direkt unter dem Kraterrand nichts mehr da. Innen war es ein gigantischer Kessel, zwölf Kilometer im Durchmesser, halb mit erstarrter Lava gefüllt. Die höchste Spitze des Teide ragte in der Mitte noch weiter bis auf 3700 Meter empor, dem höchsten Punkt auf spanischem Gebiet. Wir waren auf dem Weg nach oben, den rissigen Brei hinter uns lassend, der unter uns schwarz und braun versengt in dem Hexenkessel lag, die eine oder andere Prise Asche dazugetan, in der Farbe von Zucker und Zimt. Das einzige Anzeichen von organischem Leben unten im Kessel waren einige dichte, vollkommen kuppelförmige Sträucher, die hier und da aus dem Brei herausragten, wie borstige Trollköpfe, auf dem Weg aus dem Erdinneren in erstarrender Lava gefangen, noch ehe sie mit der Nase an der frischen Luft waren.

Meer, Berg, Wald oder Wüste – ich fühle mich dort am wohlsten, wo von dem Geschenk der schöpferischen Kräfte zur Geburt der Menschen noch etwas geblieben ist. Ein Naturfreund ist jemand vom gleichen Geschmack wie der Herrgott. Geh in eine Synagoge, eine Kirche oder eine Moschee, dann wirst du hören, dass Gott ein jedes Ding vor der Tür erschuf, und danach, stolz auf sein Werk, den siebten Tag zum Ruhetag machte.

Wie gesprächig mein unsichtbarer Doppelgänger doch war, als wir die Geröllhalde hochkletterten – der *Aku-aku*, leicht wie meine eigenen Gedanken, während ich selbst in der dünnen Bergluft keuchte und mich jedes Mal freute, wenn ich mich, ohne mich schämen zu müssen, setzen konnte, weil Jacqueline zurückblieb. Sie war wirklich zäh, ihr Wille war stärker als die Kraft ihrer Muskeln.

Warum immer höher hinauf?

Ich musste gestehen, dass es für mich etwas ganz Besonderes war, auf hohe Berge zu steigen und weit zu schauen. Wie in der Wissenschaft; auch das enge Tal unten hatte seine Schönheiten, aber auf Dauer lief man Gefahr, engstirnig zu werden.

Wir erreichten den Kamm eines hohen Lavarückens und die Aussicht erstreckte sich nach allen Seiten ins Unermessliche. Ich zog Jacqueline zu mir hoch und wir setzten uns, um wieder zu Atem zu kommen und den Anblick der Welt unter uns zu genießen.

»Irgendwie ist es ein beruhigendes Gefühl, auf dem höchsten Punkt einer Insel zu sitzen und das Meer ringsumher nach allen Seiten zu sehen«, sagte sie.

Wie so oft stimmte ich mit ihr in dem überein, was sie sagte. Vielleicht war es irgendwie ein atavistisches Gefühl, dass hier aus dem dunklen Wald niemand kommen und uns etwas antun konnte. Vielleicht liegen in unseren Genen versteckte Erinnerungen aus der Zeit, als unsere biologischen Ahnen aus der Tiefe des Meeres auftauchten und am Strand Luft holten. Eines aber war sicher: Der große Ozean ist die Quelle des Lebens und so lange es im Meer Leben gibt, wird es für uns an Land Lebensmöglichkeiten geben. Stirbt aber des Meer, verwelkt das Pflanzenplankton dicht unter der Meeresoberfläche im Sonnenlicht und hilft den Wäldern nicht mehr, Sauerstoff in die Luft zu pumpen, dann wird es unseren Nachkommen wenig nützen, dass Gott uns mit Lungen anstelle der Kiemen versehen hat.

Wir lagen beide rücklings auf den Lavablöcken und blickten

in den blauen Himmel und auf das blaue Meer, bis sich die Vorhänge vor den Augen von selbst senkten. Jacqueline schlief ein.

Du warst mitten im Kalten Krieg in der Sowjetunion. Wie hältst du es eigentlich mit dem Kommunismus?

Ich habe den Kommunismus sowohl in seinem Zentrum gesehen als auch in Ländern, wo es zwischen Kapitalismus und Kommunismus auf des Messers Schneide steht. Und wenn ich solche schreckliche Armut und menschenunwürdige Verhältnisse in Ländern erlebte, wo eine winzige Oberklasse überhaupt nicht bemerkt, dass Menschen auf der Straße vor Hunger sterben, sondern einfach über sie hinweggeht, wurde mir klar, dass eine Gesellschaft, in der Menschen auf der Straße verhungern, eine Gesellschaft, wo nicht jeder genug zu essen oder ein Dach über den Kopf hat, eine kranke Gesellschaft ist. Und wer krank ist, braucht Medizin. Für mich ist der Kommunismus eine starke Medizin. Wenn sie die Medizin so lange geschluckt haben, bis alle genügend zu essen und ein Dach über den Kopf bekommen haben, ist es an der Zeit, damit aufzuhören. Eine gesunde Gesellschaft braucht eine derartige Medizin nicht.

Sonst habe ich eigentlich keinen politischen Standpunkt, denn ich habe noch keine politische Partei erlebt, die für all das steht, was ich mir wünsche, und gegen all das ist, gegen das ich bin. Einiges mag hier gut sein, anderes dort schlecht. Aber ich erinnere mich noch, wie ich mit Lew Schdanow, meinem russischen Dolmetscher, und seiner alten Mutter zusammensaß, einer kleinen, verhutzelten und gebrechlichen Frau. Sie erzählte, sie sei bei der Revolution dabei gewesen und habe während des Marsches eine rote Fahne an sich gerissen, vor lauter Begeisterung, dass sie jetzt endlich in menschenwürdigen Verhältnissen leben würden. Ihr Enthusiasmus erinnerte mich an Jeanne d'Arc und ich überlegte mir, ob ich unter ähnlichen Umständen womöglich nicht selbst die Fahne genommen hätte.

In der Sowjetunion war das Buch über die *Kon-Tiki* verboten und ich war zu Lebzeiten Stalins unbekannt. Aber dann kam Nikita Chruschtschow an die Macht und genehmigte die Übersetzung des Buches und nun wurde es in allen Sprachen des Ostblocks ein Bestseller. Auf Russisch erreichte es vor irgendeiner anderen Sprache eine Auflage in Millionenhöhe. Doch damit war es nun auch in diesem Teil der Welt mit dem Frieden vorbei und der Streit mit den Schriftgelehrten in der Akademie der Wissenschaften der Sowjetunion begann.

Dieser Streit wurde buchstäblich von Schriftgelehrten vom Zaun gebrochen, denn sie waren Spezialisten für Schriften, die nicht einmal sie selbst lesen konnten. Bis zur Ankunft der Europäer war im Stillen Ozean, der exakt die Hälfte der Erdoberfläche einnimmt, jegliche Art von Schrift völlig unbekannt. Die einzige Ausnahme bildete die Osterinsel, auf der etwa zwanzig Holztafeln mit Hieroglyphen gefunden wurden, die auch die Bewohner der Osterinsel nicht deuten konnten. In Moskau bemühte sich ein Team von Schriftexperten und Sprachforschern um die Deutung dieser *Rongo-rongo*-Schrift, aber niemand beachtete sie, bis sie Platz in den Zeitungen bekamen, um ein Buch aus dem Westen anzugreifen, das durch den Eisernen Vorhang geschlüpft war. Lew Schdanow, mein mutiger Übersetzer, schickte mir aus Moskau mit zensierter Post Kopien der Angriffe, ins Norwegische übersetzt, und so begann der Streit noch einmal von vorn.

Zu diesem Zeitpunkt hatte sich noch kein russischer Forscher außerhalb der Sowjetunion frei bewegen können, und schon gar nicht auf der Osterinsel. Die Post brauchte lange und die Angriffe der Forscher in der Sowjetunion gegen mich nahmen immer mehr zu und wurden immer heftiger, je nachdem, wie meine Antwort ausfiel, aber immer mit mehrwöchiger Verspätung, da alles, was ich schrieb, der Zensur eine verschlüsselte Botschaft zu sein schien.

Dann passierte etwas völlig Unerwartetes. Präsident Mstislaw Wsewoldowitsch Keldysch, der oberste Leiter der Akademie der

Wissenschaften in der Sowjetunion, derjenige, der den ersten Sputnik in den Weltraum geschickt hatte, griff in die Polemik ein. Er lud mich nach Moskau ein, um den sowjetischen Akademikern Auge in Auge gegenüber zu treten.

Ich bedankte mich und fuhr hin. Es war das Jahr 1962, mitten im Kalten Krieg. Seit den Kämpfen in der Finnmark war ich weder Russen noch Kommunisten begegnet. So war es eine neue Erfahrung, lediglich in Begleitung meines russischen Übersetzers als Dolmetscher in einem Saal voller sowjetischer Wissenschaftler und mit Präsident Keldysch höchstpersönlich als Diskussionsleiter anzutreten.

Als Keldysch die Sitzung eröffnete, indem er einem Genossen, dem Leiter der anthropologischen Abteilung, das Wort erteilte, erhob sich ein riesiger Kerl. Mit seiner muskulösen Gestik und dem gewaltigen Stalin-Schnauzbart war er der Inbegriff eines Kommunisten, wie man sich ihn in der westlichen Welt vorstellte. Eine Stimme wie die eines Seemanns im Sturm, die geballte Faust auf mich gerichtet, benutzte er offensichtlich wenig schmeichelhafte Worte, als er seinen Genossen sagte, was er von mir hielt. Es war totenstill im Saal, als er fertig war und sich wieder setzte. Und als mein Dolmetscher es mir dann ruhig ins Norwegische übersetzte, hörte ich völlig neue Argumente gegen eine frühe Auswanderung aus Amerika:

Meine Theorien über Wanderungsbewegungen im Stillen Ozean stimmten nicht mit der Lehre Lenins überein. Lenin zufolge stünde am Anfang aller Auswanderung der Druck von innen durch Übervölkerung oder durch äußere Feinde.

Es war mucksmäuschenstill im Saal. Was sollte ich darauf antworten? Der Dolmetscher sah unglücklich aus. Die Diskussion war von vornherein zum Scheitern verurteilt.

Ich jagte mir und allen im Saal einen Schreck ein, als ich laut sagte: »Ich wusste nicht, dass Lenin Anthropologe war.«

Es war noch immer totenstill im Saal, bis der Dolmetscher mit leiser Stimme meine Worte auf Russisch wiederholt hatte. Dann sah ich, wie einige der Zuhörer die Hand vor den Mund hielten, um ein Kichern zu unterdrücken. Es wurde unruhig und Keldysch erteilte mir sofort wieder das Wort. Ich hatte die Situation erfasst: Hier saßen die Akademiker. Stalins Doppelgänger aber, der sich erhoben und die Diskussion eröffnet hatte, war kein Wissenschaftler, sondern ein treuer Kommunist, von der Partei mit der Ernennung zum Leiter dieser Akademieabteilung belohnt. Jedes einzelne Fachgremium für Kunst, Kultur und Wissenschaft hatte einen Leiter, der Stalin ähnelte, wenn nicht physisch, so doch mental. Als sich der Mann mit dem riesigen Schnauzbart setzte, hatte er seine Pflicht getan. Er hatte auf die Lehre Lenins hingewiesen und weiter hatte er nichts zu sagen.

Niemand im Saal protestierte, als ich, ohne von Lenins Linie abzuweichen, am Beispiel Peru erläuterte, wie Übervölkerung und Druck aus dem Landesinneren für die Fischerbevölkerung in den engen Flusstälern an der Wüstenküste der Anden seit Menschengedenken ein typisches Problem gewesen war. Bis die Spanier in den dreißiger Jahren des 15. Jahrhunderts im Inkareich die Macht übernahmen, hatte eine Kultur die andere abgelöst. Sie fanden heraus, dass die Inkas im Sonnentempel in Quzco ihre Geschichte auf Holztafeln bewahrten, und verbrannten sie. Aber die *Amauta*, die Schriftgelehrten im Inkareich, berichteten von ständigen Völkerwanderungen im Land. Die letzte hatte lediglich drei Generationen vor Ankunft der Spanier stattgefunden. Inka Tupac Yupanqui, der Großvater jener zwei Inka-Brüder, die die Spanier willkommen hießen, hatte dann sein eigenes Reich in den Bergen verlassen, war bis in die engen Täler an der Wüstenküste vorgedrungen und hatte das Chimureich und sämtliche Siedlungen entlang der Wüstenküste, vom Äquator und 4000 Kilometer weiter nach Süden, erobert. Als die Küstenbevölkerung ihm berichtete, dass es weit draußen im Stillen Ozean bewohnte Inseln gab, zwang er sie, Hunderte von Balsaflößen zu bauen, und dann fuhr er mit einer Flottille, die die Hälfte seines Heeres an Bord hatte, neun Monate lang übers Meer und brachte Gefangene mit dunkler Hautfarbe zurück.

Mir wurde nicht klar, ob meine russischen Zuhörer davon schon etwas wussten. Es war eine zahme Versammlung, die stumm dasaß und mich fortfahren ließ. Ich fügte hinzu, dass es an den Küsten von Peru im Abstand von mehreren Jahren furchtbare Katastrophen gab, wenn Schmelzwasser aus den Bergen und El Niño, die Flut vom Meer, die Täler überschwemmten und die Bevölkerung aus den Häusern auf ihre Flöße trieben. In so genannten El-Niño-Jahren würde sich die gewaltige Strömung von Peru aus direkt auf die Osterinsel zu bewegen. Vor allem aber sollten wir nicht denken, dass die Menschen in alten Zeiten und anderen Ländern weniger Mut, Neugierde, Begierde und Abenteuerlust als wir heute besaßen. Und damals hätte sie niemand aufgehalten, wenn das Fernweh sie packte.

Niemand protestierte. Keldysch wollte von den eifrigsten Opponenten gegen meine Theorie über den Ursprung der Polynesier Argumente hören. Etliche standen nacheinander auf, es kamen aber keine neuen Angriffe. Wer etwas vorzubringen hatten, freute sich über die Antwort, die er erhielt.

Sachlich und ruhig leitete der Mann, der die erste bemannte Raumkapsel in den Weltraum geschickt hatte, die Diskussion darüber, wer in der Steinzeit die ersten Fahrzeuge in den Stillen Ozean geschickt hätte. Er verzichtete auf einen persönlichen Diskussionsbeitrag und wartete mit seinem Urteil bis zum Schluss. Da gab es keinen Zweifel mehr über seine Meinung. Er erteilte den Anthropologen in seiner Akademie eine unzweideutige Rüge, weil sie schlecht vorbereitet seien und weil ihre frühere Kritik jeglicher Grundlage entbehre. An mich gerichtet, sagte er lächelnd, wenn ich das nächste Mal eine Expedition starte, müsse ich auch einen Russen mitnehmen.

Damit war mein privater kleiner Kalter Krieg gegen Kontrahenten in der Sowjetunion für immer beendet. Der Beweis für einen glücklichen Ausgang war der Lomonossow-Orden von der Staatlichen Universität in Moskau. Obwohl ich inzwischen Fellow of New York Academy of Sciences geworden war, muss Präsident Keldysch erwirkt haben, dass mir von der Akademie der Wissenschaften der Sowjetunion die Ehrendoktorwürde verliehen wurde, als der Eiserne Vorhang noch geschlossen war.

Als ich einige Jahre später plante, mit dem Papyrusschiff *Ra* den Atlantik mit einer multinationalen Mannschaft zu überqueren, nahm ich Präsident Keldysch beim Wort. Ich schrieb ihm und erinnerte ihn an seinen Vorschlag, einen Russen mitzunehmen. Ich bat ihn darum, einen russischen Arzt ausfindig zu machen, der Englisch könne und Sinn für Humor habe. So kam es, dass Dr. Juri Alexandrowitsch Senkewitsch nach Wodka duftete und leicht beschwipst war, als er in Kairo die Gangway herunterging und mich zum ersten Mal sah. Keldysch hatte das Tauziehen mit der höchsten politischen Führung gewonnen und Juri war der erste Russe, der aus der Sowjetunion herauskam, nur um an einer privaten kapitalistischen Floßfahrt teilzunehmen. Ich hatte um einen Russen mit Sinn für Humor gebeten, damit mir ein fanatischer Parteipolitiker erspart bliebe und weil ein herzhaftes Lachen wenig Gewicht in Anspruch nimmt und auf einer Expedition viel wiegt. Später erzählte mir Juri, er habe sich an Bord der Aeroflot gut mit Wodka versorgt, vor lauter Angst, nicht lustig genug zu sein.

Juri wurde später Chefarzt der zivilen russischen Astronauten und nach unseren drei Schilfbootsfahrten mit multinationaler Mannschaft wurde er von amerikanischen Raumfahrtforschern in die USA eingeladen, um eine künftige Zusammenarbeit über ein friedliches Zusammenleben zwischen Individuen unterschiedlicher Nationalitäten unter Stress, auf engstem Raum und über lange Zeit zu erörtern.

Die gelehrten *Rongo-rongo*-Schriftexperten, die in der Sowjetunion meine ärgsten Angreifer gewesen waren, sollten bei der Deutung der Hieroglyphen auf den Holztafeln der Osterinsel zu wichtigen Stützen werden.

Auf dem 32. Internationalen Amerikanistenkongress 1956 in Kopenhagen hatte ein in der Wissenschaft gänzlich unbekannter Name für eine Sensation gesorgt. Thomas Barthel, ein deutscher

Chiffrier-Experte aus der Kriegszeit, behauptete, die rätselhafte *Rongo-rongo*-Schrift gedeutet zu haben. Als er erzählte, auf einer Tafel stehe, die Vorfahren der Osterinselbewohner wären 1400 Jahre nach Christi von Raiatea in Polynesien gekommen, wurde die Sensation um so größer und erreichte die Weltpresse. Mit anderen Worten, aus genau der entgegengesetzten Richtung und viel später, als ich behauptete.

Selbst das namhafte Musée de l'Homme in Paris ließ in der Osterinsel-Ausstellung eine Tafel mit der Entschlüsselung der Schrift durch Barthel aufhängen. Als sich dann die russischen Sprachforscher mit Computern an die *Rongo-rongo*-Schrift machten, wurde die Tafel abgehängt und allmählich wurde es um Barthels angebliche Deutungen wieder still. Sie fanden heraus, dass die Texte in einer unbekannten Sprache geschrieben waren, einer ganz anderen als die Sprache der heutigen Polynesier. Hieroglyphen ließen sich unmöglich entschlüsseln, wenn man nicht wusste, in welcher Sprache sie geschrieben waren.

Barthels Phantasie hat die ganze Welt geblendet. Aber sogar seine eigenen Schüler lehnten seine Übersetzungen ab und stritten untereinander mit ebenso phantasievollen Vorschlägen. Die rätselhafte *Rongo-rongo*-Schrift der Osterinsel bleibt bis heute ein Rätsel.

Als ich nach dem *Kon-Tiki*-Film zu einer Rundreise durch die Sowjetunion eingeladen wurde, machte ich zur Bedingung, dass man mir freies Geleit gewähre und dass ich mir das Programm selbst aussuchen könne. Ich habe viel gelernt, indem ich die Welt auf beiden Seiten des Eisernen Vorhangs während des heißen und des Kalten Krieges erlebt habe. Zwischen Freund und Feind kann es keine sinnvolle Landesgrenze geben.

Mein erster treuer Freund an der Akademie der Wissenschaften wurde der Ethnologe Ghenrik Anochin, Kriegsveteran und Spezialist für nordische Sprachen und Kultur. Ihm habe ich zu verdanken, dass ich in Moskau in Kontakt mit Wissenschaftlern und fast noch mehr mit Mitgliedern der Schriftsteller- und Künstlerverbände kam. Es gab Wodka und Kaviar im Überfluss und der Horizont wurde zwar weiter, aber in den vier Wänden überfüllter Arbeiterwohnungen und entlegener Datschen in den Laubwäldern um die Stadt wurde es immer enger. Zwar hatte man akzeptiert, dass ich gleichzeitig Fellow of New York Academy of Sciences und Ehrendoktor an ihrer Akademie der Wissenschaften war, aber niemand hatte Lust, über Wissenschaft oder Politik zu reden.

Der russische Übersetzer meiner Bücher begleitete mich als Dolmetscher in die unendlichen russischen Ebenen und auf weite Reisen mit Flugzeug oder Zug in andere Republiken der Sowjetunion. Wir waren bei Kolchosbauern zu Gast und besuchten kleine orthodoxe Dorfkirchen, die zu meiner Verwunderung voll von Menschen und wohlriechendem Weihrauch waren. Die Wände schimmerten golden von der Menge der Kerzen und den farbenprächtigen Ikonen, um die Museen in der ganzen Welt diese einfachen Bauern beneidet hätten. Hinter den schweren Kirchenpforten war eine Stimmung von Erinnerung und Hoffnung auf bessere Zeiten zu spüren.

Mit dem Nachtzug ging es weiter in Richtung Westen nach Leningrad, um Kunst von den Inseln im Stillen Ozean, die im vorigen Jahrhundert in die Zarenmuseen gebracht worden war, zu studieren. Und mit der Transsibirischen Eisenbahn ging es quer durch ganz Sibirien nach Osten, in endlose Wälder und vorbei an Bretterzäunen, eingehüllt vom Dampf der Lokomotive, immer wenn pelzgekleidete Fahrgäste in den eisig kalten neuen Stadtsiedlungen ein- und ausstiegen. Bis nach Wladiwostok, wo die Sowjetunion und das kommunistische China in der nordöstlichen Ecke des Stillen Ozeans aneinander grenzen. In dem davor liegenden Meer schlugen Japan, die Kurilen und die Aleuten eine Brücke zum amerikanischen Küstenarchipel in Britisch-Kolumbien, wo ich vor dem Krieg gewesen war, um mich mit dem natürlichen Seeweg von Asien nach Amerika und Polynesien vertraut zu machen. Wie groß war mein Erstaunen, als ich sah, dass das Sowjetregime, zu Recht wegen seiner totalen Missachtung der Umwelt im Westen berüchtigt, hier im äußersten Osten eine gigantische hypermoderne Fabrik zur Holzveredelung errichtete, wo der Umweltschutz eindeutig Vorrang hatte.

Für meinen Geschmack war es dort oben an der Küste Sibiriens zu kalt. Ich wäre viel lieber im warmen Japan-Strom vor der Küste entlanggetrieben, anstatt auf dem Festland durch Eis und Schnee nach Nordwest-Amerika zu stapfen.

Meine schönsten Erinnerungen habe ich mir von der damaligen Sowjetrepublik Georgien bewahrt, wo Lew und ich mit Schauspielern und Musikern aus Tiflis an einem kristallklaren Bach im Kaukasus angeln gingen. Wir lagerten im Gras und aßen Forellen, die wir genauso schnell aus dem Bach zogen, wie wir sie über der Glut braten konnten. Und wir tranken georgischen Wein nach Wikingerart aus Kuhhörnern; und weil sie leicht umkippten, mussten wir sie immer leeren, ehe wir sie absetzten, um Brot oder Fisch mit den Fingern zu nehmen. Nach hiesigem Brauch stießen wir der Reihe nach auf jeden einzelnen anwesenden Gast an, auf die Damen, auf den Frieden, die Freundschaft zwischen den Völkern, auf König Olav und den Ministerpräsidenten Chruschtschow, auf unsere Vorfahren und unsere Nachkommen, auf die verschiedensten Arten der Liebe, auf den Ertrag der Felder und ein langes und glückliches Leben. Es wurde ein ausgedehnter Imbiss und wir lagerten so angenehm dort im Grünen, dass sogar mein pflichtbewusster Begleiter Lew die Zeit vergaß. Hierauf ging es auf zwei Rädern in die Kurven, um Felder und Häuserecken herum und bis direkt auf den Bahnsteig in Tiflis in dem Augenblick, als der Nachtzug nach Moskau anfuhr. In aller Eile bedankte ich mich, während Lew rasch auf den erstbesten Wagen sprang und ich mit dem Koffer den nächsten zu erklimmen suchte, während der Zug das Tempo beschleunigte. Ich sollte am nächsten Tag in Moskau einen Vortrag halten und es gelang mir, den Koffer wohlbehalten an Bord zu schleudern, aber als ich dann den Griff an der Wagentür packen konnte, fuhr der Zug schon so schnell, dass ich mit den

Beinen frei in der Luft hing und es nicht mehr schaffte, das Trittbrett zu erreichen. Ich hing waagerecht an den Händen, wie ich es am Stag auf der *Kon-Tiki* getan hatte, mein Körper schwang an der Außenseite des Wagens hin und her, und ich glaubte wieder, meine letzte Stunde hätte geschlagen. Aber dann gelang es dem Schaffner, mich mit Hilfe anderer Fahrgäste an Bord zu ziehen.

Ich kam mit einigen kräftigen Stößen davon, die ich erhalten hatte, als ich an der Außenseite hing und hin- und herschleuderte, aber eine Krankenschwester im Zuge wurde geholt, um mir die Wunde zu säubern, die so stark blutete, dass es am Hosenbein deutlich zu sehen war. Sie legte mir einen riesigen Verband um die Wade an, den ich auch unter der sauberen Hose noch behielt, als ich am nächsten Tag im blauen Anzug zu meinem Vortrag in Moskau erschien. Auch östlich des Eisernen Vorhangs trug man zu solchen Anlässen einen dunklen Anzug und Krawatte – und nicht Schirmmütze und Overall.

Ehe man mir das Wort erteilte, bekamen ich, als Ehrengast des Abends mit Dolmetscher, und Lew nebeneinander zwei bequeme Sessel vor der ersten Sitzreihe zugewiesen. Da bemerkte ich, wie Lew sich vorsichtig vorbeugte, den Blick auf die untere Kante meines linken Hosenbeines gerichtet, und so tat, als würde er einen Fussel von meinem schwarzen Strumpf entfernen. Und richtig, es war ein kurzer weißer Faden. Nur war er gar nicht so kurz, wie es schien, und als er daran zog, wurde er immer länger. Mir war klar, dass er ein loses Ende vom Verband zu fassen bekommen hatte, ihm aber nicht. Und so saß er steif und schweigend da und begann den Faden aufzuwickeln. Einer saß so steif wie der andere, während ich versuchte, den Fuß an mich zu ziehen, um ihm begreiflich zu machen, dass er nicht den ganzen Verband entfernen sollte. Schließlich hatte er begriffen und ruhig und gelassen bückte er sich und stopfte das Knäuel wieder in das Hosenbein zurück. Mir graute vor dem Gang zum Rednerpult, vor Angst, das Knäuel könne unterwegs herunterfallen und auf der Treppe zum Podium hinter mir herschleifen.

Mir war, als würde ich noch immer das Knäuel unter dem Hosenbein spüren, aber jetzt war ich eingeschlafen. Jacqueline weckte mich, weil es an der Zeit war, abzusteigen. Mit schmerzenden Gliedern von der Kletterpartie und noch steif vom Schlaf zwischen den Lavablöcken, im Sitzen und mit hochgelegten Beinen, kletterten wir nach unten, gerade rechtzeitig, um dem Schatten des Kraterrandes auf seinem Weg nach oben zu begegnen, ehe wir einen markierten Pfad erreichten. Und dann erlebten wir das phantastische Farbenspiel, als die Sonne hinter dem Kraterrand im Westen verschwunden war, und wir wünschten den Silhouetten der in Reih und Glied aufgestellten pechschwarzen Trolle, die wir bei Tageslicht nicht gesehen hatten, eine gute Nacht. Wir wussten, wenn am nächsten Morgen die Sonnenstrahlen langsam am Kegel des Teide hinunterwanderten, würden wir die Silhouetten als einige der bizarrsten Skulpturen der Natur in Gestalt von Statuen und Monolithen aus dunkler und hellbrauner Lava wieder erkennen.

Am nächsten Tag gingen wir ziellos und fern aller Wege am Grund des Kraters entlang, um die Natur aus der Nähe zu genießen. Bald war die Umgebung hinter Vorsprüngen aus Lavagestein und Hügeln aus gelbem Sand und schwarzen Blöcken verschwunden.

Wir hatten einen Rucksack mit Proviant dabei und entwickelten unterwegs einen Bärenhunger. Es war der vorletzte Tag des Jahres, aber hier oben in der klaren Luft hatte die Sonne noch so viel Kraft, dass wir unter einem großen Strauch Schatten suchten. Hier schlief Jacqueline auf einer weichen Unterlage aus verdorrten Zweigen ein, ohne zu ahnen, dass sich im Gebüsch zwei fröhliche kleine Vögel niederließen und einer von ihnen sich beinahe auf ihre Nasenspitze setzte, ohne zu verstehen, dass es ihr Schnabel war.

Ich begegnete Präsident Nikita Chruschtschow im *Kon-Tiki*-Museum. Er besuchte Norwegen mit seinem treuen Außenminister Gromyko. Chruschtschow hatte die Übersetzung des Buches über die *Kon-Tiki* ins Russische genehmigt und jetzt wollte er das Floß sehen, da es ihm zu verdanken war, dass die Reisebeschreibung eine Rekordauflage erreicht hatte. Gromyko hielt sich die ganze Zeit über dicht hinter ihm, ohne ein Wort zu sagen, als wir aber in den Keller zu den Osterinsel-Skulpturen gelangten, beugte er sich vor und flüsterte Chruschtschow zu, bei dem Dolmetscher, der sie begleite, handele es sich um den Mann, der soeben mein Buch *Aku-aku* aus dem Norwegischen übersetzt habe. Jetzt bekam der Dolmetscher zu tun, denn der fidele sowjetische Kommunistenchef fragte, bohrte nach und warf sämtliche Regeln der Etikette und seinen eigenen Stundenplan über den Haufen. Er wäre offensichtlich lieber mit uns barfuß auf dem Floß gewesen als in einem Konferenzsaal, wo er, um die Füße abkühlen zu können, wütend werden musste und dabei mit dem Schuh auf den Tisch schlug.

Als wir das Programm schon eine gute halbe Stunde überzogen hatten, blieb Chruschtschow am Ausgang stehen und fragte, ob er an der nächsten Floßfahrt teilnehmen könne. Dolmetscher und Journalisten drängten sich ganz dicht heran und hielten mir Mikrophone an langen Stangen direkt unter die Nase. Was sollte ich auf eine solche Frage des höchsten Repräsentanten des Sowjet-Kommunismus der ganzen Welt antworten?

»Was könnten Sie an Bord eines Floßes machen?« fragte ich.

»Ich könnte Koch sein«, lautete die Antwort. Chruschtschow konnte kochen.

»Was könnten Sie als Koch an Bord machen?«

»Ich kann mit einem Petroleumkocher umgehen.«

»Das Kochen ist nicht so wichtig, Hauptsache Sie bringen genug russischen Kaviar mit«, scherzte ich.

Darauf gaben wir uns die Hand und als ersten Beweis, dass er unsere Verabredung nicht vergessen hatte, bekam ich noch am selben Tag von der sowjetischen Botschaft in Oslo einen ganzen Eimer Kaviar und eine Kiste Jubiläumswodka zugeschickt. Doch damit nicht genug, bewies er noch am selben Tag, dass er auch meine Forderung erfüllte, ein Russe müsse Sinn für Humor haben, um an einer Floßfahrt teilzunehmen.

Gänzlich unerwartet kam einige Stunden nach dem Besuch im *Kon-Tiki*-Museum vom Auswärtigen Amt eine Einladung zu einem informellen und höchst exklusiven Empfang zu Ehren des Staatschefs der Sowjetunion in einer abgelegenen Villa im Park des Folkemuseums. Der Park war aus diesem Anlass für Besucher komplett gesperrt. Als nach dem Essen alle auf den Rasen traten, um einem beschwingten Paar in norwegischer Volkstracht zuzuschauen, das einen Hallingtaler Tanz zur Hardanger Geige aufführte, war Chruschtschow bester Laune.

Es gab keinen Zweifel darüber, wer meine Anwesenheit gewünscht hatte, denn hier gab es weder Presse noch andere Außenstehende, nur eine kleine Gruppe Politiker aus beiden Ländern und mich, ganz hinten stehend und zwischen den Köpfen der anderen hervorlugend.

Als das Paar dann seinen letzten Hüpfer getan und die Beine in Kopfhöhe hochgeworfen hatte, trat der Staatschef der Sowjetunion vor und gab dem Spielmann ein Zeichen, noch einmal von vorn anzufangen, und dann ging er zu Außenminister Gromyko und forderte ihn zum Hallingtaler Tanz auf. Gromyko war verzweifelt und machte nicht den Eindruck, sonderlich leichtfüßig zu sein. Als er sich weigerte, ging Chruschtschow ruhig auf den norwegischen Außenminister Halvard Lange zu und verbeugte sich tief. Ich kannte Lange als einen erfahrenen Weltbürger, der im Allgemeinen mit den schwierigsten Situationen fertig wurde. Aber dies war selbst ihm zu viel. Er wurde rot und stand steif da, während der Geiger auf dem Rasen lustige Tanzmelodien erklingen ließ.

Da passierte das Lustigste, was ich im ganzen Leben seit meiner Jugendzeit in Larvik gesehen habe, wenn wir im Kino in der ersten Reihe Erdnüsse aßen und über Charlie Chaplin in Stummfilmen Tränen lachten und das Piano in der Ecke dazu spielte.

Der kleine rundliche Chruschtschow ließ nicht locker, sondern machte erneut eine tiefe Verbeugung, diesmal vor unserem langen, spindeldürren Ministerpräsidenten Gerhardsen, dem er gerade mal bis zum Bauch reichte. Und als Gerhardsen ja sagte, konnte ich mich nicht mehr halten. Ich bog mich vor Lachen und trampelte hemmungslos auf den Boden wie ein kleiner Junge, während die norwegischen Gastgeber höflich mit dem Lachen kämpften und die russischen Gäste todernst dreinblickten, als sie ihren Staatschef in den Armen des langen Norwegers wie einen Ball umherspringen sahen.

Bei einer späteren Gelegenheit begegnete ich Chruschtschows Tochter und seinem Schwiegersohn in Moskau. Sie war Chefin einer ökologischen Zeitschrift und er Chefredakteur der kommunistischen Zeitung *Iswestija* und der Einzige, der mich jemals politisch eingeordnet hat. Er lud mich zu einem Besuch in der Redaktion ein und trat mit mir auf den Balkon, von wo aus man einen Ausblick auf die Häuserreihen Moskaus und die beinahe leere Hauptstraße hatte.

»Das haben wir alles nach der Revolution geschaffen«, sagte er.

»Du hast mit deinem Schwiegervater die Karl Johans gate in Oslo gesehen«, sagte ich und er musste zugeben, dass er beeindruckt gewesen war.

»Das haben wir ohne Revolution geschaffen«, sagte ich.

Da lachte er und sagte, an seine Mitarbeiter gewandt: »Heyerdahl ist ein unverbesserlicher Sozialdemokrat.«

Als ich das erste Mal in die damalige Sowjetrepublik Aserbaidschan am Kaspischen Meer kam und mit dem Präsidenten der Republik, Heydar Aliyev, einem der nichtrussischen Mitglieder des Obersten Sowjets, zusammentraf, waren die Beziehungen zwischen Ost und West eisig. Ohne von der familiären Beziehung etwas zu wissen, war ich in dieser interessanten Republik eine ganze Woche lang mit seinem Bruder Hassan Aliyev im Auto unterwegs gewesen. Er war Präsident der Akademie der Wissenschaften des Landes, die mich eingeladen hatte, die ältesten datierbaren Felszeichnungen der Welt zu besichtigen, auf denen Schiffe zu sehen waren. In Gobustan, nur wenige Kilometer südlich der Hauptstadt Baku, hatte sich das große Kaspische Meer über Jahrtausende von einigen Felsen zurückgezogen, wo uralte Siedlungsschichten Felszeichnungen von Booten bedeckten, die so mit der Karbonmethode datiert werden konnten. Einige waren über fünftausend Jahre alt und erinnerten an die ältesten ägyptischen Felszeichnungen von Schilfschiffen am Roten Meer, mit dem Symbol der Sonne am Bug. Andere wiederum sahen unseren nordischen Wikingerschiffen zum Verwechseln ähnlich. Hier hatte es schon seit etlichen Generationen Schifffahrt gegeben.

Auf der Fahrt mit Hassan Aliyev lernte ich Land und Leute und die Landschaft dieses faszinierenden Gebietes kennen. Er selbst war Agronom und schon damals in den sechziger Jahren ein bedeutender Vorkämpfer für den Umweltschutz im Ostblock. Der Verdacht, er könnte wohl weiter reichende persönliche Verbindungen haben als nur zur Akademie der Wissenschaften, kam mir immer, wenn er am Horizont eine Rauchsäule erblickte. Dann zog er sein Notizbuch hervor und machte einen Vermerk über den Standort: Könnte die Fabrik den Rauchausstoß nicht stoppen, müsste sie geschlossen werden. Ich stellte fest, dass wir im Westen mit keinem guten Beispiel vorangegangen waren. Alfred Nobel hatte hier höchstpersönlich in früheren Zeiten mit der Ölförderung begonnen und weite Strecken lagen pechschwarz und verödet da.

Am letzten Tag vor meiner Abreise fragte Hassan prüfend, ob ich etwas dagegen hätte, seinen Bruder kennen zu lernen. Da schwante mir nichts Gutes, und mein Verdacht bestätigte sich, als wir im Palast des Präsidenten landeten. Es wurde eine sehr feierliche Audienz, die nach allen Regeln der Etikette damit begann, dass der Präsident und ich an zwei entgegengesetzten Seiten eines riesigen Festsaales gleichzeitig durch eine Tür eintraten, um uns in der Mitte zu einem kräftigen Händedruck zu begegnen, nachdem wir genügend Zeit gehabt hatten, uns gegenseitig einzuschätzen. Dann ließen wir uns gleichzeitig zu beiden Seiten eines langen Tisches nieder, die Politiker auf seiner Seite und die Wissenschaftler auf meiner.

Nachdem Reden gehalten und Toasts ausgebracht worden waren und die Zahl der leeren Flaschen zwischen den Platten des kalten Büfetts ständig zugenommen hatte, begannen die Teilnehmer, sich zu verteilen, und es ließ sich nicht mehr unterscheiden, wer Wissenschaftler und wer kommunistischer Politiker war. Für jemanden wie mich, der im Westen aufgewachsen war und noch dazu in einem konservativen Milieu, das Kommunisten als einen anderen Menschenschlag betrachtete, war es an sich schon abschreckend, einem waschechten Kommunistenchef die Hand zu drücken, sich an seinen Tisch zu setzen und mich mit ihm wie mit anderen Leuten zu unterhalten. In der Tat hat mir Hassans Bruder nicht gerade wenig imponiert, er hatte etwas von einem Häuptling an sich, physisch und in Geist und Seele.

Später, nach dem Fall der Sowjetunion, wurde Heydar Aliyev vom Volk zum Präsidenten des freien Aserbaidschan gewählt. Und im Ausland wurde er so populär, dass England und Norwegen darum wetteiferten, ihn kennen zu lernen. Der Westen wollte dort weiter Öl fördern, wo der Stifter des Nobelpreises den Anfang gemacht hatte. Eine englische Delegation unter Leitung von Margaret Thatcher wurde an Aliyev entsandt und man ließ die norwegische Delegation wissen, man würde gern mit ihr verhandeln, vorausgesetzt, ich wäre dabei, denn Aliyev erinnerte sich an die Begegnung im Präsidentenpalast als seinen einzigen Besuch aus dem Westen während des Kalten Krieges.

Und so kam ich noch einmal nach Aserbaidschan zurück und nahm wieder an demselben langen Tisch gegenüber Präsident Aliyev Platz. Dieses Mal als Sprecher einer offiziellen norwegischen Delegation und mit Jacqueline an meiner Seite. Es war gegen Ende November des Jahres 1994 und sein älterer Lieblingsbruder Hassan lebte nicht mehr, aber unsere Gespräche über Umweltschutz hatte der Präsident noch in frischer Erinnerung. Die norwegische Delegation erhoffte sich eine Lizenz zur Förderung der reichen Erdölvorkommen auf dem Grund des Kaspischen Meeres und durch unsere langjährige Erfahrung und das ernsthafte Bemühen, die Natur durch möglichst saubere

Bohrungen zu schützen, konnten wir viele Punkte für uns verbuchen.

Es war die offen geäußerte Forderung von Aliyev und sämtlichen Ministern, ich solle allen Sitzungen beiwohnen und sie mit den Worten »Liebe Azen« eröffnen, denn Aserbaidschan war das Land der Azen.

Ich hatte das Wort »Azen« so oft wiederholt, dass es für mich wie Asen klang, das Volk, das die ursprüngliche Heimat der Wikinger bewohnte, das Land der Asen. Und mir fielen die Felszeichnungen ein, die unseren nordischen Wikingerschiffen ähnlich sahen. Und dann entdeckte Jacqueline im Museum in Baku, dass Modelle von Azen auf der Jagd in der Steinzeit die meisten von ihnen mit blonden Haaren darstellten, und der Direktor erklärte, die Azen seien bis zur Invasion der Araber ein Volk nordischen Typs gewesen. Gleichzeitig erfuhr ich von unserer Delegation, der einfachste Weg für die Mineralölgesellschaft Statoil, Bohrausrüstung aus Norwegen herzubringen, sei die alte Wikingerstraße mit dem Boot von der Ostsee, die Wolga hinunter durch Russland bis zum Kaspischen Meer.

Daraufhin schickte ich aus Baku ein Fax nach Norwegen, in dem ich darum bat, mir die ersten sechs Seiten von Snorris Königssagas zu schicken. Vor seinem Tod im Jahr 1241 hatte der Isländer Snorri Sturluson in seiner Geschichte Norwegens geschrieben, im tiefen Süden, östlich des Schwarzen Meeres und bis zur Grenze des türkischen Reiches habe der Häuptling Odin, der Stammvater Harald Schönhaars und des norwegischen Königsgeschlechts, regiert, bis er von den Römern bedroht wurde und mit seinem Volk nach Norden wanderte, durch Russland, Sachsenland und Dänemark zur skandinavischen Halbinsel.

Man hat sich viele Gedanken darüber gemacht, wohin die Wikinger überall gefahren sind, aber niemand fragt, woher sie kamen. Sie sind ja nicht einfach am Ende der Eiszeit aus dem Eis gekommen. Könnten sie aus dem Gebiet um das Kaspische Meer herum stammen? Könnte es sich dabei um ein frühes Ausgangszentrum für Fernreisende mit heller Haut und blonden

Haaren handeln, wie sie gerade die Chinesen aus der gefrorenen Tundra im inneren China ausgruben, und die in vorgeschichtlicher Zeit an der ganzen Küste Nordafrikas bis zu den Kanarischen Inseln als Berber auftauchten?

Ich habe oft den Eindruck gehabt, dass sich Staatsmänner in der kommunistischen Welt eine eiserne Maske aufsetzten, wenn sie Presseleute und Politiker aus dem Westen empfingen. Ich selbst habe Gelegenheit gehabt, mehreren von ihnen bei weniger formellen Anlässen zu begegnen und habe sie als Menschen kennen gelernt. Einige von ihnen wurden in der kapitalistischen Welt nach dem Fall des Kommunismus außerordentlich populär. Heydar Aliyev war einer von ihnen, Michail Gorbatschow ein anderer.

Während der Umweltkonferenz 1992 in Rio de Janeiro wurde Gorbatschow beauftragt, die Gründung einer globalen Umweltschutzorganisation zu leiten. Kurz darauf erhielt ich einen Brief von ihm, in dem er mich als seinen persönlichen Berater zur Gründungsversammlung von Green Cross International in Kyoto einlud. Es wurde für mich eine seltsame Begegnung. Ich hatte sein Gesicht derart oft auf diversen Fernsehschirmen und in so vielen Zeitungen gesehen, dass mir war, als würde ich einen alten Freund treffen. Ich konnte mich gerade noch zurückhalten, die Arme auszubreiten, aber das wäre nicht nötig gewesen. Er hatte alle meine Bücher gelesen und sämtliche Filme über meine Expeditionen gesehen, so dass auch er das Gefühl hatte, wir wären alte Freunde, und wir begegneten uns mit einer herzlichen Umarmung.

Gorbatschows herzliches Wesen und seine aufrichtig lächelnden Augen gehörten irgendwie nicht in die politische Welt, was er auch dadurch bestätigte, dass er den Menschen als solchen über künstliche Grenzen und den Rüstungswettlauf stellte. Als wir geladenen Gäste uns mit ihm setzten, wurde deutlich, dass es sich bei ihm um eine Führergestalt handelte, wie geschaffen für den Kampf auf Seiten der ganzen Menschheit gegen einen

Feind, der uns alle, ungeachtet Nationalität und Parteipolitik, bedrohte. Ihm war bewusst, dass unsere Generation durch die rasche Entwicklung der modernen Technologie in Verbindung mit der Bevölkerungsexplosion im Begriff war, die Lebensbedingungen der Menschheit aufs Spiel zu setzen.

Ich war selbst aktives Mitglied in anderen Umweltorganisationen, seit Prinz Bernhard der Niederlande mich vor gut fünfundzwanzig Jahren zum internationalen Berater in den World Wildlife Fund, WWF, berief. Damals nahm ich zusammen mit Neil Armstrong an einem Treffen in London teil, zu dem sämtliche europäischen Königshäuser eingeladen waren, um für den WWF die Trommel zu rühren. Es war so viel blaues Blut versammelt, dass Bob Hope, als er auf die Bühne kam, um die Leute zu unterhalten, über den Saal blickend ausrief, man würde geradezu leibhaftig einen Satz Spielkarten vor sich sehen.

Dieses Treffen hatte Prinz Philip organisiert. Während all meiner Jahre als aktives Mitglied im WWF war er die treibende Kraft der ganzen Organisation. Er bewies auch Weitblick, wenn es darum ging, den Umweltschutzgedanken von dem einseitigen Wunsch zu lösen, Großwild vor Jägern zu retten, und auf das Verständnis für die Notwendigkeit zu lenken, die Menschen zu schützen, indem man das Ökosystem unseres Planeten bewahrt.

Als das *Kon-Tiki*-Floß in Oslo noch halb versteckt in einem Schuppen vor dem Seefahrtsmuseum lag, nahm Prinz Philip ebenfalls eine Schlüsselrolle ein. Nachdem er das Floß zuerst allein besichtigt hatte, kehrte er später in Begleitung von Königin Elizabeth und König Haakon zurück und löste dadurch einen so großen Publikumsandrang aus, dass Knut Haugland mit den Eintrittsgeldern das *Kon-Tiki*-Museum aufbauen konnte.

Jetzt erhielten wir in Kyoto den Beweis dafür, dass selbst ein ehemaliger Erzkommunist begriff, dass die Welt zusammenstehen müsse, um die Natur zu schützen. Gorbatschow stimmte eindeutig meinem Hauptanliegen auf der Tagung zu, dass andere Umweltorganisationen schon längst Programme zur Rettung bedrohter Tiere und Pflanzenarten oder bestimmter Flüsse und Waldgebiete durchführten, Wind und Meeresströmung aber keine Rücksicht auf Landesgrenzen nahmen und deshalb dort die größte Bedrohung für die gesamte Menschheit lag. Der Wind, der heute in Asien weht, fegt morgen über Europa hinweg und ich wusste aus Erfahrung, dass die starke Strömung an der afrikanischen Küste so schnell in amerikanisches Fahrwasser übergeht, wie ein Floß treiben kann. Auf der Fahrt mit der *Tigris* hatten wir festgestellt, dass der Monsun im Begriff war, die Richtung zu ändern. Dies könnte für unseren Planeten zu raschen Klimaveränderungen führen, mit ungeahnten Gefahren für Inseln und Küstenstriche als Folge. In der Praxis zeigte sich dann, dass die Arbeit von Green Cross International ebenfalls auf nationaler Ebene beginnen muss – bis sich die Nationen endgültig in einer Welt zusammenschließen.

Michail Gorbatschow hegte einen tiefen religiösen Glauben an die Notwendigkeit, die Natur zu schützen. Er erzählte mir, er habe ihn schon damals gehabt, als er als Junge in dem winzigen Gärtchen bei seinem Elternhaus die Wunder der Natur erlebte. Einmal waren wir in Verbindung mit einer Konferenz von Green Cross International zusammen in Den Haag und sahen Juden bei ihren religiösen Ritualen zu. Als wir hinausgingen, blieben wir unter einem großen Baum stehen. Ich selbst habe eine Schwäche für große Bäume und je größer sie sind, desto mehr empfinde ich für sie. Ich konnte es nicht lassen, sondern sagte mit einem Seitenblick auf den Baum zu Gorbatschow: »Dies ist mein Tempel.«

Er reichte mir spontan die Hand und antwortete: »Meiner auch.«

In diesem Augenblick bemerkte ich den Rabbi direkt hinter uns und fügte schnell hinzu: »Allerdings müssen wir zugeben, dass es noch etwas dahinter gibt, das diesen Tempel gebaut hat.«

Damit reichten wir uns alle drei die Hand, in gutem Einvernehmen.

Als Berater des Green Cross wollte Gorbatschow, dass ich half, die mir persönlich bekannten führenden Staatsmänner für die Organisation zu gewinnen. Unter ihnen nannte ich seinen früheren Waffenbruder Fidel Castro, von dem ich wusste, dass er am Naturschutz ebenso lebhaft interessiert war wie er selbst. Gorbatschow war von der Idee begeistert, auch weil er den Bruch zwischen Kuba und Russland nach dem Fall des Kommunismus sehr bedauerte. Liebend gern wollte er Castro treffen, wann und wo auch immer. Ich versprach, zu versuchen, ein Treffen zwischen beiden zustande zu bringen. Das letzte Mal sah ich ihn auf der Konferenz, wie er auf einem Podium unter freiem Himmel vor einer großen Versammlung die Abschlussrede hielt. Als er das Podium verließ und mit seinem offiziellen Gefolge hinausmarschierte, kam er zufällig an der Stelle vorbei, wo ich in der Menschenmenge stand. Im Vorbeigehen hielt er einen Daumen hoch und murmelte: »Vergessen Sie nicht, was Sie mir versprochen haben!«

Dies sollte das erste und letzte Mal sein, dass ich den Versuch unternahm, mich in die große Politik einzumischen, und es glückte am Ende auch nicht.

Fidel Castro war an der Zielsetzung von Green Cross sehr interessiert, sagte aber gleich, nach den großen Umwälzungen der letzten Jahre sei Gorbatschow in Kuba nicht sonderlich beliebt. Stattdessen schlug er vor, ich sollte dem Parteiorgan des Landes, *Granma*, ein Interview geben. Aber als ich ihn ohne Umschweife fragte, ob er bereit sei, Gorbatschow zu treffen, antwortete er: »Nun, einen Mann mit solchen Augen muss man einfach mögen, aber er hat Kuba sehr viel Leid zugefügt.«

Mir sind selten zwei Menschen begegnet, die so vieles gemeinsam haben, nicht zuletzt einen ausgeprägten Sinn für die Natur und die Notwendigkeit, sie zu bewahren. Und doch ist es mir nicht gelungen, sie zusammenzubringen.

Eine rote Insel auf einem blauen Planeten

Wenn wir auf Teneriffa hoch über der Baumgrenze nach unseren Kletterpartien Atem schöpften, genossen wir das Leben und ich hatte reichlich Zeit, mit Jacqueline und meinem *Aku-aku* zu plaudern. Die Passatwolken, wie kleine, verstreute Wattebäusche friedlich über das Himmelsgewölbe treibend, weckten in mir viele Assoziationen. Ich erkannte sie wieder, von dem Jahr auf Fatu Hiva und den Seereisen mit den vorgeschichtlichen Schiffen auf demselben Kurs wie die Sonne und die unermüdlichen Tropenwolken. Von Afrika in westliche Richtung über die Kanarischen Inseln nach Amerika und weiter über den Stillen Ozean bis zur Osterinsel, nach Tahiti, Fatu Hiva. Ich wusste, tief unten, wo die Wellen gegen die Küste brandeten, da lockte der Meeresspiegel einen in dieselbe Richtung. Mit der Kanarischen Strömung nach Barbados, wo wir mit der *Ra* landeten, und nach Kuba, wo Kolumbus gelandet war.

Kuba. Dort hättest du wohl auch mit der Ra *landen können?*

Hätte ich tatsächlich. Aber seltsamerweise brachte mich die Fahrt mit der *Kon-Tiki* über den Stillen Ozean nach Kuba. Als Fidel Castro 1959 die Revolution durchgeführt hatte, sorgte er dafür, dass das Buch über die *Kon-Tiki*-Expedition herausgegeben wurde – allerdings als Raubdruck, wie er bei unser Begegnung mit einem Lächeln zugab.

Als ich noch in Colla Micheri wohnte, erhielt ich von der kubanischen Botschaft in Rom wiederholt Einladungen zum

Essen. Bis zur Hauptstadt war es von meinem kleinen Dorf in Norditalien aber ein weiter Weg, so dass ich leicht Entschuldigungen erfinden und dankend ablehnen konnte. Das Interesse der Botschaft an meiner Person habe ich nicht ganz verstehen können und hegte den Verdacht, das Ganze hätte einen politischen Hintergrund. Ich ahnte nicht, dass Fidel Castro selbst dahinter steckte. Er interessierte sich sehr für das Leben im Meer und hatte ein hervorragend ausgerüstetes Schiff für die Meeresforschung bauen lassen.

Eines Tages war der kubanische Botschafter in einer kleinen Stadt am Fuße der Halbinsel, auf der ich wohnte. Ob ich mich dort mit ihm zum Essen treffen könne? Da es bis dorthin lediglich vier Minuten waren, ließ sich schwerlich eine Ausrede finden. Mit am Tisch saß auch der Chef für Kubas Auslandskontakte, der Europa besuchte. Beim Aperitif stellten sie ein Mikrophon zwischen uns auf den Tisch und luden mich in Fidel Castros Namen zu einem Besuch auf Kuba ein. Ich sprach ins Mikrophon, ich sei im Jahr vor der *Kon-Tiki*-Expedition während des Batista-Regimes auf Kuba gewesen. Auf dem Weg nach New York war das Frachtschiff, auf dem ich mich befand, nach Kuba umdirigiert und ich in Santiago de Cuba an Land gesetzt worden. Der Reeder Thomas Olsen, ein guter Freund von mir, hatte dafür gesorgt, dass sein Agent mir Fahrkarten für die Bahnfahrt quer durchs Land bis nach Havanna besorgte, und mich in einem Luxushotel einquartiert, in dem ich auf die erste Maschine nach New York wartete.

Nie habe ich eine größere Armut und mehr Elend – und einen größeren Kontrast zwischen beidem gesehen als in dem Augenblick, als ich durch die Tür des Luxushotels trat. Schon in der Empfangshalle rannte mich beinahe eine Unmenge uniformierter Pagen über den Haufen, die alle meinen einzigen Koffer tragen wollten und unverhohlen miteinander wetteiferten, mir Fotoalben mit schönen Frauen zu zeigen. Als ich von ihnen loszukommen versuchte, fragten sie flüsternd, ob ich vielleicht lieber kleine sieben-, achtjährige Mädchen wollte.

Über das Mikrophon auf dem Tisch nahm ich die Einladung an, in der Hoffnung, ein verändertes Kuba vorzufinden.

Yvonne war ein typisches Osloer Mädchen und hatte ihre Familie und Freunde dort. Unser Haus in Italien betrachtete sie eher als ein Ferienhaus, während ich darauf bestand, dass es unser Zuhause sei. In den Jahren nach der Fahrt mit der *Kon-Tiki* unternahm ich viele Reisen und auch Schifffahrten, an denen Yvonne nicht teilnehmen konnte. So blieb sie in Colla Micheri allein zurück, zusammen mit unseren Töchtern, Anette, Marian und Bettina – wunderbare Töchter, die uns verbanden, selbst als wir uns nach und nach auseinander lebten. Meine häufige und lange Abwesenheit war sicher der Hauptgrund, dass die Ehe mit der geduldigen Yvonne schließlich scheiterte. Auf Dauer war es schwierig, mit einem Mann zusammenzuleben, der so selten zu Hause war und oftmals sein Leben aufs Spiel zu setzen schien. Unterschiedliche Ansichten über Kindererziehung taten, wie in so vielen anderen Ehen, das ihrige. Ich übte mich wohl in der Rolle des strengen Sittenwächters, spielte sie aber durch meine häufige Abwesenheit schlecht. Ich muss die ganze Schuld für die Trennung auf mich nehmen.

Für Yvonne wurde Colla Micheri später ein herrlicher Urlaubsort, während es mich erneut hinaus in die weite Welt zog.

In dieser Zeit ohne feste Bindung traf ich Liliana, die mehrere Jahre lang Teil meines Lebens wurde, bis ich ganz aus Europa wegging und mich in Peru niederließ. Mit ihrem rabenschwarzen Haar und ihren südländischen Glutaugen hätte sie kein stärkerer Kontrast zu Liv und Yvonne sein können. Ihre Herkunft war exotisch. Ihr Urgroßvater, ein indischer Kaufmann, hatte zwischen Calicut in Indien und Karthago in Tunesien eine Karawanenroute betrieben. Der Sohn heiratete die Tochter eines Berberhäuptlings, und Lilianas Mutter war die Tochter der beiden. Sie lief ihrem Vater davon, einem Rabbi, weil er ihr verbot, einen italienischen Katholiken zu heiraten. So kam Liliana auf italienischem Boden zur Welt. Als ich sie traf, erschien sie mir wie eine Märchengestalt aus Tausendundeiner Nacht. Und nicht nur ich sah das so. Prinzessin Caroline von Monaco, die später ihre Freundin wurde, sagte es geradeheraus: »Du bist die echte Märchenprinzessin. Ich trage lediglich den Titel.«

Zusammen mit Liliana landete ich auf Kuba zu meinem ersten Besuch bei Fidel Castro.

Nach der Ankunft wurden wir zu einer Villa am Stadtrand des alten Havanna gefahren, die direkt an einem See lag und von hübschen Parkanlagen umgeben war. Es war ein Villenviertel, früher im Besitz alteingesessener Familien, die es vorgezogen hatten, Kuba zu verlassen, als Castro die Macht übernahm. Eine davon, ein Haus für offizielle Gäste, bekamen wir. Am nächsten Morgen sollte ich Fidel Castro in seinem Büro treffen.

Als wir das Haus betraten, begann es draußen zu stürmen, so heftig, dass im Garten Zweige und Äste durch die Luft gewirbelt wurden. Dann fing es an, in Strömen zu gießen, ein fürchterliches Unwetter braute sich zusammen. Leute kamen herein und bedeckten die Fenster kreuz und quer mit Klebestreifen – ein Orkan war im Anzuge. Liliana lief ins Schlafzimmer, legte sich ins Bett und zog die Bettdecke über den Kopf. Plötzlich ging die Tür auf und ein Riesenkerl mit Südwester und in voller Regenmontur kam herein. Er stellte sich als Chomi vor und überbrachte uns die Einladung von »El Commandante«, den Orkan vom Auto aus zu erleben. Ich wusste nicht, wer dieser Commandante war, aber es konnte sich ja um Castro handeln. Daher antwortete ich, wenn El Commandante es für vertretbar halte – er hätte mich wohl kaum zu einer Fahrt bei Unwetter eingeladen, wenn es gefährlich gewesen wäre –, würde ich gern mitfahren. Und somit fuhren wir los.

Kuba war von dem heftigen Orkan *Kate* heimgesucht worden. Ganze Bäume lagen kreuz und quer auf den Straßen und dauernd mussten wir umkehren, um neue Wege zu suchen. Schließlich waren wir offensichtlich zur Mole unten in der Altstadt gelangt, wo das Meer normalerweise gegen die Mauer brandete, die den Malecón, die Promenade, schützte. Aber jetzt konnte man nicht mehr unterscheiden, wo das Meer endete und wo das Land anfing, alles war überflutet. Immer wieder blieb der Wagen im Schlamm stecken und wir mussten inmitten von Gischt und Platzregen aussteigen, um das Auto wieder freizubekommen. Chomi sagte, wir müssten aufgeben, hier kämen wir nicht weiter. Er fragte, ob ich Lust hätte, bei ihm zu Hause einen heißen Kaffee zu trinken. Ich dachte bei mir, es wäre sicher interessant zu sehen, wie ein kubanischer Chauffeur lebte, und nahm die Einladung an.

Sämtliche Hochspannungsmasten und Stromleitungen waren umgestürzt und in keinem Fenster brannte Licht. Schließlich parkten wir an der Mauer eines niedrigen Hauses und Chomi klopfte und klingelte an der Tür. Eine Frau mit einer Kerze in der Hand öffnete. Auf Englisch bat sie uns einzutreten. Erst in einen kleinen Flur, dann weiter durch einen kleineren Raum mit allerlei sonderbaren Dingen an den Wänden. Dann durch einen großen Raum, und hier gab es eine Unmenge an Kuriositäten. Große Bilder, Fotos von Fidel Castro, Besonderheiten aus aller Welt mit Widmungen für Castro, Keramik aus verschiedenen voreuropäischen Epochen aus Peru und Mexiko. Als ich in den nächsten Raum geführt wurde, deutete ich vorsichtig an, es sei ja zu sehen, dass es sich hier um das Haus eines weit gereisten Intellektuellen handele.

»Nein, ich bin kein Intellektueller. Ich bin Arzt, der Hausarzt von El Commandante, und ich begleite ihn auf allen Reisen. Er bringt seine ganzen Souvenirs hier bei mir unter.«

Schließlich betraten wir ein Zimmer mit großen, bequemen Sesseln, nicht gerade riesig, aber gemütlich und mit einer angenehmen Atmosphäre. Die reizende Dame, die sich als Chomis Frau herausstellte, bat mich, Platz zu nehmen.

»Bedauere«, antwortete ich, »ich kann mich nicht hinsetzen, ich bin klatschnass.«

»Vielleicht möchten Sie ja eine trockene Hose von meinem Mann borgen?«

Dann wurde ich zurück in den Flur und mit einer Taschenlampe zu einer kleinen Toilette geführt. Ich nahm die Hose in Empfang und schloss die Tür. Raus aus der triefenden Hose und rein in die von Chomi. Nun war er aber fast ein Riese, so dass die Hose nicht oben blieb, und ich hatte keinen Gürtel. Mir blieb nichts anderes übrig, als sie mit einer Hand fest zu halten und lächelnd hinauszugehen. Als ich in den Flur trat, öffnete die Dame des Hauses gerade die Haustür, und Fidel Castro, mit Schirmmütze und Vollbart, genau wie ich ihn von Fotos kannte, kam herein. Wir standen uns von Angesicht zu Angesicht gegenüber. Dann breitete Fidel die Arme aus, um mich zu umarmen. Ich konnte die Hose schlecht loslassen und bemühte mich, sie mit einer Hand in der Taille fest zu halten, während ich mit der anderen die Umarmung erwiderte.

Dies war meine erste Begegnung mit Fidel Castro.

Er fragte Chomi als Erstes, ob er wisse, wie es um den botanischen Garten stehe. Da Chomi keine Nachricht erhalten hatte, weil sämtliche Telefonleitungen im Lande unterbrochen waren, erteilte Castro ihm den Auftrag, sich auf den Weg zu machen, um nachzusehen, ob alles in Ordnung sei, und wenn ich Lust habe, könne ich mitfahren. Damit verschwand El Commandante wieder.

Wir fuhren immer weiter durch das jetzt allmählich nachlassende Unwetter, bis wir weit außerhalb von Havanna waren. Wir kamen zu einer enormen Anlage, einer Mischung aus Naturpark und dem schönsten botanischen Garten, den ich jemals gesehen hatte. Die prächtige Anlage war vollkommen unversehrt, der Orkan war an ihr vorbeigezogen.

»Darüber wird er sich freuen«, sagte Chomi. »Neben dem Meeresforschungsschiff ist dieser botanische Garten sein größtes Hobby.«

Als wir festgestellt hatten, dass dort alles in Ordnung war, wurde ich zu unserer Villa zurückgefahren. Am nächsten Morgen stand Chomi erneut vor der Tür. Im ganzen Land herrsche Chaos. Das Treffen im Büro müsse abgesagt werden. El Commandante wolle die Schäden, die der Orkan angerichtet hatte, besichtigen und lasse fragen, ob ich mitfahren wolle. »Nehmen Sie Ihre Zahnbürste und saubere Unterwäsche und kommen Sie sofort«, sagte Chomi.

Ich eilte zu Liliana und sagte, ich wäre bald zurück.

Mit Chomi am Steuer sausten wir los. Schreckliche Zerstörungen begegneten uns. Wir fuhren in einer Eskorte von vier Wagen, im ersten Polizei oder Militär, Fidel im zweiten, wir im dritten und hinter uns noch ein Begleitwagen. Volle drei Tage und Nächte lang erlebte ich El Commandante Fidel Castro aus allernächster Nähe. Der Orkan hatte entlang der ganzen Südküste Kubas getobt und es gab kaum ein Wohnhaus oder eine Industrieanlage, die nicht beschädigt war oder in Trümmern lag.

Die erste Nacht schliefen wir in einigen Wellblechhütten des Militärs. Früh am nächsten Morgen wartete Fidel vor der Hütte mit dem langen Tisch, an dem wir alle essen sollten; er wollte nicht vor dem Gast hineingehen. Als wir uns hingesetzt hatten, sah ich vor Fidels Gedeck fünf Gläser stehen. Vor meinem und denen der anderen stand lediglich eines. Ich fragte ihn, ob er aus allen fünf trinken wolle. Wir werden Ziegenmilch von einer Landwirtschaftsschule kosten, erklärte er, und er wolle selbst beurteilen, welche Rasse die beste Milch liefere. Daraufhin erzählte ich ihm, dass ich ausgerechnet mit Ziegenmilch groß geworden sei.

»Dann müssen Sie auch Ihr Urteil abgeben«, sagte er und so bekam ich ebenfalls fünf Gläser und wir kosteten die Ziegenmilch wie Weinkenner. Der Unterschied war gering, aber meine Wahl stimmte zufällig mit seiner überein. Dann hieß es, mit dem Frühstück schnell fertig zu werden und weiterzusausen.

Ich werde nie vergessen, wie wir in einem kleinen Fischerdorf ankamen, wo der Wind sämtliche kleinen Holzhütten umgeweht und zertrümmert hatte. Von allen Seiten kamen die Leute und riefen »El Commandante, El Commandante«, der Jubel wollte kein Ende nehmen. Wir stiegen aus den Autos, um festzustellen, wo die Zerstörungen am schlimmsten waren. Eine alte Frau hielt ein völlig unbrauchbares kleines Radio fest um-

Vor dem Besitz Colla Micheri in Italien. Thor und Yvonne mit den Töchtern Anette (geb. 1953), Marian (geb. 1957) und Helene Elisabeth, genannt Bettina (geb. 1959).

Unten links: Im Jagdturm in Colla Micheri.

Unten: Thor arbeitet mit der unbekannten *Rongo-rongo*-Schrift, etwa 1955.

Thor begrüßt Generalsekretär Chruschtschow in Oslo, 1964.

Rechts: Vor dem *Kon-Tiki*-Museum in Oslo: König Haakon, Prinz Philip, Königin Elizabeth und Thor Heyerdahl, 1955.

Unten: Auf einem wissenschaftlichen Kongress in Moskau, 1964.

Thor Heyerdahl nimmt in Moskau die Lomonossow-Medaille entgegen.

ısgezeichnet als Kommandeur des amerikanischen Malteserordens bei der Ankunft auf ırbados nach der *RA II*-Fahrt, 1970.

ıssa und Michail Gorbatschow mit Thor und Jacqueline 1994 in Den Haag.

ıke Seite, oben:
ıs Madan-Volk in den irakischen Sumpfgebieten, 1977.
ıke Seite, unten: Mit der indischen Premierministerin Indira Gandhi in Neu-Delhi.

ıor kostet mit Fidel Castro auf Cuba Ziegenmilch, 1985.

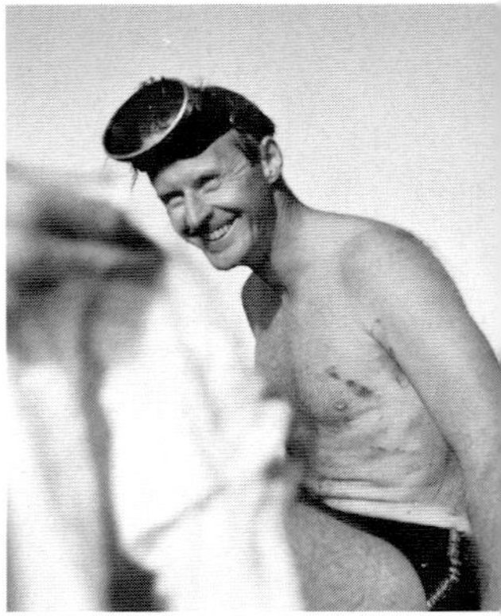

Die Angst vor dem Wasser aus der Kindheit ist längst überwunden.

Links: Schaufensterdekoration mit dem Buch über die Tucumé-Pyramiden, Spiegelung von der Oxford Universitätsbibliothek, 1995.

Thor Heyerdahl und Jacqueline Beer werden in El Aaiún in Westsahara getraut, 1996.

:r peruanische Präsident Alberto Fujimori und Staatsrätin Grete Knudsen mit Thor
:yerdahl in Lima bei den Feiern zum fünfzigjährigen Jubiläum der *Kon-Tiki,* 1997.

ıf der Osterinsel mit Jacqueline und Juri
:nkewitsch von den drei Schilfbootfahrten, 1997.

Thor zu Pferd in Tucumé, Peru.

Thor und Jacqueline vor ihrem Heim auf Teneriffa, 1994.

klammert. Fidel drückte sie an sich, um sie zu trösten. Ihr Gesicht erhellte sich und sie sagte: »Jetzt macht es mir nichts mehr aus, dass ich alles verloren habe, denn ich habe mit El Commandante gesprochen.«

In einem anderen Ort kamen wir zu einem Haus aus Ziegelsteinen, in dem Fidel die örtliche Leitung im Dachgeschoss um einen langen Tisch mit einer Kerze versammelte, weil das darunter liegende Stockwerk ein einziges Chaos war. Es kam mir vor, als wäre ich wieder in der Finnmark an der Front, der gleiche Geist, in der Stunde der Katastrophe zusammenzuarbeiten. Bis tief in die Nacht harrte Fidel aus, um Hilfe zu organisieren: »Wie viele Lkws kannst du wo einsetzen? Wo lässt sich am schnellsten Zement organisieren? Wie viele Säcke?«

Und so machte er weiter. Er besaß eine Fähigkeit zum Organisieren und Anweisungengeben, dass sich die Leute nur so um ihn scharten, ganz darauf versessen, für eine gemeinsame Sache zu kämpfen.

Am Abend des dritten Tages erreichten wir einen Ort, wo sein kleines Privatflugzeug landen konnte, und er, Chomi und ich flogen zurück nach Havanna.

Bei meinem ersten Besuch stellte ich fest, dass die Archäologie Kubas durch die wissenschaftliche Isolation des Landes in der übrigen Welt unbekannt war. Dies spornte mich zu einer Zusammenarbeit mit hiesigen Archäologen an und war der Anlass für viele Besuche und Begegnungen mit Castro.

Ich lernte Fidel als einen recht ungewöhnlichen Diktator kennen. Er selbst lebte äußerst einfach, niemand wusste wo, aber ich hatte das Gefühl, es müsse dieselbe Gegend sein, in der wir einquartiert waren. Unzählige Male bin ich zusammen mit ihm und seinen engsten Freunden zum Essen eingeladen worden, aber kein einziges Mal waren ein Politiker oder eine Militärperson dabei. Der Kreis, mit dem er sich umgab, bestand aus Künstlern, Schriftstellern und Wissenschaftlern. Seine privaten Gesellschaften wurden immer bei Chomi gegeben, wo ich ihm, den Hosenbund fest im Griff, zum ersten Mal begegnet war.

Oft mussten wir bis zehn oder elf Uhr abends auf ihn warten, weil er praktisch rund um die Uhr arbeitete. Einige wenige Male wurden wir gegen Mitternacht benachrichtigt, dass wir mit dem Essen besser anfangen sollten, während ihm selbst eine kalte Mahlzeit ins Büro gebracht wurde.

Selbst die ärgsten Gegner Castros erkannten seinen großen Einsatz für das Schul- und Gesundheitswesen des Landes an. Aber einmal, während eines Besuches auf Kuba, lange Zeit vor dem Papstbesuch, habe ich mich doch gewundert, als ich erfuhr, er, ein Kommunist, hätte die Krankenhäuser für katholische Nonnen geöffnet. Als ich ihn direkt nach dem Grund fragte, antwortete er leise: »Im Krankenhaus empfinden es viele alte Menschen als Trost, wenn sie von den Nonnen Besuch erhalten.«

Obwohl ich Castro nicht dazu bewegen konnte, seinen früheren Kollegen, den Exkommunisten Michail Gorbatschow zu empfangen, willigte er dennoch ein, den norwegischen Großkapitalisten Knut Kloster zu treffen. Dieser hatte früher den riesigen Ozeandampfer *France* gekauft und plante jetzt, das größte Passagierschiff der Welt, *The World*, zu bauen. Er träumte davon, es als Linienschiff zwischen Miami und Havanna einzusetzen, um eine Brücke zwischen den USA und Kuba zu schlagen.

Fidels Leibgericht waren Spaghetti mit Tomatensoße und Parmesankäse und wenn wir direkt aus Italien zu Besuch kamen, hatte Liliana immer einen reichlichen Vorrat dabei.

Und so kam es, dass Castro den norwegischen Reeder bei einem Spaghetti-Essen in seinem eigenen Gästehaus traf. Als Kloster nach dem Essen die Zeichnungen für das phantastische Schiff vorzeigte, war Castro anscheinend genauso beeindruckt wie ich. Als sie dann aber anfingen zu diskutieren, ob die Hafengebühren auf sämtliche Hotels des Landes verteilt werden oder nur dem jeweiligen Hafen zufallen sollten, konnte ich kaum noch unterscheiden, wer von beiden nun eigentlich der Kapitalist und wer der Kommunist war. Am Ende vertieften sie sich in ein Gespräch über religiöse Mysterien, aber als sie dann auch noch anfingen, über die Entstehung des Lebens, das Sternengewimmel und den Urknall zu diskutieren, bat ich sie schmunzelnd, wieder auf den Boden der Tatsachen zurückzukehren.

Kloster arbeitete weiter an seinen großen Bauplänen, aber die maritime Brücke über die Floridastraße blieb zum damaligen Zeitpunkt lediglich ein Traum.

Mehr Erfolg hatte mein bescheidener Versuch, eine Brücke zwischen Wissenschaftlern auf beiden Seiten derselben Meeresenge zu schlagen. Trotz der Blockade konnte ich zwei amerikanische Archäologen zu einem Treffen mit El Commandante nach Kuba mitnehmen, was wiederum zu einem Fünfjahresvertrag über eine archäologische Zusammenarbeit zwischen dem Carnegie Institute und der Universität von Havanna führte. Als erstes Ergebnis dieser Zusammenarbeit erschien das Buch *Art and Archaeology of Pre-Columbian Cuba,* gemeinsam verfasst von den beiden amerikanischen Archäologen sowie zwei kubanischen Archäologen und mit einem Vorwort von mir.

Während der achtziger Jahre pendelte ich ständig zwischen Forschungsaufgaben in Kuba und Ausgrabungen auf der Osterinsel hin und her. Als ich eines Tages im Gästehaus in Havanna schon mit gepackten Koffern auf den Transfer zum Flughafen wartete, öffnete sich plötzlich die Tür, und die große vertraute Gestalt mit dem Bart und der grünen Uniform trat ein. Er setzte sich und bat um eine Tasse Kaffee.

»Wo fahren Sie jetzt hin?« fragte er, als er den Koffer sah.

»Auf die Osterinsel«, antwortete ich.

»Hmm«, sagte er und strich sich über den Bart. »Dann sagen Sie lieber nicht, dass Sie gerade aus Kuba kommen. Die Osterinsel gehört nämlich zu Chile, und der Gouverneur der Insel ist mit Pinochets Tochter verheiratet.«

»Nein«, antwortete ich. »Es stimmt zwar, dass der Gouverneur mit der Tochter Pinochets befreundet ist, aber er ist mit einer

Amerikanerin verheiratet. Außerdem ist er selbst Archäologe und mein engster Mitarbeiter auf der Insel. Er weiß durchaus, dass ich aus Kuba komme.«

Fidel war angenehm überrascht und fragte, ob wohl der Gouverneur eine Kiste echte Havannas zu schätzen wüsste, aber ich war mir nicht ganz sicher, ob Sergio rauchte. Dann fragte er: »Trinkt er gern ein Gläschen?«

»Ja, ganz bestimmt.«

Darauf ließ Castro eine Flasche Havanna Club aus der Küche bringen. Der Fahrer, der dafür verantwortlich war, dass ich mein Flugzeug erreichte, wurde langsam sichtlich nervös. Als die Flasche kam, griff Castro schnell seinen Füllfederhalter und schrieb auf das Etikett: »Dem Gouverneur der Osterinsel mit freundlichem Gruß von Fidel Castro.«

Ich konnte gerade noch die Flasche in meinem Handgepäck verstauen und schon ging es in Richtung Flughafen; mit einer Zwischenlandung in Panama auf den direkten Weg nach Santiago de Chile.

Ohne dass jemand einen Blick in mein Handgepäck geworfen hätte, erreichte ich die Osterinsel. Im Hotel hatte der Gouverneur einen Empfang vorbereitet, mit Hula Hula und großem Fest, und ich konnte gerade das Gepäck abstellen, als er mit einem Whiskyglas in der Hand auf mich zukam. Mir fiel das Geschenk ein und ich lotste ihn in mein Zimmer, wo ich ihm die Flasche gab und bat, er möge das Etikett lesen. Ehe ich mich versah, hörte ich einen Knall, während uns Glassplitter und Flüssigkeit um die Ohren flogen. Fidels Geschenk, dachte ich. Der Gouverneur hatte aber das Whiskyglas fallen lassen. Castros Rumflasche hielt er fest in beiden Händen.

»Wenn Sie das nächste Mal nach Kuba fahren«, scherzte er, »müssen Sie von Pinochet eine Kiste chilenischen Rotwein für Castro mitnehmen.«

Vor meiner Abreise erinnerte ich ihn daran, aber da lächelte er nur und meinte, er zweifele, ob Pinochet einen ebenso ausgeprägten Sinn für Humor habe wie Fidel Castro.

Im Garten Eden

Wenn wir auf Teneriffa oben auf dem Berg lagen und auf das blaue Meer blickten, das sich wie eine riesige Kugel in alle Richtungen krümmte, begriffen wir, dass weder der Planet selbst noch wir, die ihn bewohnen, durch die Zeitläufte die Dimensionen verändert hatten. Wir haben das Gefühl, unsere Welt kleiner gemacht zu haben, weil wir aus Zeitnot schneller reisen. Früher aber konnten es sich die Menschen leisten, langsam zu reisen. Sie waren reich an Zeit.

Als Snorri Sturlason im 13. Jahrhundert auf Island die norwegischen Königssagas mit seinem Federkiel auf Pergament niederschrieb, sollte es immerhin noch drei Jahrhunderte dauern, bis die Europäer zu den mächtigen Königreichen der Azteken und der Inkas kamen. Aber das geographische Wissen Snorris hatte einen Horizont, der über die Küsten Islands hinausreichte. Er zeichnete die Kenntnisse der damaligen Zeit detailliert auf, von der nordischen Kolonie auf Grönland und der Entdeckung von Vinland, dem Weinland im äußersten Nordwesten des Atlantiks, bis hin zu den afrikanischen Küsten im Süden und zum Schwarzen Meer und Kaukasus an der Grenze zu Asien. Während er auf Island sein historisches und geographisches Wissen für die Nachwelt festhielt, unternahm das Geschlecht seiner Väter überall in diesem ungeheuren Gebiet noch immer Handelsfahrten, Wikingerzüge und Pilgerfahrten. Das Meer lag offen da, ohne Grenzen oder Hindernisse. Und Tausende von Jahren vor ihm hatte es andere verlockt, sich in der Welt umzusehen. Seit dem Tag, als die

Menschen das Bauen schwimmender Verkehrsmittel erlernten, öffneten sich die Küsten der Kontinente und schiffbare Flüsse führten durch Urwald und Wildnis landeinwärts. Ehe die Menschen lernten, ein Pferd zu satteln, oder das Rad erfanden, lernten sie paddeln und mit Booten zu fahren.

Im Jahr 1977 hatte ich das Schicksal zur See noch einmal auf einer vierten Floßfahrt herausgefordert und sie wurde die längste von allen. Fünf Monate auf einem Boot aus Schilfbündeln, vom Irak bis zum Industal und weiter über den Indischen Ozean von Asien nach Afrika mit elf Mann an Bord.

Sieben Jahre zuvor waren wir mit einer Mannschaft aus allen Himmelsrichtungen und ohne seemännische Kenntnisse mit dem Papyrusboot *Ra II* von Afrika nach Amerika gefahren, ohne auch nur einen einzigen Halm zu verlieren. Aber wir kamen mit einem Kahn an, derart mit Wasser vollgesogen, dass auf dem Deck Entenmuscheln wuchsen und die Haie beinahe an Bord schwimmen konnten. In der letzten Woche hielten wir uns meist auf dem Dach der Bambushütte auf und trösteten uns mit der Tatsache, dass die Schilfbündel, die uns trugen, auch völlig vollgesogen noch immer schwammen. So hätten wir, mit dem Deck auf Höhe der Wasseroberfläche, wochenlang weiterfahren können, hätten wir das vollgesogene Papyrusboot bei der Ankunft in Barbados nicht an Land gezogen und als Deckslast nach Oslo verfrachtet, wo es dem Balsaholzfloß im *Kon-Tiki*-Museum Gesellschaft leistete.

Irgendetwas stimmte aber auch mit der *Ra II* nicht. Die genialen Erbauer der Pyramiden im Altertum hätten nicht noch viele hundert Jahre lang ihre Fahrzeuge aus Schilf gebaut, wenn es ihnen nicht gelungen wäre, die Decksladung trocken zu halten. Mythologische Motive göttlicher Ahnen, wie sie mit Schilfschiffen auf dem Meer navigieren, sind an den ältesten Tempelmauern in Mesopotamien, Ägypten und Peru abgebildet, auf Stempelsiegeln der ältesten Schifffahrtskultur im Industal und auf den zeremoniellen Bronzetrommeln der ältesten bekannten

Dynastie in China. Im Mittleren Osten sind oft Schilfschiffe dieser Art von einer solchen Größe dargestellt, dass sie außer Hornvieh und einer großen Mannschaft auch noch bis zu zwei Kajüten auf dem Deck haben. In China wurden sie außerdem mit königlichen Passagieren und voller Besatzung dargestellt und sämtliche Details sind genauso realistisch wie in Ägypten. Die vorinkaische Kultur in Peru zeigt sie oft mit König und Hofstaat auf einem oberen Deck, darunter eine ganze Reihe Gefangener und Wasserkrüge, mit Stricken festgezurrt.

Aber was taten sie, damit die Schilfbündel sich nicht mit Wasser vollsogen?

Auf diese Frage wollte ich eine Antwort finden, als ich die *Tigris*, mein drittes Schilfschiff, baute.

An den Quellen des Nils in Äthiopien hatte ich genügend Papyrus gefunden, um meine beiden ersten Schilfschiffe mit Hilfe erfahrener Schilfbootsbauer vom Tschadsee in Zentralafrika beziehungsweise vom Titicacasee in Südamerika zu bauen. Aber an beiden Orten wurden die Schilfboote nach dem Fischen an Land gezogen. Niemand wusste, wie lange ein Schilfboot schwimmen könnte. In der Wissenschaft wurde die Schwimmfähigkeit eines Schilfschiffes auf rund zwei Wochen veranschlagt, die gleiche Zeit, die man auch einem Floß aus Balsaholz gab. Wir wussten jetzt aus eigener Erfahrung, dass sich die Theoretiker in beiden Fällen geirrt hatten. Ein Floß aus Balsaholz sowie Schilfschiffe konnten Menschen lebend über das Meer bringen. Aber es hatte uns immer noch niemand sagen können, was die alten Bootsbauer getan hatten, um die Schwimmfähigkeit des Schilfes zu verbessern.

Können die Menschen denn etwas vergessen, was sie Tausende von Jahren gewusst haben?

Um eine Antwort auf diese Frage zu erhalten, musste ich zu den Sumpfbewohnern im Irak, zum Madan-Volk, das noch ungestört im Land seiner Vorfahren lebte, das die alten Griechen Mesopotamien nannten, Land zwischen den Flüssen. Während der übrige Irak in eine Wüste verwandelt war, lebten diese

Menschen auf schwimmenden Schilfinseln, wo Euphrat und Tigris zu einem Fluss zusammenfließen, der in den Persischen Golf mündet. Die Generäle regierten von Bagdad aus das Land mit fester Hand, aber in den endlosen Sumpfgebieten, wo die Flüsse zusammenflossen und Bibel und Koran den Garten Eden hin verlegten, war das Leben so friedlich wie zur Zeit der Sumerer. Keine Straße führte in das hohe Schilf und keine Fernsehantenne ragte in die Höhe und verriet, wo Menschen lebten – außer direkt am Flussufer. Vor der Umwelt vollkommen verborgen, in einem Sumpfgebiet von rund 15 000 Quadratkilometern versteckt, hatten die Sumpfbewohner fünftausend Jahre lang die Kultur der Vorfahren, unbeeinflusst von den geschichtlichen Umwälzungen auf dem restlichen Planeten, bewahren können.

Thesiger und Young, zwei britische Entdeckungsreisende, waren erst kürzlich aus dem Sumpfgebiet zurückgekehrt und hatten von wahrhaft biblischen Zuständen berichtet. In den Sümpfen gab es weder Steine noch Lehm, so dass das Madan-Volk seine schönen Wohnstätten aus kunstvoll zusammengebundenen Schilfbündeln baute, nach genau dem gleichen Modell wie es die Kunst aus der Sumerer-Zeit abbildet. Im Altertum wurde ganz Irak von großen und kleinen Kanälen für Schifffahrt und Bewässerung durchzogen. In dieses Tiefland kam der erste König der Sumerer mit seinem Gefolge an Bord großer Schilfschiffe und sie bauten, ihrer geschriebenen Geschichte zufolge, ihre erste Hauptstadt: Ur. Nach den Datierungen der Archäologen geschah dies etwa im Jahr 3100 v. Chr. Vieles deutet darauf hin, dass zu diesem Zeitpunkt auch in Ägypten die Zivilisation ihren Anfang nahm.

Obwohl die Menschen schon seit zwei oder vielleicht drei Millionen Jahren auf der Erde lebten, setzte die Zivilisation an den Flussufern in Ägypten und Mesopotamien zu beiden Seiten der arabischen Halbinsel zur gleichen Zeit, anscheinend ganz plötzlich und in einer vollentwickelten Form ein. Dazu entstand im Nachbartal in östlicher Richtung, an den Ufern des Indus, gleichzeitig die Indus-Zivilisation. Alle drei ältesten bekannten

Zivilisationen nahmen zur gleichen Zeit ihren Anfang und zeigen auffallende Ähnlichkeiten: Sonnenanbetung, Bau von Pyramiden, Städteplanung mit Lehmhäusern, eine komplizierte Metallurgie, Schrift und was sonst noch alles die Zivilisation kennzeichnet, auf einem beeindruckend hohen technischen und kulturellen Niveau. Und alle stellten sie ihre ersten Könige als Seefahrer dar, die an Bord großer Schilfschiffe aus ihrer mythischen Heimat kamen.

Die drei fruchtbaren Flusstäler hatten ihre Blüte in früher Vorzeit. Später verschwanden in Mesopotamien die großen schiffbaren Kanäle, die Landschaft trocknete aus und wurde zusammen mit den Sumerern, Babyloniern und Assyrern unter den Sanddünen begraben. Als Denkmäler für die Vergänglichkeit der Kultur ragen die Ruinen der Paläste und Tempel aus der Blütezeit hervor, in einer endlosen Wüste versunken, die das grüne Sumpfgebiet und die Gruppen von Dattelpalmen und Gärten rings um die Städte und an den Flussufern umgibt.

Als ich Anfang der siebziger Jahre das erste Mal dort hinkam, um eine Genehmigung für eine Reise in die Sumpfgebiete einzuholen, hatte im Irak gerade eine neue Revolution stattgefunden, nachdem die Monarchie gestürzt worden war und die Briten ihren Einfluss eingebüßt hatten. Zwei Generale an der Spitze der panarabischen Bath-Partei hatten die Diktatur eingeführt und für Touristen waren die Grenzen zu. Noch wusste man nicht, wer der Feind des Landes war, Syrien oder Iran. In der irakischen Botschaft in Rom erhielt ich ein Visum, weil ich als Forscher ins Land kam und weil mich auf der ersten Reise ein Kapitalist aus Mexiko begleitete, der Maschinen aus dem kommunistischen China importierte. In den Augen des irakischen Botschafters war China damals das wahre Paradies.

Die Archäologen des großen Museums in Bagdad empfingen uns freundlich und wir konnten von ihnen und den reichen Sammlungen sumerischer Schilfbootsmodelle sowie von Beschreibungen und Bildern auf Tontafeln und sumerischen Zylindersiegeln viel lernen. Wir wurden zum Essen mit den beiden Generälen eingeladen, denen der Gedanke gefiel, ich würde ein neues Schilfboot bauen und vielleicht von ihrem Land aus ablegen. Aber sie stellten mir harte Bedingungen, welche Nationalitäten die Teilnehmer der Fahrt haben müssten, damit ich sie ins Land bringen dürfte. Erst als ich andeutete, ich hätte die Wahl, vom Irak oder vom Iran, auf dem entgegengesetzten Flussufer desselben Tigris abzulegen, gaben sie nach. Am Ende standen sowohl Pass- als auch Zollfreiheit und obendrein die Genehmigung, in die Sümpfe zu gehen, um der Bevölkerung einen Besuch abzustatten und von ihr Hilfe für den Bau meines dritten Schilfschiffes zu erhalten.

Ich habe nie ein Volk wie die Bewohner der Sümpfe kennen gelernt. Ich mochte auch die anderen Araber im Land, wenn auch die Freundschaft mit einem der Generäle, Saddam Hussein, der später allein die Macht im Lande ergriff, ein jähes Ende nahm. Ich war ihm dankbar, dass ich durch ihn einem Volk begegnete, das Tausende von Jahren ohne Sorgen und in Harmonie mit der Natur und seinen Nachbarn lebte. Ich ahnte nicht, dass derselbe General, der mir geholfen hatte, dieses Volk kennen zu lernen, später den brutalen Befehl zur Trockenlegung des Sumpflandes geben und dadurch die existentiellen Lebensbedingungen des Madan-Volkes zerstören würde. Im Jahr darauf war ich ein rotes Tuch für ihn, weil ich die *Tigris* verbrannte. Nicht zuletzt auch deshalb, weil wir elf aus verschiedenen Nationen, die Gäste in seinem Land gewesen waren, gemeinsam einen Friedensappell an die UN schickten. Wir, die wir fünf Monate lang friedlich zusammengelebt hatten, behaupteten, dass, wenn die Waffenlieferungen in den Mittleren Osten gestoppt würden, sich die Menschen aus der Region um den Golf und das Rote Meer wie in alten Zeiten mit Keule und Schwert bekriegen müssten. Das gefiel dem General nicht.

Damals, als ich Saddam Hussein kennen lernte, hatte ich keinerlei Vorurteile. Ich wusste lediglich, dass er große Macht besaß. Ich muss zugeben, bei einem gemeinsamen Essen machte er als Person so wenig Eindruck auf mich, dass ich mich nur an das hervorragende Essen erinnern kann und daran, dass er mein Projekt unterstützte.

Als Sammelplatz für Bauleute und die erforderliche große Menge Schilf durften wir das verlassene Wirtshaus, *Der Garten Eden*, benutzen, das am Ufer des Tigris, ehe er mit dem Euphrat zusammenfließt und das Sumpfgebiet beginnt, auf trockenem Boden lag. Nur einen Steinwurf von dem einsamen Haus entfernt, standen vereinzelt Dattelpalmen und einige grüne Laubbäume neigten sich über den Fluss. Zwischen ihnen lag ein großer bemooster Baumstumpf, wie ein Heiligtum eingezäunt und über und über mit Wachstropfen von Kerzenstummeln übersät. Dies war den alten Schriften zufolge der Ort, den Juden, Christen und Muslime zur Geburtsstätte Adams und Evas erklärt hatten. Ein Schild mit arabischem und englischem Text ließ keinen Zweifel daran, dass es sich bei dem Baumstumpf um die Reste des Baumes des Sündenfalls handele, und man erfuhr, dass Abraham selbst zum Beten hierher gekommen sei. Wir befanden uns auf historischem Boden von Bibel und Koran.

Vom Baumstumpf im Garten Eden bis zu der Stelle bei Qurna, wo sich beide Flüsse vereinten und das Sumpfgebiet begann, hin zu dem stillen Fluss war es nicht weit. Und man begriff sofort, warum die Menschen im undurchdringlichen Dickicht aus hohem *Berdi*-Schilf in ihrer eigenen Welt in Frieden hatten leben können, ohne Grenzmarkierung und Verteidigungswaffen. Niemand konnte eindringen, ohne das Labyrinth von Kanälen zu kennen, die oft ganz unsichtbar waren. Das Wasser stand so flach über dem Torfboden, dass nicht einmal ein Floß darauf schwimmen konnte, und versuchte man hindurchzuwaten, würde man unweigerlich einsinken. Dies galt auch für Pferdehufe, Kamelhufe und Panzer und darum hatten weder die Kriegsflotte der Assyrer noch das Heer Alexander des Großen oder die mechanisierten Truppen der Weltkriege den Frieden des

Madan-Volkes stören können. Dem General in Bagdad war es vorbehalten, die Oberhand über das Sumpfvolk zu gewinnen, indem er ihm die Schilfmatte unter den Füßen wegzog.

In den Sümpfen wurde ich in die Zeit vor der Erfindung des Rades zurückversetzt, eine Zeit, ehe Straßenlärm und Antennen zum Zeitvertreib die Sinne getrübt und Lampenlicht die Sterne geblendet hatten.

Zusammen mit einem Dolmetscher des Museums in Bagdad wurde ich am Flussufer abgeholt, direkt südlich von Qurna, wo das tiefe Wasser aufhörte. In weiten, weißen Gewändern standen aufrecht in einem schmalen Kanu zwei Sumpfbewohner und stakten sich mit langen Stangen und langsamen, ruhigen Bewegungen vorwärts. Ein einfacher Gruß mit der Hand auf das Herz und dann mussten der Dolmetscher und ich uns auf den Boden des schmalen *Mashufs* setzen, damit es nicht kenterte, während uns die beiden Barfüßigen in flügellosen Engelsgewändern schweigend aus unserer Welt in die ihre hineinstakten. Das Schilf schloss sich im Kielwasser hinter uns, höher als ein aufrechtstehender Mann sehen konnte. Weiter drinnen wurden die Kanäle streckenweise breiter und tiefer und zu meiner Überraschung sahen wir hier kristallklares Wasser und kein trübes und braunes wie in den Flüssen. Auf dem Grund wuchsen grüne Pflanzen, und im klaren, seichten Wasser schwammen Fische, während sich an der Wasseroberfläche lange Girlanden aus Seegras wanden. Lautlos glitten wir vorwärts zwischen dichten Wänden aus Schilf und Rohrkolben hindurch und mit jeder langsamen Bewegung der Staken fühlten wir uns immer weiter in die Urzeit zurückversetzt. Nicht zurück in Barbarei und Unsicherheit, sondern in eine Kultur, die vom Stadium der Affen ebenso weit entfernt wie die unsrige und dennoch so sicher und unkompliziert ist. Als wir das erste Dorf erreichten, war mein arabischer Dolmetscher ebenso ergriffen wie ich.

Zunächst zeigten lediglich einige dünne, weit auseinander liegende Rauchsäulen, dass Menschen im Sumpfgebiet wohnten. Wir entdeckten keine Spuren menschlicher Abfälle, kein Dach verriet, wo sich die Ansiedlung befand. Nicht die kleinste Erhebung, kein Stein, auf den man sich zur Orientierung über das Schilf hätte stellen können, und der Schlammboden gab wie eine Matratze nach. Wir sahen Gänse und Enten zusammen mit wilden Schwimmvögeln in allen Farben und Größen furchtlos umherpaddeln, als wären Schusswaffen noch nicht erfunden worden. Ein einsamer Adler segelte aus der unbelebten Wüste heran und Eisvögel auf der Durchreise saßen schaukelnd im Schilf inmitten eines Gewimmels kleiner Vögel, viele in prächtigen Farben. Große schneeweiße Reiher und Störche mit rotem Schnabel standen unbeweglich wie Schildwachen im Röhricht und fette Pelikane schaufelten mit Schnäbeln wie Schöpfkellen Fische in sich hinein. Einmal sahen wir ein pechschwarzes borstiges Wildschwein, das sich in schwerfälligen Sätzen zwischen schwankenden Schilfrohren den Weg bahnte. Und als wir uns einer Siedlung näherten, begegneten uns mächtige Wasserbüffel, die träge vor uns herwateten, mit breiten, schwarzen Rücken, die in der Sonne wie nasses Seehundsfell glänzten. Sie blieben stehen, um uns mit trägem Blick anzugaffen, wedelten geduldig mit ihren breiten Ohren und dem dünnen Schwanz, um die Fliegen zu verscheuchen, und kauten dann unbeirrt das grüne Seegras weiter, das ihnen aus dem Maul hing.

Und mit einem Mal lagen die ersten Häuser vor uns. Wie eine Offenbarung und in völliger Harmonie mit der Natur. Sie gehörten genauso selbstverständlich dorthin wie die Vogelnester im Schilf. Alles war aus Schilf gebaut. Es gab kein anderes Baumaterial. Nur am Rande der Sümpfe war fester Boden, in dem einzelne Dattelpalmen Wurzeln geschlagen hatten. Im Sumpfgebiet musste man große Mengen Schilf als Unterlage für die Häuser anhäufen. Oft mündeten die Kanäle in kleine offene Seen, wo die Schilfhäuser auf schwimmenden künstlichen Inseln aus dicken Schilfschichten standen, die mit dem allmählichen Verfaulen und Sinken der untersten Lagen oben immer wieder aufgefüllt werden mussten. Wände und Dächer kleiner und großer Häuser wölbten sich in harmonischen Bögen wie ein Tunnel, der an einem oder beiden Enden offen ist. Sie bestanden aus dichten Schilfbündeln, in Bögen wie Rippen aneinander gereiht, elegant geschwungen und mit dicken Schilfmatten bedeckt. Kein Stückchen Holz, kein Nagel, alles war mit Schilffasern festgebunden. Sämtliche Häuser hatten dieselbe Form, ob kleiner Unterschlupf zum Übernachten, geräumige Behausung oder große Versammlungshäuser, die Hangars ähnelten, mit derart hoher Dachwölbung, dass man sie mit den Staken gerade noch erreichen konnte.

Seit der Zeit der Sumerer hatte diese wunderschöne Architektur in den Sümpfen überlebt, jedes Haus wie ein kleiner Tempel, der Urzeit zu Ehren, im Wasser schwimmend mit seinem golden grauen Spiegelbild auf blauem Grund unter ewig blauem Himmel. Das erstaunlich klare Wasser floss langsam zum Golf hin und um die Unterlage der Häuser an ihrem Platz zu halten, wurde sie mit einem Zaun aus bambusähnlichem, in den Schlamm gestecktem Schilf befestigt. Die Inseln mit den Schilfhäusern hoben und senkten sich innerhalb der Palisaden je nach Wasserstand der Jahreszeiten und mit den schmalen *Mashufen*, die in den Kanälen zwischen ihnen hindurchgestakt wurden, bildeten die Wohnstätten oft ganze Dorfgemeinden im venezianischen Stil.

Erst fuhren wir an einigen schwimmenden Inseln vorbei, die so klein waren, dass sie mit Haupthaus und Stall für die Wasserbüffel einem Hausboot oder einer Arche Noah glichen, wo der Platz gerade ausreichte, um ein paar Schritte entlang der Wände zu tun, bevor man ins Kanu musste. Tief in den Sümpfen auf den offenen Binnenseen schaukelten schwimmende Madan-Familien auf dümpelnden Schilfmatratzen zusammen mit ihren Büffeln, Enten und Hühnern auf und nieder und wenn die Besitzer morgens die Sperre zu den hangarähnlichen Schilfställen öffneten, mussten sich die Büffel mit den Enten zusammen ins Wasser wälzen, um schwimmend den Weidegrund zu erreichen, während die Ziegen in die Kanus stiegen.

Am Fährplatz Madina hatte ich bei einem Scheich übernachtet, dort, wo der Kiesweg endete, und er hatte für die Weiterfahrt in die Sümpfe gesorgt, nachdem er mir ein unvergessliches Frühstück auftragen ließ. Kaffee, Tee, frische Büffelmilch, Joghurt, Eier, Lamm, Hähnchen, Fisch, Feigen, Datteln, arabisches Fladenbrot, Kuchen und Konfitüre. Ich konnte gerade noch ans Ufer wanken und mich in das schmale *Mashuf* zwängen, das mich nach Om-el-Shuekh tief in den Sümpfen bringen sollte. Dort lebte Hagi, der älteste Mann, den der Scheich kannte, und gebe es überhaupt jemanden, der sich an die Fahrzeuge der Vorzeit erinnern könne, dann er, meinte der Scheich, denn Hagi habe seine hundert Jahre schon längst hinter sich.

Ich erwartete mir nicht viel vom Gedächtnis eines solchen Greises, als wir später am Tag aus dem Schilf hinausglitten und über offenes Wasser in Richtung des Häuptlingssitzes des Alten weiterfuhren. Mein Optimismus wuchs nicht nennenswert, als ich den Greis und sein Spiegelbild in weißem Gewand und mit langem weißen Bart wie einen Methusalem vor der Hangaröffnung seines großen schwimmenden Hauses sitzen sah. Als ich mit dem Dolmetscher aus Bagdad an Land sprang, schaukelte es wie eine Hängematte unter unseren Füßen und wir schwankten und suchten festen Halt, während der Alte sich erhob und mit festem Schritt auf uns zu kam.

Wie der alte Häuptling mich mit beiden Händen willkommen hieß, die Brust über dem Herzen berührte und mir Friede wünschte, blickte ich in Augen so klug und freundlich, dass Zeit und Ort ihren Sinn verloren. Er verdiente offensichtlich den großen Respekt, den ihm die anderen Männern entgegenbrachten, die sich allmählich einfanden und sich mit uns in zwei Reihen an der Längswand der großen Halle auf dem Boden niederließen. Mit gekreuzten Beinen saßen wir da und lauschten der Weisheit und dem Wissen des alten Hagi, während das Feuer wieder entfacht und Tee gebracht wurde. Hier gab es keine elektrischen Leitungen, aber der Sternenhimmel blinkte in der offenen Eingangswölbung und das flackernde Licht warf tanzende Schatten an die Wände.

Große Fische wurden ausgenommen, wie riesige Schmetterlinge ausgebreitet und hochkant an die Flammen gestellt. Außen braun und mit knuspriger Haut, innen aber weiß und saftig, wurde der Fisch in ofenwarmes arabisches Brot dünn wie Eierkuchen eingerollt und schmeckte so herrlich, dass ich aß und aß, als hätte der Scheich in Madina mich darben lassen. Der alte Weise verfolgte alles aufmerksam und sorgte dafür, dass mein Nachbar zur anderen Seite die besten Stücke vom Fisch heraussuchte und mich wie einen fünfjährigen Prinzen fütterte. Wie es Sitte war, ging nach dem Mahl ein Mann mit Seife und Handtuch herum und goss jedem heißes Wasser ein, während wir uns im Wasserstrahl über einer Schüssel die Hände wuschen.

Hagi entschuldigte sich für das einfache Essen, als hätte er meinen Appetit nicht bemerkt, und stellte mir ein wirkliches Festmahl in Aussicht, wenn ich verspräche, wiederzukommen. Ich versprach es und habe Wort gehalten. Ich wusste, dass ich wiederkommen musste. Ein gutes Essen gehört zu den Höhepunkten des Lebens, nicht zuletzt auf Expeditionen.

Aber nicht nur deshalb fühlte ich mich bei dem Volk in den Schilfsümpfen wohl. Und das Essen war auch nicht der einzige Grund, weshalb ich wiederkam. In Polynesien, Amerika und Afrika hatte ich mit so genannten primitiven Menschen zusammengelebt, aber diese Bewohner der Sümpfe waren in keiner Bedeutung des Wortes primitiv. Sie waren zivilisiert, aber auf andere Art als wir. Als Menschen waren wir vollkommen gleich. In unserem Innern, in allen Gliedern und Organen. Hatten denselben langen Weg zurück zu unseren gemeinsamen Vorfahren in der Wildnis. Unsere Lebensform war es, die sich geändert hatte, das tägliche Leben mit Verkehrschaos und Computern, um unser täglich Brot zu verdienen. In unserer Form der Zivilisation saß niemand wie Hagi und sein Volk mitten im Schlaraffenland. Mit jedem Schritt, den wir uns von der Natur entfernen, werden das Leben und der Weg für Fisch und Kartoffeln aus Meer und Acker bis auf unseren Tisch komplizierter. Es ist uns geglückt, im Leben alles, was einmal einfach war, kompliziert zu machen, und wir versuchen dem durch Verkehrsregeln und Computerprogramme abzuhelfen, durch Ärzte, die bezahlt werden, um etwas gegen falsche Ernährung und fehlende Bewegung zu tun, durch Juristen, die gebraucht werden, um uns durch den Gesetzesdschungel zu führen. Wir hetzen, dass unser Herz rast und die Reifen in den Kurven quietschen, und meinen, wir würden selbst Sex und Spannung erleben, wenn wir vor dem Fernseher kleben und uns lediglich die Erlebnisse anderer auf die Netzhaut projiziert werden. Wir glauben, wir seien reich, wenn wir Geld auf der Bank haben.

»Wir sind nicht arm«, sagte der alte Hagi, der nicht viel mehr besaß als die Matte, auf der er saß. »Unser Stolz ist unser Reichtum. Und niemand hungert hier in den Sümpfen.«

Den Reichtum trugen diese Menschen in sich. Sie beneideten niemanden. Deshalb hatte ihre Kultur überlebt, während assyrische, persische, griechische und römische Kulturen um sie herum entstanden und wieder untergegangen waren. In dieser Beständigkeit über Jahrhunderte hinweg spiegelt sich etwas, das uns anderen fehlt: Achtung vor den Ahnen und Vertrauen in die Zukunft. Wir meinen, die erste ewig währende Zivilisation aufgebaut zu haben, wollen aber immer weiter und hören nicht auf zu bauen. Wir bauen ohne Plan und während wir bauen, entstehen um uns herum neue Probleme: Stress, Jugendkriminalität, Arbeitslosigkeit, Wettrüsten, Terrorakte, Übervölkerung, Klimaveränderungen, abnehmende Ressourcen und zunehmende Verschmutzung von Luft, Wasser und Boden.

Im Grunde geht es uns am besten im Urlaub. Dann fliehen wir vor dem alltäglichen Stress und dem Trivialen. Dann wollen wir in Gottes freie Natur. Dann sind *wir* es, die zum Fischen und zur Jagd in Wald und Flur ziehen. Und dann bedauern wir die so genannten Primitiven, weil sie das ganze Jahr über so leben müssen.

Würdevoll, sorglos und zufrieden saß Hagi mit seinen hundert Jahren da und stocherte in der Glut eines Feuers aus Schilf, das auf einer Lehmfläche mitten auf dem Boden erneut aufflammte. Keiner der hier auf dem Boden Sitzenden vermisste irgendetwas, von dessen Existenz sie überdies nichts wussten. Der Greis unterhielt uns mit seiner Lebenserfahrung und seinem Humor. Das Feuer erhellte die Gesichter ganzer Reihen schweigender Araber, die in Kaftan und Umhang gehüllt zwischen den Schilfsäulen an der Wand entlang lauschend dasaßen. Eine stilvolle arabische Teekanne kam an meiner Nase vorbei und kleine in Silber gefasste Gläser füllten sich, so dass der aromatische Duft die Nase erfreute.

Ich blickte mich in dem großen luftigen Bau um, dem Gästehaus des alten Häuptlings. Es war ein hoher Raum, auch im übertragenen Sinn. Sieben starke Schilfbündel, dicker als ein menschlicher Körper, bogen sich vom Boden elegant zur Decke hoch und weiter zur anderen Seite hinunter. Wie parallele Rippen trugen sie eine straffe Haut aus geflochtenen Schilfmatten. Ich fühlte mich wie der biblische Jonas, als er im Bauch des Walfischs landete. Dieser Wal aber riss an beiden Enden das Maul auf zu einer Aussicht mit Goldrand auf einen funkelnden nächtlichen Himmel. Ich überlegte, wie sich die Sumpfbewohner die Welt dort draußen wohl vorstellten.

Als hätte er meine Gedanken gelesen, erzählte Hagi, er sei einmal in Bagdad gewesen, habe sich aber sehr nach dem Frieden und der Geborgenheit in den Sümpfen Allahs zurückgesehnt. Seiner Meinung nach erzeuge die Stadt Habgier, Neid und Unehrlichkeit. Hier in den Sümpfen würde niemand stehlen, sagte er. Jeder habe, was er brauche, und niemand habe etwas zu verlieren. Allah sei Dank. Es gebe genug Futter für die Büffel, jede Menge Fisch zum Aufspießen, Hühner, Enten und Wildgeflügel, und Mehl und Tee würden sie gegen Bootsladungen voll Wassermelonen und geflochtener Schilfmatten und Körbe aus den Sümpfen tauschen.

Außerdem – und hier hob der alte Weise die Hand zum Segen – gebe es hier schöne Frauen. Er selbst habe vier Ehefrauen. An den Wänden ringsherum erhob sich ein anerkennendes Murmeln, das seiner Lebensfreude galt. Und der Alte mit dem langen weißen Bart wusste, wovon er sprach.

Bekanntlich sollte man im Garten Eden nicht der Versuchung erliegen, aber einmal stand ich am Rand der Sümpfe mit dem mexikanischen Teilnehmer der Expedition, der meinen Sinn für alles Schöne und Wohlgestaltete teilte, auf einer Brücke, als eine wunderschöne Frau in einem Kanu heranpaddelte. Mein Begleiter holte seine Kamera hervor. Was er nicht sah, war ein Mann auf der Brücke, der mit erhobenem Speer so schnell auf uns zugelaufen kam, dass sein langes Gewand hinter ihm herflatterte. Sobald ich ihn entdeckt hatte, riss ich dem Fotografen, der nur Augen für die Frau hatte, die Kamera aus der Hand und wir rannten um unser Leben. Die Schöne überließen wir ihrem Bewacher.

Auf Frauen wurde in den Sümpfen gut aufgepasst. Sie durften nicht zusammen mit uns im Haus essen, nicht einmal den Tee servieren. Als müsste das Geschlecht Adams vor dem Erliegen einer streng bestraften Versuchung bewahrt werden, waren die Frauen in Schwarz gehüllt, so dass nur Gesicht und schöne Füße zu sehen waren, wenn man sie wie schwarze Schatten zwischen den Schilfvorhängen hindurchgleiten sah, oder wenn sie Hühner fütterten, im Kanu saßen oder Brot backten. In den Sümpfen wurde das Fladenbrot aus einem Teig gebacken, den die Frauen gegen die Innenwände runder, wie ein Krug oben offener Lehmöfen klatschten. Wurde man von dem wohlriechenden Inhalt des Backofens angelockt, musste man schnell sein, um mehr als zwei Funken sprühende Augen und Zähne wie Neuschnee in der Sonne glänzen zu sehen, ehe die Frau den Kopf wegdrehen oder das schwarze Tuch über die Nase ziehen konnte. Die Frauen hatten das gleiche feine und ebenmäßige Profil, das die meisten Araber in den Sümpfen kennzeichnete. Beim Paddeln und im Staken stattlicher Boote, mit Schilf oder Schilfmatten beladen, waren sie genauso tüchtig wie die Männer, aber nur als kleine Mädchen und alte Frauen durften sie bei den Männern stehen und lachen und winken, wenn wir an ihrer Wohnstatt vorüberglitten.

Zeitvertreib und Unterhaltungsprogramme von außen drangen nicht bis zu ihnen durch, aber ihr fröhliches Lachen verriet, dass sie sehr gut ohne auskamen. Hagi wusste, dass wir Stadtbewohner Geld für Autos und Elektrizität verdienen mussten. Aber er war sich gar nicht sicher, ob sein Volk glücklicher würde, wenn, wie von der Regierung in Bagdad geplant, elektrische Leitungen und Ziegelsteine für den Hausbau in die Sümpfe gebracht würden. Wenn Menschen fröhlich sind, lächeln sie, sagte er. In den Straßen von Bagdad habe ihm niemand zugelächelt.

»Es gibt zu viele Menschen in den Straßen der Stadt«, erklärte ich. »Man schafft es nicht, alle anzulächeln.«

Aber Hagi sei auch durch Straßen gelaufen, die fast menschenleer waren, und auch dort habe man ihm nicht zugelächelt.

Die gebogenen Schilfbündel, die in der Wohnung des Häuptlings Dach und Wände zusammenhielten, glichen denen, die wir Seite an Seite zusammengebunden hatten, um der *Ra II* ihre Form zu geben. Hier hatte ich Leute gefunden, die die erforderlichen Teile für den Bau eines soliden Schilfschiffes herstellen konnten. Sie selbst benutzten die Teile lediglich für den Hausbau auf schwimmenden Inseln und fuhren mit *Mashufen*, deren Planken mit Pech bestrichen waren. Wenn sie uns aber behilflich sein würden, die Kunst zu erlernen, die Schwimmfähigkeit des Schilfes zu erhalten, könnten wir den Sumpfbewohnern helfen, die in Vergessenheit geratene Kunst ihrer Ahnen, Boote zu bauen, von den Indianern am Titicacasee zu erlernen.

Als ich in die Sümpfe kam, hatte ich mir überlegt, ob Hagi und sein Volk meine Pläne verstehen würden. Er selbst war bereit zuzuhören. Mit seinem Aussehen und seinem Auftreten hätte er ein wohlhabender Ölscheich, ein ehemaliger Diplomat oder ein pensionierter Wissenschaftler sein können. In seinem langen weißen Gewand glich er aber eher einem Propheten oder biblischen Patriarchen, ebenso zeitlos wie das sumerische Schilfhaus, in dem wir saßen. Bei ihm hatte ich in der Tat das Gefühl, mit Moses oder Abraham zusammenzusitzen. Selbstverständlich müsste der alte Hagi auch anständige Schilfboote gesehen haben.

Und ob er das hatte. Als er jung war, gab es drei gebräuchliche Typen. Zwei davon waren hohl wie Körbe und schwammen, weil sie innen und außen mit Pech bestrichen waren. Das eine war eine *Guffa*, rund wie ein irisches Boot aus Tierhäuten, das andere eine *Jillabie* von lang gestreckter Form, das Vorbild des heutigen aus Holz gebauten *Mashuf*. Beide Typen hatten seit dem Altertum überlebt und im Museum in Bagdad hatte ich fünftausend Jahre alte Modelle gesehen und war an Bord der letzten gewesen, die auf dem Fluss oberhalb von Babylon noch in Gebrauch waren. Der dritte Typ war ein *Elep-urbati* und wurde nicht mit Pech bestrichen, weil er aus Schilfbündeln ohne Hohlraum im Inneren gemacht wurde. Und dieser schwamm von allein.

Ebendeshalb war ich ja gekommen! Aber das Schilf würde sich doch mit Wasser vollsaugen?

»Nicht, wenn du es im August schneidest«, versicherte Hagi, und alle ringsherum an den Wänden nickten zustimmend. Das war jedem hier bekannt, jedem aus den Sümpfen, nicht aber uns, die für die *Ra* und die *Ra II* im Dezember am Tanasee in Äthiopien Papyrus geschnitten hatten. Bei Vollmond im August enthält die einzelne Binse einen Saft, der das Wasser daran hindert, einzudringen. Das stand in keinem Lehrbuch, aber man sollte die Antworten auch nicht immer dort suchen.

In Noahs Kielwasser

Als ich zusammen mit zehn Gefährten aus unterschiedlichen Ländern vom *Garten Eden* aus in See stach, war es immer noch, als würden wir biblische Geschichte wiedererleben. Vom legendären Geburtsort Adams und Evas, wo die Flüsse Euphrat und Tigris sich vereinen, segelten wir über das Meer genau dorthin, wo Noah in der Religionsgeschichte von Christen und Muslimen ein ganz neues Kapitel aufgeschlagen hatte. Die Erzählung, wie Noah und alle Tiere in der Arche die Sintflut überstanden, hatte mich als Kind begeistert. Die gleiche märchenhafte Stimmung erfüllte mich beim Anblick der Sumpfbewohner, als sie am Ufer des Tigris die riesigen Schilfbündel für unsere Arche mit dem Namen dieses Flusses, der uns aufs offene Meer hinausführen sollte, zusammenbanden. Noah ist das Symbol für den ältesten bekannten Bootsbauer. Als die Schifffahrt begann, wurde kein Schiff aus Holz gebaut, denn die älteste Kunst der Sumerer zeigt Menschen und Vieh an Bord großer Schilfschiffe.

Der Größe beim Bau eines Schilfschiffes sind keine Grenzen gesetzt und in den Sümpfen gab es Schilf in unendlichen Mengen. Wir hatten den Atlantik mit der *Ra II*, die zwölf Meter lang war und eine Kajüte besaß, überquert. Die *Tigris* bauten wir 18 Meter lang und mit zwei Kajüten an Deck. Verglichen mit den Pyramiden und Schilfschiffen, die von den mächtigen Sumererkönigen gebaut worden waren, war es ein bescheidenes Fahrzeug, das wir in Noahs Kielwasser vom Stapel ließen.

In meine Erinnerung hat sich der greise Hagi als Thronfolger der Sumerer und direkter Erbe des Garten Edens eingeprägt. Seine Würde zeugte von innerem Reichtum und alter Kultur. In Bagdad saß Saddam mit importierten Panzern, von Waffengewalt geschützt, als wäre er ein fremder Soldat in einem eroberten Reich. Seine arabischen Vorfahren waren auf Schiffen mit der Lehre des Korans nach Mesopotamien gesegelt und hatten sich die alten Kulturzentren der Sumerer, Babylonier und Assyrer unterworfen, um ein Versprechen Gottes an Abraham einzulösen. Als Abraham und sein Volk auf ihrer Wanderung die Küste des Mittelmeeres und das Land der Pharaonen erreichten, behauptete er, Bibel und Koran zufolge, sein Gott habe seinem Stamm das Land zwischen Tigris und Nil versprochen. Eben dieses angebliche Versprechen wollte viele Generationen später der Prophet Mohammed einlösen, und es gelang ihm sogar auch noch, das Gebiet westlich des Nils und östlich des Tigris weiter auszudehnen. Als Abraham damals aber seinen Nachkommen das Versprechen kundtat, hatte er nicht vorhersehen können, dass sowohl Juden als Araber ihn als ihren gemeinsamen Stammvater ansehen würden.

Als Abraham den Baumstumpf aufsuchte, wo die Araber das kleine Gasthaus, den *Garten Eden,* errichtet hatten, war es einfach, am Flussufer ein Schilfboot zu bauen. Schilf gab es damals wie heute in Hülle und Fülle und man hatte schon etliche tausend Jahre Erfahrung in der Kunst, Hunderte von Schilfbündeln zusammenzubinden, um die gleichen eleganten Formen und Linien wie bei regulären Schiffen zu erreichen. Von ihren Grabkammern wussten wir, dass sie im Drehen und Flechten von Seilen aus den Fasern der zähen Haut des Schilfs Experten gewesen waren. Und Ackerbau, Fischfang und ein lebhafter Handel flussaufwärts und flussabwärts sowie im Golf hatten es ermöglicht, binnen kürzester Zeit alles Erforderliche an Bord eines Fahrzeugs zu bringen, um dann die Segel zu hissen und auf große Fahrt zu gehen.

Ganz so einfach war es in der heutigen Zeit nicht.

Im Irak gab es einen Ölboom und die Kaufkraft war weit größer als das Angebot. Die Grenze zum Iran, dem Feindesland, verlief in der Mitte des Flusses und trotz wechselnden Wasserstandes und unberechenbarer Sandbänke durfte sie nicht überschritten werden. Wochenlang wie die Heringe zusammengepfercht, warteten die Schiffe mit Handelswaren vor der Flussmündung darauf, dass sie weiterfahren und ihre Ladung abliefern konnten. Alles, was in den Häfen entlang von Euphrat und Tigris gelöscht wurde, schnappten Aufkäufer weg, ehe es in die Geschäfte gelangte. Keiner konnte mehr Tauwerk machen, Seiler waren genauso aus der Mode gekommen wie Schilfbootsbauer und lediglich die Wissenschaftler im Museum hatten von dem großen Handelsschiff der Sumerer, dem *Magur*, gehört. Von unseren Einkaufsfahrten nach Bagdad kehrten wir jedes Mal mit leeren Körben zurück.

Die Kunst, ein sichelförmiges Schilfschiff zu bauen, das so robust ist, dass es auf offener See die Form behält, bildete sowohl im Mittleren Osten als auch in Südamerika die Grundlage für die Entwicklung der Schifffahrt. Aber sie lebt nur noch am Titicacasee fort. Als die *Ra II* im *Kon-Tiki*-Museum in Oslo austrocknete, fiel sie völlig in sich zusammen und wir mussten wieder über den Atlantik und dieselben südamerikanischen Bergindianer holen, die sie für uns gebaut hatten. Es mussten Indianer vom Titicacasee her, um ihr die richtige Form zu geben, denn die heutigen Wissenschaftler und Bootsbauer wussten über ihre Technik nicht Bescheid.

Heißt das, die Barbaren des Altertums hatten ein Wissen, das uns heute unbekannt ist?

Die Aymara-Indianer vom Titicacasee waren keineswegs primitive Barbaren. Ihre Vorfahren in Bolivien hatten die hoch stehende Tiahuanaco-Zivilisation begründet und die Akapana-Pyramide errichtet, die auf der Ebene am Titicacasee emporragt, ebenso gewaltig und im selben Stil wie die Pyramiden in Mesopotamien und die älteste in Ägypten.

Und Aymara-Indianer hatten auch die Bildsäule des bärtigen Kon-Tiki geschaffen, den wir auf das Segel des *Kon-Tiki*-Floßes malten. Weil er Seefahrer war, gaben ihm die Inkas den symbolischen Namen *Viracocha*, was so viel bedeutet wie »Schaum auf dem Meer«. Als sie sich sämtliche alten Königreiche in Peru und den Nachbarländern unterworfen hatten, erweiterten sie den Namen in *Con-Tiki-Viracocha*, weil sie herausfanden, dass die Küstenindianer denselben legendären Gottkönig *Con* nannten, während er bei den Indianern am Titicacasee *Tici* oder *Ticci* hieß. Als die Spanier kamen, erzählten die Indianer aus der Gegend von Tiahuanaco, er sei zusammen mit seinem Gefolge aus weißen und bärtigen Männern zu ihnen gekommen und sie befuhren das Meer mit solchen Schilfbooten, wie sie sie selbst bauen gelernt hatten. Er behauptete, der Sohn der Sonne zu sein, und landete bei Tiahuanaco, wo er die große Pyramide erbauen ließ. Er verschwand so, wie er gekommen war. Im ganzen mächtigen Inkareich hörten die Spanier die gleiche Geschichte, die mir die Aymara-Indianer an den Ufern des Titicacasees über vierhundert Jahre später erzählten. Schließlich wanderte der göttliche Priesterkönig mit seinem Gefolge in nördliche Richtung, bis zur heutigen Republik Ecuador, und dort fuhr er bei Manta über das Meer nach Westen.

Es war leichter gesagt als getan, die Nachkommen des Gottkönigs in den Irak einzuladen. In den Sümpfen ist der August der heißeste Monat und dort, wo die Aymara-Indianer wohnen, auf einer Insel im Titicacasee hoch oben in den Anden 4000 Meter über dem Meer, herrscht eiskalte Bergluft. Zunächst mussten vier von ihnen von ihrer Insel mitten im Titicacasee mit dem Schilfboot abgeholt werden, dann mussten wir einen Ort im tiefer gelegenen Dschungel Boliviens finden, wo sie zwei Wochen lang wohnen konnten, um sich an den großen Unterschied von Luftdruck und Temperatur zu gewöhnen. Dann galt es, sie mit einem Flugzeug nach Bagdad zu bringen, das nachts landete, damit die Autofahrt zum Gasthaus *Garten Eden* durch die Wüste überstanden war, ehe die glühende Sonne zu stark wurde. Nur drei der vier konnten Schilfboote bauen und sprachen nur ihre Muttersprache. Der Vierte war ein bolivianischer Dolmetscher, der mir die Aymara-Sprache der Bergindianer ins Spanische übersetzen konnte, das ich dann meinem Dolmetscher aus Bagdad ins Englische übersetzte, der mit dem Leiter der Sumpfbewohner Arabisch sprach, der es wiederum in ihre eigene Madan-Sprache übertrug.

Welche Ironie des Schicksals, dachte ich, dass ich ausgerechnet hier, unweit der Ruine des legendären Babylonischen Turmes, vor Sprachproblemen stehen sollte. Als ich die Reste des Turms suchte, fand ich lediglich einen kläglichen Sandhaufen und einige verstreute Lehmblöcke vor sowie ein Schild mit dem Text »Der Babylonische Turm«, das irakische Archäologen aufgestellt hatten. Früher war dies sicher eine Art Stufenpyramide gewesen. Ich hatte eine Mannschaft zusammengestellt, die elf Sprachen repräsentierte, und zwanzig Madan aus den Sümpfen, die nur ihre Sprache sprachen, sollten von drei Indianern, die nur Aymara konnten, lernen, wie man ein Schilfboot baut.

Am ersten Morgen nach der Reise ließ ich die Aymara-Indianer lange schlafen und erschrak, als ich nach ihnen sah und der Raum leer war.

Als ich sie fand, saßen sie schon draußen in einem Kreis von Sumpfbewohnern an Adams Baumstumpf im Schatten einiger Dattelpalmen mit ihren warmen Zipfelmützen und dicken, farbenfrohen Ponchos inmitten der Araber in schneeweißen Leinengewändern. Sie nickten und machten Zeichen, während geredet wurde, und alle drehten Schilfhalme zwischen den Fingern. Die Dolmetscher standen nur da und staunten. »Diese Señores sind sehr gescheit«, versicherte mir der Dolmetscher aus Bolivien, als ich zu ihnen trat. »Sie begreifen alles, was wir ihnen erklären, ohne ein Wort von dem zu verstehen, was wir sagen!«

»*Totora*«, sagte er zu den weiß Gekleideten und hielt einen Schilfhalm hoch.

»*Berdi*«, antworteten sie und hielten ebenfalls einen Halm in die Höhe.

Die Dolmetscher wurden überhaupt nicht gebraucht. Die besten Schilfexperten der Welt waren zusammengekommen und sie waren genauso gescheit wie wir anderen. Was aber das Wissen betraf, so hatte das Leben uns zu Experten auf unterschiedlichen Gebieten gemacht.

Wirklich schlimm war, dass ich außer den Schilfbootsbauern keine Experten auftreiben konnte, denn im modernen Irak gab es keinen einzigen Segelmacher!

Nirgendwo im Land war Tuch für das Segel aufzutreiben und so mussten wir es mit dem Lkw aus Europa heranschaffen. Inzwischen suchte ich jemanden, der uns ein gewöhnliches Dhausegel nähen konnte, das für hiesige Fahrzeuge typisch war. Vergeblich, niemand wusste, wer in unseren Tagen ein Segel nähen konnte. Segelkähne auf den Flüssen gehörten ebenso der Vergangenheit an wie Kamele auf der Landstraße. Wir waren eine Generation zu spät in den Irak gekommen.

Ich suchte an den Flussufern bis hinunter zum Golf und überquerte sogar die Grenze nach Kuwait, in der Hoffnung, eine altmodische Dhau mit Segel zu finden. Die Dhau war seit undenklichen Zeiten ein für dieses Gewässer typisches Segelfahrzeug gewesen. Das Segel war höchstwahrscheinlich die Übergangsform zwischen dem ersten Rahsegel des Altertums und dem modernen Lateinsegel. Es ähnelte einem schräg aufgehängten altägyptischen Segel. Als ich das erste Mal in den Irak kam, gab es im ganzen Gebiet keinen einzigen Araber, der nicht den Mast seiner Dhau abgesägt hatte, weil Treibstoff in den Golfstaaten inzwischen so billig geworden war wie Wind. Damals habe ich jedoch noch weiße Segel an indischen Dhauen gesehen, die bis nach Basra hoch fuhren, um Datteln für Bombay aufzunehmen. Aber wegen Schmuggelei war dieser Verkehr eingestellt worden und so wandte ich mich an den indischen Konsul in Basra und bat ihn, mir durch das Heuerbüro in Bombay drei Dhausegler zu besorgen, die uns beim Nähen des Segels behilflich sein und uns später aus dem Persischen Golf, in dem jetzt durch neue Bohrinseln und Verkehr Chaos herrschte, herauslotsen konnten.

Die drei Dhausegler kamen nicht mit der verabredeten Maschine und ein Telegramm aus Indien bestätigte, dass sie in Neu-Delhi verschwunden waren, wohin sie wegen eines Visums für den Irak gefahren waren.

Zwei Wochen später erschien unser einheimischer Helfer Ali am Frühstückstisch und meldete, er habe die Inder jetzt gefunden. Sie würden mit ihrem Gepäck vor der Tür stehen und einer von ihnen hieße Saleman.

Wir versuchten es mit sämtlichen europäischen Sprachen und mit Arabisch, Toru probierte es auf Japanisch und Juri auf Russisch, aber nur Saleman verstand gerade so viel Englisch, dass sich die drei lächelnd hinsetzen und mit gutem Appetit essen konnten.

Sie machten große Augen, als sie nach dem Essen das Schilfboot mit dem prächtigen fertigen Rumpf in der Morgensonne wie Gold glitzern sahen. Aber der Schock kam, als Saleman wissen wollte, wo das Motorengehäuse angebracht werden sollte. Als die drei im Heuerbüro gewesen waren, hatte man ihnen lediglich gesagt, sie würden auf einer neu gebauten Dhau anheuern. Weder hatten sie jemals auf einer Dhau mit Segel gearbeitet noch waren sie je im Golf gewesen.

Nach einiger Sprachverwirrung war es klar, dass sich die Zusammenarbeit mit unseren neuen Freunden auf den Abwasch nach dem Essen beschränken musste. Norman wurde, neben seiner Arbeit als Navigator, zum Segelmeister ernannt und hatte die glänzende Idee, sich mit den drei Neuankömmlingen zum Hafen in Basra zu begeben. Dort könnten sie ihm als Dolmetscher behilflich sein und Auskunft über Dhausegel von indischen Seeleuten einholen, die im Fluss vor Anker lagen. Juri hatte sich vom sowjetischen Generalkonsulat in Bagdad ein schönes neues russisches Auto ausgeliehen und Norman zog mit den Indern guter Dinge los, auf eine Hauptstraße, die mit Lastwagen überfüllt war.

Als wir Norman wieder sahen, stand er mit verbundenem Kopf in der Tür. Nur die Nase und ein Ohr waren zu sehen, rot von Schürfwunden.

»Wo sind die Inder?«

»Zur Untersuchung im Krankenhaus.«

»Was ist passiert?« fragte ich entsetzt.

»Das Auto hat sich dreimal überschlagen.«

»Und der arabische Dolmetscher?«

»Auf der Polizeiwache. Er ist gefahren.«

»Und das neue Auto aus der Sowjetunion?«

»Mit den Rädern nach oben. Totalschaden.«

Als die drei Dhausegler schließlich hereinhumpelten, der Erste mit Schmerzen im Bein, der Zweite mit Schmerzen im Kopf und der Dritte mit Schmerzen im Rücken, hatten sie nicht den geringsten Appetit. Sie flehten mich nur an, mit der nächsten Maschine wieder nach Indien geschickt zu werden.

Jetzt warteten wir auf die nächste Überraschung. Sie kam, als mir mitgeteilt wurde, an der anderen Seite des Hauses würde ein Mann in europäischer Kleidung Würste in den Fluss werfen.

Ich fand einen Mann, der völlig verwirrt aussah und vor Hitze und Sonnenbrand rot im Gesicht war. Und richtig, er warf tatsächlich Salamiwürste in den Fluss. Als er mit einem wahren Hammerwurf einen großen Schinken folgen ließ, unterbrach ich ihn behutsam. Er wischte sich den Schweiß ab, und ja, ich musste zugeben, in der Mittagsglut war dies eine harte Arbeit. Und dann erfuhr ich seine schreckliche Geschichte, die uns in höchstem Grad betraf. Es handelte sich nämlich um genau den Fernfahrer, der mit Mastbäumen und sämtlichen anderen Dingen, die wir bestellt hatten, den ganzen Weg von Hamburg hergekommen war.

»Eine Katastrophe!« versicherte mir der Mann auf Deutsch. Und ich stimmte ihm völlig zu, als mir klar wurde, dass er den Fischen im Tigris ausgerechnet unseren Proviant opferte. Während er redete, hörte ich ein heftiges Knallen aus seinem Lastwagen. Er sagte beruhigend zu mir, das sei der Bambus, der in der Hitze platze. Und dann sah ich Konservenbüchsen in einem offenen Karton, die zu wahren Kanonenkugeln angeschwollen waren.

»Der Zoll! Der Zoll!« beteuerte der Deutsche und Ali musste rasch ein kaltes Bier aus dem Kühlschrank holen, ehe wir ihm Weiteres entlocken konnten.

Eine renommierte Hamburger Shipping-Firma hatte ihn speziell für diesen Transport mit zwei Fahrern losgeschickt, um die Ladung schnell und sicher den langen Weg zu transportieren. Das Fahrzeug hatte keine Kühlanlage, deshalb hätten sie Gas gegeben und sich immer am Lenkrad abgewechselt, um vor den veranschlagten vierzehn Tagen anzukommen. Bis tief im Süden der Türkei sei alles gut gegangen. Dort hätten Kurden sie an der Landstraße aus dem Hinterhalt beschossen. Dann hätten sie erst recht Vollgas gegeben.

Das Fahrzeug hatte schon Einschüsse, als sie einen Transportkonvoi überholten, der wie sie selbst wild fuhr, um über die Grenze in den Irak zu kommen. In dem Durcheinander haben sie an der irakischen Grenze von den Zöllnern, die mit der besonderen Anweisung aus Bagdad auf sie warteten, einfach die Verplombung zu erbrechen, keine Freigabe erhalten. Stattdessen waren sie bei ständig ansteigender Hitze in halsbrecherischem Tempo weiter nach Süden gefahren. An Bagdad vorbei. An dem Abzweig zum *Garten Eden* vorbei, bis sie schließlich im überfüllten Hafen von Basra landeten. Ein freundlicher Polizist hatte ihnen den Weg durch den Hafen erklärt, wo die Schiffe darauf warteten, entladen und vom Zoll abgefertigt zu werden, und plötzlich hatten sie sich mitten auf dem Gelände der Zollbehörde befunden, wo es keine schattigen Parkplätze gab. Außerhalb des Hängers seien es 45 und drinnen bestimmt 70 Grad gewesen, behauptete der Mann und versicherte, er und die beiden Fahrer waren am dritten Tag auf der Zollstelle im Anhänger fast umgekommen. Eine mitleidige Seele, die Englisch sprach, hatte ihnen schließlich geholfen, das Zollamt in Bagdad anzurufen, das sie dann von ihrem unfreiwilligen Aufenthalt in Basra befreite. Die beiden Fahrer hatten sich sofort nach Norden aufgemacht, um zurück nach Europa zu kommen, und es ihm überlassen, die Ladung abzuliefern.

Was er nun tat, auf diese sonderbare Art.

»Alles ist verdorben«, versicherte er wütend und ehe es jemand verhindern konnte, flog die letzte Salami weit in den Fluss hinaus.

Mit einem Satz sprang der Jüngste aus unserer Mannschaft über das Terrassengeländer weit in den Fluss hinein. Eine riesige Wurst wie ein Baby im Arm haltend tauchte er wieder auf. Die einzige. Alle anderen hatte der Strom mit sich genommen.

Der *Garten Eden* lag weit vom Meer entfernt. In Peru und in Marokko hatten wir mit dem Ostwind im Rücken direkt in See stechen können. Diesmal musste das Schilfschiff erst mit der Strömung zwischen Irak und Iran in den Persischen Golf gesteuert werden und dann heil durch den Verkehr im langen Golf und der Straße von Hormuz kommen, um ins offene Meer zu gelangen.

Nach dem Stapellauf im Fluss war unser erstes Problem die starke Verschmutzung des Wassers, in dem das Floß schwamm. Je näher wir der Mündung kamen, um so schlimmer wurde es. Wie Eisschollen trieben große weiße Schaumflocken an der Oberfläche. Es waren Schadstoffe aus den Papierfabriken. Chemikalien hatten riesige Schilfmengen in Papierbrei verwandelt. Einmal war ich auf demselben Fluss, an Bord eines riesigen Schilfflosses, unterwegs zu einer Zellstofffabrik, als ein freundlicher Araber mich vor dem Eingang seiner Schilfhütte, die er an Deck errichtet hatte, zum Tee einlud. Außer einem Lehmklumpen unter dem Feuer, das mit trockenen Schilfstoppeln brannte, war hier alles aus Schilf. Das große Floß bestand aus Schilf, das in Lagen lose kreuz und quer übereinander gelegt wurde.Ich maß es aus und kam auf 34 Meter Länge, fünf Meter Breite und drei Meter Tiefe. Es ragte hoch aus dem Wasser, denn der Eigentümer hatte das Schilf im August geschnitten und zwei Monate an Bord gelebt, während er darauf wartete, das Schilf an die Zellstofffabrik liefern zu können. Unsere größte Sorge war nun, das Floß könnte sich auflösen und in Papiermasse verwandeln, ehe wir den Golf erreichten.

Die einen deuten es als Strafe Gottes, die anderen als Resultat des übertriebenen Ackerbaus der Sumerer, dass die grünen Gärten von Eden und Babylon jetzt unter Wüstensand begraben liegen. Aber unsere Generation ist selbst die biblischen Flüsse immer weiter hinuntergefahren und hat goldenen Sand und jeden grünen Halm an der Flussmündung mit klebrigem schwarzem Öl beschmiert. Die Mündung erinnerte eher an eine Kloake oder an die Innenseite eines Schlotes. Hier beobachteten sich nun Iran und Irak misstrauisch von ihrer jeweiligen Flussseite aus, wie Kain und Abel, und überboten sich darin, den Ölpumpen jungfräuliches Land zu opfern. Dicht an dicht lagen hier Schiffe aus Ost und West, die Öl bunkerten oder auch nur warteten, bis sie mit ihrer Ladung flussaufwärts fahren konnten. Wir freuten uns nur darauf, mit dem Wind aus dem Chaos hinaussteuern zu können und ins saubere offene Meer zu gelangen.

Zwischen den Luftströmen in der Atmosphäre und den Strömen im Meer gibt es in tropischen Gewässern eine Wechselwirkung. Über Atlantik und im Pazifik bewegen sich die Äquatorströmungen und die Passatwinde gemeinsam von Ost nach West, der Indische Ozean aber unterscheidet sich dadurch, dass hier der Monsun vorherrscht und die Meeresströmung vom Wind beeinflusst wird, der im Sommerhalbjahr von Süd nach Nord und im Winterhalbjahr von Nord nach Süd weht. Dieses Gewässer ist das Einzige der Welt, in dem die Meeresströme je nach Jahreszeit ihre Richtung ändern. Arabische und indische Dhauen hatten den wechselnden Fahrtwind genutzt, wenn sie mit ihren Waren im Persischen Golf ein- und ausfuhren. Der Wechsel des Monsuns war Teil des Uhrwerks der Natur und ebenso verlässlich wie Sonne und Mond.

Aber die Götter schienen die Golfzone verlassen zu haben, sowohl Allah als auch die Wettergötter. Sie scherten sich nicht um alte Gewohnheiten und gebärdeten sich, als wäre die Zeit der Segelschiffe vorbei. Im Garten Eden hatte uns die Regenzeit einen Monat zu früh überrascht und Araber aus der Gegend erzählten uns, die beiden letzten Jahre sei der Wind völlig unberechenbar gewesen. Heil im Golf angekommen, hatten wir den Eindruck, in einen Kalmengürtel geraten zu sein, was zum November überhaupt nicht passte, da uns der Nordwind geradewegs aus dem Golf hätte hinaustreiben sollen.

Wir mussten uns mit den aufkommenden schwachen Windböen zufrieden geben. Während Sand die Äcker und Städte der Sumerer eroberte, hatte Schlamm durch die Aufschichtung endloser Schlammbänke vor den Häfen die ganze Küstenlinie verändert, und diese erstreckten sich etliche hundert Quadratkilometer weiter direkt unter der Meeresoberfläche bis hin zur Insel Failaka vor der kuwaitischen Küste. Hier landeten wir unfreiwillig, weil wir versuchten, uns aus dem lebensgefährlichen Verkehr der Supertanker herauszuhalten, die den übrigen Golf beherrschten und nicht um uns herumsteuern konnten. Heftige Böen aus südlicher Richtung drohten uns wieder in Richtung Irak und Schiffsverkehr zu führen und drängten uns näher an die gefährliche Felsenküste von Failaka heran, als uns lieb war. In der Nacht weckte uns die Ruderwache, weil sie das Geräusch einer Brandung hörte. Erst vernahmen wir einen tieferen rhythmischen Unterton, der sich in das fauchende Orchester der sonstigen aus allen Richtungen brandenden Meereswogen mischte. Er wuchs zu einem anhaltenden Dröhnen an, das irgendwo weiter vorn aus der Nacht kam. Land. Felsen oder Riffe. In der Hoffnung, im Schlamm Halt zu finden, warfen wir Anker, aber die Taue ließen uns im Stich und wir verloren beide Anker gleichzeitig. Dann warfen wir einen Treibanker aus Segeltuch aus – einen offenen Beutel, der die Fahrt im Wasser bremsen sollte. Zum Glück war das Wasser so flach, dass sich der Beutel im Schlamm eingrub und stecken blieb, bis wir uns bei Sonnenaufgang von dem Riff, das einsam aus den endlosen Schlammbänken herausragte, freimanövrieren konnten. Nur um dann festzustellen, dass wir uns nach und nach den Untiefen an der Küste von Failaka näherten. Hier ließ sich kein Schiff steuern, aber wir hätten bis zum Knie im Wasser an Land waten können, wäre der Boden nicht ein Morast aus weichem Schlamm gewesen.

Wir waren in der hintersten Ecke des Golfs gelandet, dort, wo die Seekarte vor Räubern warnte und außerdem zeigte, dass die steile Küste Failakas vollkommen unwegsam war, von Riffen und Untiefen versperrt. Der einzige Hafen befand sich auf der anderen Seite der großen Insel.

Und wie im Märchen kamen die Seeräuber, wie sie wahrscheinlich seit der Zeit Sindbads und der Sumerer gekommen waren. Sie enterten das Schilfschiff nicht mit Schwertern. Sie taten gar nichts, sie warteten einfach.

Zuerst sahen wir, wie der Schein ihrer Paraffinlampen sich zwischen den Felsen an Land bewegte, und in der naiven Hoffnung, aus der Brandung, die gegen das Riff donnerte, geborgen zu werden, schwenkten wir unsere Laternen. Als es hell wurde, sahen wir zuerst ein kleines Fahrzeug und dann noch eines zwischen den Klippen auf den Sturzseen herantänzeln. Bald näherten sich beide, aber nur so weit, dass sie außerhalb der Schussweite einer gewöhnlichen Pistole waren. Sie blieben in unserer Nähe und soweit wir sehen konnten, lagen sie nur da und gafften uns an, obwohl sie genau sehen mussten, dass wir langsam auf die donnernde Brandung zutrieben. Dann dämmerte es uns, dass wir in schlechte Gesellschaft geraten waren.

Mit unserem kleinen Amateursender fing Juri von einem sowjetischen Schiff, das im innersten Golf vor Anker lag, eine russische Stimme auf. In seiner Muttersprache erklärte Juri dem Kapitän unsere heikle Lage und wenige Stunden später konnten wir die Umrisse der *Slavsk* erkennen, die am Horizont ankerte, so dicht an den berüchtigten Failaka-Bänken, wie es noch ratsam schien. Der Kapitän kam höchstpersönlich in einem großen Rettungsboot mit voller Rettungsmannschaft in Schwimmwesten über die Bänke.

Nach herzlichen Umarmungen gelang es einem Russen, den

Treibanker aus dem Schlamm zu ziehen, aber der auffrischende Wind packte sofort den leichten Rumpf und die Bambushütte auf dem Schilfboot, so dass wir die Russen mit uns auf die Riffe zu zogen, obwohl sie mit voller Maschinenkraft versuchten, uns in Richtung der *Slavsk* herauszuziehen.

Dann erbot sich einer meiner Leute, Rashad aus dem Irak, der Arabisch sprach, mit dem Schlauchboot, zu einem der uns beobachtenden Fahrzeuge hinüberzufahren und ihnen zu erklären, dass wir keinen Motor hatten und zu havarieren drohten.

Rashad kam zurück und erzählte, sie verlangten eine beträchtliche Summe Lösegeld, *Ranson,* in Kuwait-Dinaren. Andernfalls hätten sie Zeit, unsere Havarie abzuwarten.

Ich war zu Verhandlungen bereit, aber Igor, der Kapitän der *Slavsk*, wurde wütend und verbot mir geradezu, zu bezahlen. Er bot stattdessen sechs Flaschen Wodka und zwei Kisten Wein. Rashad fuhr wieder hinüber und kam mit der Antwort zurück, die Burschen drüben seien Muslime und Allah verbiete ihnen, Alkohol zu trinken. Daraufhin zogen sie sich ein Stückchen zurück und taten so, als würden sie fischen. Eines der anderen Boote wagte sich auf Hörweite heran und Rashad teilte uns mit, die Schurken hätten den Preis jetzt verdoppelt, woraufhin sie einfach verschwanden. Die Russen weigerten sich, das Abschleppen aufzugeben, doch zusammen würden wir auf die Riffe zu treiben. Da tauchte ein drittes und größeres Fahrzeug auf, das anscheinend von der kuwaitischen Seite um die Landzunge herumgekommen war. Es kam ganz dicht heran und stellte sich als eine Dhau mit abgesägtem Mast heraus. Die anderen Burschen hatten wie Fischer ausgesehen, diese aber glichen ausgemachten Banditen.

Ein feister Gangstertyp mit schwerem Turban und hellerer Haut als die anderen saß mit gekreuzten Beinen auf Kissen und beobachtete uns verächtlich und berechnend. Seine wulstigen Hände hatten unter Garantie noch nie eine Angel gehalten. Er war das Urbild eines Schurken und führte das Kommando über eine zusammengewürfelte Bande. Sie sagten unverblümt, sie wollten Lösegeld, und die Alternative wäre, dass wir in der nächtlichen Dunkelheit in die Brandung treiben und bestenfalls nackt auf den Felsen zurückgelassen würden. Die Russen hatten ihren Anker ausgeworfen und unser Treibanker steckte erneut im Schlamm, aber nichts hielt. Ich übernahm das Kommando und hieß Rashad verhandeln. In einer Stunde würde die Sonne untergehen. In diesen endlosen, gefährlichen Untiefen würde sich nie eine Küstenwache blicken lassen. Wir hatten gehört, dass sogar menschliche Arbeitskräfte aus Pakistan von hiesigen organisierten Banden hier ins reiche Kuwait geschleust würden. Failaka gehörte zum Scheichtum Kuwait und wir standen vor der Hintertür, die anständigen Reisenden verschlossen war.

Die Banditen wollten von ihrer Forderung nicht abrücken, die offensichtlich abgesprochen war. Wir besaßen keine Kuwait-Dinare, aber die Räuber akzeptierten irakische Geldscheine, die in dieser Gegend harte Währung waren. Sie forderten, Rashad solle als Geisel auf die Dhau kommen. Sie legten sich an unsere Seite, bis ich einem der Männer einen Schein nach dem anderen in die Hand gedrückt hatte, der sie dann an den Dicken auf den Kissen weiterreichte. Auf einen Wink von ihm kam Rashad frei und sprang zu uns herüber.

Dann warfen die Russen ein Schlepptau zur Dhau hinüber. Wir wurden ins Schlepp genommen, während es der Dhau mit Hilfe des russischen Bootes gelang, uns langsam in offenes Gewässer bis an die Seite der *Slavsk* zu ziehen. Wir hatten keine Zeit, uns zu verabschieden, denn als wir in tiefes Wasser gelangt waren, lief die Dhau schon in voller Fahrt zurück über die Untiefen hinweg.

Ohne Weisung aus Moskau nahm Igor direkt Kurs auf das Scheichtum Bahrain und ließ uns erst wieder allein weiterziehen, als wir die Hoheitsgewässer der Insel erreicht hatten, wo der *Slavsk* die Weiterfahrt mit ihrer russischen Besatzung verweigert wurde, obwohl sie uns im Inneren ebenjenes Golfs das Leben gerettet hatte.

Wir befanden uns dort, wo die geschriebene Geschichte der Menschheit ihren Anfang genommen hatte. Nie hatte ich beim Anlaufen eines Hafens ein ähnliches Gefühl gehabt, einen dramatischen Moment in der Geschichte der Menschheit wieder zu erleben wie bei unserer Ankunft mit dem Schilfboot in Bahrain. Inschriften auf sumerischen Tontafeln berichten, ihr erster König sei nach der Sintflut mit seinem Volk und allen Haustieren nach Dilmun gekommen. Und die Assyrer bestätigen dies in *Gilgamesch*, dem ältesten Epos der Welt. In unserer Zeit hatten dänische Archäologen, zuerst P. V. Glob und jetzt Geoffrey Bibby, mit weitläufigen Ausgrabungen auf Bahrain begonnen und entdeckt, dass das legendäre Dilmun mit diesem hochmodernen arabischen Sultanat identisch war. Kaum hatten wir angelegt, als Bibby höchstpersönlich im dänischen Århus die erste Maschine nahm, um wie vor Tausenden von Jahren wieder ein Schilfschiff vor der Küste von Dilmun zu erleben.

Irgendwie war es ein Anachronismus, dass ein Schiff aus Schilf, die *Tigris,* das damals weltgrößte Trockendock, errichtet, um Öltanker bis zu 450 000 Tonnen aufnehmen zu können, zwei Tage vor der offiziellen Inbetriebnahme einweihen sollte. Bibby landete auf dem hypermodernen Concorde-Flughafen und zusammen begaben wir uns auf die andere Seite der Insel, wo Zeit und Kalender um fünftausend Jahre zurückgestellt schienen. Dort paddelten noch immer einfache Fischer in Booten aus zusammengebundenen Stielen von Palmenblättern in den Golf hinaus.

Als wir ins Innere der Insel kamen, sahen wir mit Betroffenheit, wie leichtsinnig die Menschen heute die Wurzeln zu ihrer Vergangenheit durchtrennen, im blinden Vertrauen darauf, es werde ewig währen, was sie heute haben. Überall wurden große Dattelpalmenwälder abgeholzt und nur die Stümpfe blieben zurück, so dass die Landschaft einem unrasierten Gesicht glich. Datteln gab es in den Geschäften zu kaufen, wie man alles kaufen konnte, aus der ganzen Welt frisch eingeflogen, und auch Geld gab es in Hülle und Fülle, denn das Öl floss vom Festland in riesige Rohre. Dilmun war für die Ölverschiffung aus den Ölquellen auf der arabischen Halbinsel eine wichtige Zwischenstation geworden.

Aber mitten auf der Insel blieben wir andächtig stehen. Hier gab es Quellen mit sauberem frischem Wasser, das förmlich aus dem Boden schoss und in Bächen durch die Reste einer ehemaligen Bewässerungsanlage strömte. »Das kommt aus den hohen Bergen im Inneren der arabischen Wüste«, erklärte Bibby. Wenn es dort regnet, dringt der Regen in das Gestein ein und folgt Wasseradern unter der Wüste und unter dem Grund des Persischen Golfs, und durch hydraulischen Druck kommt es dann hier auf der Insel als Süßwasserquellen wieder nach oben.

Ich trank, setzte mich auf einen Baumstumpf und überlegte. War es Glaube oder Aberglaube, wenn die alten Sumerer dem Himmelsgott für Geschenke dankten? Ich hatte den Text einer sumerischen Tontafel abgeschrieben, auf der berichtet wird, wie der seefahrende Gott Enki den höchsten Himmelsgott bittet, Dilmun mit Süßwasser zu segnen.

Lass Utu [den Sonnengott], der im Himmel ist,
dir süßes Wasser von der Erde bringen, von den
Wasserquellen der Erde;
lass ihn das Wasser in deine großen Behälter bringen,
er soll deine Stadt aus ihnen trinken lassen von dem Wasser
des Überflusses;
er soll deine Stadt aus ihnen trinken lassen von dem Wasser
des Überflusses.

Bevor wir Menschen uns unsere Welt aufbauten, waren wir dankbar für all jene wunderbaren Gottesgaben, die uns die Natur geschenkt hatte, welche Namen wir dem Himmelsgott auch gaben. Mitten im salzigen Golf, dort, wo an sämtlichen angrenzenden Küsten Wüste und Wildnis überwiegen, hatte die unerklärliche Schwerkraft Gelegenheit gefunden, Trinkwasser für die ursprünglichen Bewohner Dilmuns an die Erdoberfläche zu befördern. Und aus den Quellen Dilmuns strömt noch immer Süßwasser aus der Erde auf seinem Weg ins Meer.

In den beeindruckenden Ruinen der ursprünglichen Hafenstadt von Dilmun hatte ich das Gefühl, als würden all die alten Texte über Schifffahrt lebendig, die in den Übersetzungen der Inschriften auf den sumerischen Tontafeln so häufig zu finden waren. Bibby zeigte uns, dass große Fahrzeuge bei Flut direkt an den Speichern am Stadttor von Dilmun anlegen konnten, dass bei Ebbe aber ein gewöhnliches Boot mit Kiel den Hafen wieder schnell verlassen musste, um mit seiner Ladung nicht umzukippen. Jetzt waren wir an der Reihe, ihm zu zeigen, dass ein Schilfboot aus zwei nebeneinander liegenden großen Schilfbündeln höher liegt und bei flachem Wasser besser fährt als ein Boot mit Rumpf und Kiel und dass es, wenn sich das Wasser zurückzieht, ohne zu kentern mit der ganzen Ladung auf dem Grund stehen bleibt.

Wir brauchten nicht die Augen zu schließen, um uns den Verkehr im Hafen vorzustellen, als Bibby uns zu den Resten der alten Speicher führte und uns zeigte, wo er Handelsmarken und andere Spuren gefunden hatte, die von Handelsbeziehungen mit sowohl Sumer als auch dem entfernten Industal zeugten, wohin wir mit der *Tigris* fahren wollten. Als ich am Rand des Kais am Stadttor stand und über die Wellen blickte, die die ältesten Kulturvölker der Welt verbanden, hatte ich das Gefühl, als wäre ich selbst beim Ausladen dabei gewesen. Vor der Abreise aus dem Irak hatte ich mich in der Bibliothek in Bagdad in Übersetzungen alter Keilschriften vertieft und wäre ich nicht schon vorher überzeugt gewesen, so war ich es zumindest jetzt.

Wir moderne Menschen sind von Darwins Abstammungslehre so sehr beeinflusst, dass wir glauben, vor fünftausend Jahren hätten die Menschen dem Affenstadium um fünftausend Jahre näher gestanden. Doch im Interesse der Wahrheit sollten wir unsere Auffassung revidieren. Wenn wir uns einer Zeitskala für die Entwicklung der Menschen bedienen wollen, müssen wir viel weiter zurückgehen, als wir durch das Lesen alter Schriften gelangen. Und wenn wir von Kultur sprechen, können wir sowieso keine generelle Zeitskala erstellen. Im Altertum war die Kultur in Teilen Asiens, Afrikas und Amerikas weit höher entwickelt als im Europa des Mittelalters. Möglich wurde dies durch die Schifffahrt.

Beim Lesen der Worte der alten Sumerer überraschte mich am meisten, dass sie sich in ihrem tiefsten Inneren nicht so sehr von uns unterschieden, wie wir es gern glauben wollen. In seinem Aufsatz *Die seefahrenden Kaufleute aus Ur* behauptet der Sumer-Experte Oppenheim, die interessanteste Information der Tontafeln aus Ur betreffe die Bedeutung der Schifffahrt im frühesten Altertum für die Stadt als Importhafen. Häfen wie Kanäle im Binnenland wurden unter der Aufsicht hoher Beamter, die dem König verantwortlich waren, ausgehoben und instand gehalten. Die Hafenbehörden belegten die importierenden Schiffe mit Abgaben und die Kapitäne hatten versiegelte Dokumente über Schiff und Ladung bei sich.

Zur Zeit der Sumerer hatten die größten Schilfschiffe eine Ladefähigkeit, in *Gur* angegeben, von umgerechnet 30 bis 40 Tonnen oder mehr, was unsere *Tigris,* wie sie da in dem modernen Hafen lag, zu einem kleinen Fahrzeug machte. Der finnische Sprachforscher Salonen erwähnt die größten Schilfschiffe von allen als *Magur*, wobei sie auch »Götterschiff«, »das hochseetüchtige Schiff« oder »das Schiff mit den hohen Steven« genannt wurden. Wir hatten unser Fahrzeug nach dem Fluss benannt, aus dem wir ausgelaufen waren. Die Sumerer hatten so romantische Namen für ihre Schiffe wie »Beschützerin des Lebens«, »Der Morgen« oder »Freude des Herzens«. Die Texte beziehen sich auf Passagierschiffe, Fähren, Fischerboote, Kriegsschiffe, Schiffe für den Truppentransport, auf private und auch auf gecharterte Handelsfahrzeuge. Bei der Ladung handelte es sich um alles von Bauholz, Kupfer, Elfenbein, Ziegelsteinen, Häuten und Textilien bis zu Getreide, Mehl, Brot, Fischen, Milchprodukten, Wein oder Vieh.

Ich hatte mich im Hafen vollkommen eingelebt, als wir weiterzogen, um den Ort aufzusuchen, der in meiner ganz persönlichen Vorstellung von der Vorzeit wie der Zukunft bleibende Spuren hinterlassen sollte: das größte vorgeschichtliche Gräberfeld der Welt, eine endlose Sandebene, so weit das Auge reichte von Grabhügeln bedeckt. Die Archäologen hatten ihre Anzahl auf rund hunderttausend veranschlagt. Die meisten erhoben sich nur als Kuppeln im Gelände, eine neben der anderen, viele aber waren von beeindruckenden Ausmaßen. Die Größten lagen zusammen auf einem Ehrenplatz am Meer und waren eindeutig die ältesten, zu einer Zeit gebaut, als noch reichlich Platz vorhanden war. Die übrigen waren wie Eier der Riesenschildkröten landeinwärts in alle Richtungen verstreut. Alle waren von Grabräubern geplündert worden.

Ich wusste, dass Dilmun den Sumerern im Altertum ebenso heilig war, wie es Jerusalem den Christen und Mekka den Muslimen im Mittelalter wurden. Sogar die Assyrer pilgerten hierher, wie aus ihrer berühmtesten Schrifttafel hervorgeht. Vielleicht wünschten sie sich, hier, in der Heimat der ersten Gottkönige, begraben zu werden. Denn hierher hatte sich der Stammvater des Königsgeschlechts nach der Sintflut an Land gerettet.

Heute erwies diesem geplünderten Gräberfeld niemand mehr seinen Respekt. Wer am Ölboom genug verdiente, der flog nach Mekka. Ich wurde gleich von dem größten der Grabhügel gefesselt, der dicht an einer modernen arabischen Siedlung lag. Bibby führte mich an die Rückseite und zeigte mir, wie heute die einheimische Bevölkerung ein Gewerbe daraus machte, aus dem großen pyramidenförmigen Bau im Inneren des großen Hügels Kalkstein abzubauen, den sie dann für die Kalkbrennerei benutzten. Solchen Kalkstein gab es in Bahrain nicht. Wie im Reich der Sumerer selbst auf dem Festland hatten die Meister, die diesen Koloss erbauten, die schön zurechtgehauenen Blöcke auf *Maguren* an die Inselküste gebracht. Ich erkannte die meisterhaft aneinander gefügten Kalksteinblöcke wieder, die ich in der berühmten Nippur-Pyramide im Irak unter der später aufgebrachten Schicht aus sonnengetrockneten Lehmblöcken gesehen hatte.

Als ich eines Tages allein zum verlassenen Gräberfeld von Dilmun zurückkehrte, kroch ich auf die Spitze hoch, von wo aus ich auf die Dächer der zwei- und dreistöckigen weiß getünchten Häuser und über die ganze tote, von Kuppeln bedeckte Landschaft blicken konnte. Ich legte mich hin, um nachzudenken.

Weißt du noch, was du gedacht hast?

Ich dachte, dass hier auf dieser Insel vor fünftausend Jahren die geschriebene Geschichte der Menschheit ihren Anfang genommen hatte. Und ich überlegte, was man fünftausend Jahre nach heute über diese Insel schreiben würde. Dann, wenn in den Pipelines auf dem Meeresboden die arabischen Ölquellen versiegt waren.

Ich dachte, dass wir – die europäischer Herkunft sind – mündliche Überlieferungen belächeln und behaupten, die Geschichte habe mit dem geschriebenen Wort begonnen. Und doch nehmen wir es nicht ernst, es sei denn, wir hätten es selbst mit Buchstaben geschrieben, die wir von den Phöniziern gelernt haben. Seit den Tagen in der Bibliothek in Bagdad hatte ich die älteste bekannte schriftliche Version der Geschichte der Sumerer noch frisch in Erinnerung. Und dort auf dem Hügelgrab liegend, mit Aussicht auf Hunderttausende vergessener Gräber, beschloss ich, zumindest das Meinige zu tun, damit das, was sie uns in schriftlicher Form überliefert haben, nicht ganz in Vergessenheit geraten würde, da es die älteste bekannte Version vom Anfang der Weltgeschichte war.

Ich dachte daran, dass Juden, Christen und Muslime die Geschichte von der Arche Noah und der Sintflut, die Abraham aus Ur in Mesopotamien mitbrachte, in ihr gemeinsames Glaubenserbe aufgenommen haben. Als Kind hat mich kaum etwas mehr gefesselt als die Erzählung über Noah, der sämtliche Tiere der Welt gerettet hatte. Aber ich hatte mir nicht träumen lassen, dass ich mich einmal darüber wundern würde, wie eine solche Geschichte Teil des Religionsunterrichts geworden war. Die Bibel räumt dem Bericht einen Ehrenplatz ein, gleich nach der Schöpfungsgeschichte, während der Koran Noah und die Strafe

Allahs mit der Sintflut den ganzen Text hindurch erwähnt. Wenn wir bis zu Ur zurückgehen, wo die Originalfassung über die Sintflut zusammen mit den Tontafeln der Sumerer seit mehr als zweitausend Jahren begraben lag, als Abraham aus Mesopotamien auswanderte, entdecken wir etwas, das uns alle angeht.

Bis eine Expedition der University of Pennsylvania mit Ausgrabungen der Nippur-Pyramide begann und eine Bibliothek von etwa 35 000 Tontafeln fand – darunter die Originalausgabe über die Sintflut –, ahnte niemand, dass die Sumerer existiert hatten.

Was die Sumerer aufzeichneten, war für sie keine Legende, sondern ihre eigene Geschichte. Wir alle kennen die Grundzüge aus der Bibel, aber die ursprüngliche Fassung ist realistischer. Im sumerischen Original wird der Name des gottesfürchtigen Königs, der die Menschen vor der Flut rettete, mit Ziusudra angegeben; er hatte weder Elefanten noch Giraffen an Bord, lediglich die eigenen Haustiere. Und die Arche strandete nicht auf einem Berggipfel, sondern auf der gottgesegneten Insel Dilmun im Persischen Golf. Später zogen die Nachkommen des Königs von dort nach Ur, damals eine Hafenstadt an den Flussmündungen im innersten Golf.

In der Originalfassung sind die Einzelheiten spärlich, abgesehen davon, dass die Sumerer glaubten, Utu, der Sonnengott, habe dem König geraten, ein so großes Schiff zu bauen, dass es Menschen und Vieh aufnehmen könnte. Die Flut tobte sieben Tage und sieben Nächte. »Und das große Schiff wurde auf dem Wasser hin- und her geworfen.« Als die Flut nachließ und der Sonnengott Licht auf Himmel und Erde scheinen ließ, warf sich der König nieder, berührte den Boden mit der Stirn und opferte einen Stier und ein Schaf.

Nachdem die Sumerer ausgelöscht waren, waren die Assyrer an der Reihe, Weltgeschichte zu schreiben. Den Anfang ererbten sie von den Sumerern, denn im *Gilgamesch* der Assyrer, dem ältesten bekannten Epos der Welt, geht es um dieselbe schreckliche Flut, die jegliche bisherige Geschichte vernichtete. Die Assyrer glaubten, Enki, der Meeresgott, habe die Menschen bestrafen wollen, und sie nannten den König, dem geraten wurde, das große Schiff zu bauen, Utu-nipishtim.

Die Assyrer, die weiter im Landesinnern ihren Stammsitz hatten, erlaubten sich eine gewisse Geschichtsfälschung. Sie ließen die Flutwelle sechs Tage und sieben Nächte über das Land toben, bis am siebten Tag das große Schiff im nördlichen Kurdistan auf einem Berggipfel strandete. Als Abraham aus Ur auszog, erbte er die Fassung der Assyrer, und so ist es verständlich, dass die Bibel die Arche auf dem Berg Ararat, der Koran sie indessen auf dem Gipfel von al Judi stranden lässt – beide wohl bekannte Berggipfel im nördlichen Kurdistan. Der Verfasser des Epos aber verrät sich durch das Eingeständnis, den Bericht über die Sintflut hätten sie aus dem Munde Utu-nipishtims erfahren, als er noch in Dilmun lebte!

Abraham kannte einige interessante Einzelheiten. Der assyrische Text sagt, als er nach Land Ausschau hielt, ließ der König zuerst eine Taube und eine Schwalbe fliegen; beide kehrten aber zum Schiff zurück. Später ließ er einen Raben hinaus und als dieser nicht wiederkam, wusste der König, das Wasser hatte sich zurückzogen und das Schiff befand sich auf festem Grund. Daraufhin verließ er mit seinem Gefolge das Schiff und brachte dem Sonnengott Opfer, der ihm sein Wort gab, nie mehr die ganze Menschheit zu bestrafen, weil einige gesündigt hatten.

In der Version der Juden wurde zuerst ein Rabe herausgelassen, dieser kehrte indessen zurück, ebenso wie eine Taube. Aber am siebten Tag ließ Noah wieder eine Taube fliegen und diese kehrte mit einem Ölzweig im Schnabel zurück. Sieben Tage vergingen, bis noch eine Taube losgeschickt wurde, die nie zurückkehrte. Dann ging Noah mit all seinen Tieren aus der Arche und brachte in Dankbarkeit seinem Gott im Himmel Opfer dar, der danach versprach, mit den Menschen künftig Frieden zu halten.

Könnte die Arche Noah ein Schilfschiff gewesen sein?

Zur Zeit der Sumerer waren sämtliche Götterschiffe *Magure*

oder Schilfschiffe. Und in der assyrischen Fassung erhielt Utu-nipishtim die Weisung, sein Schilfhaus niederzureißen, um daraus das große Schiff zu bauen. Der Text lautet:

»Rohrhaus, Rohrhaus! Wand, Wand!
Rohrhaus, höre, Wand begreife!
Mann von Schuruppak, Sohn von Ubara-Tutus!
Reiß ab das Haus, erbau ein Schiff …«

Wir hatten das Schilfschiff *Tigris* in keiner Weise imprägniert und trotzdem schwamm es tadellos während der fünf Monate, die wir elf an Bord wohnten, ehe wir das Fahrzeug als Demonstration gegen den Krieg im Roten Meer in Brand steckten. Aber es reizte uns sehr, das gleiche Rezept wie Utu-nipishtim auszuprobieren, wenn nur alle Rohwaren im modernen Irak aufzutreiben gewesen wären:

»Sechs Saren *Erdpech goss für den Ofen ich dar,*
Drei Saren *Pech tat ich hinein;*
Drei Saren *Korbträgerleute waren es, die das Öl trugen:*
Außer einem Sar *Öl, das* [das Backmehl] *verbrauchte,*
Zwei Saren *Öl, die der Schiffer speicherte.«*

In der neuen Fassung der englischen Bibel erhält Noah die Weisung, eine etwas modernere Arche zu bauen:

»Mache dir eine Arche mit Spanten aus Zypresse, bedecke diese mit Schilf, und verpiche sie auf der Innen- und Außenseite mit Pech.«

Aber was sagt die Wissenschaft zu der Flut?

Als die Briten Ende der zwanziger Jahre dieses Jahrhunderts mit der Ausgrabung von Ur begannen, stellte Leonard Wooley fest, dass die heilige Stadt der Sumerer auf einer drei Meter dicken Schicht aus gleichmäßigem Flussschlamm lag. Unter dieser Schicht wiederum entdeckten die Briten die Reste einer noch älteren Siedlung, die von einer riesigen Flutwelle begraben worden war. Sie führte den Schlamm mit sich und bedeckte das ganze untere Mesopotamien mit schätzungsweise acht Metern Wasser, ehe sie sich zurückzog, den Schlamm aber zurückließ. Der Schlamm glich dem, in dem wir vor derselben Küste gesteckt hatten, ehe uns die Russen und die Piraten von Failaka freischleppten.

Der dänische Archäologe P. V. Glob, der während der ersten fünfzehn Jahre die Ausgrabungen von Dilmun leitete, nahm auch als Erster die Berichte der Sumerer über die Flutkatastrophe ernst und brachte sie in direkten Zusammenhang mit der drei Meter dicken Schlammschicht, auf der sich vor rund fünftausend Jahren die Sumerer angesiedelt hatten.

Und zu dieser Zeit geschahen viele andere sonderbare Dinge auf unserem Planeten.

Vor etwa fünftausend Jahren, oder um 3100 bis 3000 v. Chr., waren die ältesten Zivilisationen der Welt im Aufbruch. Damals kamen nicht nur die Sumerer von Bahrain mit ihren Segelschiffen, um an der Mündung der mesopotamischen Flüsse ihr erstes hiesiges Königreich zu gründen, auch die Stammväter der Pharaonen fuhren den Nil hoch, um sich in Ägypten niederzulassen, während sie noch kurze Zeit von den mächtigen Monarchien, die plötzlich auf Kreta und auf Zypern entstanden waren, Steuern erhoben. Unmittelbar danach, vielleicht sogar gleichzeitig, kamen andere Seefahrer den unteren Indus herauf und gründeten in Mohendscho Daro die dritte grundlegende Zivilisation der Welt. Alle kamen mit einer voll entwickelten Zivilisation aus unbekannten Heimatorten, alle mit ihrer voll entfalteten Schriftform und alle mit ihrem Gottkönig an Bord von Schilfschiffen als gemeinsames Motiv ihrer religiösen Kunst.

Es gibt wenig, was mich mehr verwundert als das, was damals auf unserer Erdkugel geschah. Denn dass etwas geschah, das wissen wir.

Im Atlantik passierte etwas, das Island durch einen Graben, der sich auf dem Meeresgrund fortsetzte, bis weit über den unterseeischen mittelatlantischen Rücken hinaus, quer durchtrennte. Als die Wikinger einige tausend Jahre später nach Island kamen, gründeten sie in diesem Graben die erste gesetzgebende Versammlung Europas, das Storting. Als ich dorthin kam, erfuhr ich, dass die Isländer einen Baumstamm gefunden hatten, der in der Lava erstarrt war, die sich damals ergoss, und die Kohlenstoffanalyse zeigte, dass die Spalte etwa um 3000 v. Chr. entstanden war.

Zu dieser Zeit geschah auch etwas mit dem Klima. Bei Pollenbohrungen fanden Botaniker heraus, dass eben zu diesem Zeitpunkt in ganz Nordafrika Flüsse und Seen auszutrocknen begannen und dass sich die Sahara wie auch Mesopotamien in Wüstenlandschaften verwandelten.

Auch im Pazifik tat sich etwas. Die ganze Welt spricht heute von El Niño, der Strömung, die in regelmäßigen Abständen vor der Küste Südamerikas auftaucht und weltweit Unwetter mit Sturmfluten und Dürrekatastrophen verursacht. Einige Jahre bevor ich in das Dorf Tucumé kam, um mit den ersten Grabungen im Pyramidengebiet zu beginnen, hatte El Niño dort furchtbar gewütet. Als wir die Grabungen beendeten, machte Daniel Sandweiss an der peruanischen Küste weiter. Er und seine amerikanischen Kollegen entdeckten Spuren einer bisher unbekannten Fischerbevölkerung, die seit über zehntausend Jahren von Muscheln und Fischfang an der Küste gelebt hatte. Indem die Forscher aber in den tiefen Abfallhaufen das Vorkommen tropischer Muscheln untersuchten, konnten sie das Auftreten markierter Niño-Jahre während der letzten fünftausend Jahre rekonstruieren – etwa bis zum Jahr 3000 v. Chr. zurück. Davor gab es keine Niño-Strömung. Aus gänzlich unbekannten Ursachen trat die Strömung damals erstmals auf, ließ tropische Wassermassen über die peruanische Küste herunterkommen und beeinflusste das Klima auf der ganzen Erdkugel.

Wir moderne Forscher sprechen von annähernden Datierungen, wenn wir von Jahrtausenden vor Christi Geburt reden, denn unsere Zeitrechnung reicht nicht weiter zurück. Wir zählen das Jahr Null von der Geburt Christi an, während die

Muslime das Jahr Null von der Flucht Mohammeds nach Mekka rechnen, nach unserem Kalender im Jahr 622 nach Christus. Die Buddhisten beginnen ihre Zeitrechnung mit dem Tod Buddhas, bei uns das Jahr 544 vor Christus. Aber auf der jeweils anderen Seite der Erdkugel verfügten die Vorfahren der Inder und der Mayas über ein Kalendersystem, das auf derart genauen astronomischen Beobachtungen basierte, dass sie uns zum Staunen und zum historischen Umdenken zwingen. Beide beginnen anscheinend unabhängig voneinander im selben Jahrhundert, in unserem Kalender im Jahr 3100 v. Chr.

Was geschah damals?

Das Hauptinteresse der Mayas galt der Astronomie und der Geschichte. Die Europäer verbrannten zwar ihre mit Hieroglyphen auf Papier geschriebenen Bücher, aber sie hatten an Tempelwände und Monumente unzählige astronomische Beobachtungen und mathematische Berechnungen in Stein gehauen. Und sie hatten ausgerechnet, dass ein Jahr 365,2329 Tage hatte. Das bedeutet, es fehlen alle 5000 Jahre lediglich 24 Stunden, und das kommt der Wahrheit um 8,64 Sekunden näher als unser heutiger Kalender. Ferner ist es interessant festzustellen, dass die Mayas ihre Zeitrechnung mit 4 Ahau und 2 Cumhu begannen, was umgerechnet den 12. August des Jahres 3113 v. Chr. ergibt.

Die Hindus, die rechtmäßigen Erben der Zivilisation des Industales, wussten genauestens über die Zeit Bescheid. Der Historiker A. Z. Chandra schreibt: »Aryabhatta, der größte Astronom seiner Zeit, wirkte nach unserer Zählung um das Jahr 499, und nach seiner Berechnung nahm die Kali-Ära ihren Anfang um Mitternacht nach Ujjain, der nach dem 17. Februar, im Jahre 3102 v. Chr., endet.« Das sind nur elf Jahre, nachdem die Mayas begannen, Tage, Monate und Jahre zu zählen.

Die Hindus haben noch eine andere Tradition in Bezug auf die ältesten Epochen der Zeit. Umgerechnet auf unsere Zeit beginnt bei ihnen Brhaspatrikaka im Jahr 3116 v. Chr. Und das sind lediglich drei Jahre vor der Zeitrechnung der Mayas.

Nicht nur die Sumerer beginnen ihre Geschichte mit einem

Bericht über eine Naturkatastrophe. Mit Überlieferungen von der Flutwelle, die fast die ganze Menschheit auslöschte, fängt sowohl der Geschichtsunterricht der Azteken als auch der der Inkas an und wiederholt sich auf sämtlichen Inseln in ganz Polynesien. Und der einzige schriftliche Text über die Entdeckung Amerikas, der dem Feuer der Missionare entging, ist *Popul Vuh*, das heilige Geschichtsbuch der Quiché-Indianer, das in Guatemala kopiert wurde, ehe das Original verschwand. Für mich bedeutet es ein kleines Stück verlorene Weltgeschichte in Gestalt eines Märchens. Der Himmelsgott Huracán war mit den ersten Menschen, die er erschuf, nicht zufrieden, denn sie waren wie Holzpuppen, ohne Herz. Er bereute es und schickte als Strafe eine schreckliche Flutwelle:

»Eine Flutwelle wurde von dem Herzen des Himmels hervorgerufen; eine große Flutwelle schuf er, und diese fiel auf die Köpfe der Holzfiguren ... Dies geschah, um sie zu bestrafen, weil sie nicht an ihre Mutter oder an ihren Vater gedacht hatten, die Huracán waren, das Herz des Himmels. Und aus dem Grund wurde das Gesicht der Erde dunkel, und ein schwarzer Regen begann zu fallen, Tag und Nacht.«

Am Anfang der Folge der Könige des Kulturvolkes in Guatemala steht der Anführer der Gruppe, die nach der Flut an der Atlantikküste an Land ging und sich im Halbdunkel landeinwärts begab, auf der Suche nach einem neuen Wohnort.

Jetzt sind wir wieder am Atlantik angelangt, nun kommst du um die Legende über Atlantis nicht mehr herum.

Sie ist derart missbraucht worden, dass Wissenschaftler davor zurückschrecken. Aber es wäre ebenso unvorsichtig, sie zu verwerfen, ohne ihren Ursprung zu untersuchen, als würde man sämtliche Varianten, die im Kielwasser Platons entstanden sind, für bare Münze nehmen. Vier Jahrhunderte vor Christus legte Platon im typisch hellenistischen Stil die Worte in den Mund historischer Personen wie seinen Landsleuten Solon und Sokrates. Und Solon berichtet von seinem Besuch in Ägypten, wo die Priester an der Tempelbibliothek zu Sais die Griechen wegen ihrer historischen Unwissenheit verspotteten. Ihre Rechtfertigung für die Griechen war, dass sie ihre Gelehrten verloren hatten, als eine schreckliche Flutwelle in das Mittelmeer spülte, und die Griechen und ihre Nachbarn am schlimmsten betroffen waren. Als Einzige aber entkamen die Hirten in den Bergen und die Griechen mussten anfangen, ihre Kultur wieder ganz von vorn aufzubauen. Und dann erfuhr Solon, dass vor der Flut an der Einfahrt zum Mittelmeer eine Insel gelegen hatte. Die Priester erzählten, in ihren Papyrusrollen könnten sie lesen, wie die Stadt Athen einst eine große Streitmacht von dieser Insel, die ins Mittelmeer drang, um die europäischen Städte anzugreifen, zurückgeschlagen hatte. Und dann erhalten wir, mit den Worten Solons, die Version der Ägypter über die Flutwelle:

»Indem aber in späterer Zeit gewaltige Erdbeben und Überschwemmungen eintraten, versank, indem nur ein schlimmer Tag und eine schlimme Nacht hereinbrach, eure Heeresmacht insgesamt und mit einem Male unter die Erde, und in gleicher Weise wurde auch die Insel Atlantis durch Versinken in das Meer den Augen entzogen. Dadurch ist auch das dortige Meer unbefahrbar und undurchforschbar geworden, weil der in geringer Tiefe befindliche Schlamm, den die untergehende Insel zurückließ, hinderlich wurde.«

Niemand weiß genau, was vor rund fünftausend Jahren geschah und zur Folge hatte, dass Zivilisationen in der ganzen Welt dieses Ereignis als Startschuss für ihre Geschichte und auch ihre Zeitrechnung nutzten. Ein Beitrag, um Licht auf dieses Rätsel zu werfen, soll das erste mit FERCO-Mitteln von den Pyramiden auf Teneriffa finanzierte Projekt sein, eine internationale fachübergreifende Konferenz an der Universität Maine, mit dem Thema: »Klimatische und kulturelle Veränderungen um das Jahr 3000 v. Chr.«

Vielleicht wird die Wissenschaft in der Zukunft mehr über die Vorzeit herausfinden, damit wir uns nicht weiter wie Holzpuppen aufführen, sondern eher danach streben, in Harmonie mit unserer Mutter und unserem Vater zu leben, die das Herz des Himmels sind.

Himmel und Meer

Ich saß im äußersten Nordwesten Amerikas und blickte über den Stillen Ozean, ganz oben, wo auf der nördlichen Polkappe Asien und Amerika sich zueinander neigen, so dass Sibirien und Alaska sich fast berühren. Kleine Wellen des Japan-Stroms spülten freundlich weit den flachen, weißen Sandstrand herauf, bis an meine Schuhe, als ich auf einem großen Stück Treibholz sitzend über das Leben nachdachte.

Der Kreis hat sich geschlossen, dachte ich, beinahe wehmütig.

Der zweite Kreis. Der Erste hatte sich bei der Feier zum fünfzigjährigen Jubiläum der *Kon-Tiki*-Expedition in Peru geschlossen. Aber jetzt war ein Jahr vergangen und ich befand mich wieder bei den Nordwest-Indianern, dem Inselvolk vor der Küste Britisch-Kolumbiens, wo ich meine Suche nach den nächsten Verwandten der Polynesier begann, als mich der Krieg unterbrach, der ganz Europa ergriffen hatte.

Für mich hatten die letzten Einwanderer nach Polynesien hier das Holz für ihre riesigen Doppelkanus geschlagen und mit Strömung und Wind die Reise nach Hawaii angetreten, und dann von dort mit der Eroberung sämtlicher Inseln im Stillen Ozean begonnen, die schon von Floßfahrern aus Peru bewohnt waren.

Vor fünfzig Jahren hatte man mich beschuldigt, ich würde einen Sturm im Wasserglas entfachen. Zu meinen Füßen plätscherten noch die Wellen heran, doch diese hatte die Natur gemacht. Der Stille Ozean lag nach wie vor wie eine vollkommene Halbkugel vor mir da und nahm genauso viel Platz in Anspruch wie alle anderen Meere und Kontinente zusammen. Entgegen allen Theorien rotierten die Meeresströmungen unbeirrt auf dieser Halbkugel nach den Gesetzen der Natur in zwei riesigen Kreisen, die sich auf ihrer jeweiligen Seite des Äquators beinahe berührten. Südlich des Äquators bewegte sich das Meer gegen den Uhrzeigersinn und half Seefahrern aus Peru nach Polynesien. Hier oben rotierte das Meer mit der Uhr und verhalf allem, was mit dem Japan-Strom trieb, zu einer Rundfahrt zu denselben Inseln. Mir fielen die beiden Glaskugeln ein, die ich gerade im Haus eines Indianers hier gesehen hatte. Schwimmer von Fischnetzen vor der japanischen Küste, die der Sohn des Hauses am Strand gefunden hatte.

Zusammen mit Jacqueline und meinem amerikanischen Mitarbeiter, dem Archäologen Donald Ryan, war ich nach Britisch-Kolumbien gekommen, um die Fäden, die ich bei meinem ersten Besuch hatte fallen lassen müssen, wieder aufzunehmen. Der Empfang, den mir wissenschaftliche Kreise in der Hauptstadt Victoria und der Universitätsstadt Vancouver bereiteten, war genauso herzlich wie das vorige Mal, nicht zuletzt am Royal British Columbian Museum, obwohl kein Zoologe mehr im Chefsessel saß, sondern ein Fachanthropologe. Er lud mein ganzes kleines Gefolge zum Essen ein, nachdem er uns durch die beeindruckenden Ausstellungsräume des Neubaus geführt hatte. Es war eigenartig, so viele von den Dingen wieder zu sehen, die das letzte Mal im Keller in Kisten lagerten. In diesem Museum hatte man nicht vergessen, dass ich 1939 im Büro des Direktors vor Büchern und Steinäxten gesessen hatte und behauptete, die Polynesier seien hier auf der Durchreise gewesen.

Auf der Fahrt weiter über Vancouver Island und ins Herz des Inselreichs der Kwakiutl-Indianer begleiteten uns zwei führende kanadische Experten für die Urbevölkerung an der Küste, der Anthropologe Jerome Cybulski und der Archäologe Bjørn Simonsen, außerdem der Kwakiutl-Indianer Stan Wallas. Jerome war in Quebec am Nationalmuseum angestellt und dafür bekannt, zu der ursprünglichen Küstenbevölkerung – die sich heute »First Nation« nennt – so gute Beziehungen zu haben, dass Bjørn die Skelette ihrer Vorfahren untersuchen durfte. Bjørn hatte bei den Behörden und dem Museum in Victoria die archäologische Aufsicht, weil er sämtliche Stämme und jede einzelne Bucht an der Küste so gut kannte wie kein Zweiter. Stan war begeisterter Amateurarchäologe und Jeromes hoch geschätzter Mitarbeiter.

Während der langen Autofahrt über Vancouver Island waren Jacqueline und ich so müde geworden, dass wir nur mit den Augen blinzelten, wenn ein Bär im Weg stand oder wir anhielten, um Felszeichnungen oder eine wundervolle Aussicht zu betrachten. Auf dem Weg von Europa hatten wir eine unglaublich hektische Woche hinter uns, weil ich den Besuch von vier Universitäten in den USA ins Reiseprogramm gezwängt hatte. Zuerst vor sechstausend Studenten und Professoren in der University of Maine bei der jährlichen Abschlussfeier, als Hauptredner und Ehrendoktor mit akademischem Talar und Doktorhut, dann in strömendem Regen vor Tausenden von Regenschirmen in der Hardford University mit einem anderen Talar und einem neuen Ehrentitel. Am nächsten Tag stand ein Vortrag im Peabody Museum an der Yale University über die Rolle des Meeres für die Entwicklung der Kultur auf dem Programm.

Am Tag nach dem Besuch in Yale wartete Don Ryan im Flughafen von Seattle, um uns zu den Kwakiutl-Indianern zu fahren. Er kam von der Pacific Lutheran University in Tacoma, wo ich auf dem Rückweg die Jahresabschlussrede halten sollte. Jetzt hieß es nur, schnell die Grenze zu überqueren und zu den Indianern zu kommen, die das Ziel unserer Reise waren.

Als wir in der nördlichsten Ecke von Vancouver Island im kleinen Gasthaus Pioneer Inn ins Bett krochen, schloss sich der Hochwald um uns und verschluckte uns ganz. Dies war altes Kwakiutl-Territorium, und hier sollte Stan die Führung übernehmen. Er schlief ganz in der Nähe bei seiner Familie im neuen Kwakiutl-Reservat Quatsino, erschien aber am nächsten Morgen vor Sonnenaufgang, um uns in das alte Quatsino zu führen, wo er geboren war. Er ließ uns in ein geräumiges, schnelles Motorboot steigen, und dann ging es los, dass die Bugwellen hoch aufschäumten.

Ich glaube, selbst Norwegen hat nicht mehr Fjorde und Inseln vor der Küste als Britisch-Kolumbien. Der Quatsino-Sund ähnelte auf der Karte der Felszeichnung von einem Mann mit langen ausgestreckten Armen. Der Kopf ruhte auf einem Höhenzug direkt an der Ostküste, während der lange, schmale Körper, die Beine bis zum Schritt bedeckt, an der Westküste im offenen Pazifik endete. Nachdem wir im ehemaligen Kohlengrubenhafen Coal Harbour zeitig unser Frühstück zu uns genommen hatten, starteten wir am Kopf und sahen später während der langen Fahrt bis zur Mündung des Fjords keine weiteren Spuren von Menschen als Muschelhaufen in alten Siedlungen und einige verlassene Häuser.

Eines war das ehemalige Schulgebäude, das einsame Überbleibsel des ursprünglichen Indianerdorfs Quatsino, wo Stan als Sohn des Häuptlings aufgewachsen war. Keine Spur von anderen Häusern. Als wir uns einen Weg durch das Gestrüpp bahnten und das Gräberfeld am Waldrand entdeckten, spürte ich einen Kloß im Hals. Der größte Teil des Gebiets war mit alten verfaulten Holzresten und ganz frischem Bärenkot bedeckt. Aber es war ergreifend, eine neuere Gruppe Grabmäler zu sehen, in Form großer holzgeschnitzter Fische oder schwimmender Wale und wie die Figuren an den Totempfählen bemalt, aber einzeln auf Pfählen angebracht, die in den Boden gesteckt waren. Nur eine einzige Figur stellte einen Wolf dar, mit erhobenem Kopf, als heule er den Mond an. Auf dem Festland waren hauptsächlich die Tiere des Waldes, Bären, Biber und Adler übereinander in die Totempfähle geschnitzt. Hier dominierten die Tiere des Meeres. Und an allen hingen noch fast frische Blumenkränze.

Ich stellte keine Fragen. Hier lagen sicher liebe Verwandte, die noch nicht vergessen waren.

»Dies sind keine Götzenbilder«, sagte Stan ruhig. »Die Leute von draußen glauben, die Totempfähle würden angebetet oder sie wären gemacht, um Feinden Angst einzujagen. Aber wir glauben an denselben unsichtbaren Gott wie ihr. Diese Tiere sind die Symbole unseres Geschlechts. Die großen Totempfähle erzählen die Geschichte des Geschlechts.«

Wir verzehrten unseren Proviant am Strand und gingen dann weiter zu einer anderen Landzunge, wo uns unter einem verfaulten Holzdach ein gut erhaltener Schädel angrinste. Wir rührten nichts an. Es war Jeromes Aufgabe, uns mit Genehmigung des Rates der Indianer das zu beschaffen, was wir für DNA-Analysen benötigten. Später legten wir dann an einer wunderbaren kleinen Insel an, auf der Bjørn aus großer Entfernung den Muschelhaufen einer vorgeschichtlichen Siedlung hatte weiß aufleuchten sehen. Nicht einmal Stan war je hier gewesen. Die winzige Insel war von Wald und Gestrüpp bedeckt, aber wir zwängten uns unter Zweigen hindurch und über große Steinblöcke, als wir ihn drinnen rufen hörten. Unter einem Felsvorsprung hatte er ein offenes Grab mit drei Skeletten und den Resten von altem Holz gefunden. Ein Schädel war kreideweiß und gut erhalten, aber von einer Form, wie sie keinem gewöhnlichen Menschen gegeben war. Diese Küstenindianer waren Meister in allerlei Künsten und was sie herstellten, ist ganz auf der Höhe des modernen Geschmacks. Es ist bekannt, dass sie sich, wie viele andere alte Kulturvölker, manchmal durch eine künstliche Deformierung im Säuglingsalter den Schädel verlängerten. Aber in keinem Museum habe ich jemals einen so langen und schmalen Schädel gesehen, dass man der Schönheit fast einen Strumpf über den Kopf hätte ziehen können. Man hatte das Gefühl, ein solches Kleinod könnte man nicht einfach liegen lassen, ohne dass weder die Familie noch Museumsleute sich darum kümmerten.

Später fuhren wir mit Stan nach Hause, er bewohnte ein geräumiges Holzhaus im neuen Quatsino-Reservat. Einige schöne Frauen der Familie versetzten mich in Gedanken direkt von dem Kiefernwald vor dem Haus zurück auf die Palmeninseln weiter südlich in demselben Meer. An den Wänden hingen Bilder von der älteren Generation. Der Großvater Jimmy Jumbo und seine Frau waren beide Kwakiutl aus Quatsino und ein Großonkel in einem langen Umhang aus Borke hätte ein Maori-Häuptling sein können.

Mit einem kleinen gemieteten Wasserflugzeug wollten wir uns weiter nach Norden in das Inselreich der Kwakiutl-Indianer begeben und beim Abschied signierte Stan ein kleines Buch, das er mir gab: *Kwakiutl-Legenden*, aufgezeichnet von P. Whitaker nach mündlichen Erzählungen von Stans Vater, Chief James Wallas. Ich hatte eigentlich gedacht, ich wäre mit der Sage von der großen Flut fertig, hier aber tauchte sie in noch realistischeren Wendungen wieder auf.

Hier oben, weitab vom Reich der Sumerer, hatte nicht nur ein König, sondern das ganze Volk das Nahen der Flutwelle vom Meer gespürt. Mit Querstangen banden sie alle Kanus zusammen und nahmen getrocknetes Fleisch und Fische, Muscheln und Beeren und große Mengen Wasser in Holzbehältern an Bord. Als der Warnruf des Wachpostens ertönte und sie die Flutwelle wie eine Wand herankommen sahen, stiegen alle schnell in die Kanus. Die Welle hob sie so hoch wie der Gebirgskamm, und in dem Chaos mussten sie kämpfen, um entwurzelten Bäumen und Teilen ihrer eigenen Pfahlhäuser auszuweichen, die mit den Kanus zu kollidieren drohten. Als das Meer sich wieder zurückgezogen hatte, liefen sie in den Bergen umher und riefen, in der Hoffnung, Überlebende zu finden. Einige Kanus hatten sich losgerissen und waren im Sturm verschwunden oder an anderen Orten gelandet, wo dann neue Stämme gegründet wurden.

Vielleicht habe ich mehr als andere Forscher auf das gehört, was uns so genannte primitive Völker auf ihre Weise zu sagen versuchen, denn ich bin keinem begegnet, das im tiefsten Inneren primitiver wäre als andere. Seit mir auf Fatu Hiva der Greis erzählte, wie der Gottkönig Tiki dorthin gelangt war, und als ich herausfand, dass das Aymara-Volk am Titicacasee den ersten Spaniern erzählt hatte, es sei von dort gekommen, bemühe ich mich, genau zuzuhören, was ein Volk ohne Schriftkultur zu berichten hat.

Von dem Zeitpunkt an, als mir der Gedanke kam, das Inselreich an der Küste von Britisch-Kolumbien wäre eine Zwischenstation für Asiaten gewesen, ehe sie schließlich Polynesien eroberten, wurde ich den Verdacht nicht los, die Küstenindianer hier oben könnten etwas wissen. Als Stan, mein neuer Freund, mir das Buch über die mündlichen Überlieferungen schenkte, spürte ich schon nach der ersten Seite, dass er mir den Schlüssel zu einer Fundgrube gegeben hatte.

Die ganze Zeit über hatte ich vermutet, dass die Kwakiutl-Indianer von einem Vertreter desselben Wandergottes Besuch gehabt haben müssten, der als Kulturbote von Mexiko nach Peru und weiter in den Pazifik hinein die Hauptrolle gespielt hatte. Die Kwakiutl-Indianer erinnerten sich seiner als *Kane-akeluh* oder *Kane-akwea*. Stan sprach den Namen *Kani-kelak* aus und das Buch war angefüllt mit dem, was der Gott erschaffen und womit er den Quatsino-Stamm beeindruckt hatte, als er vor gut zweitausend Jahren mit seinem Bruder zusammen am Strand von Sand Neck landete. Die Wunder vollbrachte er mit einer doppelköpfigen Schlange, die er wie einen Gürtel um den Leib trug und die er auch als Schleuder verwendete.

Märchen? Mythos? Gewiss. Aber die Verbreitung der Schleuder ist sehr begrenzt und sie war nicht nur genau die Waffe, die den Kulturboten von Mexiko nach Peru begleitete, sondern fand sich auch auf Darstellungen vorinkaischer Kunst von der peruanischen Küste, die den Boten als Seefahrer zeigten, der eine doppelköpfige Schlange als Gürtel um den Leib trug.

Außerdem fand ich heraus, dass der ausgewanderte *Kane-akwea* des Kwakiutl-Stammes, der der Stellvertreter der Sonne war, *Kane-akea*, der Gott des Lichts, der Polynesier sein müsste. *Akea* und *Atea* waren die oberste Gottheit und in ganz Polynesien das Wort für Licht. Überdies wusste ich, dass in ganz Polynesien

Kane als ein außerordentlich wichtiger Menschengott verehrt wurde. Auf Hawaii war er so wichtig, dass die Sonne die »Ruhestätte Kanes« genannt wurde. Und die Sonne – in fast ganz Polynesien *Ra* genannt – hieß auf Hawaii *La*, während Dawsons Kwakiutl-Stamm sie *Na-la* nannte.

Das alles ging mir durch den Kopf wie ein Märchen aus der Wissenschaft, als wir uns von Stan verabschiedeten und Jacqueline und ich zusammen mit Don und den beiden kanadischen Archäologen in das winzige Flugzeug stiegen.

Wir folgten nicht der offiziellen Flugroute, sondern flogen tief über den Baumwipfeln und weiter die Küste hoch, über die unbewohnte Hakai-Straße, dem Ziel der Reise, über das Bella-Coola-Tal, in dem ich gewohnt hatte, als der Krieg in Europa ausbrach, streiften die Wellenkämme und landeten bei glatter See in der Bucht vor Bella Bella, dem wichtigsten Zentrum der überlebenden Kwakiutl-Stämme.

Unsere Ankunft wurde erwartet und an der Anlegestelle empfingen uns einige Sprecher der »Elders« und führten uns zum traditionellen Langhaus mitten im Dorf, wo alles für ein großes Treffen vorbereitet war. Außen schmückten Totempfähle und gigantische Wandgemälde mit den Tiersymbolen des Stammes im typischen Kwakiutl-Stil den großen Holzbau, aber gleich hinter der Tür standen Fax-Geräte und Computer aufgereiht. Auf den Plätzen an den Wänden drängten sich ausgewählte Männer und Frauen aus den Kwakiutl-Reservaten.

Es war eine unvergessliche Begegnung, mit einem Bein in der Vergangenheit und mit dem anderen auf dem soliden Boden der Gegenwart. Jedes zweite Gesicht, das mich forschend anblickte, während ich sie musterte, führte mich in Gedanken geradewegs nach Polynesien zurück. Und jeder wusste, was ich schon 1940 beobachtet hatte und was den Kapitänen Cook und Vancouver gleich aufgefallen war, als sie von Polynesien hierher kamen: Es gibt eine auffallende Ähnlichkeit zwischen der »First Nation« hier oben und denjenigen, die auf den anderen Inseln weiter südlich in demselben Meer die Europäer empfangen hatten. Alle sprachen darüber und seit meinem vorigen Besuch hatten Tourismus und Kommunikation eine deutliche Wirkung gezeigt. Viele der hiesigen Bewohner waren mittlerweile auf Hawaii gewesen und hatten selbst Besucher aus Hawaii, Samoa und Neuseeland empfangen. Die Gäste wurden wie Verwandte begrüßt und fühlten sich unter ihresgleichen.

Das Gespräch im Langhaus zeigte, dass das Kwakiutl-Volk von seiner Beredsamkeit nichts eingebüßt hatte. Seine Vorfahren kannten keine Schrift, waren aber, verglichen mit den meisten anderen Völkern, für ihre Wortgewandtheit bekannt und professionelle Redner genossen in ihrer Gesellschaft hohes Ansehen. Gelassen und würdevoll saß die Versammlung längs der Wände und lauschte dem Grund meines Besuches, dann folgten gut begründete Beiträge mit derselben Gelassenheit und Würde, von beiden Geschlechtern gleichmäßig, bald von der einen Seite, bald von der anderen. Alle hatten etwas beizutragen, was sie durch Befragung der Alten in der Familie erfahren hatten. Es kam mir vor, als seien die Leute in den Reservaten an der Küste aus einem tiefen Schlaf zu neuem Leben erwacht. Als ich das vorige Mal bei den Bella-Coola-Indianern war, besaß lediglich der Bärenjäger Clayton Mack ein Kanu – ein gekauftes, aus rotbemalter Leinwand. Jetzt schlugen in allen Reservaten junge Männer zusammen mit alten Lehrmeistern aus Zedernstämmen Kanus, die sie mit Schnitzereien in prächtigen Farben im Stil der Vorfahren dekorierten.

Frank, ein junger Bursche, der wegen Diebstahl und Drogenmissbrauch ein ganzes Jahr lang allein isoliert auf einer kleinen Insel lebte, hatte sich in einen Prachtkerl verwandelt. Heute war er der Anführer, wenn die Jugend der »First Nation« entlang der ganzen Küste Kanuwettfahrten veranstaltete und die besten Seiten der alten Kultur wieder zum Leben erweckte. Später lernten wir auch die polynesische Filmproduzentin Karin Williams kennen, die gekommen war, um die erste Kanuwettfahrt zu filmen. Ihr Vater war Maori und ihre Mutter stammte aus Tonga. Sie war sich inzwischen so sicher, dass hier die Heimat ihrer Vorfahren sei, dass sie zurückgekehrt war, um einen Film über die Parallele zwischen den Kulturen zu drehen.

Seit ich vor sechzig Jahren im Nachbartal Bella Coola mit meinem ältesten Sohn Thor, der damals zwei Jahre alt war, auf der Anlegestelle gesessen hatte, träumte ich davon, aus der langen, schmalen Bucht heraus und bis ins offene Meer am äußersten Ende der Hakai-Straße zu fahren. Jetzt wollten wir mit dem Wasserflugzeug versuchen, genau dort zu landen, direkt vor der Bucht von Bella Coola. Als die Versammlung im Langhaus erfuhr, dass wir uns dorthin begeben wollten, begeisterten sich drei der Ältesten so sehr dafür, dass wir Don und Jerome im Reservat zurücklassen mussten und zwei alte Männer und eine noch ältere Frau ins Flugzeug stolperten und angeschnallt wurden.

Bei Wind und trübem Wetter tanzten wir über den Bergkamm hinweg, zurück zum Bella-Coola-Tal, wo der Pilot in gerader Linie aus der Bucht hinaussteuerte, bis wir weiter draußen zwischen großen Inseln die Hakai-Straße glitzern sahen. Ohne den Kurs zu ändern, gingen wir tiefer und flogen, zu beiden Seiten die bewaldete Wildnis, die ganze Hakai-Straße hinunter auf den offenen Pazifik zu. Ich dachte bei mir selbst, wäre jemand aus dem von Bergen eingeschlossenen Bella-Coola-Tal geflüchtet, dann auf diesem direkten Weg zum Meer.

Und genau das war der Grund unseres Besuchs. Das Bella-Coola-Tal erstreckte sich in der Verlängerung der Bucht zwischen steilen Felswänden bis tief ins Land hinein und war das größte und fruchtbarste Tal an der ganzen Küste. Einst war es fremden Salish-Indianern aus dem Süden gelungen, in das Herz des Kwakiutl-Gebietes einzudringen und gerade dieses Tal zu erobern und so das Territorium des Kwakiutl-Volkes in zwei Teile zu spalten. Eine der großen bleibenden Fragen der Ethnologie der Nordwestküste war, wie dies geschehen war. Um nicht an der Küste entdeckt zu werden, waren sie wahrscheinlich von der Landseite her in das Tal eingedrungen. Aber meine Frage lautete: Was war aus denjenigen geworden, die aus dem Tal hatten flüchten müssen?

Ich hoffte, an der unbewohnten Hakai-Straße Spuren einer früheren Besiedlung zu finden. In Begleitung der drei angeschnallten Alten glitten wir nur so über die Wellenkämme dahin, Calvert Island auf der einen und die beiden Inseln Nalau und Hecate auf der anderen Seite der Tragflächen.

Dort, wo sich die Hakai-Straße zum eigentlichen Pazifik hin öffnete, landete der Pilot in einer kleinen, von einer vorspringenden Landzunge geschützten Bucht.

Es war ein sonderbares Erlebnis. Außer in Bella Bella hatten wir während des ganzen Fluges kein einziges Haus gesehen. Nur unendlich viele verstreut liegende bewaldete Inseln, die wie die Teile eines Puzzles auf einem Spiegel dalagen. Aber genau hier, wo ich gehofft hatte, Spuren einer vorgeschichtlichen Siedlung zu finden, befand sich ein neu errichtetes Haus. Und darin wohnte ganz allein ein Mann, der über die unerwartete Begegnung ebenso überrascht war wie ich. Er kam aus Polynesien von Pitcairn Island, dessen gesamte Bevölkerung Nachfahren der Meuterer von der Bounty sind. Nach der Expedition zur Osterinsel war ich mit unserem Expeditionsschiff auf dieser Insel gewesen und hatte die männliche Bevölkerung der Insel allesamt zu einer zweitägigen Fahrt zu der unbewohnten und bewaldeten Insel Henderson mitgenommen, um Holz für die Schnitzereien zu holen, ihr wichtigstes Gewerbe. Jetzt lebte der Mann vorübergehend als Wachmann in dem Haus; es war für Touristen gebaut worden, war aber wegen der Stürme bis zum Sommer geschlossen.

Kaum hatte ich die Enttäuschung verwunden, als ich in der Nähe des Hauses einen riesigen umgestürzten Baum erblickte. Seine Wurzeln ragten in die Luft und unter dem Grassoden, der wie der Deckel einer Schatztruhe geöffnet war, leuchtete es weiß: ein riesiger Haufen Küchenabfall voller Muscheln. Der Neubau war auf einer den Archäologen unbekannten, archäologischen Siedlung errichtet worden. Zusammen mit den Alten kletterten wir über Stock und Stein zwischen den riesenhaften Bäumen eines Waldstreifens umher, der sich zum Meer hin öffnete. Hier kamen wir an einen breiten Strand, der breiteste und schönste weiße Sandstrand, den ich in Amerika je gesehen habe, das äußere Gesicht der Hakai-Straße.

Wir setzten uns auf einige schwere Stämme kanadisches Treibholz. Es war ein großartiger Anblick und ein großer Augenblick. Hier, erzählten die Alten, hätte in alter Zeit das Volk der »First Nation« aus dem angrenzenden Küstengebiet mit Feiern und Maskentänzen seine alljährlichen Zusammenkünfte abgehalten. Einer hatte aus Erzählungen seiner Großmutter gehört, es seien so viele Menschen gewesen, dass man ihre Trommeln bis weit aufs Meer hinaus hörte, wenn sie von Süden und Norden in Kanus kamen. Sie erzählten so lebhaft und in Einzelheiten, dass sie in ihrer Jugend selbst Ähnliches erlebt haben mussten. Vor der Mündung der Straße, erfuhren wir, würden bei Landwind und südwestlicher Strömung selbst moderne Fahrzeuge manchmal abdriften und von Rettungsfahrzeugen aus Victoria geborgen werden müssen.

Wir lauschten und lauschten, bis uns die beiden alten Seebären zum Beweis für den Reichtum des Meeres zu einer glatt gewaschenen Felswand führten, die wie eine Kulisse eine Seite des Strandes flankierte. In senkrechten Spalten im Gestein saßen dicht gedrängt lebende Seesterne, farbenprächtige Seeanemonen und allerlei glänzendes lebendiges Getier, das normalerweise im Meer lebt, jetzt aber wie Zierrat dahing und auf die Flut wartete. Ich kam mir wie in einem riesigen Theatersaal vor. Zwischen den Bäumen des Waldes herauszutreten war, als würde man im blendenden Rampenlicht und dem Rauschen der wogenden Sitzreihen im großen blauen Saal aus dem Hintergrund auf die offene Bühne treten. Dann hatte mich die Gegenwart wieder und die Sitze waren leere Wellenreihen. Und wir saßen hier auf dem Treibholz mit den drei Alten, die diesen Theatersaal geerbt hatten. Aber wir, aus der Außenwelt, waren zu spät gekommen, um das große Schauspiel mitzuerleben.

Wie wir da saßen, war mir, als würde ich einen kleinen Souffleur hören.

Wenn du hier der Stille lauschst oder den drei alten Kwakiutl-Indianern zuhörst, fühlst du dich eher zu Hause als hinter dem Rednerpult mit schwarzer Robe und Doktorhut ...

Man lernt mehr durch Zuhören als durch Reden, dachte ich. Und der Wind und auch die Naturvölker können uns noch viel erzählen, was wir innerhalb der Universitätsmauern nicht erfahren.

Ein Wissenschaftler muss zwischen Legende und Mythos unterscheiden und sich beider bedienen. Bis zur vorigen Generation war die Legende vom Kulturboten Kane Akwea die wichtigste an dieser Küste. Wenn er unter demselben Namen als Stammvater der Königsfamilie in Polynesien wieder auftaucht, gibt die Legende den Knochen der Archäologen und den Steinäxten der Ethnologen ihre Seele zurück. Es wird dann nicht zum Mythos, weil Kane zu seiner Zeit als Gottheit in Menschengestalt gesehen wurde. So wie die Pharaonen, die Inkas, der Kaiser von Japan und Odin, der Wandergott der Wikinger.

Ein Mythos ist es, dass Kane zum Himmel kam und schließlich auf der Sonne war. Wenn der Mythos der Kane-Anbeter im Kwakiutl-Volk aber mit dem auf den Nachbarinseln von Hawaii identisch ist, ist es durchaus wissenschaftlich, den Mythos als eine Parallele zwischen den Kulturen in das große Puzzle der Wanderungsbewegungen im Stillen Ozean einzubeziehen.

Wieder zurück im alten Haus auf Teneriffa, fühlte sich der *Aku-aku* so heimisch, dass er sogleich ins Zimmer kam, als ich mich eine Weile hingelegt hatte, um nach einem Arbeitstag meine Gedanken zu sammeln. Jacqueline hatte den Fernseher eingeschaltet, aber statt wichtiger Nachrichten über den Konflikt im Mittleren Osten oder die Atomtests in Pakistan wurde die Fußballweltmeisterschaft übertragen. Ich lag mit demonstrativ geschlossenen Augen da, als Jacqueline plötzlich vom Stuhl hochsprang und jubelte. Norwegen hatte Brasilien zwei zu eins geschlagen.

Am Ausgang des 20. Jahrhunderts spielten die Menschen vollkommen verrückt. Alle Welt redete vom Fußball. Wie vorgeschichtliche Wilde bemalt, brüllten Zehntausende im Chor auf den Rängen, je nachdem, wo einige auf dem Rasen umherrennende Leute den Ball hinbeförderten.

Du machst dir nichts aus Fußball?

Es hat mich bisher nie interessiert, aber jetzt denke ich darüber nach.

Die kleine Stimme ließ nicht locker: Ich, der für die UN und Eine Welt und alles eintrat, was zu einem friedlichen Zusammenleben der Nationen beiträgt, hatte ich denn nicht begriffen, wie großartig es war, dass hier breite Bevölkerungsschichten etwas erreichen, was den Politikern nicht gelungen war: Menschen aller Nationen einträchtig zu einer friedlichen Form der Unterhaltung zusammenzubringen, ohne an Politik oder Waffen zu denken. Hier könnte sich ein kleiner afrikanischer Staat im gesunden Wettstreit gegen die Großmächte behaupten, ohne über Millionenbeträge für Rüstungs- oder Raumfahrtwettlauf zu verfügen.

Ich hätte mit der Zeit gehen müssen und begann einiges zu verstehen, als ich bei den Eröffnungsfeierlichkeiten der Olympischen Winterspiele in Lillehammer mitten in der Arena stand und alle Nationen begrüßte. Und unbestreitbar erreichen Tischtennis und Fußball mehr Menschen und können für den Frieden mehr tun als politische Schlagwörter oder ein fünfjähriges Abkommen zwischen den USA und Kuba über eine archäologische Zusammenarbeit.

Aber am meisten interessiert dich die Vergangenheit.

Nein, die Zukunft. Aber noch ist es zu früh, sie zu studieren. Wir dürfen sie nicht mit der Gegenwart verwechseln. Die Gegenwart hat keine Realität: Versuche sie zu fassen, und weg ist sie. Sie ist ein kurzer, aber doch ewig währender Übergang von dem, was war, hin zu dem, was kommt. Wir können nicht auf sie bauen. Wir befinden uns alle auf Entdeckungsreise ins Unbekannte und indem wir uns umdrehen und auf unsere Kiellinie oder unsere eigenen Spuren blicken, können wir feststellen, welchen Kurs wir eingeschlagen haben.

Als Wichtigstes können wir aus der Vergangenheit lernen, dass keine einzige frühe Zivilisation überlebt hat. Und je größer die Pyramiden, Tempel und Statuen waren, die Menschen für ihre Götter oder sich selbst bauten, desto tiefer war ihr Fall. Die meisten sind so gründlich ausgelöscht worden, dass es Archäologen brauchte, um ihre Überreste wieder ans Tageslicht zu bringen. Weder der Sonnengott noch der Schöpfer hinter dem Urknall haben ein Lächeln für die großen Bauwerke und mächtigen Armeen der Menschheit übrig. Ihr Lächeln gilt den Kulturen, die ihr Schöpfungswerk respektieren und dafür dankbar sind.

Dort, wo die Menschen große Bauwerke errichtet haben, wüteten auch die größten Kriege. Wenn der Archäologe sich auf der Suche nach einer ausgestorbenen Zivilisation durch die Ruinen gräbt, stößt er darunter meist auf eine noch ältere. Und wir sollten uns merken: In der obersten Schicht findet sich kaum die höchstentwickelte Kultur.

Zivilisationen kommen und gehen, aber die primitiven Völker leben wie früher weiter in der freien Natur.

Und schießen aufeinander mit Pfeil und Bogen. Sie leben auf diesem Planeten genauso lange wie wir, und im tiefsten Inneren haben wir uns alle gleich wenig verändert. Wir meinen zwar, gewaltige Fortschritte gemacht zu haben, taten dies aber bestenfalls zeitweise zwischen den Weltkriegen, und das, indem wir die Umwelt verändert haben und nicht uns selbst. Wir bauen an der heutigen Zivilisation und haben es so weit gebracht, dass wir mittels einer Stange auf dem Dach, durch Dächer und Wände hindurchsehen können; wir können alles verändern, von der Ozonschicht und Wind und Wetter angefangen bis zu dem Leben, das schon vor uns in Meer und Wald pulsierte. Wir versuchen auch, unseren Körper durch Gymnastik und gesunde Ernährung zu verbessern, aber allenfalls gelingt es uns, Muskeln und Gesundheit zu erhalten, die unsere Vorfahren von der von uns so genannten Wildnis bekamen.

Wie so oft blieb ich auf dem Sofa liegen, um nachzudenken, als Jacqueline den Fernseher ausschaltete und sich ein Buch aus dem Regal griff. Mein Leben lang versuche ich, dem Geheimnis der Völkergruppen, die am meisten lächeln, auf die Spur zu kommen. Das Lächeln ist ein Geschenk Gottes, das von innen kommt. In unserem Innern gibt es etwas Merkwürdiges, das die Wissenschaft nicht erfassen kann, weil es bei der Obduktion verschwindet. Eine Art Empfangs- und Sendevorrichtung auf anderen Frequenzen als denen des Fernsehens, die jedoch auch Wände und Dächer durchdringt und Dinge wie Instinkt, Intuition und Gewissen steuert.

Ein Teil dieses Empfangsgeräts ist uns vom Tierreich vererbt worden. Solange die Lebenswelle eingeschaltet ist, erfährt jede Art, wie sie Fühler, Flügel, Beine oder Geschlechtsorgane benutzen soll. Das nennen wir Trieb und Intuition. Der Mensch aber ist mit einer Verantwortung für seine Taten geboren, von uns Gewissen genannt. Und seit Adams Zeiten ist uns die Möglichkeit der Zweiwegkommunikation gegeben und wer diese Kunst noch beherrscht, sendet Bitten um Rat und Hilfe aus. Zivilisierte Menschen glauben, sie müssten Gotteshäuser und Tempel bauen, um mit dem Schöpfer des Himmels und der Erde in engen Kontakt zu kommen. Denke ich aber daran, was ich von den so genannten Heiden gelernt habe, bleibt in mir oft das Gefühl zurück, ihr Sende- und Empfangsgerät habe schon funktioniert, ehe wir ihnen beigebracht haben, der Schöpfer der Natur würde sich in geschlossenen Räumen wohler fühlen.

Als wir das Langhaus in Bella Bella verließen, drückte mir ein Kwakiutl-Indianer ein Heftchen über Totempfähle in die Hand. Dort schreibt der Kwakiutl-Häuptling Mum-Xiou, getauft auf den Namen James Sewid:

»Unsere Vorfahren haben eine tiefe Lebensphilosophie, und wir sind in ihrem Glauben und mit ihren Gesetzen erzogen worden. Sie sahen die Schönheit der umgebenden Natur mit all ihrem Reichtum und versuchten, einen Teil all dieser Schönheit in ihr tägliches Leben einzubeziehen, in ihre Legenden, ihre

Tänze und ihre Kunst. Mein Volk glaubte an eine allmächtige Kraft, die alle Dinge erschaffen hatte und es war ob der Größe dieses Schöpfungswerkes von Staunen erfüllt und voller Ehrfurcht.«

Jacqueline besitzt ein eigenes Kämmerchen für ihre Lieblingsliteratur und alte Indianerkunst, die sie gesammelt hat, was darauf hindeutet, dass wir in fast allen Dingen den gleichen Geschmack haben. Ich bat sie, mir ein Buch zu holen, das viel über unsere gemeinsame Lebensanschauung verrät: *Berühre die Erde. Ein Selbstporträt über die Existenz der Indianer.*

Darin schreibt der Prärie-Indianer Tatanga Mani vom Stoney-Stamm in Nordamerika:

»O ja, ich habe die Schule des weißen Mannes besucht, ich habe Schulbücher, Zeitungen und die Bibel lesen gelernt. Aber mit der Zeit stellte ich fest, dass es nicht ausreichte. Zivilisierte Menschen werden viel zu abhängig von ihren gedruckten Seiten. Ich wende mich dem Buch des großen Geistes zu, das sein ganzes Schöpfungswerk ist. Wenn du die Natur studierst, kannst du viel in diesem Buch lesen. Du weißt, wenn du alle deine Bücher in die Sonne legst und sie Regen und Schnee und Insekten überlässt, bleibt nichts davon übrig. Der große Geist aber hat dir und mir die Möglichkeit gegeben, an der Universität der Natur zu studieren: die Wälder, die Flüsse, die Berge und die Tiere, uns selbst einbegriffen.«

Gott war vor The Big Bang da und ehe Buddha, Jesus und Mohammed geboren wurden, dachte ich. Zivilisierte Menschen aber sehen in ihren Häusern nichts als Dächer, Mauern und Fernsehschirme und draußen Autoschlangen. Wie sollen wir glauben, dass uns jemand erschaffen hat, wenn wir um uns herum lauter Dinge sehen, die wir selbst geschaffen haben?

Der Sioux-Indianer Ohiyesa versuchte, uns etwas von dem, was sich im tiefsten Innern seines Volkes regte, zu lehren:

»Im Leben eines Indianers gab es nur eine unbedingte Pflicht – die Pflicht zum Gebet –, das tägliche Erkennen des Unsichtbaren und Ewigen. Die tägliche Betstunde war ihm wichtiger als die täglichen Mahlzeiten. Er wachte im Morgengrauen auf, zog seine Mokassins an und ging an das Seeufer. Hier besprengte er sein Gesicht mit einigen Hand voll sauberem, klarem Wasser oder sprang ganz hinein. Nach dem Bad stellte er sich zur Morgendämmerung gewandt hin, den Blick auf die Sonne gerichtet, bis sie über dem Horizont auftauchte, während er wortlos betete. Seine Frau mochte für sich allein beten, aber niemals mit ihm zusammen. Jede einzelne Seele sollte die Morgensonne, den frischen Duft der Erde und die Große Stille allein begrüßen.

Wann auch immer am Tag der rote Jäger etwas unglaublich Schönes oder Ergreifendes gewahr wurde – eine schwarze Gewitterwolke, den in glühenden Farben über den Berg gespannten Regenbogen, einen schäumenden Wasserfall in einer grünen Schlucht, eine im Sonnenuntergang sich rötende unendliche Prärie –, blieb er stehen und verharrte einen Augenblick lang wie in Anbetung. Er sah keinen Grund, warum er jeden siebten Tag zum Feiertag machen sollte; für ihn gehörten alle Tage Gott.«

Ich selbst finde auch, dass die Sonne ein gut gewähltes Symbol für alle ist, die beim Gebet an einen unsichtbaren Schöpfer etwas brauchen, worauf sie den Blick richten können – nicht zuletzt für diejenigen, die nicht wissen oder nicht verstehen, warum die Christen zum Kreuz beten. Die Inkas beispielsweise richteten ihr Gebet an den obersten, unsichtbaren Viracocha, auf dem Himmelsgewölbe von Inti, der Sonne, und auf der Erde vom Priesterkönig des Inka-Volks repräsentiert. Es hat mich tief beeindruckt, dass die Inkas in der Sonne lediglich den obersten Stammvater alles Lebenden auf dieser Erde sahen, während sie das Meer *Mama-Ocllo*, Mutter Meer, nannten.

Und genau darauf besinnen wir uns heute wieder, sogar in der modernen Forschung. Die Sonne hat mit ihren Strahlen das Meer befruchtet und hat Leben im Meer geschaffen. Sie hat Partikel aus Salzen und Mineralien befruchtet, die ohne Gene und Chromosomen auf der wogenden Oberfläche des Meeres umherschwammen. Die ersten Kinder der Sonne im Meer wurden zu den Stammvätern jeglichen Lebens auf der Erde. Im europäischen Mittelalter hatte der Heilige Franz von Assisi dieselbe Erkenntnis, aber erst in Darwins Kielwasser hat die moderne Wissenschaft erkennen müssen, dass Tiere und Menschen eine gemeinsame Ahnentafel haben, mit einem noch immer am Himmel leuchtenden sichtbaren Stammvater. Der Schein um den Kopf der Heiligen ist ein sichtbares Erbe.

Die Vorfahren der Menschen stiegen also von den Bäumen?

Das glaube ich nicht. Ich persönlich glaube, dass sie wieder zum Meeresufer zurückgingen. Wäre es ihnen erst einmal gelungen, heil auf die Bäume zu kommen, wären sie freiwillig nie wieder heruntergestiegen. Den Platz hatten die wilden Tiere längst eingenommen: Sämtliche Nischen im Ökosystem waren besetzt, wie die Biologen zu sagen pflegen. Wären wir auf einem Ast in einem Baum zur Welt gekommen, wären wir dort geblieben, hätten uns auf den Schwanz und die Kletterfüße konzentriert und uns nicht unter all das begeben, was mit Hörnern, Krallen und Stoßzähnen auf dem Boden umherlief und -sprang. Wir wären auf dem Wildwechsel zu Tode getrampelt worden und im Dickicht hätten wir uns unseren Pelz zurückgewünscht. Aus eigener Erfahrung weiß ich, dass man im Dschungel Früchte und Nüsse in den Baumkronen findet, wohingegen der Boden unglaublich karg ist, weil die Sonnenstrahlen nicht zu ihm durchdringen.

Wir wurden nackt geboren – abgesehen von Haaren und Bart –, um waten zu können, mit dem Kopf über Wasser. Wir gingen aufrecht, konnten die Arme ganz frei bewegen, um feindlichen Angriffen von Land durch einen Sprung ins Wasser entkommen und wegschwimmen zu können. Wir überließen es Kletteraffen und Gorillas, sich den Dschungel mit den wilden Tieren des Waldes zu teilen, und hielten uns an Ufer und Flussläufe, wo wir ins Wasser gehen konnten und wo es für die Jüngstgeborenen der Natur Nahrung die Fülle gab. Am Ufer war der Tisch reich gedeckt und wartete nur darauf, dass der watende Affe zugriff. Alle Arten von Muscheln und Schalentieren, hinter Schloss und Riegel versteckt, aber in unendlichen Mengen.

Glaubst du an die Schöpfung?

Das muss man zwangsläufig. Man kommt nicht umhin, dass hinter dem Urknall, der Alles aus dem Nichts schaffen konnte, eine Allmacht gestanden haben muss. Zwangsläufig muss es etwas Übernatürliches geben, um für uns, die von der Sonne auf einen unfruchtbaren Planeten gestellt worden sind, das Universum natürlich zu machen.

In seinem Buch *Vom Ursprung der Arten* räumt selbst Darwin ein, allein der Gedanke, etwas so Kompliziertes wie das Auge hätte durch Entwicklung entstehen können, sei in allerhöchstem Grade absurd.

Glaubst du an Gott?

Ich glaube an denselben Gott wie Abraham, Jesus und Mohammed. An den großen Geist der Indianer. Ich glaube, es wäre ein Unglück für den zivilisierten Teil der Welt, wenn Kirchen, Synagogen und Moscheen ihre Tore schließen würden. Nicht allen fällt es leicht, im Lärm der Autos und Unterhaltungsprogramme einer modernen Stadtgesellschaft, den Frieden für ein Zwiegespräch mit dem eigenen Inneren zu finden. Wir brauchen jemanden, der uns daran erinnert, dass es in unserem Dasein immer auch noch eine andere Dimension gibt.

Bist du Christ?

Ich bin Christ, wenn das Christentum mit dem lebenden Jesus von h und nicht später mit anderen begonnen hat. Ich bin Christ, wenn es genügt, ihn als die wichtigste Person und den größten Denker in der Geschichte anzusehen. Jemand, der, wie ich glaube, mit der inneren Fernsteuerung des Gewissens, der Intelligenz und der Intuition mehr Zwiegespräche als irgendjemand sonst hatte, seit die Möglichkeit eines solchen Kontaktes in das Gehirn der Menschen eingepflanzt wurde.

Aber glaubst du an den dreieinigen Gott?

Ich glaube nicht, dass Gott sich zählen lässt. Man kann nur die Materie zählen – Apostel und Päpste und Bibeln. Abraham hat seinen Gott nicht gezählt, Mohammed auch nicht, und Jesus, der protestierte, wenn ihn jemand mit Vater anredete, erst recht nicht. Es gibt nur einen Vater, sagte er, und das ist unser gemeinsamer Vater im Himmel, wir sind alle Brüder.

Glaubst du an die Bibel?

Ich habe sie als ungemein interessante Sammlung gut erhaltener Schriften aus dem Altertum gelesen, wobei heute nicht alle den gleichen Wert haben. Mich selbst hat in erster Linie der Anfang des Alten sowie des Neuen Testaments gefesselt. Die Schöpfungsgeschichte beginnt mit dem Licht und dem Meer und geht, so wie wir es heute betrachten, chronologisch richtig, von Fisch und Vogel zu Tieren auf dem Land und schließlich zum Menschen über. Es kann kein Zufall sein, sondern muss das Resultat einer genialen Überlegung oder einer gut erhaltenen Intuition sein.

Glaubst du an den Heiligen Geist?

Ich glaube, so bezeichnet die Kirche das, was ich Gewissen nenne und als Zwiegespräch mit dem eigenen Innern sehe. Die Wissenschaft kennt für etwas derart Merkwürdiges und Wichtiges, das wir alle in uns haben und das niemand finden kann, kein besseres Wort.

Glaubst du an die Zukunft?

Wir schaffen sie uns selbst, jetzt, solange noch Zeit ist. Die Wissenschaft hat es so weit gebracht, dass sie die Natur und ihre Atome zu zerlegen vermag. Es wäre vernünftig, würden wir lernen, das Ganze wieder richtig zusammenzusetzen, ehe die Natur, um sich und uns zu retten, selbst zu drastischen Maßnahmen greift. Wenn ich mir für die Zukunft etwas wünschen sollte, dann dies, dass die Streitigkeiten zwischen den Glaubensgemeinschaften ein Ende fänden und dass diejenigen, die an eine schöpferische Kraft hinter der Natur glauben, ihre Intelligenz, ihr Gewissen, ihre Intuition, den Heiligen Geist und alles daransetzen, was in unser aller Macht steht, um mit Rat und Tat die Natur zu bewahren, ehe wir den großen Ruhetag vollkommen stören.

Glaubst du an mich?

Wer nicht an sich selbst glaubt, der kommt nicht weit.

Der rote Faden

Was für ein Leben! Wer soll sich da zurechtfinden! Weißt du denn selbst, was dich geleitet hat?

Das haben mich schon viele gefragt. Ich kann nur mit dem Hinweis auf meine Expeditionen antworten. Sie sind es, die sich wie ein roter Faden durch mein ganzes Leben ziehen.

Angefangen hat es 1937 bis 1938 mit den MARQUESAS-INSELN. Diese Reise hatte zwei Ziele: Als experimenteller Philosoph wollte ich versuchen, zum ursprünglichen Leben des Menschen zurückzukehren, um die Zivilisation von außen zu betrachten. Als nüchterner Wissenschaftler wollte ich die Entstehung des biologischen Lebens auf Inseln studieren, die einst ohne Leben aus dem Meer aufgetaucht waren. Die philosophische Antwort war: Der Mensch kann nicht zum Naturzustand zurückkehren, seinen Weg aber auch nicht gefahrlos weitergehen, ohne den Kurs der Zivilisation zu planen. Die wissenschaftliche Antwort lautete: Wind und Meeresströme sind der Schlüssel zum Rätsel allen Lebens auf den Polynesischen Inseln.

Nach BRITISCH-KOLUMBIEN fuhr ich 1939, um nach Spuren der Seefahrer zu suchen, die in der frühen Steinzeit Südostasien verlassen hatten und nicht vor Anfang unseres eigenen Jahrtausends nach Polynesien gekommen waren. Ich fand heraus, dass die Küstenindianer Norwestamerikas alle Anforderungen an das fehlende Zwischenglied zwischen Asien und Polynesien erfüllen.

Die *KON-TIKI*-Expedition unternahm ich 1947, um das Dogma zu widerlegen, südamerikanische Balsaflöße könnten Menschen und Kulturpflanzen nicht übers Meer von Peru nach Polynesien bringen. Ich bewies, dass das Balsafloß die Überfahrt schaffte und seetüchtiger war als jedes voreuropäische Fahrzeug und dass die Polynesier Recht haben könnten, wenn sie behaupteten, ihre Vorfahren hätten auf den Inseln eine frühere Bevölkerung vorgefunden.

1952 bis 1953 organisierte ich die GALAPAGOS-Expedition, um professionelle Archäologen auf eine Inselgruppe zu bringen, von der keiner glaubte, dass sie vor den Europäern jemals von Menschen betreten worden war. Wir fanden Scherben, die von den Spezialisten am American Museum of Natural History als die Reste von mindestens 131 verschiedenen vorinkaischen Krügen aus Ecuador und Peru identifiziert wurden.

Zur OSTERINSEL brachte ich 1955 bis 1956 eine Gruppe Archäologen, um nach möglichen Spuren der Floßfahrer aus Peru zu suchen, die vor den Polynesiern dorthin hätten gelangt sein können. Wir fanden eine ältere Kulturschicht als die bislang bekannte und sie deutete auf einen südamerikanischen Ursprung hin. Ausgrabungen und Legenden auf der Insel weckten auch mein Interesse an der Bedeutung des Schilfschiffs für die Verbreitung vorgeschichtlicher Kulturen.

1969 legte ich mit dem Schilfschiff *RA I* von Marokko ab, um das Dogma zu widerlegen, Papyrus wäre für die Floßfahrt nicht geeignet, weil sich die Halme binnen zwei Wochen lösen und das Schiff sinken würde. Wir fanden heraus, dass ein Papyrusschiff monatelang auf dem Meer schwimmen konnte, Hauptsache, die Schilfbündel waren richtig zusammengebunden.

Mit der *RA II* segelte ich 1970 von Marokko nach Barbados, um zu zeigen, dass ein richtig gebautes Papyrusschiff den Atlantik überqueren konnte. Wir bewiesen, dass die älteste bekannte Form von Fahrzeugen in Nordafrika und im Mittelmeerraum

Amerika ebenso leicht hätten erreichen können wie ein Wikingerschiff oder eine Karavelle.

Die *TIGRIS*-Expedition 1977 bis 1978 war – wie die *RA*-Fahrten – ein Experiment mit Mannschaft als auch Fahrzeug. Ich wollte zeigen, dass selbst auf engstem Raum und unter schwierigen Bedingungen eine friedliche Zusammenarbeit zwischen Menschen unterschiedlicher Hautfarbe, Nationalität und unterschiedlichen Glaubens möglich war und dass das *Berdi*-Schilf aus Mesopotamien für den Bootsbau genauso geeignet war wie Papyrus. Wir bewiesen, dass ein gemeinsames Schicksal anspornte, zusammenzuhalten, und dass *Berdi*-Schilf, zum richtigen Zeitpunkt geschnitten, so schwimmfähig war, dass die Bootsbauer der Sumerer auf ein und derselben Reise sowohl das Industal als auch das Rote Meer hatten erreichen können.

Die Expeditionen zu den MALEDIVEN in den Jahren 1983 und 1984 organisierte ich, um der Vermutung nachzugehen, dass die vorgeschichtlichen Seefahrer lange vor Vasco da Gama und den Arabern Kontakt mit den abgelegenen Koralleninseln im Indischen Ozean hatten. Unsere Ausgrabungen zeigten, dass die Buddhisten, ehe die Araber 1153 die Inselgruppe entdeckten, ihre Stupas auf den Ruinen früherer hinduistischer Tempel gebaut hatten. Aus noch früheren Perioden fanden wir Steinskulpturen von unbekannten Seefahrern mit elegantem Schnurrbart und lang gezogenen Ohren wie auf der Osterinsel.

Die Expeditionen zur OSTERINSEL in den Jahren 1986, 1987 und 1988 hatten zum Ziel, die Ausgrabungen aus der ältesten Periode der Insel weiterzuführen und zugleich mit dem Transport einer Statue in aufrechter Stellung zu experimentieren, weil die Inselbewohner bei ihrer Behauptung blieben, die Statuen »bewegten« sich wackelnd vorwärts. Die Ausgrabungen unter der Tempelplattform des legendären ersten Königs der Insel in der Anakena-Bucht zeigte, dass die eleganten Mauern des vorinkaischen Typs zur ältesten Inselepoche gehörten und dass die

Technik folglich importiert und nicht dort entwickelt worden war. Von dem tschechischen Ingenieur Pavel Pavel geleitete Experimente mit doppelt gelegten Seilen, oben am Kopf und unten am Fuße des Riesen befestigt, zeigten, dass eine Hand voll Inselbewohner den Koloss vorwärts bewegen konnte, indem man die Seiten abwechselnd ankantete und gleichzeitig den Fuß nach vorn drückte.

Das archäologische Projekt 1988 bis 1993 in TUCUMÉ in Peru wurde in Zusammenarbeit mit peruanischen Behörden und dem *Kon-Tiki*-Museum organisiert, um zwischen den Pyramiden nach möglichen Beweisen zu suchen, dass die Seefahrt in Peru nicht erst mit der Eroberung des Landes durch die Spanier begonnen hatte. Wir fanden Beweise dafür, dass die peruanische Küstenbevölkerung seit den ersten Ansiedlungen und bis Inca Tupac Yupanqui mit seinen Bergindianern die Küste eroberte, drei Generationen vor Ankunft der Spanier, Fischfang und Seehandel betrieben hatte. Wir fanden auch deutliche Bindeglieder zur Osterinsel in Form von Schilfschiffen, bemannt von seltsamen Männern mit Vogelköpfen und symbolischen Motiven, die sonst nur von der religiösen Kunst der Osterinsel bekannt waren.

Auf die Kanarischen Inseln kam ich 1990 und hier bin ich geblieben. Ich kam, um die Stufenpyramiden in GÜIMAR auf Teneriffa zu erforschen, von denen die Leute erzählten, sie wären Steinhaufen der ersten Spanier, die den Boden rodeten. Ich fand heraus, dass sie astronomisch orientierte Tempelpyramiden waren, aus dem Gestein eines erstarrten Lavastroms erbaut und mit Treppen von Westen in Richtung Sonnenaufgang, die zu einer kiesbelegten Plattform führten. Sie lagen im Tal, wo der letzte Guanchenkönig sich nach Kolumbus' erster Reise nach Amerika den Spaniern ergeben hatte. Der letzte der weißen und bärtigen Seefahrer, der nur in den Legenden in Mexiko und Peru weiterlebte.

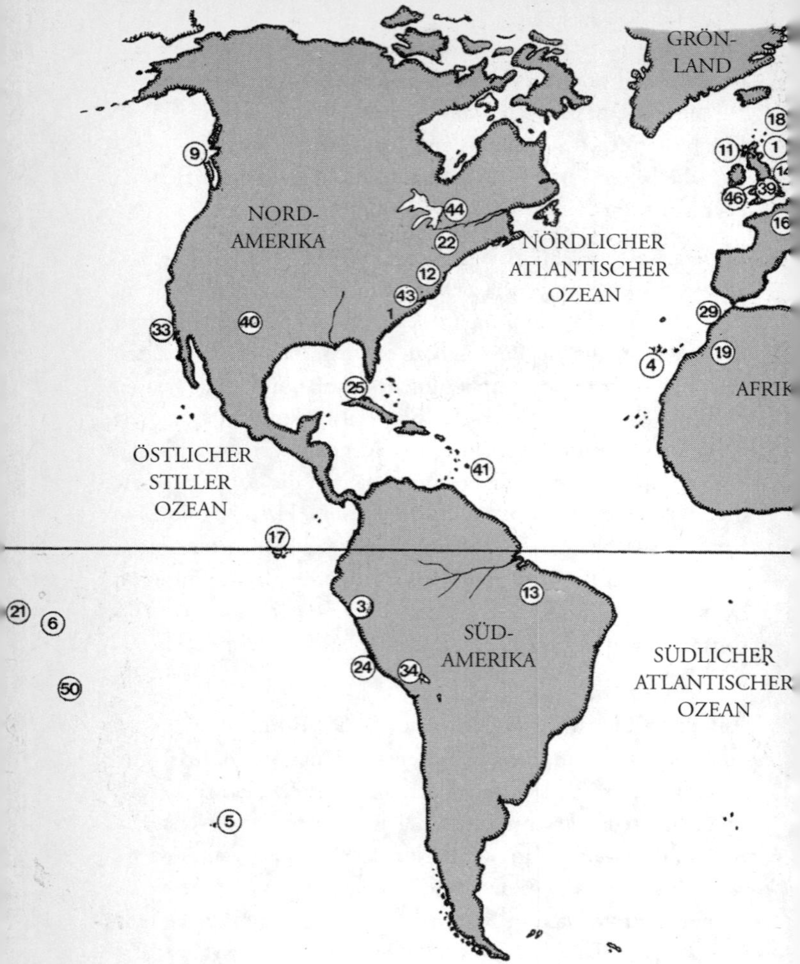

1. Larvik	*6. Fatu Hiva*	*11. St. Andrews*	*16. Paris*
2. Colla Micheri	*7. Garten Eden*	*12. New York*	*17. Galapagos*
3. Tucumé	*8. Tschadsee*	*13. Santa Isabel*	*18. Hornsjø*
4. Güimar	*9. Bella Coola*	*14. Cambridge*	*19. El Aaiún*
5. Osterinsel	*10. Kirkenes*	*15. Wien*	*20. Oslo*

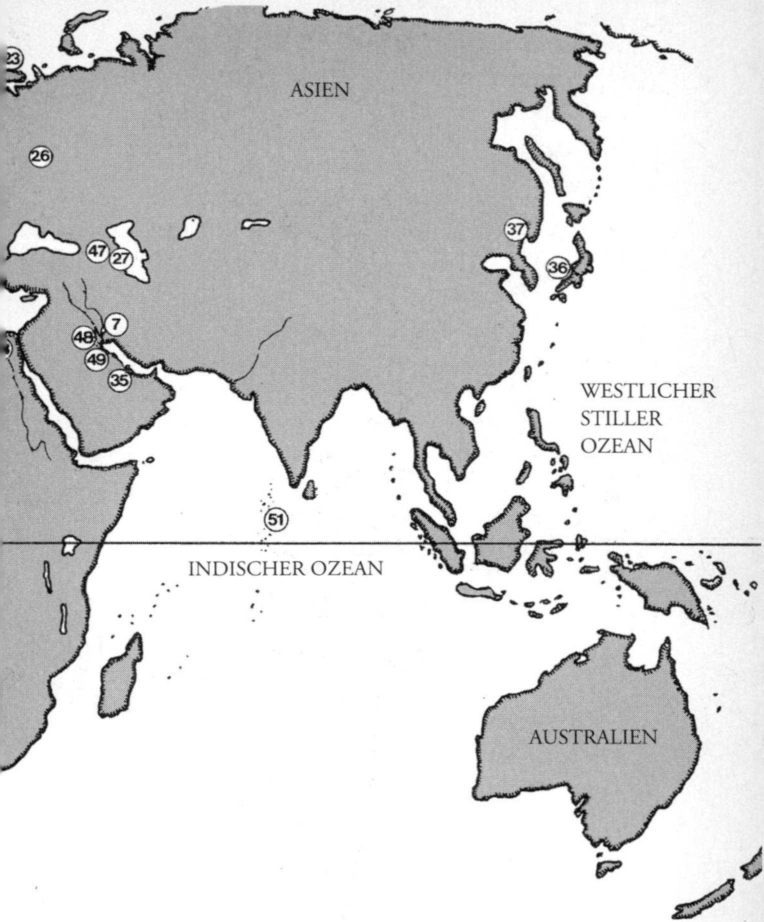

21. *Tahiti*
22. *Little Norway*
23. *Murmansk*
24. *Lima*
25. *Havanna*
26. *Moskau*
27. *Baku*
28. *Kairo*
29. *Safi*
30. *Helsinki*
31. *Stockholm*
32. *Kallax*
33. *Hollywood*
34. *Titicacasee*
35. *Dilmun/ Bahrain*
36. *Kyoto*
37. *Wladiwostok*
38. *Kopenhagen*
39. *London*
40. *Santa Fé*
41. *Barbados*
42. *Lillehammer*
43. *Baltimore*
44. *High Falls*
45. *Petsamo*
46. *Stonehenge*
47. *Tiflis*
48. *Bagdad*
49. *Failaka*
50. *Raroia*
51. *Malediven*

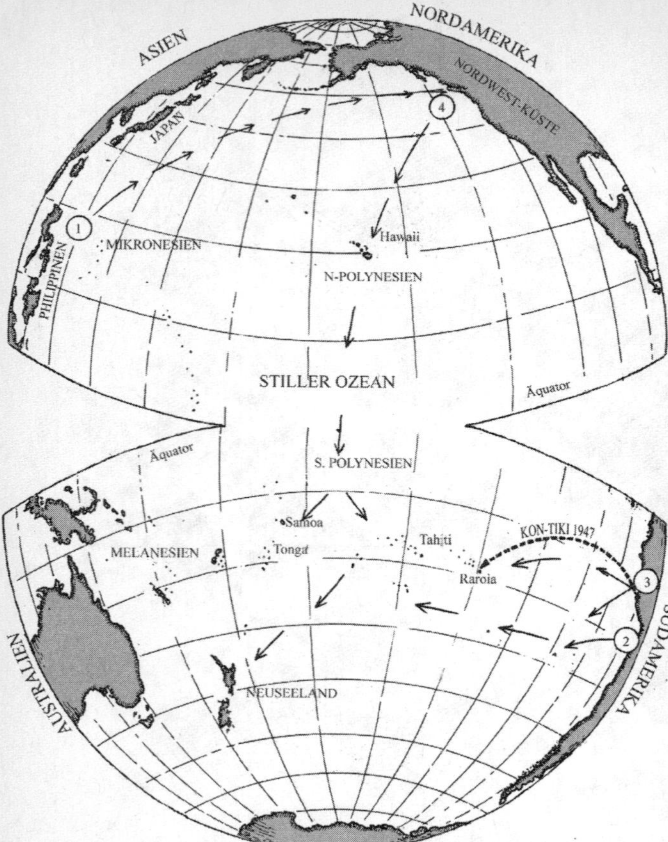

Wanderungswege über den Stillen Ozean in chronologischer Reihenfolge

1 Von Südostasien nach Nordwestamerika
2 Vom vorinkaischen Südamerika zur Osterinsel und nach Polynesien
3 Vom vorinkaischen Südamerika zur Osterinsel und nach Polynesien
4 Von Nordwestamerika nach Hawaii und Polynesien

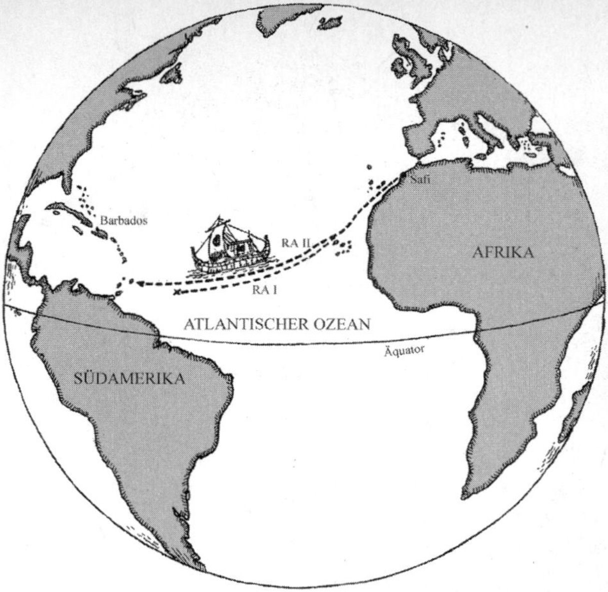
Safi
Barbados
RA II
RA I
AFRIKA
ATLANTISCHER OZEAN
Äquator
SÜDAMERIKA

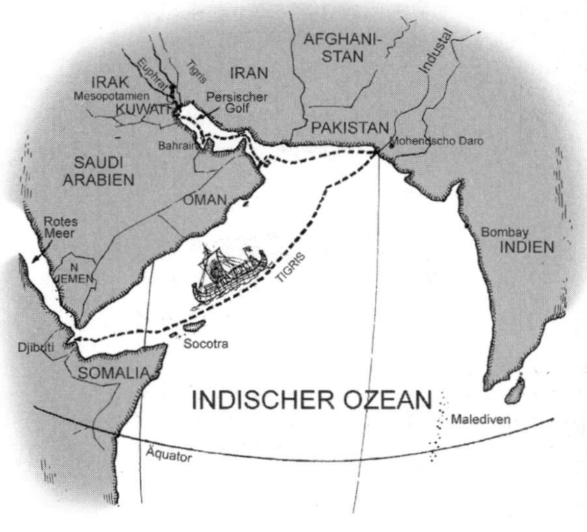
AFGHANI-
STAN
Industal
Euphrat
Tigris
IRAN
IRAK
Mesopotamien
Persischer
Golf
KUWAIT
PAKISTAN
Bahrain
Mohendscho Daro
SAUDI
ARABIEN
OMAN
Rotes
Meer
Bombay
INDIEN
N
JEMEN
TIGRIS
Socotra
Djibuti
SOMALIA
INDISCHER OZEAN
Malediven
Äquator

Quellen

Seite 36

»Und auf der Karl Johans gate … verglichen mit einer Gasflamme.«
Aftenposten, Oslo 1880

»Wie durch einen Zauberschlag … mit Beifallsrufen.«
Aftenposten, Oslo 1882

Seite 202

»Der Missionar William Ellis. . .« bezieht sich auf:
W. Ellis, *Reise durch Hawaii oder Owhyhee,* Hamburg 1827
»Jetzt richte ich den Steven … direkt zum Land segeln, zum Heimatland.«
P. H. Buck, *Vikings of the Sunrise,* New York 1938, S. 61

Seite 203

»Da die südamerikanischen Indianer … als mögliche Urheber absehen.«
P. H. Buck, *An Introduction to Polynesian Anthropology,* Honolulu 1945, S. 11

Seite 204

»Ich habe noch nie gesehen … unseres polynesischen Volkes?«
Auckland Star, New Zealand 1947

Seite 228

»A. Métraux … Thor Heyerdahl.«
Carrefour, Paris 1950

Seite 310

»Lass Utu [den Sonnengott] … trinken lassen von dem Wasser des Überflusses.«
G. Bibby, *Dilmun,* Hamburg 1973, S. 89

Seite 317

»Rohrhaus, Rohrhaus! ... erbau ein Schiff ...«

Das Gilgamesch-Epos, übersetzt und mit Anmerkungen versehen von Albert Schott, Stuttgart 1988, S. 93 f.

»Sechs *Saren* Erdpech ... die der Schiffer speicherte.«

Das Gilgamesch-Epos, S. 95 f. (Hervorhebungen von Th. Heyerdahl)

»Mache dir eine Arche ... Außenseite mit Pech.«

The New English Bibel, 1970, Genesis 6, (14–16)

Seite 321

»Eine Flutwelle ... Tag und Nacht.«

Aus: *Popul Voh, Las antiguas historias del Quiché*, dem heiligen Geschichtsbuch der Quiché-Mayas, spanische Übersetzung von A. Recinos, Mexiko 1947, S. 30–31

Seite 322

»Indem aber in späterer Zeit ... hinderlich wurde.«

Plato, *Timaios*, Hamburg 1989, S. 151 f.

Seite 338 f.

»Unsere Vorfahren ... von Staunen erfüllt und voller Ehrfurcht.«

S. W. A. Gunn, *Kwakiutl House and Totem Poles*, Vancouver B. C. 1966, S. 4

Seite 339

»O ja, ich habe die Schule des weißen Mannes besucht ... die Berge und die Tiere, uns selbst einbegriffen.«

T. C. McLuhan, *Touch the Earth, A Self-Portrait of Indian Existence,* New York 1971, S. 106

Seite 340

»Im Leben eines Indianers ... alle Tage Gott.«

T. C. McLuhan, *Touch the Earth, A Self-Portrait of Indian Existence,* New York 1971, S. 36

Personenregister

Ortsregister

Bildnachweis

Die Aufnahmen stammen aus der privaten Sammlung der Familie Heyerdahl, mit Ausnahme folgender Abbildungen:

Forsvarsmuseet (Verteidigungsmuseum) 29, 30
Jan Høst 28, 39
Kon-Tiki-Museum 7, 18, 32, 36, 40, 41, 45, 46, 49, 50
Faksimile aus *Life Magazine* 31, 34
Faksimile aus *MacLeans Magazine* 13
Faksimile aus *National Geographic Magazine* 10, 12, 15, 24